杉田玄白　晩年の世界

『鷧斎日録』を読む

松崎欣一
Kinichi Matsuzaki

慶應義塾大学出版会

「杉田玄白肖像」 文化 9 年（1812）。
石川大浪画、九幸老人（杉田玄白）賛。
早稲田大学図書館所蔵。

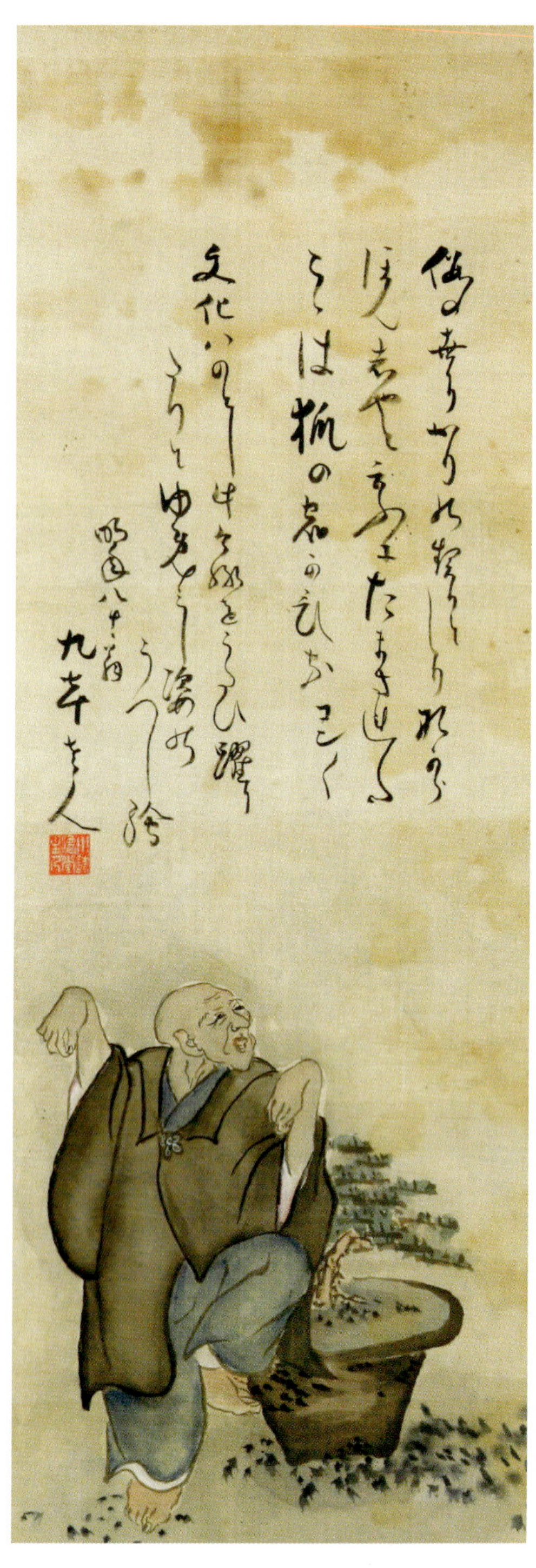

「杉田玄白先生自画賛肖像」 文化 8 年（1811）。
九幸老人画賛。
早稲田大学図書館所蔵。

実直な臨床医としての姿が客観的に描かれた「杉田玄白肖像」とは対照的に、風流人としての自らの姿をユーモラスに表現している。本書では、玄白の臨床医、風流人の両面を詳細に描き出す。

目次

序章　江戸の学者・文人社会
――杉田玄白と市川団十郎――

一

杉田玄白の名は、あの『解体新書』の翻訳と刊行の推進者として、あるいはまた『蘭学事始』の著者としてきわめてよく知られているといってよいであろう。一方で、その玄白について語ろうという本書の冒頭に市川団十郎（五世）の名があることについてはいささか奇異に思われる向きもあるのではないかと思われる。確かに、これまでに公刊された多くの玄白についての論説の中に団十郎についてふれたものをみることはまずないのだが、玄白と団十郎との接点が、管見の限りでは唯一の徴証として玄白晩年の日記『鷧斎日録』（以下、「日録」と略す）の中に残されているのである。まず手始めに「日録」のこの記事を手掛かりとして、玄白と団十郎をめぐるあれこれについて探ることから玄白晩年の世界を繙いて行くことにしたい。

「日録」の寛政十（一七九九）年三月二十一日条に、次のような長篇の漢詩が記されている。

　暮春與津井二子遊墨水兼訊俳人白猿閑居

　暮春に津井二子と墨水に遊び兼ねて俳人白猿の閑居を訊ぬ

君不見無人生百年之人
百歳人事半風塵
去年花発風雨多
明年花発亦如何
即今処ゝ風光美
好不歓娯節物過
邀客将遊墨水流
乗興直棹一扁舟
舟中坐客倶白頭
如此風光幾同遊
此時為載春醸酒
此日交情只自厚
傾樽伝盃廃世情
談玄論心忘老朽
酔後更探長堤花
長堤花落似白沙
移歩尋芳野人家
野人元是事繁華
清歌妙舞人称嘩

君見ずや人生に百年の人なし
百歳の人事半ば風塵
去年花発き（ひら）て風雨多し
明年花発くは亦たいかん
即今処ゝに風光美しく
好（まこと）に歓娯ならずや、節物の過ぐるは
客を邀（むか）えて将（まさ）に墨水の流れに遊ばんとし
興に乗じて直ちに一扁舟に棹さす
舟中の坐客倶（とも）に白頭
此（かく）の如き風光を幾たびか同（とも）に遊ばん
此（こ）の時為（ため）に春醸の酒を載せ
此の日の交情真に自ずと厚し
樽を傾け盃を伝え世情を廃し
玄を談じ心を論じて老朽を忘る
酔後更に長提の花を探（たず）ぬれば
長堤の花は落ちて白沙に似たり
歩を移し芳（はな）を野人の家に尋ぬ
野人は元これ繁華を事とす
清歌妙舞は人の称すること嘩（かまび）すしく

観者聞者常如麻
一朝逃来耽烟霞
荷鋤田園伴麕麚
我徒対之長嘆嗟
不知西山落日斜

観者聞者(みるものきくもの)常に麻の如し
一朝逃げ来りて烟霞に耽り
鋤を荷(にな)い田園に麕麚(きんか)を伴う
我れ徒(いたずら)に之(これ)に対して長嘆嗟し
西山に落日斜めなるを知らず

「津井二子」と墨水（隅田川）に遊び、かねて俳人白猿をたずねた折りの作品であるという。白猿は五世市川団十郎である。玄白の詩作には実景描写のものが多く、これも同月八日の「日録」の記事に「晴、風。墨水行。花巳過」とあることに対応するものであろう。その後、十日に「深川、新堀病用」とあり、この詩篇の記された二十一日にも「本庄[本所]、深川病用」とあって、日本橋浜町にあった玄白の居宅から墨水を越えての「病用」、すなわち医師玄白の患者往診のことがあった。八日の着想から日を重ねてこの日にようやく完成をみて記録されたということであろうか。

人生百年の長寿を得る人はいない。しかもその百年も半ばは世間の雑事として過ぎてしまう。桜花の眺めも年ごとに違う。しかし確実に日はめぐり花の季節をまた迎え、今年はとりわけその風光は美しい。「津井二子」を迎え墨水に小舟を浮べた。春醸の酒を酌み交わし玄談に興じ思わず老朽を忘れてしまう。酔後さらに堤に上り花をたずねればすでに一面に散り敷いて白沙のようである。歩みを移し白猿の閑居をたずねた。この人はかつて華やかな舞台の人であった。今は田園に自適の生活を送っている。今にしてなお俗塵を脱け切れぬ自らを省りみ嘆じているうちに思わず時を過してしまった。すでに西の山に日が落ちようとしているところである。六十六歳の老境にある玄白の晩春の一日を彷彿とさせる詩篇といえよう。

「津井二子」とは誰か詳ではない。

「日録」には「津」字のつく唯一の例として、寛政十二年閏四月二十三日条に「夕、津村氏宴」とあって、「津村」の名がある。また享和二（一八〇二）年七月十八日条に「淙庵に蘭花を贈る」と題して、玄白の詠んだ漢詩一首が記されている。もしこの「淙庵」が「津村氏」と同一人物であるとすれば、国学者津村淙庵の存在を想定できるが断定はできない（一〇九ページ参照）。

「井」字の人物については「日録」に二例をみることができる。「井秀輔」と「井子盈」である。いずれも漢詩の中に詠まれてフルネームでないために人物像が明らかにならない。前者については「日録」の寛政十年九月二十二日条に、「井秀輔の帰郷を送る」と題する漢詩があり、この時玄白のもとで三年間の医学修業を終えて帰郷しようとする弟子であったことが分かる人物である（三四七ページ参照）。後者については寛政九年八月二十一日条に、「蘭花を井子盈に贈る、詩以て謝せられ重ねて寄す」と題する漢詩に詠まれている人物である。玄白から蘭を贈られた「井子盈」が詩篇をもって謝意を寄せてきたのに応えたという。蘭花の香りに両者の深い交情を託しているわけで、墨水舟行に同道すべき人であったかもしれない。

俳人白猿、五世市川団十郎は四世団十郎の実子として寛保元（一七四一）年に生まれている。明和七（一七〇〇）年、五代目団十郎を襲名した。家芸である荒事をよくしたが、若衆方、実悪から女形にまで及び、ぬれ場、やつし、武道などを特技としていた。寛政八（一七九六）年十一月、都座の舞台を最後として引退し、成田屋七左衛門と改名して向島反古庵に閑居した。この後も前後四回ほど舞台に立つこともあったが、もっぱら、狂歌・俳諧を楽しみとして、文化三（一八〇七）年六十六歳の生涯を終えている。狂歌名、花道のつらねを名乗り文人との交友も広く、天明二（一七八二）年には、団十郎の息子徳蔵の四世海老蔵襲名を祝って、蜀山人、太田南畝を中心とする狂歌師グループが「市川ひいき江戸花海老」なる狂歌集を編纂して団十郎に贈っている。日野龍夫氏によればこれは以後彼が天明狂歌運動に一種のシンボルのような形で取りこまれてゆく契機となった記念すべき書物であったという。

天明五年、桐座顔見世に団十郎が出演した時には、南畝をはじめとする大勢の狂歌師が引き幕を贈った。また、烏亭焉馬も五代目贔屓で、寛政四年に白猿が団十郎の名を息子に譲って鰕蔵と改名したことを祝う「御江都錺鰕」、寛政九年に白猿の引退を記念する「美満寿組入」などいわゆる白猿七部集を刊行している。改名の口上で団十郎は、祖父（二代目）、父（四代目）ともに改名して海老蔵を名乗ったが、自分は雑魚のエビだから海老蔵ではなく鰕蔵を名乗るといったという。また、俳名も本来なら三升から栢莚（もしくは柏莚）とすべきだが、栢莚を名乗った祖父二代目ほどの名人ではないとして、父四代目が「百」から一本を引いて「白」とし柏筵としたひそみに倣い、自分はさらに毛が三筋ほど足りないので「白猿」とするとして、芭蕉の名句をふまえ、しかも「三升」に「三筋」をかけ、また「猿簑」で「白猿」を読み込んだ狂句「毛が三すじ上手に足らず簑寒し」を示したという。この口上が評判になり劇場はたちまち超満員となったが、口上で入りを取るのは役者の恥だとして四日間だけで口上を止めている。

江戸歌舞伎随一の名門の人であるだけに、この他にもさまざまな記録が残されエピソードが伝えられているが、渡辺保氏は、ここに示された団十郎（鰕蔵）の謙虚さの裏側に、この人の屈折した心情がみえ、それはまた舞台にも反映して晩年の円熟した芸境になったと評している。それは明和、安永、天明期の江戸歌舞伎黄金期のラストランナーであり、次の新しい時代文化文政の爛熟の地平を開くパイオニアとしての芸境であったというのである。また、日野氏は、「暫」や「助六」などの舞台によって、明朗、華麗、かつ瀟洒な江戸の文華を一身に体現する存在として人気を高める一方で、民衆に虚構の華麗を提供し続けねばならないという江戸の花の役割に疲れ、むしろ人前で演技することをうとましく思う意識を強烈に保持していた人物像が浮かぶと評されている（伊原敏郎『近世日本演劇史』、西山松之助『市川団十郎』、渡辺保『江戸演劇史』下、日野龍夫「虚構の文華」『江戸人とユートピア』）。

寛政九年に、白猿が現役時代の作品も含めて刊行した「友なし猿」よりいくつかの作品を抄出してみよう（『賞

奇楼叢書』三期第三集、珍書会、一九一六年）。

　むかふ島といふ所へ引籠りて後杜若がもとへ遣はすふみのおくに
我庵は都座よりの辰巳にて世を牛島と人はいふなり
　隠居してのちよめる
髪ゆはず月代剃ずゆあびせずぶせう不滅の仏とぞなる
　一世一度の名ごり狂言すとて
身のほどをかへり三升のえびなれば腰をかゞめてひげ述るなり
うへつがたならば紅うら召す頃にわれはぬきけりもみうら衣装
をしまるゝ時ちりてこそ世の中の花も花なり鼻も鼻なれ
　都座をつとむる俳優の人々が予かかくれ家をとひきたりける時
隅田川ありやなしやのわび住居都の人にあふもはずかし
　狂歌堂のあるじ人あまたつれだち来りてしばらくのせりふという物書てよと
　おの〳〵こひけるに
一枚でかんにん五粒相伝のせりふをかきの素袷大太刀

ほぼ引退前後の様子を窺わせると思われる作品を収載順に抄出したのであるが、都座出演の役者たち、あるいは狂歌堂など反古庵の訪問者は引きも切らなかったようである。

狂歌堂は、蜀山人門下の狂歌師また黄表紙作者の北川嘉兵衛である。鹿都辺真顔また恋川好町とも名乗った。また、戯作者山東京山も白猿を訪ねており「蛛の糸巻」にその様子を伝えている。また飛脚屋を渡世とし東海道を何百回も往復したという大阪の俳人大江丸も寛政十二年冬に反古庵を訪れた記録を残している。その一部を抄出してみよう(「あがたの三月よつき」『続帝国文庫・続紀行文集』)。

けふは少々いとま得かほにうし島にかくれすみける市川白猿か栖を訪ふ、こゝは牛島のうしの御前のうしろ庄屋の地中にわつか三坪斗りのわらぶきして内に有けるに申掛ける

いろのしろき猿とのにそと見参申す　大江

とつはひや酒けふのもてなし　白猿

月を秋の花と詠る世に往て　完来

三畳敷を寝所とし夜具も其まゝ衣服もきたまゝおし入なし、居間は五畳敷台所は四畳敷也

貞柳かすめは都といふた様に三畳五条四畳しきなり　白猿

天井を張れば禰すみかあれる也、水たまらねは月もやとら須、仏間とてもなく少き棚をつり香炉ひとつ紙にあみたを画き、極楽をいつくのほとゝ思ひしににしのうちをははなれさりけり、其外調度とてもなく五十余りの老女ひとり遣ひ、うらくちには水の用心と大札、これは洪水のうれい有場故なり、あまりおもしろさに我も一首と筆をとれは、いや外の人にはかゝ不申、我うちは我心のまゝといふて机にかゝれるさま一瓢一水のくらし、妓芸はとまれ気分のたかき所は初代の海老蔵よりもたかからむか、此方ゟもたせる酒肴にてもてなし、茶を煮てくれた斗也(ばかり)

どうやら、反古庵での暮らしむきは全くの隠棲ということにはならなかったようではあるが、白猿にとってそれは舞台人の制約から解放された自由な侘びの世界となったのである。玄白と白猿との間にはどのような対話があったのであろうか。

二

玄白が反古庵を訪ねる以前に、団十郎となんらかの関わりがあったのかについては不明である。後述のように、「日録」の記録では天明七年九月二十三日に団十郎の舞台を観ていることが推定できること、また、寛政元年四月十九日に「瀬川菊之丞、市川団十郎着美服候付預に成と云」とあって、団十郎が寛政改革に関連の奢侈取締りの対象になったことが記録されていることのほかには関係の記事は見られない。

「俳人白猿を訊ねる」ということであり、玄白もよく嗜んだ俳諧の世界からのつながりがあったのかも知れない。

また玄白の医学随筆『形影夜話』には、

又、世医、脈は一息四至なるものと定む。是亦内景に暗きが故なるべし。人により、二三動に一結するも有ものなり。又絶て三部の脈応ぜざるも有り。愚老が亡妻と同藩、宮崎甚平といへる人は三部の脈なかりき。北里娼家の大海老屋利十郎が父なるものと俳優尾上菊五郎といへる男は、脈二三動に必ず一結したり。

とあって、尾上菊五郎が玄白のいわば患者であったらしいことが記されている。医者として団十郎に接するようになる機会があったのかも知れない。また、安永七（一七七九）年に団十郎と二世市川八百蔵未亡人おるやとの醜聞が評判になっているが、この時、平賀源内が「飛んだ噂の評」を書いて大いに団十郎を弁護していることがある（伊原、前掲）。また前述したように五世団十郎が太田南畝をはじめとするいわば当時の江戸文人社会に多くのファンを持っていたことがあり、こうした人々を通じて接触することを得たという可能性もあるかと思われる。「日録」の寛政八年十一月八日には、「過し昔、明日は顔見せなればとて友とち打連て橘屋か二階に酒盛し、呑程ハ呑ての後主人大盃を持出たり」云々として、芝居茶屋に遊んだ過し昔の回想が記されている。ちょうど、「月日ハけふにあたりたり」という。そして「往時渺茫」としてすべて夢のようであるが、指折り数えれば、「其夜の人くハ半過まて泉に帰し、幸ハ余ハなかろふといへとかりそめの道行ニも杖さへも便りあしく、常に駕に助けられて二丁町は人立多けれとて道を避るとて」として、「かくはかり身は八代の紙子か南」という一句を添えている。また「日録」の享和二（一八〇二）年十月二十九日に、「夜沢瀉屋へ宴集」とある。「沢瀉屋」が役者の屋号であるとすれば、たとえば市川段四郎との接触があったかということになるが確証はない。

いずれにせよ、晩年の玄白は医者としての往診活動に明けくれる中で、足繁く芝居見物に通っていた。「日録」を繰ってみると相当数の観劇の記事がみられる。後掲Ⅲの表6（一三五ページ）は「日録」にみるこれらの観劇のことのあった日付をまとめたものである。

例えば天明七年九月二十三日の観劇は桐座であった。伊原敏郎『歌舞伎年表』（第五巻、岩波書店、以下『年表』と略す）によれば、この時、桐座では現役時代の団十郎の演ずる「天竺徳兵衛郷鮑（とりかじ）」ほかが上演されていたはずである。寛政八年十一月十四日のそれは表6にみるように「日録」の記録としては場所は不明としておかねばならないが、都座では鰕蔵（五世団十郎）の引退興行が行われており、「清和二代遨（大寄（おおよせ））源氏」や浄瑠璃「色盞紅葉顔（かんばせ）」を見物していた可能性がある。『年表』によれば、二番目の浄瑠璃の幕で「一世一代名残の口上」があったとして、

> 鰕蔵一世一代。新之助改（あらため）海老蔵。下り半四郎。久保某の催にて、見物人百人ほど平土間三十間を四角に取り、柿色に白にて三升（みます）を抜た揃手拭をかぶり、暫くの狂言中手打あり。夫より幕引付。平ぶたい鰕蔵吉列のまさかり鬘、柿の上下、頭取麻上下にて附添、口上あり。十二月十日舞納、よし町の本宅を払ひ、牛島に閑居し、成田屋七左衛といふ。時に五十六歳。

と記されている。狂言の途中、平土間に陣取り市川家の家紋三升を染め抜いた手ぬぐいを被った百人ほどの見物に

よる手打ちがあり、続いて平舞台で頭取に付き添われた鰕蔵により口上が述べられたという。

享和元（一八〇一）年十二月四日、また同二年三月十日に河原崎座へ出かけていると考えられることも興味深い。前述のように引退後の白猿は乞われて前後四回舞台に立っているが、玄白はそのうちの最後の二回をみていることになるのである。享和元年の白猿の舞台については、同じく『年表』によれば、

> 役者無人、男女蔵病気にて、興行にこまり、座元（河原崎権之助）は元祖栢筵伯母の血筋。粂三（岩井粂三郎）は白猿を伯父と敬ひ、常々大切の中故たのみし也。金主豊島や十右衛門、蜀山より添状を貰、座元、粂三郎、藤七、団三郎外四五人にて白猿を訪ひ、団蔵其為上坂せずといひければ、再勤を聞入れしと云。山本北山、荒五郎を名題にせば金主となるべしとて、其通りにし、団蔵、白猿出勤する事となりてより、意外に金主も出来し由。白猿ハ、座頭ハ団蔵にといひ、団蔵、上京の所引とめられたれバスケ身分なりとて譲り、白猿座頭にて、楽（がく）や萬事ハ団蔵へ任せしといふ。（中略）
>
> 十一月一（七）日、河原崎座、「名歌徳三升歌垣」。作者、治助、宗七、幸治。スケ白猿。下り和田右衛門。善次改彦左衛門。（中略）二番目序まく「巫（みこの）鈴俄振袖」。吾妻国太夫。「梅水仙色抗（いろのうでづく）」。吾妻国太夫。衣笠山、大ざつま、白猿、団蔵、粂三出合。惟喬親王（粂三郎）荒巻耳四郎（和田右衛門）（中略）小野義実（門三郎）三人の首打んとする所へ般若五郎（白猿）暫の出。惟喬を引下さんとすれば、粂三郎、金冠白衣をぬぎ、誠は木挽町の茶屋の女おさん。預りし宝物を白猿に渡し、茶びん重箱を提て花道へ入る。跡は敵役をしめて大勢の首を切、三人の供して花道へ行く（以下略）。

とある。役者が揃わずに苦慮した座元の懇願で、白猿（団十郎）は三十日間無給、衣裳かつら等は座元が支度するとの約束で出勤することとなり、「梅水仙色抗」などに出演することになったものである。

観劇の日の前後の「日録」をみてみよう。「朔日　微雨、深川・近所病用」、「二日　同、近所・蔵前・吉原病用」、

「三日　同、五岸亭源氏会」、「四日　同、木挽町戯場」とある。微雨とはいえ師走の連日の雨模様である。寒さもかなりのことであったに違いない。五日には「曇、朝大雨寒。深川・丸内・白□病用、夕晴大風」ともある。しかし老躯をいとわず戯場に足を運んだ玄白にとって、それは反古庵での白猿を二重写しにして虚実の世界の往来を楽しむことのできた一日だったのではなかろうか。

なお、五日には前記の記事に続いて「鶴亀之夢」と題した長文の戯文が記されている。

それは、十月晦日の夜半のこと、玄白の書斎で玄白愛用の文房具どもが酒宴を開いている。聞き耳をたてれば、鶴の筆架と亀の文鎮とがそれぞれ千年万年の知見の博さを自慢し言い争っている。そこに蝶の筆洗いが五色の羽根ひらめかし躍出て、「方々ハなんとせんなき事あらそひ給ふそ。千代万代重たりとて過にし事は何にかせん、只きのふ見し夢の如し。よし、此行するゑ幾年月をかさぬとも何かはかはり侍るへき。我師と頼みし真人の周か胡蝶なるか、こてふか周なるかとの給ひたりき」とかしこげにいえば、鶴亀もなるほどと和解しあう。そこへかたわらにうずくまっていた兎の水入れが、「かれも是もうさきなることをの給ふ物かな」といっているというもので、さらに「過し世もくる世もおなし夢なれは、けふの今こそ楽しかりけれ」と結んでいる。どうやら、文房具の話に託して玄白は俗世界の些事にかかずらわって、互いに角突きあい自己主張にのみ明け暮れしている多くの人々への批判をしているようである。十月晦日のことというこの夢物語が、何故、十二月五日の記事として書かれているのか明らかではないが、白猿の舞台のこととも合わせて、人生を達観しかつ充実した日々を送りつつあった玄白の心情を窺わせるに足るエピソードとなっていると考えられる。

享和二年三月の河原崎座について、同じく『年表』には、

三月三日、河原崎座。二番目、「結傚鹿子道成寺」(ゆひならひ)、五代目半四郎三回忌追善（粂三郎）。白猿、二月晦日までスケ勤むる筈の処、半四郎追善につき命日三月廿九日ゆゑ、三月晦日まで出で、追善口上いふ。漁師なだ六、

金剛坊（男女蔵）（中略）なだ六妹おしず（粂三郎）海老名源八（白猿）。浄るり「道行面影草」。竹本錦太夫。二番目、大切「まかせる風の柳」。常わず綱太夫。

とある。「日録」によれば玄白の河原崎座観劇は三月十日のことであった。「曇　疎雨、木挽町戯場」と記されている。雨の中を出かけたこの日の疲れあたりが一つの引きがねになったのかもしれない。「十一日　同（疎雨）」、「十二日　雨少下、病論会、蕎麦、朝蔵前辺病用」と続いて、十三日には「薩摩風邪」に罹患し、月末まで日記を欠いている。「病論会」は会員宅を輪番で会場としたらしい月例の集まりである（五五ページ参照）。「日録」の「十三日」分の記事としては次のように記されている。

曇。夜前ヨリ発病熱如烙、今日ヨリ発吃逆嘔気。如此日々病勢盛ニ、廿日、廿一日ニ至テ不省人事。廿三日頃漸知人、病勢次第ニ退、前後吐痰水盤嚨、廿七日ニ至諸症全退キ吃逆モ止ム。此間不省人事尽故不裁〔載〕日記

いうまでもなく後筆とみるべきものであるが、一時は人事不省に陥る重症となり「日録」を欠いたというのである。さらに「病中吟」と題する次の漢詩と俳句が書き留められている。

臥病知幾日　　病に臥してよ知んぬ幾日なるや
未尽庭前花　　未だ尽きず庭前の花
風雨夜来甚　　風雨夜来甚し
処々垣墻斜　　処々垣墻（えんしょう）斜めなり

うねまぜて咲やなの花だいこばな

この詩作の記録のすぐ後には、「当月上ミ方筋ヨリ外邪行レ世ニ薩摩風ト云。百人か百人逃ルル者ナシ。江戸モ同十七日殊ニ盛ニ、十八日ヨリ少ク減スト雖トモ四月ニ至リ全クオタヤカナラス」とあり、またこの月から翌月にかけての欄外上部には、病中の処方がかなり細かに記されている。その中に、おそらくは玄白を診察し投薬をした

医師の名として「石川」、「川村」といった人名が含まれている。

翌四月からは「日録」も再開しているが、「二日」には、「□□の頃時鳥を聞て　一声はまた冥土かや時鳥」とあり、「五日」には「腰シ湯、近所歩行初出」とある。そして、「十日」には、

わつらひける時ニ春も過ぬれハ
なからへて又来ん春と契り置ハ散にし花を何か恨ん
待わひし花ハ何所にかへりけん青葉色こく世はなりにけり

寝覚に時鳥を聞て
□□の寝覚は殊にうれしきハ時鳥啼明方の空

との作品が書き記されている。また、「十一日」には「晴雨　鶩斎来投」とあって、戯れに詠んだという次の漢詩が記されている。鶩斎の名は「日録」に他にも数例残されており、親しい医者仲間の一人であったと推定される人物である。この漢詩の記された直後の「廿一日」にも「鶩斎来投」とある。「来投」とは玄白への投薬のことであろうか。

余病危篤不省人事三日覚後戯賦　　　余、病危篤にて人事を省みざること三日、覚後戯れに賦す
地上頑仙謫久哉　　　地上に頑仙謫せられて久しき哉
懐郷三日向蓬莱　　　郷を懐(おも)いて三日蓬萊に向えり
世人無怪登天去　　　世人天に登り去りしと怪しむ無かれ
為是風流換骨来　　　是れ風流が為に骨を換え来たれり

「謫仙(たくせん)」ということばがある。天上界から人間界に流された仙人、またすぐれた人物のことをいい、さらには李

白あるいは蘇軾など大詩人への美称として使われた。そうしたことを背景に、思いも寄らぬ長寿を得た我が身を仙人になぞらえ、危篤に陥った三日間をたまたま古巣に帰って骨を換えてきたのだと戯れたのである。医に携わる者として、悠久の自然の中にある人事の限界を知りつくしているからこそなおこの世にあることの喜びが大きかったのだと思われる。さらに同じ四月の「十八日」には「野薔薇採集。道恕亭軍談」とある。「野薔薇」とは薬草としての採集であろう。また、藤阪道恕宅での軍談の会に出席している。そして、「廿二日　晴、出勤届」、「廿六日[晴]同、下谷辺病用兼て病気御見廻御礼申上」と続いている。一月余のうちに、藩邸勤務や病家への往診を再開して平常の生活に復しており、五月二十七日には「葺屋町」、六月朔日には「木挽町」、同二十七日には「堺町」とあって観劇のことも再び始まっているのである。

一篇の漢詩作品を手がかりとして、玄白ととくに五世団十郎との関わりそしてそれらの周辺にあるものを探ってみた。それは十八世紀末から十九世紀初頭における江戸の学者（医者）、文人の世界の一側面とゆたかな常識人としての晩年の玄白の心情を垣間みることになったかと思う。そしてそのことは、この時期の玄白が一方で『野叟独語』、『形影夜話』などの著述を残していることの背景にあるものとして注意しておいてよいことであると考えられる。

なお、本書においては本文中の文献表示は略記するにとどめ、詳しい書誌情報は巻末「参考文献」に掲げた。

I 『鷧斎日録』
――玄白晩年の日記――

一、『鷧斎日録』の発見

『鷧斎日録』（以下、「日録」と略す）の存在が世に知られだしたのは昭和十一（一九三六）年のことであった。同年のほぼ同じ時期に次のような新聞報道と論文の発表が相次いで行われている。

①高浜二郎「杉田玄白の手記『鷧斎日録』」（『歴史地理』六八―三、昭和十一年九月）
②『東京朝日新聞』（昭和十一年六月二十二日）
③原田謙太郎「杉田玄白の日記に就て」（『日本医事新報』七二一号、昭和十一年七月四日）
④原田謙太郎「杉田玄白の鷧斎日録」（『中央公論』五一―八、昭和十一年八月）

これらの報告によりながら「日録」発見の経緯を辿ってみよう。

まず、昭和八年に杉田玄白曾孫の杉田玄端長男、杉田盛氏のもとに伝わった「日録」に接する機会を得たのは高浜二郎氏であった。虫食いが甚だしく、またどんな秘事が記されているか分からないということなどから、それまで公開されたことがなかったが、熱心な高浜氏に特別に閲覧が許されたという。『歴史地理』所載の高浜氏の論文は、

①玄白の誕生日　②孝道　③墓参の記事　④妻安東氏　⑤養子紫石

⑥錦腸の分家　⑦諸孫の記録　⑧驚嘆すべき療治記録　⑨蘭学の人々　⑩大槻磐水の第三妻　⑪柴野栗山と村田春海　⑫伯父何佛の俳句　⑬その他

として、「日録」の概要を初めてまとまったかたちで紹介し、従来の杉田玄白の伝記に多くの訂正増補が加えらるべきことを述べている。

ただ、杉田盛氏がまもなく亡くなったことや、高浜氏の論文の発表がやや遅れたことなどのためか、研究の経緯は殆ど一般に知られることがなかったようで、昭和十一年六月二十二日付『東京朝日新聞』は、「〝蘭学事始〟以上の珍本　百廿余年目に発見！　狂喜の好事家・医学界」という見出しを掲げて、「『蘭学事始』にも優る貴重な而も頗る興味深い国宝的珍書が偶然の事から発見され、学界各方面の非常な話題となっている」として、「日録」の「発見」を全く初めてのこととしてきわめて大きく取りあげている。また所蔵者杉田六蔵氏の話として「問題の日記は亡兄（盛氏）から数年前預ったもので、実はその内容も良く知らなかったのです。それが妙な機会から原田さんの耳に入り、はからずもその真価を知ったような次第です。玄白という人は医学だけの凝り固まり屋でなく、実に多趣味な人間味のあった人らしい」と伝え、さらに発見者原田謙太郎氏の談として「玄白翁のこの貴重な資料が、災厄を免れて今日まで無事に伝わって来た事は天佑という外はない。虫食いのため読むに堪えない程度になっているが、我々は玄白が『解体新書』を訳した趣意に劣らない情熱と感激を以て万難を排してこれを世間に紹介したいと思っている」という談話を載せている。

原田氏による前掲の二つの紹介記事を併せてなおその経緯をみれば、原田氏の杉田六蔵氏宅における「日録」の初見は昭和十一年五月七日であった。さっそくにこのことが原田氏もその一員である「汲泉社」の集まりで話題となり、この新しい貴重な資料をそのままにしておくのは実に学に不忠なるものであるという興奮と感激の議論に湧いたという。「汲泉社」は、昭和八、九年頃から内山孝一氏を幹事役として、「医学の源泉を汲む」という意味で作られたもので、月例の会合に同好の士が集まり医学の先人や古本の話に花を咲かせたという。さっそく、翌六月三日に「日録」の再見の機会が作られ、虫食いが甚だしいため万一を慮って保険をつけた上で修理に出し、一枚一枚裏打ちをし一冊の修理の出来上るのを待構えるようにして読解の作業が進められていったということである。

昭和十二年一月二十三日付の『日本医事新報』七五〇号によれば、「杉田玄白翁の日録は其の遺族にして所蔵者たる杉田六蔵氏より無条件に提供され、目下、岡本隆一、原田謙太郎、内山孝一、三廼俊一、杉靖三郎、村上秀の六氏が分担して筆写研究中であるが筆写も大いに進行している模様であるから本年中には出版の運びとなるであらうと思われる」とあり、この間の経緯が知られる。しかし実際には翻刻本の公刊はかなり遅れて昭和十九年十一月のことであった。編者は杉靖三郎氏、発行所は生活社であった。

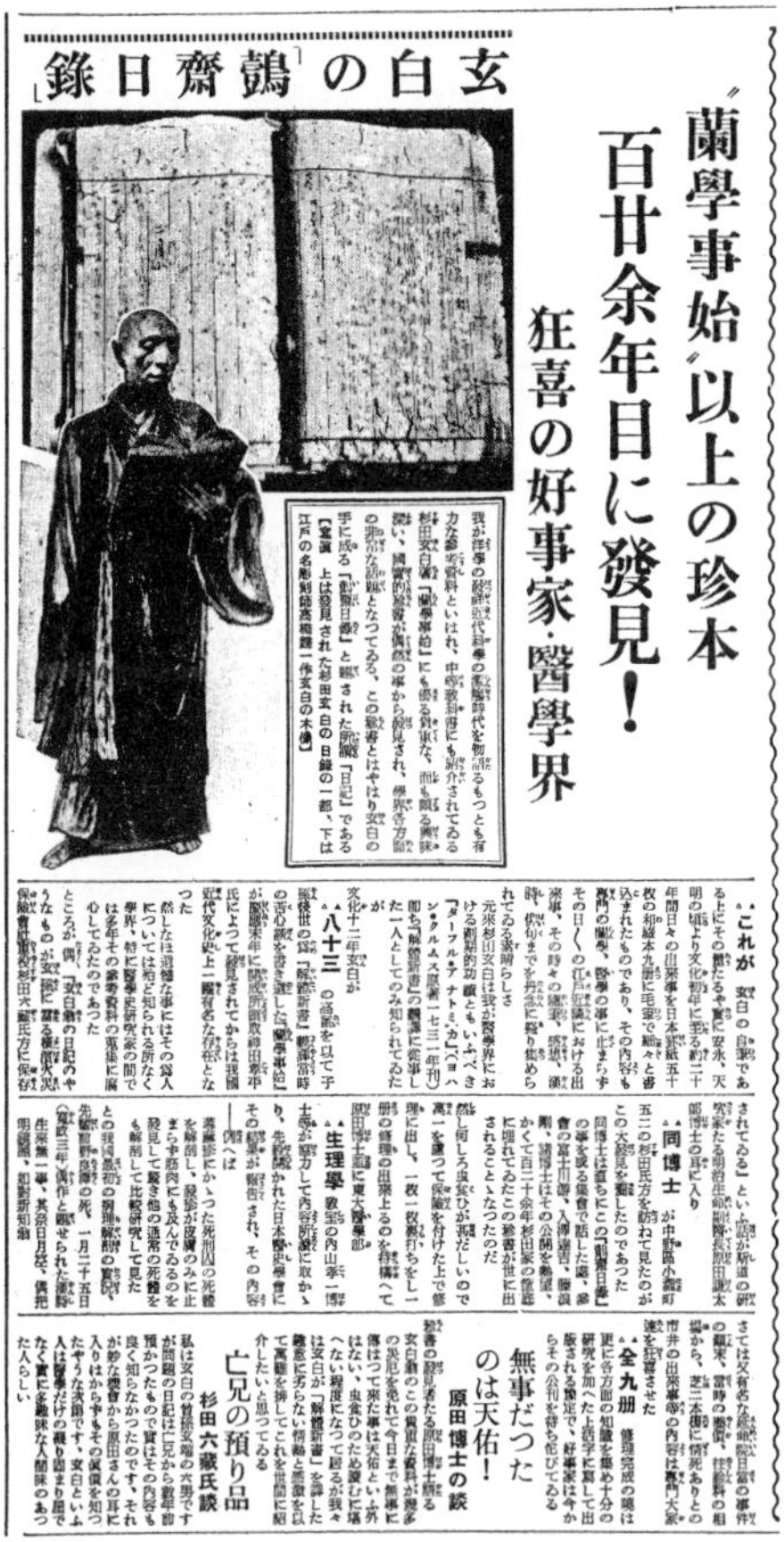

玄白の「鷧齋日録」

〝蘭學事始〟以上の珍本

百廿余年目に發見！

狂喜の好事家・醫學界

図１　『東京朝日新聞』記事（昭和11年６月22日）

その巻頭に杉田六蔵氏は次のような序文を寄せている。すなわち「日録」は杉田玄端から武、盛、六蔵と杉田家代々に伝えられて来たが、個人の日記として公開は控えられていた。盛氏時代に二、三の篤志家にみせたこともあったが、その時には一枚一枚開くことも出来難いほど虫食いが進んでいた。こうした保存状態の悪さと読み解きにくい筆使いを克服して、原田氏らの努力でいわば「日録」が起死回生されたことに感謝の意を表するというものである。高浜二郎氏はその篤志家の一人としてあらためて記憶されるべきであろう。編者による凡例には「杉田家の筐底に埋れること百二十余年、蚕食甚だしく不明の箇所多く、判読し難くなって見出されたことは遺憾であった。この様な不明の箇所の多いものを版に移すのは如何かとも思ったが、我々としては力及ばないので将来の補訂を期して上梓することにした」とあり、「本巻は未だ杜撰、版に移すに堪えないのであるが、この緊迫せる時局下、一まづ、誤多きまま世に問うて、識者の御教示を仰ぎ、将来の訂正を期する次第である」と記されている。

こうして「日録」の発見と公刊に至るまでを辿ってみると、奇しくも同じ杉田玄白の『蘭学事始』が明治二年に至って福沢諭吉らの努力によって初めて公刊された経緯を重ね合わせてみることができる。福沢は明治二十三年、『蘭学事始』の再版に序文を寄せているが、そこで永らく埋れていた『蘭学事始』がたまたま神田孝平によって発見された経緯についてふれ、さらに、

就中、明和八年三月五日、蘭化先生の宅にて始めてターフルアナトミアの書に打向い、艪舵なき船の大海に乗出せしが如く茫洋として寄る可きなく唯あきれにあきれて居たる迄なり云々以下の一段に至りては、我々は之を読む毎に先人の苦心を察し、其剛勇に驚き、其誠意誠心に感じ、感極りて泣かざるはなし。迂老は故箕作秋坪氏と交際最も深かりしが、当時彼の写本を得て両人対座、毎度繰返しては之を読み、右の一段に至れば共に感涙に哽びて無言に終るの常なりき。

と述べ、また、

明治元年のことなり月日は忘れたり、小川町なる杉田廉卿氏の宅を訪い、天下騒然復た文を語る者なし、然るに君が家の蘭学事始は我輩学者社会の宝書なり。今是を失うては後世子孫我洋学の歴史を知るに由なく、且は

先人の千辛万苦して我々後進の為にせられたる其偉業鴻恩を空うするものなり。就ては方今の騒乱中に此書を出版したりとて見る者もなかる可しと雖も、一度び木に上するときは保存の道これより安全なるなし。実に心細き時勢なれば売弘などは出来ざるものと覚悟して出版然る可し。（「蘭学事始再版の序」『福澤諭吉全集』第十九巻）

とも記している。杉靖三郎氏も自著『夜明けの人　杉田玄白』（徳間書店、昭和五十一年）の中で、「戦争はますますはげしくなり、国運も危ぶまれてきたので、とりあえず、「玄白先生のもの」をまとめて出版しておくことにした。この時の心境は、追いつめられて、まさに福沢諭吉が、『蘭学事始』を再発見し、刊行した時と同じであった」と述懐されている。いずれにしても、こうして多くの人々の先人への敬慕の念と、そしてそれを後世に永く伝えようとする学問的情熱を窺い知ることができるように思う。

なお杉氏らによる「日録」の公刊本は、昭和五十六年十月に青史社より復刊されている。杉氏による同書の「再版あとがき」には、初版時を振り返って、用紙不足のため「仙花紙の限定本」として昭和十九年十一月十五日に刊行されたが、「そのころ空襲がはげしくなり、その二、三カ月後に、東京は焼土と化した。そのため本書も、今では極めて入手しがたい稀覯本となってしまった」がここに再版がかなない悦びにたえないと述べている。

ところで、前掲の高浜氏、原田氏の論考以後、「日録」に直接ふれて、その紹介ないしは史料的な検討を試みた主なものを整理してみれば次の通りである。

①高浜二郎「知られざりし柴野栗山と杉田玄白との交游」（『伝記』三―一二、昭和十一年十二月）――「日録」中に相当数みられる「栗山先生へ参る」などの記事を摘出して、玄白と栗山の交渉かかなり密であったことに注目したものである。

②吉田三郎『杉田玄白　高野長英』（日本教育家文庫第三十七巻、北海出版社、昭和十二年）――高浜氏と原田氏に

よる「日録」についての研究報告をふまえて、玄白伝として最も早い時期に手がたくまとめられている。

③岡本隆一「杉田玄白と切支丹」(『日本医事新報』七五〇号、昭和十二年一月二十三日)――「日録」を通して玄白の宗教観を考えるに、当時の士人と異ならず儒仏の思想に懐疑を抱いたり、切支丹に興味を牽いたような感想と思われる記事は全くみあたらない。従って一部に伝えられる玄白の「鶉斎」号は、玄白が切支丹信者であることと関係ありとする説はとれないとしている。

④岡本隆一「杉田玄白翁のお正月」(『日本医事新報』八〇一号、昭和十三年一月十五日)――「日録」中の正月の記事をとりあげて、多方面にわたる玄白の生活を整理し紹介している。

⑤原田謙太郎「玄白と紫溟」(『日本医事新報』一一〇六号、昭和十八年十二月十一日)――『新撰洋学年表』の寛政十二年の部に、吉雄元吉(紫溟)も医家を京都に立てその学塾を蓼莪堂というとある。一方「日録」の寛政二年三月十一日条に、「聞紫溟先生遊来福寺観花賦贈」と題する七言絶句があり、おそらくは天明五年に玄白が、藩主に随行し藩地の小浜へ行った帰路に京都に立寄ったとき以来、両者の交渉があったことを推測しうると述べる。

⑥高浜二郎「和歌の玄白一～三」(『鍍金』二二四～二二六号、昭和三十五年六月～八月)――「日録」中の「歌会」の記事から、玄白の歌人としての側面と、篠崎三伯、村山仲忍、村田春海らとの交渉についてまとめたもの。また、病家往診に忙殺された晩年の姿から、蘭学者として評される通例について、むしろ玄白その人はあくまでも医家を以て任じ、医家を以て徹したのであって、あの蘭学も医術研究のためだったと指摘している。

⑦小川鼎三『解体新書』(中公新書、昭和四十三年)――日本とヨーロッパの医学とくに解剖学の発達過程についての著者の識見を背景として、「解体新書」の内容を分析しその歴史的意義を論じている。そして前野良沢・杉田玄白を中心に蘭学勃興期の人々の姿を描き、終章の一部に「日録」を素材として玄白の後半生を簡単に紹介している。

⑧芳賀徹「十八世紀日本の知的戦士たち」(『日本の名著・第22巻』解説論文、中央公論社、昭和四十六年)――日本

近代の遅い、不安な夜明けの下に生きた玄白、源内、江漢たちの知的営為をたずねる第一章として「内的風景派玄白」と題し、病家往診の記録を基調としながら、随所にはさまれる玄白の詩歌や、あるいは江戸市中の噂話、幕府の達書、諸国の天災、百姓一揆のニュース、海外情報などの多くの情報を含む「日録」の概要を紹介している。

⑨片桐一男「杉田玄白と海外情報」(『日本歴史』二七二号、昭和四十六年一月)――「日録」の中に書きとめられた諸情報の中で重要な位置を占めている海外情報について、それがかなり確度の高いものであり、とくに寛政九年度の阿蘭陀風説書の主内容を把握していることに注目している。そして玄白が寛政十一年三月「近来ヲロシヤ之事より初り、折々官家にても西洋学之事御用相立申候義出来」「蝦夷御開ニ付蘭学ニ志有之者共御用も被仰付」と小石元俊にあてた書翰の中で述べている事実にふれ、蘭学の興隆発展の時期と契機を浮かび上がらせている。

⑩片桐一男『杉田玄白』(吉川弘文館、昭和四十六年)――前記⑨のような基礎作業をはじめとして随所に「日録」の分析をふまえ、玄白の人物と事蹟について広範な検討を重ね、現在得られる最も確実な杉田玄白伝となっている。とくに第十章老境の玄白、第六項(二九九～三一四ページ)を「日記と書翰から」としている。なお同氏「杉田玄白の日記「鶚斎日録」から」(『蘭学資料研究会研究報告』二五八号、昭和四十七年)は「日録」の写真複製版を検討し、刊本に見られる誤読部分について数箇所の指摘を行っている。

⑪山崎彰「『和魂洋才』的思惟構造の萌芽―杉田玄白を中心に―」(『日本洋学史の研究』Ⅱ、昭和四十七年)――『形影夜話』(享和二年稿)において展開される玄白の蘭漢折衷の医論は明らかに荻生徂来の兵法書『鈐録外書』の影響を受けている。一方、「日録」の記録の分析から、玄白の「軍書会」出席が享和元年以後、毎月約二回とかなり頻繁になっている事実がある。このことから玄白の医論形成の背景を考察している。

⑫大鳥蘭三郎「「鶚斎遺稿」について」一～六(『日本医史学雑誌』一七―二、三、四、一八―二、四、一九―一、昭和四十六年～四十八年)――「鶚斎遺稿　詩之二」および「鶚斎遺稿　歌之一」という二冊の写本の翻刻。とくに

前者の漢詩の大部分は「日録」にも収められており両者の綿密な対校を行っている。この結果、虫食いが多いために相当数に及んでいる刊本「日録」の欠字部分を補って、玄白の詩作のより正しい理解が可能となっている。

⑬杉靖三郎『夜明けの人　杉田玄白』（徳間書店、昭和五十一年）――「日録」翻刻出版の主要メンバーとしての蓄積と、医学者としての専門的視角を生かしながら玄白の主要著作の分析をすすめることを中心とした評伝。終章の一節を「芸に遊んだもう一人の玄白」として、「日録」を直接にとりあげ、とくに玄白の和歌と俳句についてふれている。

二、『鶚斎日録』の記事

現存の「日録」は全九冊で、天明七（一七八七）年正月朔日に始まり、文化二（一八〇五）年三月二十五日に終わっている。玄白、五十五歳より七十二歳に至る日々の記録である。玄白は文化十四（一八一七）年に八十五歳で没しているから、文字通り晩年の記録ということになる。

各冊の表題と記載期間については表1のようになっている。表題は本文と同じく玄白自筆と考えられるが、「六」「八」「九」を除き、現存の「日録」の表紙では虫食いが進んで表題の文字が全部または一部が欠落している。また、当初は「日録」として「一」より「十」まであったものが、現在では寛政五年九月より同七年五月までを記録した「五」を欠く状態となっていると思われる。

表1　『鶚斎日録』各冊の記載期間

	表題	記載期間	記載月数
第1冊	（　欠　）	天明7年正月朔日～天明8年8月	20
第2冊	鶚斎日録（欠）	天明8年9月～寛政元年～寛政2年4月	21
第3冊	（　欠　）録三	寛政2年5月～寛政3年12月	20
第4冊	（　欠　）	寛政4年正月～寛政5年8月	21
現存せず	(鶚斎日録五)	寛政5年9月～寛政7年6月	21
第5冊	鶚斎日録六	寛政7年6月～寛政9年4月	23
第6冊	（　欠　）	寛政9年5月～寛政11年8月	29
第7冊	鶚斎日録八	寛政11年9月～寛政12年～享和元年6月	23
第8冊	鶚斎日録九	享和元年7月～享和3年3月	22
第9冊	（　欠　）	享和3年4月～文化元年～文化2年3月25日	24

各冊とも、罫紙五十丁余で「一」より「九」まではそれぞれ月末最終日の記事をもって終筆となる記録方法をとっている、末尾部分に一丁余の余白があっても翌月の記事を書くことはなく、また罫紙最終丁が終わり、なお月末の数日分を裏表紙部分に記したり、「八」のように最終丁を二段書きとして月末までを一冊のうちに収めようとしている。従って「十」の最終丁が余白一行分ほどを残して二十五日の記事で終わっていることは、「日録」としての終筆をこの時としてよいと思われる。終筆の事情については記事自体にとくに変化もなく不明である。また起筆の事情についても不明である。改まって筆を起したという風もない。むしろ「日録」の全期間を通じて記録の仕方や取り上げられる事項がほぼ一貫しており、かなり定型化していることからみて、むしろ他の時期にあっては、例えば名称の異なる同様な日記が残されていた可能性もあるのではないかと考えられる。

ただ、「日録」起筆の天明七年という年は、将軍位が家治から家斉へと継承され、また松平定信が登場するなど幕政史上のひとつの画期である。玄白自身についてみても、この時期には養嗣子伯元が小石元俊、柴野栗山のもとで修業を積んで自立への道を歩み出している。また、高弟大槻玄沢が天明七年に学塾芝蘭堂を開き、蘭学者として本格的に活躍を始めている。さらに玄白は、宝暦十年より天明七年に至る天変地妖の見聞をまとめ、天明の飢饉を背景とした社会不安と田沼政権末期の混乱の事情を記録して、定信登場を歓迎し時勢の転換を期待しながら筆を擱く『後見草』を著している。天明七年という年は、「日録」の成立を考えるにふさわしい年ともいいうるのである（四四四ページ参照）。

「日録」各冊の記載期間は二十数か月ずつである。罫紙一行を二行分として、細々とした文字が書き込まれている。句読点もなく漢詩なども改行することなく記されている。今試みに任意の一ページとして、寛政元年正月の前半部分を開いてみよう。

正月　大。

吉日　快晴。御礼。若殿様御退出後、築地太田様夜中病用。□□にて小十人衆酒狂、池原雲洞献上間違差控。
二日　同。寒甚。柳橋病用。夜鳥越病用申来宗安遣。
三日　同。直。
四日　同。牛込に年礼。
五日　同。臥病。赤見一斎死。
六日　雨。御唄初。（漢詩二首略）
七日　晴。直。甲子。
八日　同。下谷・本郷年礼。夜川村寿庵亭病論会。此夜おか南安産男子出生。
九日　同。丸内年礼。酒相模守様伺、西久保牧野大婦人伺、戸沢様御年礼。〇平井三琢若州勤番被仰付。
十日　同。本郷・筋違内・月池年礼。〇夜小田原丁火少。
十一日　同。余寒甚。直。麻布日ケ久保火。〇去暮より今春に至□寒甚、信州地殊強、六七十年来之寒之由、築〔筑〕摩凍結樹木口□裂と云。
十二日　同。深川・浅草・吉原病用。
十三日　同。牛込。
十四日　□　後雨　下谷・本郷・浅草病用。
十五日　雨。直。山崎出生、竹松と名付。

まず天候が記され、次いで当直その他の若州小浜藩医としての日常が記される。「病用」とあるのは諸所の病家往診のことである。また、病論会などの会合への出席、玄白周辺の人事往来など日々の記録がなされる。そしてさらに、折にふれて詠まれた玄白の詩作、またその多くは藩邸勤務や病家往診の途次に得たであろうところの諸情報が書きとめられている。ここでは、前年の暮から今春にかけての寒さが厳しい中で、とりわけ「信州」では「六七十年来之寒之由」であり、また「築摩（筑摩）」では「凍結樹木口□裂と云」といったことなどが記されている。多忙な一日を振り返りながら日々、机に向ったのであろうか。その記述の仕方はあくまでも簡潔である。事実経過が淡々と綴られていてほとんど個人的感情を混えない。身辺の諸事からさまざまな情報の記録も含めて基本的にはなんらの論評をも加わえないかたちがとられている。いわば冷静な臨床医の眼による記録であるということができるように思う。しかし子細に検討するならば、その記録のつみ重ねの中に玄白の関心と感懐がどこにあったのかをみることは可能であり、また随所にはさまれる漢詩などをあわせて玄白晩年の世界を探り出しうる貴重な記録となっているのである。

日付や記事を欠く事例は次にみるようにごく僅かである。まず日付及び記事を全く欠くのは、寛政九年五月十六日、寛政十一年九月七日、同十二月二十五日〜三十日、文化元年八月十九日の三件である。また、寛政四年二月二十八日、同月二十九日、同月三十日、寛政八年十二月十一日、寛政十一年十二月二十五日、同月二十六日、同月二十七日、同月二十八日、同月二十九日の九件も日付及び記事をみることができないが、これは原本の虫食いのためである可能性のあるものである。さらに、享和二年三月十四日から二十九日までの間も日付及び記事を欠いている。十三日に発病し、一時は人事不省の時もあったほどの病床についたためであろう。しかしこの場合にも、十三日の項の途中部分から、明らかに後日の筆で発病から回復の経緯についてふれ、「病中吟」を併記し、また欄外頭注のかたちで、病中の所用処方を日を追って書き加えている。必ずしも頑健ではなかった老境の玄白は、この享和二年の事例のような場合以外にも、その表現によれば「不快在宿」ということで常々の往診などをやめ家中に留まることが度々あったが、この時にも少なくとも天候だけは書きとめて日記の記載を止めていない。

もっとも、前後の筆使いからみて、それぞれ日を分けて記録された数日分の記事が、実際は一時にまとめて書き留められたのではないかと思われるところも散見する。また天明八年七月の記事に、「十一日　晴　直。今日江州舟木辺大波立り、人家床上二三尺及□□□由」とか、「廿七日　□□□□□□浅草病用。○今日若州洲崎無風して人家［（虫損）］」とあるように、近江あるいは若狭など遠隔地に起きた災害情報が記されている例がある。これは、後日知りえたニュースを当該日に当てはめて書いたのであろう。天明八年十一月八日の記事は、「同［晴］。丸内病用。夜目黒亭会。○廿九日に記。御仲間一件、本人此頃大磯にて被召捕、其事其父承、妻子召連立退、板橋辺にて親子三人さしちがへ死と云」とあるが、「御仲間一件」については「廿九日に記」として後日書き込んだことが明記されている。さらに、享和三年十月十七日の項に、「雨雲。近所・駿河台病用」とあって、続いて、「前野良沢死」とあるところについて、墨色の相違からあるいは四日後の二十一日に追加記入したものなのではないかと、片桐一男氏の推測されているような事例もある（片桐「杉田玄白の『鷧斎日録』から」）。

享和三年七月には、「六日」に、「今日より不快痢疾。在宿」とあって、「廿一日」に至ってようやく「今日得起色調合所出」とあり、さっそくに築地方面に病用外出をしている。この間、日々の天候を記し、いくつかの詩作が書きとめられているが、「八日」の「病中吟」とおそらくは同筆で、「九日」より「十三日」までの五日間の日付の下に一続きの戯文を日に一行ずつに書き分けているような場合もみられる。また、寛政十二年十一月十八日、俳諧連歌師紫石（蓼和隠士）と友人安親が江ノ島に遊んだ折の挿話を思い起こしつつ、「立かへる千世と鳴鵆（ちどり）」と詠んだ句を添えた一文が記されている。おそらくこの日に玄白宅で開かれている「源会（源氏会）」あたりでの話題となったことなのではないかと思われるが、若干の字句の相違があるもののこれとほぼ同文が十二月十五日にも記されている。享和三年五月には、「十一日　大雨有風。近所・本庄・深川・浅草病用」とあって、次行に再び「十一日」として、「晴。本町・駿河台・近所・本庄病用」という記事が重なるような混乱もある。

いずれにせよ、このようないくつかの例外的な事例のほかは、途中の欠本部分の二年近い期間と、虫食いのため判読しがたい部分を除き、前後十四年余におよぶ玄白晩年の日々の記録が書き継がれているのである。

前述のように我々は原田氏を中心とした人々の翻刻公刊の努力によってこの記録に容易に接することができるようになっている。ただ、この刊本には次のような数箇所の脱落個所がある。

○（天明八年三月）廿二日　曇雨。不快在宿。直。飛驒守様奥様御死去。若州より大□来。

○（寛政十一年二月）十日　雨。蔵前・下谷病用。

○（文化元年十二月）廿六日　曇。本庄病用。

また、子細に検討すれば、すでに片桐氏や大鳥氏も指摘されているように「日録」原本の誤読部分も散見することなどのなお若干の問題を残している。しかし一方で、原本の保存状態も関係して現状では刊本以上には判読しがたいところも多々あるのも事実である。筆者は杉田秀男氏のご厚意により「日録」の原本の披見の機会を得、必要な箇所についての写真撮影をも許可された。また、大鳥蘭三郎氏のご配慮により「日録」全文の写真複製版を手許に置くことができた。このことにより、本書全般にわたり「日録」の刊本を基礎とし、随時、写真複製版を参照しながら検討を進めた。

三、「鶚斎遺稿詩之二」及び「鶚斎遺稿歌之一」

玄白が多才な教養人として詩歌にも長じていたことは、「日録」に記された漢詩、和歌、俳句など数多くの作品によって知ることができる。「日録」の全体を通じて日々折々に詠まれ書きとめられた詩歌の数は表2にみるように相当数にのぼる。漢詩一七八首、和歌一一六首、俳句一八二句である。ほかに狂歌、川柳、その他を合わせて四十三編がある。このうちには必ずしも玄白自作ではなく、当時、人口に膾炙したものを書きとめたのではないかと

表2 杉田玄白の詩歌 （＊「日録」を欠く）

		漢詩				俳句	和歌	狂歌	川柳・その他
		共通	日録のみ	遺稿のみ	計				
天明	7	12	1		13	5	0	2	2
	8	12	3	2	17	6	7	0	2
寛政	1	29	4		33	9	0	3	0
	2	12	1		13	4	4	5	1
	3	10		1	11	5	0	2	1
	4	12	2	4	18	4	8	2	7
	5	2		7	9	1	1	2	0
	6	*	*	*	*	*	*	*	*
	7	2			2	12	20	1	0
	8	1			1	13	1	1	0
	9	4			4	8	11	0	0
	10	7	1		8	12	3	5	0
	11	3	1	1	6	5	23	1	0
	12	3		3	3	14	7	1	0
享和	1	7	2		9	16	8	1	1
	2	8	1		9	16	10	0	0
	3	11	3		14	12	4	0	0
文化	1	16	2		18	26	6	1	1
	2	5	1		6	4	3	1	0
計		156	22	18	236	182	116	28	14

考えられるものも含まれており、参考としてあわせて表示した。

また、前述のように、「日録」とは別に「鷧斎遺稿歌之一」と題する写本が伝えられている（慶應義塾大学医学部図書館蔵）。大鳥蘭三郎氏の報告によれば、前者は天明七（一七八七）年七月十七日の冒頭の詩篇から文化元年九月六日の最終作品まで全一七二首の漢詩を収録し、後者には文化三（一八〇三）年九月より文化四年までの全四四三首の和歌が収められている。「日録」は、天明七年正月朔日に始まり、文化二年三月二十五日まで書き継がれた記録である。したがって、漢詩について「日録」と「鷧斎遺稿詩之二」の記載はほぼ重なっており、両者に共通する作品は一五六首ある。また「日録」にのみ記録されているもの二十二、「鷧斎遺稿詩之二」にのみみられるもの十八首であり、「日録」記載期間に残された漢詩作品は合わせて二三六首ということになる。共通する作品一五六首のうちにも、両者を比べると用字に違いのあるものがある。「日録」については前述のように原本の虫食いが甚だしく、判読の困難な箇所も多い。したがって翻刻刊本には欠字部分も少なくない。また刊本のミスプリントないしは翻刻の際の原本の誤読かと思われる部分もままみられる。また、「鶚斎遺稿」にもテキストの誤写かと思われる箇所が散見する。玄白の漢詩作品を同時に伝える二つのテキストはこれらの疑問点についてそれぞれ検討の手がかりが与えることになる。また、二つのテキストにみられる同一詩篇の用字の相違について、単なる誤写、誤読などとは考えにくく、とくに「鶚斎遺稿」としてまとめた際に推敲の手が入っているのではないかと思われる点もある。しかしながら、「鶚斎遺稿」の成立及び伝来の経緯が必ずしも明らかではないので、本書での漢詩の引用については、「日録」刊本に所載のかたちを基本とし、かつ「日録」原本の写真複製版を参照して可能な範囲で刊本の誤読ないしミスプリントを修正すること、また、「鶚斎遺稿」をも随時参照することとしたい。ただしテキスト相互の異同、校訂の経緯などについての注記はやや煩雑になるので省くこととする。

漢詩の訓読については金文京氏の手を煩わせた。

Ⅱ　多忙な日常
——臨床医として——

一、藩邸勤務

前章に例示したように「日録」の記述はかなり定型化したものとなっている。とくに、基本的には「直」あるいは「病用」と記された日々の記事にみるように、江戸詰めの小浜藩医としての当直などの勤めを果しながら、求めに応じて諸所へ往診に出かけるといういわば臨床医としての玄白の日常を記録したものとみることができる。

ここでまず「日録」記載期間の若狭小浜藩のあらましについて触れておきたい。寛政六（一七九四）年版の武鑑より摘記すれば、

藩主・酒井修理大夫、所領・若州小浜、拾万三千五百五十石、江戸城雁間詰め、江戸参府・六月、上屋敷・浜町、中屋敷・同所、下屋敷・牛込

とある。藩主酒井修理太夫忠貫は延享四（一七四七）年に生まれ、宝暦十二（一七六二）年に前藩主忠與の後をうけて遺領を継いだ。文化三（一八〇六）年国元の小浜で没している。室は松平陸奥守宗村女であった。嫡子靭負佐忠進は酒井飛驒守忠香（越前敦賀一万石）七男として明和七（一七七〇）年に生まれ、天明五（一七八五）年に忠貫の養嗣子となった。忠貫の遺領を継ぎ、文政十一（一八二八）年に没している。室は奥平大膳太夫昌鹿女であった

表1

	病用			直	在宿	その他
	A	B	C			
天明7	15.9	33.3	2.1	6.3	2.6	6.0
8	15.2	33.6	2.2	5.6	1.3	7.5
寛政元	20.7	51.2	2.5	5.3	1.5	2.5
2	18.3	45.8	2.5	5.3	1.3	5.1
3	16.8	39.3	2.3	4.0	2.8	5.8
4	16.8	37.4	2.2	4.1	1.3	7.6
5	13.0	26.3	2.0	1.5	1.0	14.4
7	22.3	50.2	2.3	0	3.4	3.9
8	18.9	42.9	2.3	0.2	3.3	7.3
9	21.8	44.0	2.0	0.4	1.8	5.5
10	19.3	39.6	2.1	0.3	2.8	7.4
11	19.0	39.0	2.1	0	2.3	8.1
12	21.8	52.8	2.4	0	2.2	5.5
享和元	19.7	43.9	2.2	0	0.8	9.2
2	17.1	35.8	2.1	0.6	1.3	10.6
3	18.9	45.1	2.4	0.1	1.3	9.2
文化元	18.5	39.6	2.1	0.1	1.8	9.2
2	17.3	37.3	2.2	0.3	0.7	11.0

（「須原屋版・袖珍武鑑」『徳川幕府大名旗本役職武鑑・第一巻』、『寛政重修諸家譜』、『続徳川実紀第二篇』）。

また玄白の経歴についても簡単にみておく必要があろう。玄白は享保十八（一七三三）年九月十三日に江戸牛込矢来の小浜藩下屋敷内に生まれている。小浜詰めとなった藩医としての父甫仙に従い、元文五（一七四〇）年五月に小浜へ赴き、延享二（一七四五）年五月、再び江戸詰めとなった父に従い江戸へ帰った。玄白十三歳の時である。十七、八歳の頃から漢学を宮瀬龍門に、またオランダ流外科西玄哲につき医学を学び始めた。宝暦二（一七五二）年十二月、二十歳となった玄白は筋違御門近くの小浜藩上屋敷への勤務を命ぜられた。同七年、日本橋通四丁目に開業し、その後火災により日本橋箔屋町、さらに同掘留町へ移転した。明和二（一七六五）年六月に奥医師となった。同六年九月、父甫仙没し、十一月に侍医を継いで跡式三十人扶持を受け、浜町の新大橋西詰の小浜藩中屋敷に移った。同年四月内科を兼帯し薬種料十両の給付を受ける。この年、玄白三十七歳であった。

明和八（一七七一）年三月、千住小塚ヶ原での観臓に臨み、直ちに前野良沢、中川淳庵、桂川甫周らとともに『ターヘルアナトミア』の翻訳に着手した。安永二（一七七三）年五月、安東登恵と結婚、同三年八月『解体新書』を刊行した。同五年藩邸を出て浜町に外宅することを許された。寛政五（一七九三）年六月、禄高二百二十石を支給されている。文化二（一八〇五）年七月には将軍家斉に拝謁を許され、また御近習頭格となった。同四年年初に家督を伯元に譲り隠居した。七十五歳であった。文化十四（一八一七）年四月十七日、八十五歳の生涯を閉じた。酒井忠用（元文五～宝暦七）、忠與（～宝暦十二）、忠貫（～文化三）、忠進（～文政十一）という四代の藩主に仕えたことになる。法名九幸院仁誉義真玄白居士、芝天徳寺栄閑院に葬られている（片桐一男『杉田玄白』）。

さて表1は、「日録」の記事により、各年度ごとに毎月の病用外出日数（「病用」）、当直日数（「直」）、在宅日数（「在宿」）のそれぞれを整理し、その平均日数を示したものである。「その他」の欄は、「日録」原本の虫食いのためにこれらに関する記事を読み取れないか、あるいは玄白自身の病気その他の事由により病用外出などがなかったと考えられる日数である。病用外出については、その日数（A）のほかに、病用外出先の地名（人名を含む）の延べ数（B）、さらにB／Aすなわち一日あたりの往診件数と考えてよいかと思われる数値（C）も示している。また表2は、各月の病用外出日数について、五日ごとに段階区分（Ⅰ～Ⅵ）をし、各年度ごとにそれぞれの区分に相当する月数を表示している。これらの資料によりながら、臨床医としての晩年の玄白の日常のあらましをみてみよう。

まず「日録」中に「直」と記されるものである。この日は原則として他に「病用」などの記事はみられない。小浜藩医としての玄白の江戸藩邸当直日と考えられる。勤務の仕方については、表1にみるように平均的には天明七年から寛政四年の間で一か月四回から六・三回とや

表2　（△閏年）

	Ⅰ 0～4	Ⅱ 5～9	Ⅲ 10～14	Ⅳ 15～19	Ⅴ 20～24	Ⅵ 25～30
天明7	0	0	5	6	1	0
8	0	2	3	4	3	0
寛政元△	0	0	1	4	7	1
2	0	1	1	5	5	0
3	0	1	2	6	3	0
4△	0	0	4	5	4	0
5	0	2	4	1	1	0
7	0	0	0	1	6	0
8	0	0	2	5	5	0
9△	0	0	0	1	9	3
10	0	0	2	3	6	1
11	0	1	2	2	7	0
12△	0	0	1	1	8	3
享和元	0	1	0	3	8	0
2	1	1	0	6	3	1
3△	0	0	1	5	7	0
文化元	0	0	1	7	3	1
2	0	0	1	1	1	0

や幅のある数字となっている。「日録」原本に虫食いが多いため記録が揃わなかったり、また藩医それぞれの都合で交代しあったりすることがあったために、このような数字になったと考えられるが、藩医の当直は原則的には三日ないし四日に一度の勤めであったようである。「日録」中に次のような記事があり、さらにその前後の記事によって勤務状況が三日に一度あるいは四日に一度という条件で相互に変化しているらしいことが推測しうる。

○今日より乙竹昌順出番四番ニ成。（天明八年六月七日）

○直、今日より番延四番ニ成、宝井玄斎と振替に成。（寛政二年六月十九日）

○直、仙安引込に付今日より三番。（寛政三年三月十四日）

○室井［宝井か］玄斎牛込引越ニ付今日より三番直。（寛政三年十二月二十六日）

○［（虫損）］民頼直。昨日より牛込□□る出番に付四番。［（虫損）］（寛政四年正月七日）

当直勤務を他に替わって引き受けたことについては、このほかにも、「玄適被頼直」（天明七年二月二十三日）、「仙安頼により直」（天明七年十月十九日）、「□因中川頼直」（憲政元年十二月十四日）などのような記事をみることができる。

また「直、中川へ頼」（天明七年四月二十九日）、「直なれと頼、本庄辺病用」（天明七年十月二十六日）、「不快在宿、頼中川直」（寛政元年二月六日）、「直、中川を頼、中橋・月池［築地］病用」（寛政元年五月二十一日）などのように玄白自身の当直を他に依頼している場合もある。天明七年の場合で、毎月二、三件、寛政元年の場合で毎月三、四件あり、この方がむしろ玄白が当直を引き受けた例よりも多くみられる。天明七年十月の「不快在宿」というのは健康上の問題で出勤できず「中川」と交代したということであるが、寛政元年五月の場合は、中橋・築地への「病用」のためという。藩医としての勤めに優先する緊急事態であったのであろうか。こうした事例中に玄白の同僚の名がみられる。中川（仙安）、安方、小杉（玄適、玄民）、乙竹（昌順）、宝井（玄斎）、河毛（松柏）以上の六姓であるが、とりわけ「中川」の名が頻出している。

あらためて表1をみてみよう。寛政五年の「一・五」という数字は、前述のように「日録」の「五」に相当する部分が現存しないために、この年の九月以後の資料を欠くことと、原本の虫食いのため判読できないところも多く実数以下になっていると思われるものである。また、寛政七年以後の数字は「0」もしくは「1」以下である。定期的な当直勤務に就かなくなっていると判断される。「日録」の寛政四年十二月十六日の条に「伯元被召出七人扶持被下、本道兼帯披仰付」とあるように嗣子伯元が養父玄白同様に内科を兼任するようになったことと関係して、「日録」欠本部分の寛政五年九月以後のいずれかの時点から当直を免除されるようになったのではないだろうか。

この寛政七年六月以後でも稀に当直をしている場合がある。八件二十一回ほどの事例であるが、藩邸内での藩主とその周辺の人々の病気や出産などの際に特別に出仕を命ぜられたもののようである。

例えば寛政九年（玄白、六十五歳）の八月二十七日、三十日、九月三日、七日という連続の当直は、八月二十五日に、「日録」の「御新造様御安産、御姫様御出生、詰」とあることに関係するものであろうし、また同じく寛政十年十月の七日、十六日、二十日の事例は、「日録」同三日に「御新造様御安産、御姫様御誕生」とあることによるものであろう。さらに、文化二年（玄白、七十三歳）の三月十一日の事例も「日録」の同八日に、「夜若殿様御三男様御誕生、此夜御殿ニ宿ル」とある藩主嗣子酒井忠進の三男達三郎の誕生に関わる臨時の勤務であったと考えられる。

また、これよりさきの享和二年十一月（玄白、七十歳）にも、四日、八日、十二日、十九日、二十二日、二十五日、二十八日と都合七回の当直記事がみられる。これは、同月二日に「御中屋敷御姫様誕生」とあること、また同月十六日に「夜子刻、御中屋敷男子御安産」とあることによるものであろう。「日録」はこの間の藩邸内の動静と玄白自身の当直の事実についてごく簡潔に記すのみで、他のことについては全く触れていないが、この連続した藩邸勤務は玄白の代表的著作の一つである『形影夜話』を生みだす機会となったという特筆すべきものであった。

同書の玄白自身による序文はこの間の経緯を語っている。すなわち、亨和二年十一月藩主養嗣子酒井広遠の女官に姫君、また北の御方（中津藩主奥平昌鹿女）に若君が相次いで誕生した。このため「薬師」どもが皆呼ばれて伺候していたが、何事もなかったので間もなく暇を賜った。しかし、いまだ日数もたっていないことなので一人ずつは宿直せよとの命があって、御館の内に直所を賜って自分も伺候したというのである。そして長い夜のつれづれに、何をするということもないので、懐紙から毛抜きを取り出しあごひげを抜こうとしたけれども、久しく使わなかったので思うままに咬み合わない。たまたま障子の外を行く女房があって、鏡の借用を申し出たところ心易く貸してくれた。そこで、これを柱にたてかけ燈火をかかげて覗きこむと、「顔のさましわみ多く、老のなみだ目をうるほし、歯も所々残りて、さもみにくげに神さびたる翁」が立っている。そして、「我はかげ法師といえる法師にて、おことと我は二り子なり、兄ともいへ、弟ともいへ、心隔ぬなからゐなり」といったというのである。『狂医之言』や『野叟独語』でもとっている対話形式という玄白得意の趣向であるが、この影法師のすすめで、「外に聞く人も侍らねば、心おくかたもなし、こなたよりも胸に思うあらましごと残りなく語りつゞけさむらはむ、我家のわざによりては、おろかなることも、恥かしき事も、ほこらしき事も、人わろき事も、そこいなく語り申侍るべし、互によれる年の波、積ることども、こちたくとも聞せ給えかし」ということで、夜明け近くまで語り合ったことをありのままにまとめたものであると結んでいる。以下、『形影夜話』本論ではこの影法師との問答というかたちをとって、玄白半生の医学研鑽の蘊蓄を傾けた議論を展開していく。この著作の着想を宿直の間に得たということ自体あるいは玄白の卓抜な仮構の可能性もあるけれども、藩医の藩邸伺候の実際を窺いうるという点だけに限っても興味深い内容の序文ということができよう。

亨和三年では五月二十八日に当直の記事がある。「不快在宿、兼て鷹姫様御麻疹故直宿」とあるものである。この直前の二十一日と二十二日、そして翌日の二十九日にも「不快在宿」とあり体調が勝れなかったがそれを押しての出勤であった。この頃、広範囲にわたって麻疹の流行があり、かなり深刻な問題であったらしいことは「日録」の記事にも各所にあらわれている。例えば四月の末尾には、「当月上旬より上方より麻疹流行来」とあり、五月の末尾にも「当月麻疹弥流行、官より貧民ニ米を賜る、吉原様へも給う、一人一斗積りにて六千人余と云」とあって、さらに去る四日頃に六番丁の旗本小林新二郎の女中が神がかりをして「我は西国山中に居る麻疹ノ神ナリ、柳枝ニて棚ヲ作リ炊立ノ飯ヲ供ヘハ軽くナサシメン」といったが、無智の田舎者が松竹梅三字を書きその名を問うと「□□在明神」といったという伝聞を記している。

また欄外（九日から十八日の記事の頭部）にも二件の関係記事を書きとめている。一つは牢屋同心石田小知の話ということで、去る九日に為替金盗人、嶋屋手代の処刑があった。麻疹にかかっていたということで人切浅右ヱ門が試みに死骸を「解見」したところ「心肺二臓尽く麻疹発居候由、元ヨリ其体中之熱手を恪する程」であった。また素人のことで他も同じことかと考えて別の刑人を「解見」したところ、これには疹はみえなかったという話を記録している。またその二は、嶋谷玄常の妹が妊娠中に麻疹に罹患し、死産の胎児の体に悉く麻疹があったという記事である。麻疹流行の社会的影響が大きかったことを物語るが、また玄白の医者としての関心がこのような情報を書きとめさせたものと考えられる。さらに、六月三日には「此節御新造様御麻疹、不及詰」とあり、同十二日には「□姫様御麻疹、此夜一夜玄民詰、其外ハ不及」とあって小浜藩邸内の麻疹流行が収束していない状況をみることができる。このほかになお寛政九年八月五日「直、若殿様御書会」、文化元年十一月二十一日「田安三叉御屋敷御成ニ付、直宿」というような当直の事例をみることができる。

前述のほぼ定期的な当直勤務が行われていた「日録」第四巻以前の部分にあっては、その当直日に直接関わりのある藩邸内の医事は起こっていないようで、ほとんどこれといった記事はみられない。しかし一方で、主として浜町の藩邸（三叉屋敷）付の医師として藩主嗣子忠進の診察についての記事がかなりの頻度でみられる（『形影夜話』）。たとえば、天明七年には一月二十一日に「若殿様御癤膏薬上ル」、八月一日に「若殿様少御不快ニ付、不暁ニ伺、今迄八ツ時頃若殿様御下痢ニ付、薬差上」、八月五日に「若殿様相休薬」、八月十八日に「若殿様御灸」、さらに寛政二年には三月二十日に「若殿様御怪□」とあり、翌二十一日には次の漢詩が書き留められている。

奉問世子臥病　　世子病に臥すを奉問す
仙郎臥病墨河浜　　仙郎病に臥す墨河の浜
会客高堂囲棋親　　客と高堂に会し棋を囲んで親し
豪気樽前猶自若　　豪気樽前に猶お自若たり
笑談不減剡臂人　　笑談臂を剡（けず）れる人に減ぜず

世子を浜町の藩邸に見舞ったが、客人と囲碁を楽しんでいる。泰然自若として常と変わらないそのさまは、あの臂の骨をけずりながら笑談したという関羽にも劣らないのではないかと詠じたものである。

また、寛政二年九月三十日に「当月より若殿様日々拝診相止、十日となる」とあり、十月一日に「若殿様診」という記事がみられる。寛政三年には三月二十九日に、「若殿様御殿中にて急に御病気に付御下り、雅楽様へ御下り、御迎に参る」ということがあった。これより先の二十四日には忠進の弟、のちにその養嗣子となる亀太郎が誕生し、玄白も牛込の藩邸へ出かけている。そしてこのことにより、中川仙安が牛込邸への隔日の見廻役を命ぜられ浜町邸の勤番を引くことになり、おそらく玄白らに通常以上の負担がかかっている時であった。翌三十日に、「若殿様御不快ニ付、相詰に夜泊ル」、四月朔日に「同相詰ル」、二日「折〲若殿様御殿へ出ル」、三日「昨日より本当に戻り、直」、十日「若殿様診常に帰る」と、この間の事情を伝える記事が続いている。しかしまた、同月十五日に「原丁、牛込病用、若殿様御病気に付急帰」、十七日「在宿、但若殿様御病気付」とあり、五月三日になってようやく、「今日若殿様御平癒、御上屋敷御成に付、平日診に戻ル」ということになる。そして十月十四日「若殿様御灸初ル」とあり、十二月二十五日には、「若殿様御病中出精相勤めるにつき」ということで、玄白は御吸物・御酒ほかを賜いその労をねぎわれている。

寛政十一年九月二十四日には「小石元俊、若殿様御□診□□」という記事がある。この時、小石元俊は、丹後田辺牧野侯の招きで長子元瑞を同道して京都から東上して来ていた。この前後に、玄白から元俊に宛てた書簡が十通ほど残されていて、この間の事情をやや詳しく知ることができる。すなわち、玄白は元俊の江戸滞在中に、「世子持病」につきぜひお目に懸け申したいとして診察を依頼し、併せて石川玄常にも同席するよう依頼していた。ところが、あちこちからの診察の申込みで多忙な元俊の日程の繰合せがつかず、数回のやりとりがあってようやく九月十九日及び二十四日の診察が実現している。「日録」九月十九日の条に「若殿様［(虫損)］」とあり、虫損があって判読できないが、このことが記されている箇所かと思われる。また九月二十五日付の玄白の書簡は、前日の元俊の労を謝し、あわせて当日診察を受けられなかったもう一人の患者を同道して、再度元俊の旅宿を訪ね診断を乞うべく面会したいと申し入れている。「余り残念御座候間、何卒容子懸御目思召も承度存候間、明朝御旅館迄伺公仕度」というものである。約一か月の江戸滞在から帰西した元俊へ宛てた十一月九日の書簡には、

先達てハ無存懸御出府、久々にて緩々拝謁、誠不相替御懇意被仰下、辱奉存候、世子容子も御覧被下、御差図之灸治今以仕候処、相応の趣ニて候、近比総体宜、御蔭故と不浅辱御噂被申出候、毎度玄沢、玄真抔も噂申上候、如何、御門生方にも御達者ニ御座候哉、宜御伝声可被下候

と記されている。持病をもち病弱であったらしい藩主嗣子忠進のいわば主治医として、信頼を寄せる元俊の東上を機会に診察を要請し、その指示によって灸治を施し効果をあげたというのである（山本四郎「小石元俊伝研究」）。

藩主忠貫についてはあまりその記事をみることができない。わずかに寛政三年六月に、十五日「殿様御不快ニ付、

以後御登城御延引」、十九日「殿様御不快ニ付、直」、二十日「殿様御不快ニ付、在宿」とあること、また寛政四年六月三十日に「若殿様牛込御供、殿様御不快ニ付、急に被召」とあることのみである。

ところで玄白は主として浜町の藩邸（三叉屋敷）に勤仕しているわけであるが、折々牛込邸へも出仕している。「牛込診」「牛込へ出る」というかたちの記事が散見する。例えば寛政九年七月四日に、「亀太郎様不快に付、牛込へ出る」とある。亀太郎は藩主忠貫二男としてこの時七歳になっているが、同日、玄白養嗣子伯元が牛込詰めを仰せ付けられており、翌五日に出仕し、さらに翌閏七月六日に「伯元牛込引取」とあって、その治療に一か月ほど従事しているような例をみることができる。また、寛政十年三月から四月にかけて、「温姫様御卒去」（三月二十八日）、「御新造様御妊娠惣診」（四月十一日）、「今午上刻鎰姫様御卒去」（四月十六日）ということが次々とあって、「牛込診」、「牛込出」、「牛込詰」という記事が前後十数回みられる。足繁く牛込藩邸へ出向いているわけである。

なお、「日録」には、「紅葉山御成付、西丸大手御供」（天明七年五月八日）といった記事がある。おそらくは、江戸城中紅葉山の東照宮に藩主が参拝するについて西丸まで随行したということであろう。藩医としての玄白のいわば公務というべきことであるが、「御供」として藩主、あるいはその夫人や嗣子などの諸所への移動に、ある時は花見などのことを含んで同道したことの記録は「日録」全般にわたってかなり頻繁にみられる。また、「御前へ召」、「若殿様召」といった記事も同様に多くみられる。藩医玄白の日常は藩医としての医事のみにとどまらずきわめて多忙であった。

二、病用外出

「日録」には、玄白が藩医としての藩邸勤務以外にいわゆる往診に出かけたことが「病用」として記録されている。表1および表2にみるようにその病用外出日数はきわめて多い。毎月の半分、多いときには三分の二近くに及んでいる。しかもそれが玄白五十五歳から七十二歳に至るまでほぼ変わることなく続いており、むしろ寛政元年以後の方が、第五段階（V）すなわち月に二十日ないし二十四日の病用外出日数のあった月が多くなっていることが読み取れる。また、全体を通してみると一年のうち三～四月と九～十月に比較的病用外出日数が多く、六～七月に少なくなる傾向がみられるようである。

一方、玄白がその居宅を離れることがなかったことを示すと考えられる「在宿」と「日録」に記された日数は表1にみるように、各年度平均で毎月四日を越えることはなくきわめて少ない。在宿の理由としてはまず「不快」というものが多い。これは別に「臥病」という表記があるので、病気というよりは体調不良といったことであると思われる。次いで「大雪」、「風雨」など天候上の理由によるものがある。また「八百姫様上屋敷御入故」（寛政三年四月九日）、「若殿様御病気に付」（寛政三年同月十七日）、「御成ニ付」（寛政十二年一月二十一日）などの例のように藩邸の事情によって当直勤務等ではなく自宅待機をしていたと考えられるような場合もある。なお「三月二十二日、不快在宿、直」（天明八年）

表3

天明 7.	7. 12	本庄（舟）
	7. 22	吉原　今戸（舟）
	7. 27	本庄（舟）
	7. 29	吉原　三谷（舟）
	9. 2	橋場　吉原　本庄（舟）
天明 8.	7. 12	三輪（舟）
	9. 3	吉原（舟）
	10. 10	三輪　吉原（舟）
寛政 8.	6. 19	日本橋　小網丁
	6. 20	柳原　両国
	11. 23	近所　筋違
寛政 9.	3. 24	嘉兵衛新田（舟）
寛政10.	2. 1	本庄（舟）
	5. 20	三囲（舟）
	11. 7	近所　下谷
寛政12.	6. 14	丸内
享和元	1. 7	蔵前　吉原
	7. 24	本庄　近所
	8. 6	本庄
	9. 26	近所
	10. 26	深川　本庄
享和 2.	8. 21	本庄　深川
享和 3.	2. 19	霊岸島　下谷　浅草　本庄
	3. 27	吉原（舟）　三輪　金杉　蔵前
	6. 2	深川　本庄
	6. 7	近所　神田　駿河台　下谷　浅草
	10. 7	近所
文化元	8. 9	本庄　下谷
	9. 10	近所　本庄

（舟）：舟行、無印：歩行

などという事例が八例ほどみられる。不快のため外出を控えていたが当直勤務には出仕したということを示すものと考えられる。表1には「直」、「在宿」各一として数えてある。また「臥病」という記事があって、これも当然に在宅とみるべきものであろうが、いちおう「日録」の記述のままとし「その他」の項に数えている。

「日録」にはこの病用記事の中に「歩」、「歩行」あるいは「舟行」の注記のあるものがある。表3はその全二十九例の一覧である。「舟行」は「舟」とし、「歩」「歩行」の注記は省いた。初期には隅田川「舟行」の記事が多く、後期に「歩行」の例が多い。注記がすべての病用記事に洩れなくついているのか不明であるけれども、注記のないものは「駕籠」によっていると考えてよいのであろう。こうした事例の中で、天明八年八月二十一日の場合は、雨中、吉原・三輪方面への「舟行」であった。この日の「日録」には次の漢詩が書きとめられている。

細雨無声秋水寒　　細雨声無く秋水寒し
扁舟遙上暮雲端　　扁舟遙かに上る暮雲の端
江村山閣連窓外　　江村山閣は連窓の外
両岸風光次第看　　両岸の風光次第に看る

また、天明八年九月三日の「舟行」も雨中の吉原方面へ赴くものであったが、この折りには、次の作品が残されている。

江天連水雨紛々　　江天水に連なりて雨紛々たり
十里空濛望不分　　十里空濛として望み分たず
摘得□□□□□　　摘み得たり□□□□□
贈君将戯華陽雲　　君に贈りて将に華陽の雲に戯れん

臨床医玄白の目によって江戸の地の静かで大きな広がりが詠みこまれているといってよいであろう。

表4は病用訪問先として「日録」に記載された地名について、天明七年（玄白五十五歳）、寛政九年（六十五歳）、文化万年（七十二歳）の三年次を取りあげて整理したものである。地域区分（①〜㉚）は浜田義一郎編『江戸切絵図』（東京堂出版、昭和四十九年）所載の付図（江戸のほぼ全市域をカバーする金鱗堂版江戸切絵図三十図幅が、それぞれ江戸全体のどの部分にあたるかを示すために明治四年版の東京地図を下図として作成されたもの）の区分によっている。図1および図2の区分も同様である。さらに図1は表4の資料のうち、各年度ごとの各地域内の地名頻度総数を地図上に示したものである。例えば病用外出先の地名、延べ数が「大名小路」地域で、天明七年に「一八」、寛政九年に「二三」、文化元年に「一四」、三年次の合計で「六五」あることを示している。表4の「その他」の欄の地名のうち例えば「塩見坂」は各所にあり特定できないので地図上には表示していない。なお「浅草」は本図の⑯⑰両地域にかかっているのでいちおう⑰の方へ記入している。

表4および図1にみるようにかなり多数の地名が現れるが、天明七年に「五十九」、寛政九年に「五十二」、文化元年に「五十四」であり、また延べ数では天明七年「三八二」、寛政九年「五七二」、文化元年「四八二」、これを一か月平均にすると天明七年「三十二」、寛政九年（閏年）「四十四」、文化元年「四十」であって、一定の範囲がほぼ決まっていたとみてよいと考えられる。年によって現れる地名とその頻度も個別にみればかなり変化するが、これは特定の患者との関係が特定の一定期間継続することによるものであろう。全体として玄白の往診対象となった患者の地域的拡がりは「日録」記載のおよそ二十年間にあまり変化していないとみてよい。

天明八年七月二十日のように「三輪」、「吉原」から「草加」にまで足をのばし、

千樹〔千住〕大橋作　　千樹大橋にての作
毎過大橋上　　大橋の上を過ぐる毎(ごと)に
深感武州風　　深く武州の風に感ず

表４

		天明７（1787）55歳			寛政９（1797）65歳			文化元（1804）72歳		
		１月～６月	７月～12月	計	１月～６月	７月～12月（閏７月）	計	１月～６月	７月～12月	計
①	丸内	2	8	10	6	14	20	2	6	8
	桜田	2	4	6	0	3	3	2	4	6
	西丸下	1	1	2	0	0	0	0	0	0
		5	13	18	6	17	23	4	10	14
②	外桜田	3	2	5	0	0	0	0	0	0
	糀町	1	0	1	0	0	0	0	0	0
		4	2	6	0	0	0	0	0	0
③	番丁	2	0	2	0	0	0	0	0	0
	もちの木	0	0	0	0	2	2	0	0	0
		2	0	2	0	2	2	0	0	0
④	小川丁	1	3	4	14	25	39	11	11	22
	駿河台	0	0	0	2	1	3	6	1	7
	御茶水	0	0	0	4	1	5	0	1	1
	飯田町	0	0	0	0	3	3	0	2	2
		1	3	4	20	30	50	17	15	32
⑤	近所	26	31	57	42	51	93	61	58	119
	本丁	2	10	12	1	2	3	4	10	14
	馬喰丁	9	3	12	0	0	0	0	0	0
	金吹丁	2	0	2	0	0	0	0	0	0
	船丁	2	0	2	0	0	0	0	0	0
	神田	5	8	13	0	0	0	2	11	13
	箱崎	1	0	1	0	0	0	1	0	1
	芳丁	1	0	1	0	0	0	0	0	0
	大伝馬丁	1	0	1	0	0	0	0	0	0
	本石丁	0	0	0	0	0	0	2	2	4
	小網丁	0	0	0	0	1	1	0	0	0
	浮世小路	0	0	0	0	1	1	0	0	0
	薬研堀	0	0	0	1	0	1	0	0	0
	外神田	0	0	0	0	0	0	0	1	1
	横山町	0	0	0	0	0	0	1	0	1
		49	52	101	44	55	99	71	82	153
⑥	日本橋	5	2	7	4	2	6	0	1	1
	萱場丁	2	0	2	2	2	4	0	0	0
	霊岸島	0	0	0	0	0	0	0	2	2
		7	2	9	6	4	10	0	3	3
⑦	月池	4	3	7	13	14	27	6	2	8
	八官丁	0	1	1	0	0	0	0	0	0
	京橋	0	0	0	0	1	1	0	1	1
	鉄砲洲	0	0	0	2	4	6	2	0	2
		4	4	8	15	19	34	8	3	11

表4（続き）

		天明7（1787）55歳			寛政9（1797）65歳			文化元（1804）72歳		
		1月～6月	7月～12月	計	1月～6月	7月～12月（閏7月）	計	1月～6月	7月～12月	計
⑧	魚藍下	0	1	1	0	0	0	0	0	0
	宇田川丁	1	1	2	0	0	0	0	0	0
	芝	0	1	1	0	0	0	0	0	0
	西久保	0	0	0	0	0	0	0	1	1
	将監橋	0	0	0	0	3	3	0	0	0
	和泉丁	0	0	0	0	1	1	0	0	0
	愛宕丁	0	0	0	1	2	3	0	0	0
	土器丁	0	0	0	0	0	0	1	0	1
		1	3	4	1	6	7	1	1	2
⑨	赤坂	2	0	2	0	0	0	0	0	0
	溜池	0	0	0	1	0	1	0	0	0
		2	0	2	1	0	1	0	0	0
⑪	牛込	8	6	14	0	4	4	1	2	3
	神楽坂	0	1	1	0	0	0	0	0	0
	牛込音羽町	0	0	0	1	0	1	0	0	0
		8	7	15	1	4	5	1	2	3
⑫	小日向	0	0	0	4	3	7	0	0	0
		0	0	0	4	3	7	0	0	0
⑬	白山	0	1	1	0	0	0	0	0	0
	白山下	1	0	1	0	0	0	0	0	0
	小石川	0	1	1	0	5	5	1	0	1
	服部坂	1	0	1	0	0	0	0	0	0
	長田馬場	0	0	0	1	0	1	1	0	1
		2	2	4	1	5	6	2	0	2
⑭	本郷	5	5	10	0	1	1	6	3	9
	湯島	1	1	2	0	0	0	1	0	1
		6	6	12	0	1	1	7	3	10
⑮	下谷	20	17	37	44	21	65	24	21	45
	池端	1	0	1	0	0	0	4	0	4
	筋違	0	1	1	0	0	0	3	8	11
	根津	0	0	0	1	1	2	1	0	1
	上野	0	0	0	2	0	2	3	2	5
	御徒士町	0	0	0	3	0	3	0	0	0
	車坂下	0	0	0	0	0	0	1	0	1
	下谷和泉橋外	0	0	0	0	0	0	0	2	2
		21	18	39	50	22	72	36	33	69
⑯	蔵前	1	4	5	13	11	24	17	25	42
	三味線堀	0	0	0	4	1	5	0	0	0
	新堀	0	0	0	0	0	0	0	1	1
	鳥越	0	0	0	0	0	0	2	0	2
		1	4	5	17	12	29	19	26	45

表４（続き）

		天明７（1787）55歳			寛政９（1797）65歳			文化元（1804）72歳		
		１月～６月	７月～12月	計	１月～６月	７月～12月（閏７月）	計	１月～６月	７月～12月	計
⑰	吉原	25	20	45	21	20	41	13	22	35
	浅草	2	5	7	19	11	30	4	3	7
	三輪	2	1	3	0	0	0	0	1	1
	今渡	0	1	1	0	0	0	0	0	0
	今戸田中	0	1	1	0	0	0	0	0	0
	三谷丁	0	1	1	0	0	0	2	0	2
		29	29	58	40	31	71	19	26	45
⑳	麻布	0	1	1	0	0	0	0	0	0
	一本松	0	1	1	1	0	1	0	1	1
	広尾	0	0	0	1	0	1	0	0	0
		0	2	2	2	0	2	0	1	1
㉑	長者丸	0	1	1	0	0	0	0	0	0
	青山	0	1	1	10	12	22	1	0	1
	渋谷	0	0	0	1	0	1	0	0	0
		0	2	2	11	12	23	1	0	1
㉔	目白	0	0	0	0	2	2	0	0	0
		0	0	0	0	2	2	0	0	0
㉕	駒込	0	0	0	1	0	1	0	0	0
		0	0	0	1	0	1	0	0	0
㉗	谷中	0	0	0	1	0	1	0	0	0
	根岸	0	0	0	2	0	2	0	0	0
		0	0	0	3	0	3	0	0	0
㉘	三囲	1	0	1	0	0	0	0	0	0
		1	0	1	0	0	0	0	0	0
㉙	両国	3	2	5	0	0	0	2	0	2
	本庄	9	19	28	33	40	73	27	34	61
	一ッ目	0	1	1	0	0	0	0	0	0
	三ッ目	1	0	1	0	0	0	0	0	0
		13	22	35	33	40	73	29	34	63
㉚	深川	18	8	26	10	20	30	12	4	16
	大嶋丁	2	0	2	0	0	0	0	0	0
	清洲	0	0	0	0	0	0	1	0	1
	中郷	0	0	0	1	0	1	0	0	0
		20	8	28	11	20	31	13	4	17
その他	西下	3	1	4	0	0	0	0	0	0
	塩見坂	0	1	1	0	0	0	0	0	0
	金杉	0	1	1	0	0	0	2	0	2
	志保井村	1	0	1	0	0	0	0	0	0
	合羽千場	1	1	2	0	0	0	0	0	0
	柳原	0	0	0	0	0	0	0	1	1
	柳原下	0	0	0	1	0	1	0	0	0

表4（続き）

		天明7（1787）55歳			寛政9（1797）65歳			文化元（1804）72歳		
		1月～6月	7月～12月	計	1月～6月	7月～12月（閏7月）	計	1月～6月	7月～12月	計
その他	明神下	0	0	0	0	0	0	1	0	1
	天神下	5	3	8	14	9	23	0	2	2
	田町	0	0	0	1	0	1	1	0	1
	水戸橋	0	0	0	3	0	3	0	0	0
	嘉兵ヱ新田	0	0	0	0	0	1	0	0	0
	小名木沢	0	0	0	1	0	1	0	0	0
	土瓦町	0	0	0	0	0	0	1	0	1
	代地	0	0	0	0	0	0	0	1	1
	下草架	0	0	0	0	0	0	0	1	1
	大村塚	0	0	0	0	0	0	0	1	1
		10	7	17	21	9	30	5	6	11

互市民心競
列朝王気雄
山含煙靄遠
水接海潮通
極目平田渺
偏思□□功

互市(ごし)に民心は競い
列朝王気雄たり
山は煙靄(えんあい)を含みて遠く
水は海潮に接して通ず
目を極むれば平田渺(びょう)として
偏(ひとえ)えに□□の功を思う

という、おそらくその時の詩作を書き留めている場合、また文化元年十月二十九日にやはり下草加に出かけ、

廿九日　同霜多[晴]　下草架[加]病用
　暁過本荘[本所]□
明星の光りも寒し鍛冶の音
　至大橋
板橋の先陣は誰そ今朝の霜
　竹塚辺にて
鶴見よや短き日景知らぬ面
　大川亭にて
紅葉や亭主手つから酒の温
　帰路
名も知らぬ木々の紅葉や賤か宿

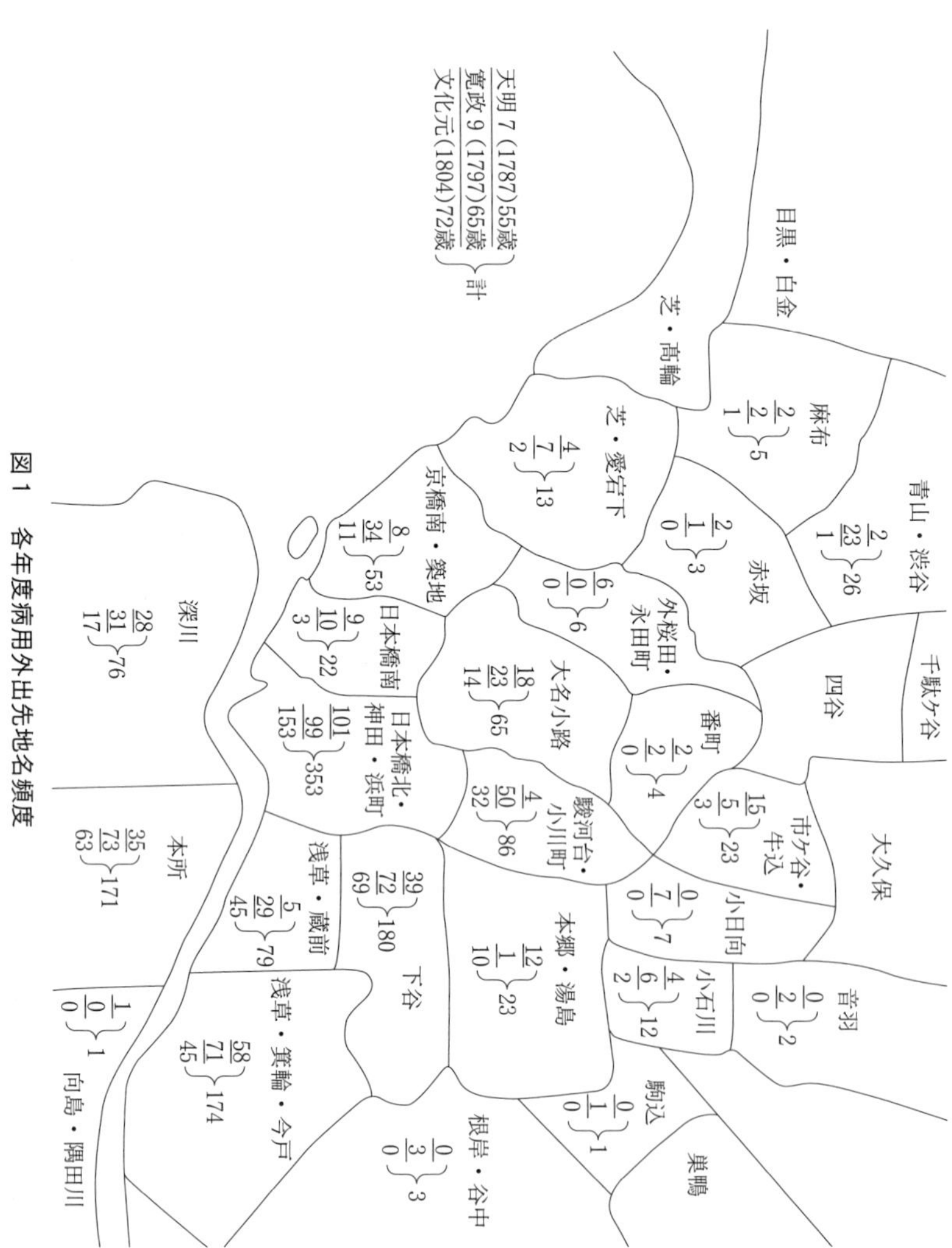

図1　各年度病用外出先地名頻度

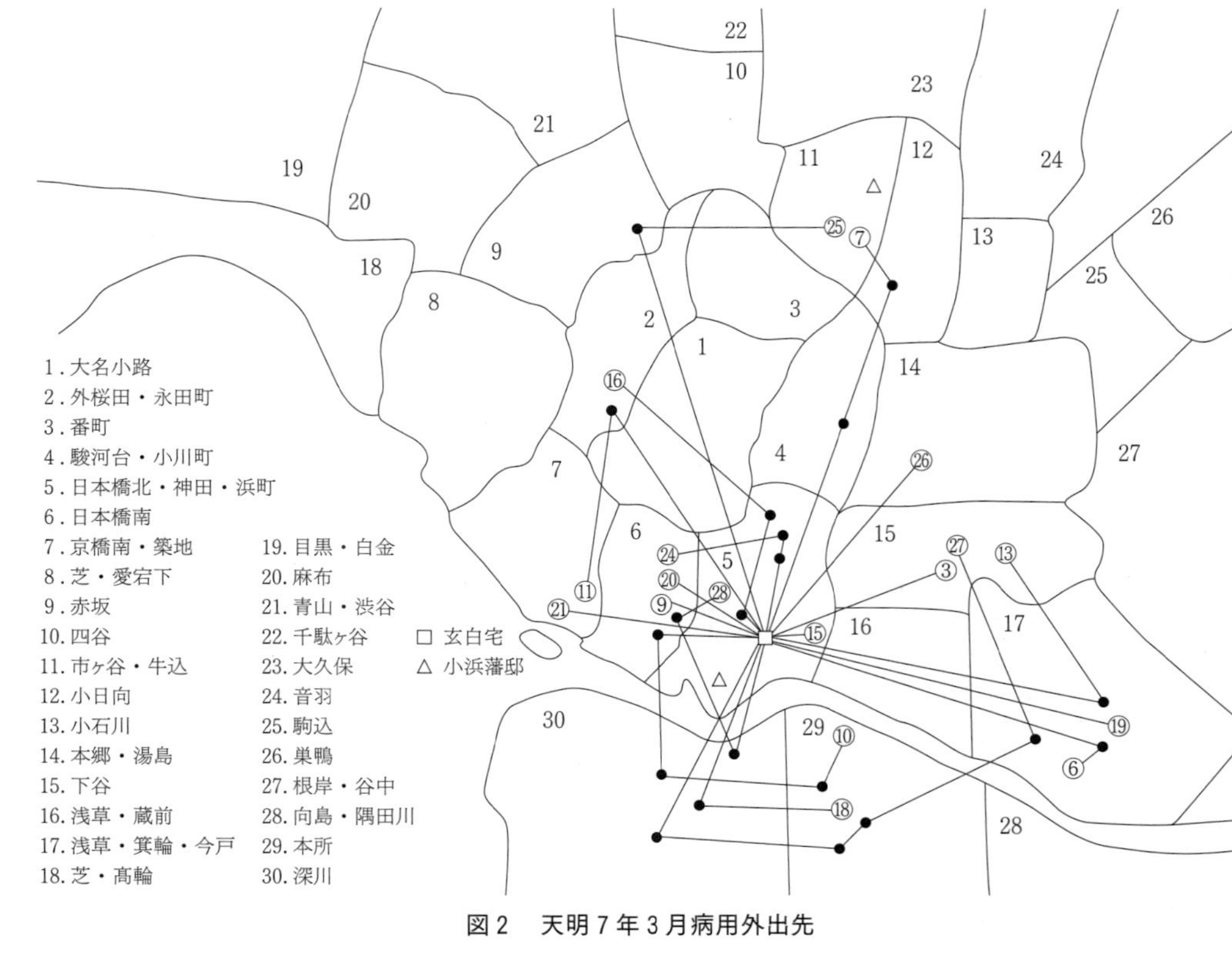

1. 大名小路
2. 外桜田・永田町
3. 番町
4. 駿河台・小川町
5. 日本橋北・神田・浜町
6. 日本橋南
7. 京橋南・築地
8. 芝・愛宕下
9. 赤坂
10. 四谷
11. 市ヶ谷・牛込
12. 小日向
13. 小石川
14. 本郷・湯島
15. 下谷
16. 浅草・蔵前
17. 浅草・箕輪・今戸
18. 芝・高輪
19. 目黒・白金
20. 麻布
21. 青山・渋谷
22. 千駄ヶ谷
23. 大久保
24. 音羽
25. 駒込
26. 巣鴨
27. 根岸・谷中
28. 向島・隅田川
29. 本所
30. 深川
□ 玄白宅
△ 小浜藩邸

図2　天明7年3月病用外出先

と書き記しているような遠方への往診はきわめて稀である。なお寛政二年九月十一日の記事に「伯元草架参ル」とあり、草加については玄白に関係のある特定人物の存在を考えてよいかと思われるが詳らかではない。

ところで、天明三年四月、玄白は桐生新町の組頭を務め、酒造業、織物買継商を営む有力者長沢家より往診を依頼されるということがあった。「長沢日記」に次のような記述がある。

○四月廿日　仁右衛門病気に付、江戸酒井修理太夫様医師杉田玄白様御迎申上可候。然れば当月廿五日出立にて弐丁目平七殿差遣申候処、尤本町十七屋殿に内々御咄之有杉田玄白様御出成られ候には御屋敷御願むずかしき儀有之候に付、御弟子尚伯様御出被成候。平七御共致酉の刻にお着被成候

○五月十二日　雨降。酉の刻再度杉田尚伯様江戸より着。駕にて上下弐人、喜兵エ供致し帰る。

○五月十四日　晴。辰刻、杉田尚伯様帰。駕上下弐人、喜兵エ丸山まで送り申候。

（「天明年間　長沢日記（抄）」粟田豊三郎『桐生民俗歴史資料　桐影鳳聲』）

長沢仁右衛門の病気について、玄白の来診を願ったが小浜藩医の立場から往診が難しいとのことで門弟の杉田尚伯がやって来たというのである。尚伯は翌月にも再度迎えの駕籠で長沢方を訪れたようである。仁右衛門は寛延三年の生まれ、このとき三十四歳、天明八年には父正命が没して家督を継いでいる。桐生市立図書館所蔵の長沢家文書中に玄白の書状が二通残されている。ともに発信年が記されていないが、一通は「中元御祝儀」として金子百疋の受領を「仁右衛門」宛てに「七月十二日」付で告げる「口上」として記したもの、他の一通は「絹染裏地」が入用で「吉定方」へたびたび連絡をしているが返書がない。まずは「一疋」を届けてほしいと「八月廿四日」付で「仁右衛門」に依頼しているものである。なお、長沢仁右衛門は寛政三年頃、私設の図書館「潺湲舎（せんかんしゃ）」を桐生に設立している。文政二年の書籍目録によれば潺湲舎の蔵書数は千三百冊を超えており、その多くは江戸の須原屋より買い入れている。寛政十一年の「書借貸之帖」が残されているが、貸出しを受けた人々は桐生地方を中心に近隣に

広がっていることが分かる。玄白と長沢家との関係がどのような経緯で始まったのか興味深いところであるが、他に関連史料がみえず背景がなお詳らかではない（桐生市図書館『桐生市立図書館蔵　桐生市長沢家文書目録二』、清水照治「長沢仁右衛門と私設図書館潺湲舎」、同「史料による長沢家と仁右衛門」）。

図2は、「天明七年三月」の日々の病用外出先を表示したものである。浜町の玄白居宅と日々の病用外出先を直線で結び、日付を丸囲みの数字によって示している。「日録」の地名の記載は、「本町」あるいは「下谷三筋町」などのような場合と、「下谷」あるいは「牛込」などとあるのみで特定小地域を限定しえない場合とがあるので、地図上の表示はおよその位置関係を示すきわめて大まかなものである。例えば、三月三日（③）の外出先は下谷の一箇所であるが、二十五日（㉕）には赤坂から牛込へ、二十七日（㉗）には深川、本庄〔本所〕、三ツ目、吉原、下谷と次々に患家を訪れていることを示している。この月は病用外出日数は全十八日あり、その他に当直八日、在宿一日などである。また同様に「寛政九年閏七月」についてみると、例えば六日には鉄砲洲、近所、小川町、丸内へ、二十日には近所、桜田、将監殿橋、月池〔築地〕へ、二十六日には桜田、青山へと出かけている。この月は病用二十七日、当直なし、他に「蓮見船行、亀戸辺善行寺」及び「多々又兵衛別荘へ終日宴」とある二日の外出があり一日も居宅に留まることがなかった月である。

これらの図表をあわせてみると、まず患家訪問に玄白の日常がきわめて多忙であった様子が窺われる。またその患家の地域的拡がりが、玄白居宅を中心として三輪、谷中等北方に約五キロ、北西方向に目白方面約八キロ、牛込酒井屋敷近辺六キロ、南西方向に青山、麻布、広尾、魚藍下方面で八キロ、隅田川を渡って深川・本所方向で三キロ、やや北方の三囲方面で四キロほどの範囲内に含まれている。中でも自邸周辺四キロ内外、すなわち玄白の居宅を中心としてその周囲、下谷、浅草、蔵前、本所、深川、神田、丸内、日本橋、築地地域に集中している状況を確認することができる。

次にどのような人々が玄白の診察を求めたのかということが問題となる。残念ながら、「日録」の病用記事は地名を記すのみで、ほとんど他の事項についてはふれていない。しかし稀に人名を記す場合があり、表5はその全事例をまとめたものである。ほぼ大名諸家であるが、記事がきわめて簡単なためにそれぞれの場合にどんな人物を診察したのか、また玄白の招かれた理由などもよく分からない。ただし、「日録」には病用以外にも「召」、「伺」、「年礼」、「歳暮」とあって、玄白が主として大名諸家を訪れていることを示す記事があり、病用外出先の人名に重なる事例をあわせて表示した。これら諸家と玄白との関係がより深いものであったと考えてよい指標となるものであろう。以下、断片的に残される他の資料をも併せて玄白の患者の周辺についてみてみよう。

例えば、㉕の「栗山先生」とは柴野栗山のことである。養嗣子伯元をその門に託して玄白と栗山との関係は密接であった。両者の間に頻繁な交渉のあったことは「日録」の中にもみることができる。天明八年四月二十三日の往診がどのようなことであったのか不明であるけれども、別に寛政二年三月に、国元から江戸の栗山を訪ねて来た本山直道なる老人の腫物の治療のために、栗山が玄白の来診を要請したということがあった。このことについてふれた栗山の書簡の中に、杉田玄白は当時江戸一番の上手であって、この人にまかせておけば少しも気遣いはないなどとあって、栗山が玄白の手法に信頼を寄せていた事実を知ることができる（高浜二郎「知られざりし柴野栗山と杉田玄白との交游」）。

また①の「吉原新町・尾張屋庄二郎」と、③の「姿海老屋」の名は玄白が『形影夜話』の中で脈診のことについて論じた件りで、自ら診断した人物の中からの具体例としてあげたと考えてよいと思われる北里娼家の大海老屋利十郎の父と俳優尾上菊五郎の名などに連なるもののように思われる。請われれば身分階層の別なく診療に出かけていく玄白の態度は、当時にあって時には強く非難を受ける場合もあったようで、例えば『形影夜話』の中で、

此年月、権門富貴の家へも出入する故、利達を得るためなりと賤む輩もあるべし。又妓家、俳優の家へも招き

表5

No.		場所・相手	年月日
1		吉原新町・尾張屋庄二郎	天明7 1/1
2		村田九郎兵衛	天明7 1/2
3		姿海老屋	天明7 1/5
4		篠崎	天明7 2/18
5		月池・関様	天明7 3/21
6		本郷丸山・阿部屋敷	天明7 3/26
7		下谷・近藤様	天明7 7/30
8	○	近藤様	天明7 12/4、寛政4 5/25
9	□　△	戸沢様	天明7 6/9
10		長者丸・秋月様	天明7 8/29
11		秋月様	寛政2 12/27
12		丸内・増山様	天明7 10/20
13	□	増山様	天明8 3/15
14		田沼藩	天明7 11/25
15	（主水様）□	板倉主水様	天明7 11/2
16		板倉様	天明7 11/5
17		戸田様	天明8 2/23
18		小川丁・戸田様	寛政2 7/13
19		桜田・戸田様	寛政9 12/9
20		加藤様	天明8 2/24
21	□	西久保・牧野様	天明8 11/24
22		西久保・牧侯	寛政元3/5
23		牧野様	寛政元2/29、3/16、4/3、5/24
24		牧様	寛政元4/11、6/15
25		栗山先生方	天明8 4/22
26		築地・太田様	寛政元1/1
27		松平弾正様別荘	寛政元3/5
28	△	溝口様	寛政元5/3
29		溝口藩	寛政元7/22
30		加納侯	寛政元6/5
31		安倍様	寛政元閏6/13、寛政2/11
32		林肥後守様	寛政元8/1
33		松下但馬守様	寛政元8/11
34		大久保屋敷	寛政元9/20
35		虎ノ門・外谷様	寛政元9/25
36		大沢様	寛政元12/15
37	（愛宕下池田）○	池田様	寛政2 8/18
38		逸見様	寛政3 1/19
39		左京様	寛政8 7/28
40		松平備前守様	寛政8 8/11
41		松平備州別荘	寛政9 9/15
42	（藤堂様）□	小藤堂様	寛政8 8/11
43		細川様	寛政9、閏7/3
44		本庄侯	寛政11 8/22
45		月池・伊達侯	寛政11 7/22
46		西下・京極様	寛政11 9/3
47	（水野様）□	浄瑠璃坂・水野	享和元1/15
48		赤坂・水野公	文化元4/11
49		神田御殿・久之助様	享和2 7/6
50		千本様	享和3 11/19
51		八丁堀・本多様	文化元10/13

○召、□伺、△年礼・歳暮

たれば往く事あるゆゑ、志操の立ぬ男と誇る族もあるべし。

と記しているようなところに対応する例であろう。

④の「篠崎」とあるのは篠崎三伯（朴庵）である。三伯は小児科にすぐれていた奥医師であって、同じく官医の家に生れ、後に一橋家の用人となった村山仲忍とともに、とくに和歌を通じて交渉の深かったことは「日録」にその事例を多くを見ることができるものである。後に柴野栗山の撰した墓碑銘には、「未だ嘗て虚心無我なること君の如き者を見ず」という玄白の評言が引かれている。また栗山は江戸在府中、浜町の三伯の長屋に賃居していたこともあり、栗山、三伯、玄白三者の交渉は相互にかなり密なものであったと考えてよいのであろう（森銑三「柴野栗山」『森銑三著作集』第三巻、高浜二郎「和歌の玄白」）。

表5中、病用訪問の回数が最も多い㉑～㉔の「牧野様」ないし「牧様」とあるのは、越後長岡藩あるいは常州笠間藩の牧野家であると思われる。寛政六年の武鑑（前掲、「須原屋版・袖珍武鑑」）より摘記すれば、いずれも本国三河の譜代大名で、

〇牧野備前守、御嫡新次郎、越後長岡七万四千石、大坂城代、溜間御次

〇牧野日向守、御嫡寧之助、常州笠間八万石、御奏者衆、雁間

とある。江戸藩邸の所在は前者については上屋敷・西久保、中屋敷・愛宕下、下屋敷・西久保および渋谷、後者については上屋敷・日比谷御門内、中屋敷・浜町、下屋敷・深川および小名木川の各所であった。

この牧野家については、これらの病用記事とは別に天明八年十一月七日に「藪小路牧野御隠居様御伺」、同年十二月二十八日に「西久保牧野様伺」とある。また寛政元年一月九日に「西久保牧野大婦人伺」、一月二十七日「牧野様伺」、六月十日「牧野公牛蒡膏上」、六月十八日「牧野大夫人出血」、六月十九日「早朝牧野様伺」、六月二十二日「夜牧野侯へ出、十夜に帰る」、七月二十二日「夜牧野侯へ出、十夜に帰る」、七月二十四日「牧野幸之助様伺」、

九月十五日「牧野大夫人薨」というように頻繁に牧野邸を訪れている記事をみることができる。

⑩、⑪の「秋月様」とあるのは日向高鍋藩秋月家のことであろう。寛政六年の武鑑（前掲「須原屋版・袖珍武鑑」）によれば、「秋月山城守、本国筑前、外様、柳間、三万七千石、上屋敷・麻布、下屋敷・長者丸」とある。藩主秋月種美は米沢藩主上杉鷹山の実父でもあった。天明七年、秋月種美が江戸で重病になり、米沢から藩医堀内易庵が派遣されたが、種美は同年九月に没したということがあった。天明七年八月二十九日の玄白の診察はこの時のことであったと思われる。また玄白は米沢藩医堀内家とは密接な交渉があり、その関係から文化五年に上杉鷹山の膝関節の病気について助言を求められ、書状によって回答を寄せたり、在府中の上杉治広の足の腫物を診察するようなこともあった（小川鼎三「堀内文書にみる蘭学者の生活と思想」）。

㉘、㉙の「溝口様」とあるのは越後新発田藩五万石溝口家を指すと考えられる。寛政六年の武鑑（前掲「須原屋版・袖珍武鑑」）には、「溝口出羽守、越後新発田、五万石、本国参河、外様、柳間、上屋敷・大名小路、下屋敷・矢倉および本所三ツ目」とある。医家としての杉田家初代甫仙（玄白祖父）は一時、溝口藩医であった。後に藩主のある処置を不満として甫仙は自ら藩を辞しているけれども、玄白にとって溝口家とは全く無縁の関係ではないといえよう。

三、病論会その他

「日録」の記事のうちで、玄白の医業に関係する事項としては他に「病論会」、「観臟（腑分）」、「採薬」、「物産会（薬品会）」、「長崎屋」などのことがある。

「病論会」とは月例の会合であったようである。「日録」の全期間を通じて行われていた。天明七、八年の記事では、「夜、産論会初」（七年一月二十日）、「夜、医会」（同三月二十三日）、「今晩、医者会」（同十一月八日）、「手前、医会」（八年十二月八日）などとあって、当初は名称も確定していなかったようであるが、寛政元年以後は毎月八日の「病論会」としてほぼ定着し、寛政九年後半からは十一日に開かれていることが多い。

後掲IIIの表2（一一五ページ）は病論会のほか、「日録」に記載のある玄白が参加したさまざまな会合の一覧である。数字は「日録」に記載されたそれぞれの会合の開催回数を示す。「会」とあるのは「日録」の表記のままであるが、これは多くは病論会であったと想定される。

寛政九年五月より同十一年八月までの記事が記された「日録　七」の巻末に相当する「表紙3」の部分をみると、

月並病□□〔論会カ〕寛政九［　　　］〔虫損〕

正　藤□〔阪カ〕　四　川村　七　□□（三文亭）　九　□□

二　原　五　新家　閏　□□（神戸三文亭）　十　山本

三　加川　六　所　八　□□（斯波）

と記されている。たまたま何かの心覚えとして月例の病論会の会場が書きとめられたものであろう。原本の虫食いが進んで判読できないところが多いが、「日録」の寛政九年をみると、二、三、四月の名前は実際の記事に一致する。正、五、六、九月については「日録」に病論会の記事がみえない。七、閏七、八月の（　）内は「日録」に記されている名前を補ったものである。十月の病論会は「日録」には「山本」ではなく「道恕」と記されている。病論会の内容については「日録」に具体的な記述がなく詳らかではないが、多くは夜間の開催であったことが記されており、例えば臨床医としての症例研究の場などであったのではないかと思われる。会場となった所について「日録」の記載のままに列挙すれば、

川村寿庵、神戸周悦、加川、斯波栄碩、目黒道琢、新山、利光、藤阪道恕、南前、原長川、山本済川、家城、

新家、所、立庄□□、新城、東国屋林平、三文亭、石町三河屋、

などの名がある。玄白自宅が会場となることもあった。多くは当時の江戸の医師の名であると考えられるが、必ずしも蘭方医ではなく、例えば川村寿庵は本石町四丁目新道に住み江戸でも相当に名声のあった内科専門の市井医で、読書を好み、烟霞の癖があり、谷文晁その他の筆になる海内諸勝の図を多く収蔵していた人物であることが知られている。このほかに、玄白との交渉のあった人物としてその人物像がある程度確認できる者については、後掲の「V　玄白をめぐる人々」などで取り上げたい。また、玄白は「病論会」のほかにもさまざまな会合にも出向いているが、この点についても主として「III—二　さまざまな会合」に譲ることとする。

杉田玄白等に『ターヘルアナトミア』翻訳の決意をさせた「観臓」が千住小塚ヶ原において行われたのは、明和八（一七七二）年三月四日のことであったが、「日録」には「観臓」について次のような記事をみることができる。

① 天明八（一七八八）年十二月二日「同［晴］　大南風。［千住］千樹観臓。風故［山谷］三谷より帰。夕、本丁辺用事」

② 寛政元（一七八九）年十二月十八日「美日　風夜吹。直。観臓あり」

③ 同二年十二月十一日「同［雨］　雪。直。有観臓。（略）」

④ 同四年十一月二十四日「曇。今日観臓あり。（中略）近所病用、本丁辺也」

⑤ 同十一年四月二十七日「晴。腑分有。深川病用。（略）」

⑥ 享和二（一八〇二）年二月二十日「同［美日］。近所・鉄砲洲病用。月池君出。婦人腑分アリ」

⑦ 文化元（一八〇五）年四月七日「晴　道恕道具会。松木出茶。夕雷雨。有観臓。甫仙参」

前後十数年の間に七件ということになる。「日録」の記述はそれぞれきわめて簡略で意味を読み取りにくいが、①の場合は観臓に玄白が実際に出向いたとみてよいと思われる。ただ、風が強かったので山谷から帰ったとあるので、実見はしていないことになる。②と③は「直」という玄白としては藩邸に詰めるべき用務のある時である。④

〜⑦とともにこの日に「観臓あり」という情報の記録であろう。いずれにせよこれら七件の記事は『ターヘルアナトミア』の翻訳者にふさわしいものということができよう。

表6にみるように、「採薬」についての記事も「日録」にはかなり多くみられる。野菊、野薔薇、阿片などを採集していること、深川、砂村などの地名がみられることなど興味深い。また文化元年の杉田甫仙（のち立卿）による採薬の行先は不明であるけれども、かなり長途の旅行に出ていることになる。甫仙は玄白の後妻伊與の長子、この年十九歳である。別家して眼科を専門とすることを藩に願い出て、旅行帰着後の十一月十九日に許可されている（片桐『杉田玄白』）。なお甫仙については、亨和三年三月十七日に「甫仙願出即日済」、同月十八日「甫仙発足」、同月二十四日「甫仙便あり」、四月二十二日「甫仙着」という記事があり、これもあるいは採薬旅行であったかもしれない。

表6

天明 7.	4.12	採薬花摘
	9.28	野菊採集門下子遣
	10. 1	採薬門下遣
天明 8.	4.23	花取遣
	10. 4	菊採
	10. 8	採薬
寛政元	5. 5	採薬
	閏 6.18	採薬
寛政 5.	4.14	野薔薇採花
	4.18	阿片取遣
寛政 7.	9.18	野菊採参
寛政 9.	8.10	砂村辺採薬
亨和元	7.29	大蓼採参
亨和 2.	4.18	野薔薇採集
	6.9	深川採薬
文化元	8.13	甫仙採薬出立
	8.22	甫仙便あり
	9.18	甫仙便
	10.13	甫仙帰着

採薬のことに関連して、「日録」には、「産物会出」（天明七年五月二十七日）、「物産会参ル」（同八年五月二十七日）、「躋寿館産物会」（寛政元年五月二十六日）といった物産会（産物会）に出向いたという記事がみられる。

物産会は本草学の発達により江戸後期に盛んに行われるようになった。本草会、薬品会などともいわれ、薬種として有用な動物、植物、鉱物を一堂に展示して本草に関する知識の情報交換の場となったものである。また一般にも公開され啓蒙の場ともなった。江戸では平賀源内の企画により、師の田村藍水が会主となって開催された、宝暦七（一七五七）年七月の薬品会をその嚆矢とするが、源内は前後五回にわたって行われたその薬品会の展示物三百六十種をとりあげて上中下の三等級に区分し、それぞれについて漢名、和名、形状、性質を付した本文四巻、そのうちの珍品を楠本雪渓が写した「産物図絵」、それに朝鮮人参、甘蔗の栽培法、砂糖の製造法を解説した附録を合わせ『物類品隲』全六巻を宝暦十三年に刊行している。躋寿館は神田佐久間町に幕府奥医師の多紀元孝が医家の子弟の教育のために創設した私立医学校であるが、寛政三年に幕府に移管され官医およびその子弟を教育する所となった。物産会も開かれている。玄白は寛政元年五月に躋寿館に出かけている。天明七、八両年五月の場合も同日に躋寿館で物産会が開催されていることが確認できるので、やはり同所に赴いたものと思われる。臨床医として必要な実践的知識の吸収の機会ともなったのではなかろうか。

ところで、玄白が『解体新書』の原典としてのいわゆる『ターヘルアナトミア』を初めて手にしたのは、同僚である小浜藩医中川淳庵から示された明和八（一七七一）年のことであった。その経緯が『蘭学事始』に次のように記されている。

同藩医中川淳庵は、本草を厚く好み、和蘭物産の学にも志ありて、田村藍水、同西湖先生などとも同志にて、毎春参向せる和蘭通詞どものかたにも往来せり。明和八年　辛卯の春かと覚えたり。かの客屋へ至りてターヘルアナトミアとカスパリュス・アナトミアといふ身体内景図説の書二本を取り出し来り、望む人あらば譲るべしといふ者ありとて持ち帰り、翁に見せたり。もとより一字も読むことはならざれども、臓腑、骨節、これまで見聞するとは大いに異にして、これ必ず実験して図説したるものと知り、何となく甚だ懇望に思へり。且つ我が家も従来和蘭流の外科と唱ふる身なれば、せめて書筺の中にも備へ置きたきものと思へり。

この年の江戸参府のため、オランダ商館長一行は二月二十二日に江戸に入り、三月十日に帰途に就いている。「かの客屋」とは商館長一行が定宿とした本石町三丁目の長崎屋源右衛門方である。オランダ商館長が将軍に拝謁し献上品を贈るための江戸参府は寛永十（一六三三）年以来、毎年恒例の行事であった。江戸参府には商館付きの医師やオランダ通詞たちも同行しており、将軍拝謁などの公式行事の合間をぬって、長崎屋を訪れる人も少なくなかった。初期には大名、高官にのみ許されたものであるが、後にはとくに蘭学者たちが蘭書の入手や、日頃の疑問を質すために長崎屋を訪ねていた。淳庵もそうした機会に通詞から二種類の「身体内景図説」を示され、持ち帰って玄白に見せたというのである。その後、これをぜひ手許に置きたいと考えた玄白は小浜藩家老の岡新左衛門に依頼した。「それは求め置きて用立つものか、用立つものならば価は上より下し置かるゝやう取計ふべし」との岡の問いに対して、玄白は、「それは必ずかうといふ目当てとてはなけれども、是非ともに用立つものになし、御目にかくべし」と答えたのだが、傍にいた倉小左衛門という人物から、「杉田氏はこれを空しくする人にはあらず」と助言があり、「いと心易く願ひも叶ひ望みの如く調ひ得た」と、玄白は前記引用箇所に続くところで述べている。

このことの前後に、玄白自身も長崎屋をしばしば訪れていた。たとえば明和三（一七六六）年の春、前野良沢に同道して長崎屋を訪ね、大通詞西善三郎からオランダ語の習得について、「常に和蘭人に朝夕してすら容易に納得しがたいものであり、「そこもとにも御無用のかた然るべし」との忠告を受け、その時は断念したこと、明和六年三月には、参府に随行した外科医バブルの行った鬱血した静脈に鍼を刺し悪血を瀉出させるという「刺絡」の術を見学したこと、また大通詞吉雄幸左衛門耕牛に入門し、吉雄から「ヘイステル」の外科書を借用して、「せめて図ばかりも模し置くべきと昼夜写しかゝり」、参府滞在中にそれを終わらせたこと、また、『ターヘルアナトミア』の翻訳上の疑問点について、「毎春参向の通詞どもへ」も聞き糺したことなどが『蘭学事始』に述べられている。「日録」にも初期の段階で、天明七年四月十日、同八年三月十五日など、玄白が長崎屋に蘭人を訪ねたことが記録されているが、このことについてはⅣ—五（二二九ページ）に譲る。

以上、述べてきたように、臨床医としての杉田玄白晩年の日常は、小浜藩医としての藩邸勤務のほか、大名諸家をはじめとして多くの知人友人、そして地名表示のみの病用記事の多くがそれであると思われる町家の人々を次々に訪れ、また病論会その他の会合にも熱心に参加し、さらには採薬、長崎屋への蘭人訪問など、とりわけその年令を考えればきわめて多忙であったということができよう。

『形影夜話』に序文を寄せた玄白の嗣子伯元は、「先生の門、宿客群れを成し刀圭に拮据してまた余暇なし」として玄白が患者の応接にたいへんに忙しかったと述べている。玄白自身もその本文の中で「年々虚名を得て、病客は日々月々に多く、毎歳千人余りも療治するうちに七八百は梅毒家なり」と記している。

したがって、玄白は藩医としての知行高二百二十石のほかにも年々相当に高額な収入を得ていた。表7は「日録」の毎年の大晦日の記事として書きとめられた医師としての一年間の収入記録をまとめたものである。一年に数百両の収入を得ていたことが分かるが、享和元年には六百四十三両という高額に達している。「表」の前半では、「今年収納薬礼」（天明八）、「今年薬礼惣〆」（寛政元）、「今年収納」（寛政二）、「当年の収納」（寛政三）、「当年中病用」（寛政四）などとして、それぞれ年間の収入額が示されている。それに対して後半では、「当暮年中収納惣計金銀合四百一両弐分弐朱、上より被下所七十五両三分弐朱、合四百七十七両二分也」（寛政七）などとあるように、「年中収納」のほかに「被下所」「拝領」「被下金」あるいは「薬種料」などの名目による収入を合せて総収入が示されている。これらの藩からの拝領金が新たに支給されるようになったものなのか、あるいは寛政四年以前の年々の収入金額にも含まれているのでは

表7　杉田玄白の年間収入

	収納高（両　分　朱）	拝領金（両　分　朱）	計（両　分　朱）
安永8			250　1
9			273　3
天明3			306　2
8			380　1　2
寛政元			445　3　2※
2			460　1
3			433　1
4			473　1
7	401　2　2	75　3　2	477　2
8	476　2　2	67　3	546　1　2
10	483　1	76　2	559　3
12			621　1　2
享和元	633　2　2	10	643　2　2
2	514　1	10	524　1
3	573	10	583
文化元	428　1　2	10	438　1　2

※外＝伯元分　5両

ないかとも思われるがよく分からない。いずれにしても当年の収納としてまとめられたそれぞれ数百両という玄白の年収は、すでにみたいわゆる「病用」による「薬礼」を基本とするものとしてよいであろう。

なお、天明七年分については記録を欠いているが、「日録」大晦日の記事として、

　今年までの収納金帳面、戊申年霊巌島火事之節騒動にて紛失不相知。安永九子年惣〆弐百七拾三両三歩、去亥年ニ弐拾三両弐分増と□あり。又天明三卯年三百五両弐分の〆とあり

と記されている。「収納金帳面」なるものが作られていたことが分かるが、その年々の収納金の記録帳簿を霊巌島の火事騒ぎのために紛失したというのである。安永九年および天明三年分についてはたまたま資料が残されたのであろう。その火事騒ぎについては天明八年三月六日の「日録」に、

　晴。終日風荒。今夜九つ半過より八丁堀長崎屋出火。霊巌島橋際にて火止。近火ゆへ大ニ騒ぐ

と記されている。寛政五年と六年は、現存しない「日録五」に含まれるところである。寛政九年についても、十一月二十二日の罹災により記録を失い、「当年災前不相分」ということで「歳暮分受納金百六拾四両」のみが記録されている。十一月二十二日には、

　同[晴]。西北風強。佐久間町朝五ツ時頃出火。薬研堀へ飛火し、夫より新大橋向へ飛、木場ニて夜九ツ頃留。十右衛門妻七月ニて大橋より落、腹破死

とある。寛政十一年は、「日録」の十二月二十四日以降が虫食いのため判読できず資料を欠いている。文化元年については、大晦日に「歳暮に」として、「ましく〵と今年も暮ぬ鶴の面」とあり、

　当年総収納高、四百二十八両一分二朱。病客不財収納減。世上窮困可嘆。薬種料拾金如例

と記されている。こうして、自身のいわば生業の果実としての収入を記録していくことへの執着心すらあったようにも思えるのであるが、例えば金銭そのものにはむしろ玄白は恬淡としていたのであって、結果としてそのように

なったという事実の記録がなされたに過ぎないとみるべきなのかも知れない。「日録」には次のような詩作を書き記しているのである。

自遣
年々売薬洛陽城
多少女児総識名
恥見門前如市客
一無有起死回生

自ら遣る
年々薬を洛陽城に売り
多少の女児総て名を識る
恥じて見る門前市の如き客の
ひとりだに起死回生有る無きを

（享和三年七月七日）

漫成
年々請薬幾家迎
病客相逢説我名
非有従来神助在
依何常好得回生

年々薬を請いて幾家か迎えん
病客相逢えば我が名を説く
従来神助の在ること有るに非ざれば
何に依ってか常に好く回生せしむるを得んや

（文化元年六月六日）

人を欺き人に欺かれて薬売身の恥しさに□[去カ]頃世をばかし世にばかされて五十年と云い出しけれハ、古師安阿翁傍より、狐の夢か夢のきつねかと下旬附給いたり。其後も同し業して月日送ることをいたく恥て狂詩一首を賦して

懐を述
古今怪々古今怪

懐を述
古今怪々、古今怪

又化又無化廿年　　又は化け又は化ける無く二十年
長居尻尾終可見　　長く居れば尻尾終に見る可し
古巣尋出信太辺　　古巣を尋ね出せば信太の辺

（文化元年十一月十三日）

今たまたま医者として名をあげ、多くの患者を診ることに忙しく日々を過ごしてはいるけれども、一方で、患者から期待されるほどの成果をあげられない自身の医術そのものの限界をも認識せざるをえない。しかし、なおそうした中でも最善の努力を日々重ねているのだと、やや自嘲気味に臨床医としての自身の姿を振り返っているのである。

Ⅲ　日々の楽しみ
――教養人として――

一、四季を楽しむ

（1）春――梅見――

晩年の玄白が臨床医として日々を忙しく過ごしていたことは前章にみた通りであるが、一方ではその間隙を縫うようにして、梅見、花見などの行楽を楽しみ、折々の宴席や会合に出向き、また足繁く芝居小屋に通うなど、ただ医師として多忙なだけではない日常を送っていたことは見落としてはならないことであろう。

「日録」にはそうした玄白の生活の一面を示す記事が、それぞれにきわめて簡潔な記述ながらも数多く残されている。表1は、そのうちからとくに花見、月見、虫聞などに出かけるといったこと、あるいは四季の移り変わりに玄白が目を向けていることが分かる記述などを整理してみたものである。また、小浜藩主家あるいはその縁者による行楽への随行、あるいは藩邸その他での季節の宴席への出席などについても含めている。ただ、「日録　五」が現存せず、寛政五年九月から同七年五月までの記事を欠いている。また、「日録」の寛政二年一月、二月、同四年一月、二月、閏二月の部分には虫食いが多く判読不能箇所がかなりあって、梅見など春の行楽の記事が残されてい

5.12	時鳥、二首
6.17	両国大黒亭納涼
6.21	夜両国納涼
7.9	天神下御供蓮見
8.5	亀戸舟行
8.15	御月見御召
8.18	飛鳥山雅遊出懸舟行
11.22	中夜風雪を聞く（夜雪）
寛政11年	
1.18	梅園行花□
3.9	上野花見
3.22	墨水花見
4.15	両国遊行
5.24	羅漢寺辺遊行
7.7	□のみ船星や渡せる天の川
7.15	今星殊に美
7.22	夜両国納涼
8.23	亀戸萩稍後タリ
8.28	月観御客取持
10.18	向島遊行
10.25	天神下、忍池御遊行御供
寛政12年	
1.28	梅園遊行
3.16	□山花見彼岸桜盛なり
3.25	世子御花見宴
4.29	夜や深ぬ物の音絶て時鳥
閏4.3	明ぬ夜の心まとひか時鳥
5.3	三囲舟行　5.30
8.15	雨なから暑中ハかはる秋の空
8.16	初雁や行儀目ニ立御江戸入
8.27	小梅遊行
享和元年	
1.22	梅園遊行、鷺齋伴寒甚
2.25	東山花見
3.8	未白亭花見
4.2	不関別荘宴、藤花見
7.9	ツクツクホーシ鳴
8.12	萩見舟行
8.14	月はさら也雲も興あり秋の空
8.15	年々歳々月相似
10.13	紅葉と黄葉と望燦然たり（東山）
享和2年	
1.23	梅園遊行子供召連、美日也
2.13	向島遊行
4.2	□□の頃時鳥を聞く
4.1	寝覚に時鳥を聞く　4.10

5.15	両国遊行
6.15	墨水舟行
7.2	夕越前様蓮見御供
7.6	星に似て一夜と契る此身かな
8.15	御月見御断申上
10.14	上野行遊
12.26	両国遊行
享和3年	
1.20	梅園行、鷺齋、道恕同道　1.20
2.7	椎花開
2.12	天神下御茶被下、上野彼岸桜盛也
2.19	家内墨水花見
2.2	墨水舟行花開八分　2.20
2.22	三囲花見開二分
2.24	山形侯別荘花見
3.5	天神下御花見召
7.6	二星の涙か今朝の芋の露
8.2	萩見深川へ廻船行
8.14	待宵や月はともあれ名にめてん
12.1	若殿様御雪見召
文化元年	
1.6	雪夜吟
2.12	秋葉鶯会
3.2	疎雨、上野花見
3.12	墨水独行花見盛
3.26	深川遊行
3.28	時鳥啼く
5.29	天神下御宴、紫陽花や五百羅漢の後向
6.6	御屋敷へ出、鶯の古巣すてぬか時鳥
6.21	大和守様召、此蓮を見る人もなき暑かな
8.1	萩見　8.10
10.8	月池菊御宴
10.11	麻布菊見。蘭雪か心の知れる菊見かな
文化2年	
1.21	梅園遊行、当年気候故一時ニ咲揃□〳〵ニ異
2.11	寺嶋三囲遊行
2.29	世の夢に我も狂ふや菜の盛
3.10	隅田川舟行、花見盛なり、安見貴良同伴
3.13	安見貴良同道、小金花見
3.14	小金花見、夜五ツ時帰宅

表1　四季を楽しむ

天明7年	
1.25	梅見
2.27	墨河花見十分に盛んなり
8.2	夜中州漁
8.9	□暁より中川漁
8.15	曇宵晴、月清光、若殿様召
9.13	若殿様御月見召
10.17	霜葉は籬に随いて満つ（生隠亭漫興）
天明8年	
5.28	玄常□庵様同道墨水舟行
8.15	中秋雲不開
10.21	丹楓と翠柏と江水に蔭り（本庄作）
10.25	墨山先生、糟谷、太田、山口三氏同道、日暮、上野の方へ郊行
10.27	日暮郊行、山村 、篠崎二君同伴
寛政元年	
1.6	早春雪を詠む
3.2	水野侯にて後園賜宴席　3.20
3.21	五明楼桜花宴
7.16	道灌山虫聞に参、此ノ月晴朗風流不可云
8.15	夜若殿様侍宴無月
10.13	小松川、大杉村遊行
10.17	霜深くして残菊籬傍うて親し（偶作）
10.3	霜は橙橘の樹に深く（過大杉村田家）10.30
11.22	日暮登臨すれば積雪寒し（登吉祥閣）
寛政2年	
2.29	若殿様御供長□□寺□□深川
3.29	初松魚、初時鳥
4.1	今日時鳥鳴く　一声［　　］寝覚や時鳥
7.7	星合や思へハかわる空の色
8.11	正□寺に罷過萩少し盛過
8.14	夜月清光
8.15	侍宴、月少晴
9.23	夜船越様菊□来
寛政3年	
2.7	色にめつる桜に□や□□かほる
4.28	時鳥啼くや五月の空近し
7.7	二つ星空に秋立つ光かな
8.3	夜□陪山荘宴　8.30
9.13	若殿様陪宴、重賞月明光
9.25	若殿様品川御遊行御供
10.16	奥様日暮御供

寛政4年	
閏2.12	吾妻森より墨水迄世子御供
閏2.12	花盛也。本庄・下谷・本郷病用
閏2.29	世子遊北郊御供
3.3	高楼侍宴
3.23	船越公お供、目黒、新田、池上
6.1	日くらしの空音涼し□□哉　6.10
7.7	御中屋敷御物見落成、七夕七首片歌
8.12	駿台月見
8.14	閑庭適聞虫
8.18	御月見
寛政5年	
2.4	船越様御供、鎌田梅見
2.13	御新造様御月見
2.18	若殿様御花見
4.9	嬉しき□今宵鳴きぬ時鳥
5.15	夕墨□舟遊
寛政6年	＊寛政5年9月～同7年5月「日録」欠
寛政7年	
8.15	夜世子召、月見
9.13	終日若殿様召、月見
11.28	若殿様浅草御遊行御供
寛政8年	
1.23	梅屋敷参盛□
2.24	蓮花寺より上野辺花見単盛
2.26	若殿様御供飛鳥山
3.7	中郷花見松本宅
4.25	若殿様御遊行□□御供
寛政9年	
2.5	梅園遊行
2.9	本庄病用、梅園行
3.15	上野花見
4.12	西新井子供召連舟行
閏7.5	蓮見舟行、亀戸辺善行寺
8.21	桜井別荘宴集、月や知我も廿のとしありし
10.3	浅草御遊行御供
12.3	日本堤遇雪12.30
寛政10年	
2.1	舟行、本庄病用、梅園花盛
2.5	近所遊行
2.7	船越様御供、業平橋遊行
2.22	根岸見舞、東献彼岸桜盛也
3.8	墨水行、花已過（訊白猿閑居）
3.28	羅漢亀戸舟行

ない可能性がある。したがって「日録」記載期間の全体を必ずしも網羅するものではない。

いずれにせよこれらを通観すると、梅見に始まり、桜、藤、蓮、萩、菊を訪ねること、また、虫聞、月見、さらには雪見というように、季節の推移を追うことを軸として玄白の日々の生活が展開しているようにもみえる。なかでも、梅見と桜の花見は季節の行事としてほぼ欠かすことなく行われていたといえよう。

梅見の記事のうち、地名の併記されている事例が一例ある。寛政五（一七九三）年二月四日に、「晴。船越様御供。鎌田梅見」とあるものである。鎌田（蒲田）の梅については、『新編武蔵風土記稿』の「荏原郡北蒲田村」の項に、「土産梅実」として、

> 当所の土性わきて梅樹によろしきを以て、陸田の間或は民家のかまへのまわりなどに、数百本をうへ置て産業の助となす、其実厚く核小にして他の産する所と味大に殊なり、花もすぐれて清白の一種なり、もとこれ梅実のために植し野梅なれど、花の盛なる頃はさながら雪などの木にふりかゝりたるごとくにして、目を悦ばしむるにたれば、いつとなく其聞ありて安永天明の頃よりは江戸より来り見るもの多し。
>
> （『大日本地誌大系二・新編武蔵風土記稿』第二巻、二五九ページ）

と記されている。また、『江戸名所図会』（寛政年中編纂、前半十冊・天保五年刊、後半十冊・同七年刊、斎藤幸雄・幸孝・月岑幸成）には、

> この地の民家は前庭後園共に悉く梅樹(うめ)を栽(う)ゑて、五月の頃その実を採りて、都下に鬻(ひさ)ぐ、されば二月の花盛には幽香を探り遊ぶ人少なからず。

とある（『新版江戸名所図会』上巻、角川書店、四七九ページ、図1）。北蒲田村は現在の東京都大田区に位置する。江戸近郊の農村として田地の間や民家の周囲などに沢山の梅の木が植えられ良質の梅実を産出していたが、さながら木々に雪が降りかかるさまとなる花盛りの光景が次第に評判となり、安永、天明の頃からは数多くの行楽客を集め

る所でもあった。

「船越様」とあるのは、旗本の船越駿河守景範（かげのり）、もしくはその養父船越式部景順（かげより）のことであると考えられる。船越景範は小浜藩第八代藩主小浜忠與（ただよし）三男の三次郎である。天明四（一七八四）年四月に三十四歳で船越家に入り景順の跡を継いだ。同六年十二月に中奥の御小姓に列し、同七年三月従五位下駿河守となり、寛政十（一七九八）年小普請組支配に任じている。船越家は鎌倉期以来の由緒をもち本国は淡路で、摂津、河内、大和三国に合わせて知行地五千七百五十石余を領有していた。江戸屋敷は築地鉄砲洲にあった（『新訂寛政重修諸家譜』第十四、二一八～二二一ページ）。

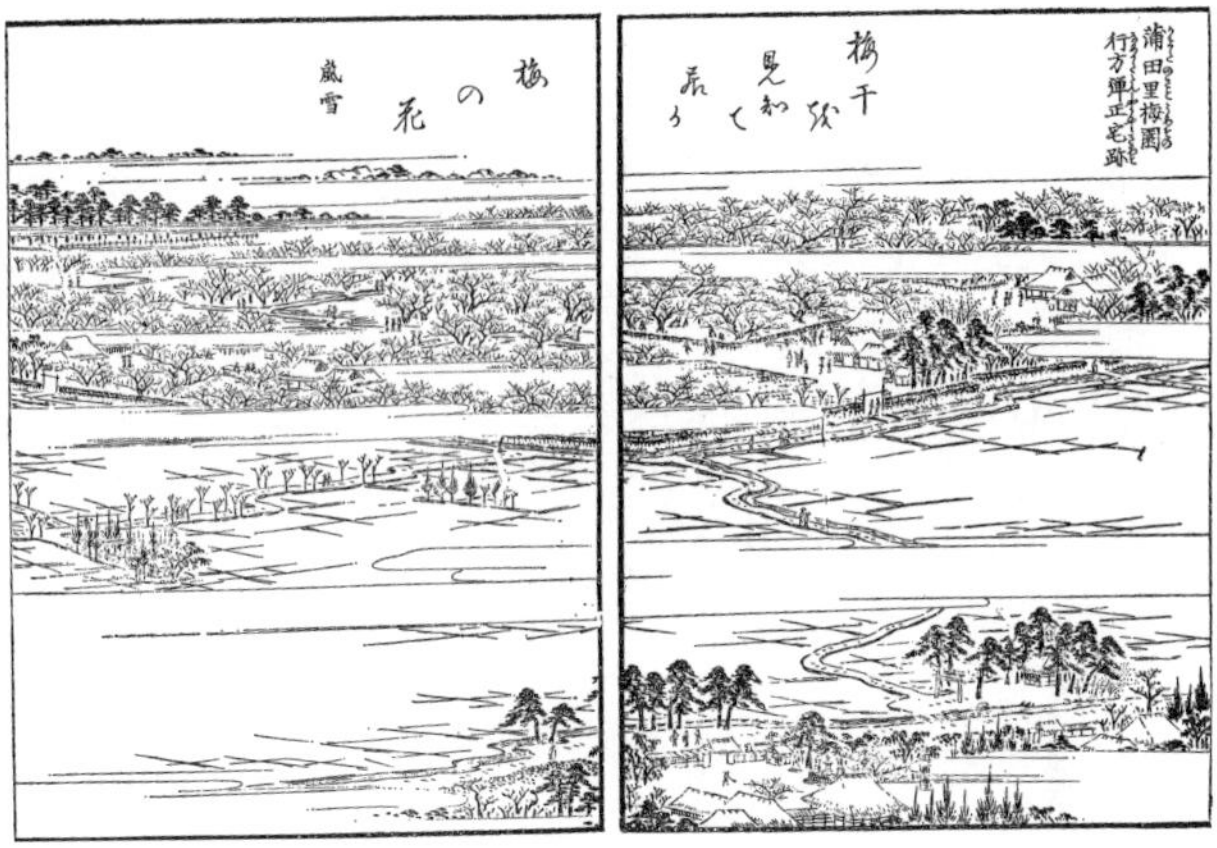

図1　蒲田（『新版江戸名所図会』上巻、角川書店、1975年、476～477ページ）

「日録」には、「船越」の名がかなりみえる。あわせて四十五件ほどである。その多くは小浜藩邸と船越屋敷への往来の記録であって、ひとつは、「夕、船越様御入被召出」（寛政四年三月二十三日）、「船越様御入、御中屋敷罷出」（同五年三月十一日）などとあるように、景順もしくは景範の小浜藩邸への来訪により玄白が召し出されていることを示すもの、他は、「月池船越様へ参る」（寛政三年六月十六日）、「船越様へ毛利讃州御入ニ付出ル」（同七年九月二日）など、築地（月池）鉄砲洲の船越の屋敷へ玄白が出向いたことが記されているものである。「毛利讃州御入」とあるのは景順夫人の一人が毛利讃岐守政苗の娘であることと関係があるかも知れない。また、鎌田の梅見と同様な事例として、「船越様同道、長松院」（寛政二年十月二十六日)、「船越公お供。目黒、新田、池上」(同四年三月二十三日)、「船越様御供、業平橋遊行」(同十年二月七日)などのように、景範もしくは景順の行先に玄白が随従したことを示すいくつかの記録がある。また、「船越様小普請支配被蒙仰」(寛政十年十二月二十三日)とあって、景範の小普請支配就任を、また「船越式部様御不幸」(享和元年〈一八〇一〉五月二十三日)とあって、景順の死去をそれぞれに漏らさず記録している。玄白が船越家とかなり密接な関係にあったことが窺われるところである。

「鶉斎遺稿　詩之二」(以下、「遺稿」と略す)(大鳥蘭三郎「「鶉斎遺稿」について」(二))によれば、景順の還暦を祝う次の詩篇が記録されている。

双松篇寿船越老公六十　　双松篇　船越老公の六十を寿す
有松々々在水涯　　松有り松有り水涯に在り
雙幹古兮千条垂　　双幹は古く千条垂る
清操厳兮歳寒時　　清操は厳し歳寒の時
仙会〔禽カ〕栖兮雄与雌　　仙禽栖む雄と雌
聯翩翔兮対舞移　　聯翩(れんぺん)として翔り対舞して移り
日和鳴兮不相離　　日に和鳴して相離れず
対之愛者知是誰　　これに対して愛す者知んぬ是(これ)誰ぞ
月池老公神仙姿　　月池(つきじ)の老公神仙の姿
其花釀酒其実炊　　其の花は酒を醸し其の実は炊ぐ
餐来万年寿見眉　　餐し来たれば万年の寿眉に見(あらわ)る
不須今日献寿巵　　今日寿巵(じゅし)を献ずを須(もち)いず

厳しい冬の最中、水辺に長く枝をのばしている二本の松の老木に、美しい雌雄の鳥が互いに相離れず舞っている。この光景を愛でている人は誰あろう、すでに人間界を脱して不老長寿の域に達したかにみえる船越老公その人である。この姿をみればあえて祝いの杯を献ずる必要もないではないかと詠んだものである。『寛政重修諸家譜』によれば、景順は天明四年に五十二歳で家督を景範に譲っている。生年は享保十八（一七三三）年となり、玄白とはたまたま同年齢で寛政五（一七九三）年に還暦を迎えたことになる。玄白はすでに前年の十一月二日に、当日の「日録」にはただ「賀祝」、翌三日には「夜年賀客」と記されるのみであるが、門弟等によって催された古稀を迎えた前野良沢を共に祝う合同の祝宴を受けている。この詩篇は「日録」には記載されていないが、「鶉斎遺稿」の中での筆写された位置から、大鳥蘭三郎氏は寛政五年二月から同七年七月の間の作であると推定されている。「清操厳兮歳寒時」が実景を詠んだものとすれば、寛政五年の冬ということになろう。ただし、「日録」の寛政七年九月二日に「船越公御年賀宴」とあり、これが長寿の祝宴であるとすれば、この時に献じられたとみることもできるが、なお後考をまたねばならない。

ところで、「日録」の寛政五年二月十七日には鎌田の梅見に因む漢詩四篇が記録されている。二月四日の梅見からほぼ二週間ほどの時間が経過している。推敲を重ねこの日に完成をみたということであろうか。

陪船越公遊鎌田　　船越公に陪して鎌田に遊ぶ
城南風暖春二月　　城南風暖かに春は二月
鎌田之村梅先発　　鎌田の村に梅は先ず発(ひら)く
鳴鞭躍馬幾探芳　　鞭を鳴らし馬を躍らせ幾たびか芳(かんばせ)を探り
官道綿連直如髪　　官道は綿連として直きこと髪のごとし

如蘭明公本風流
年々愛花事野遊
毎遊必携文雅士
彩筆翩々詩相酬

但見氷魂神仙姿
美人淡妝屹不移
相従相対欲属酒
酌来頻傾金屈卮

旧道六十可斯年
翁是今年加一年
即今潦倒君莫笑
明年花前詎期然

蘭の如き明公は本(もと)より風流
年々花を愛して野遊を事とす
遊ぶ毎(たび)に必ず文雅の士を携え
彩筆翩々(へんぺん)詩もて相酬(あいむく)ゆ

但だ見る氷魂神仙の姿
美人の淡妝屹として移らず
相従い相対して酒を属(すす)めんと欲し
酌み来たらば頻りに金屈卮(きんくつし)を傾く

旧(むかし)は道(おも)えり六十は斯年(このとし)なるべしと
翁は是れ今年一年を加う
即今、潦倒(ろうとう)するも君笑うなかれ
明年の花前詎(なんぞ)然るを期せん

「船越公」は「文雅の士」を伴い「野遊」を好む「風流」の人であった。江戸市中から城南の地鎌田村へというかなりの遠出である。まさに「野遊を事とす」であった。「船越公」に随従し梅園に遊んだ玄白は、純白であたかも神仙のごとくにみえ、また薄化粧の美人のように映える梅の花に相対して、頻りに酒杯を勧められる機会をもった。そうした中で、還暦を一年過ぎた自身を梅の花に対比してみれば、その老い衰えた姿は比べようもないが、それを笑ってくださるな。明年またこのように花をみることができないかも知れないではないかというのである。仲

春の一日、江戸市中より足を伸ばして近郊の自然の風光の中に遊んだ晩年の玄白の述懐であった。第四の漢詩の冒頭の「可斯年」の意義が不明である。「日録」の誤記かと考えられる。「船越公」とは誰か。景順か景範かにわかには判断しがたいところであるが、先の還暦の寿詩に描かれた「老公」の人物像と通ずる点があることからすれば、「野遊」を好む「風流の士」は船越景順とみることができるように思われる。

表1の後半、寛政八年以後をみると、文化元年を除いて毎年梅見の記事があるが、寛政八年の「梅屋敷」のほかは、すべて「梅園」遊行、「梅園」行といった表記になっている。地名の明確な併記がないので断定はできないが、これらは亀戸の梅屋敷を指しているとみてよいと思われる。「日録」の寛政九年二月九日の記事に、「本庄病用、梅園行」とあり、また同十年二月一日の記事には、「晴。舟行本庄病用」とあり、さらに「梅園花盛」と題して「藤梅の花探はやあこの下」という一句が書きとめられている。いずれも本庄（本所）方面の往診に出かけ、その途次、近接地の亀戸の梅屋敷（梅園）をも訪れたと推定できるのである。この梅園は現在の江東区亀戸三丁目に位置し、元本所埋掘の伊勢屋彦右衛門の別荘を継いだ百姓喜右衛門の宅地清香庵で、およそ三百余株の梅林が四丁四方に広がり俗に梅屋敷と呼ばれていた。花の頃は馥郁とした香りが四隣に達したという。とくに、水戸光圀が命名したという奇木、臥竜梅が有名で、将軍吉宗も遊猟中に立ち寄りこれを称賛したといわれている（『大日本地誌大系二・新編武蔵風土記稿』第二巻、四二ページ）。『江戸名所図会』には、この臥竜梅について、

その花一品にして重弁潔白なり。薫香至つて深く、形状宛(あたか)も竜の蟠(わだかま)り臥すが如し。園中四方数十丈が間に蔓(はびこ)りて、梢高からず。枝毎に半ば地中に出でゝ枝茎を生じ、何れを幹ともわきてしりがたし。しかも屈曲ありて自からその勢を彰す。仍つて臥竜の号ありといへり。（『新版江戸名所図会』下巻、五四六ページ）

と記されている。広重がその「名所江戸百景」で取り上げ、ゴッホがこれを模写したことはよく知られているところである。

享和元（一八〇一）年と同三年の梅見では「鷺斎」と「道恕」という二人の同行者の名が残されている。「日録」の記事は次の通りである。

享和元年一月二十二日　同［曇］。梅園遊行。鷺斎伴。寒甚。
享和三年一月二十日　同［晴］曇。梅園行。鷺斎、道恕同道。
　桃園に結し友と梅見哉
　梅見るも命なりけり老いの坂
　風。

「鷺斎」については、享和元年四月の十一日と二十一日の「日録」に、「鷺斎来投」とあって、薩摩風邪に罹患した玄白を診ていることが記録されており医者であったことが判明する。また、「日録」の享和二年十二月二十七日に、

　鷺斎より、寒梅や障子の内の花盛、とあるかへし、
□□ひなたをあるく蠅そうし今に臭味を忘れ得ぬ身ハ

とあり、玄白にとって風雅の友の一人であったことが知られる。

「道恕」は藤阪道恕である。道恕の名は「日録」の寛政四年以後、とくに病論会、俳会、軍会などのさまざまな会合との関わりでしばしばみえる。「日録」の享和元年十一月十七日に次の詩篇が記録されている。冬至の一夜を、道恕のもとに人々が集い盃を傾けながら一陽来復の春を語り合ったというのである。

　至日飲藤阪氏與諸子同賦　　至日（しじつ）藤阪氏にて飲み諸子と同（とも）に賦す
主人乗夜整交情　　主人夜に乗じて交情を整え
取酔同憐寒月清　　酔を取りて同に寒月の清きを憐れむ
非為一陽已来処　　一陽已に来れる処なるが為に非ず

応知春色酒中迎　　応(まさ)に知るべし春色は酒中に迎うるを

なおこのほかに玄白が梅の開花に目を向けたことの跡を「日録」および「遺稿」にみると次のような記述がある。

寛政十年一月二十八日
曇且疎雨。千駄木、下谷病用。
此かしこ梅の香ならぬ里もなし

享和元年二月七日
晴。高田、神田川、近所病用。
世は梅ニなりてうれしき春野かな

文化三年一月二十一日
同〔晴〕、風。梅園遊行。当年気候故一時ニ咲揃□々ニ異。
年々に名残をつけし梅の花又見ニ来しと人ニ語な

(2) 春——花見——

桜の花見については、梅見の場合に比して地名や宴席の場所などが記されていることも多く、玄白が足を向けた先をかなり具体的に知ることができる。なかでも、「墨河」（天明七年二月）、「墨水」（寛政四年閏二月、同十年三月、十一年三月、享和三年二月、文化元年三月）、「三囲」（享和三年二月）、「隅田川」（文化二年三月）とある隅田川沿いが最も多い。『江戸名所図会』の「隅田川の堤」の項に、

深掘橋にはじまり熊谷に至る。行程凡そ拾六里、これを熊谷堤と云ふ。天正二年小田原北条氏これを築きたり

図 2　隅田川（『新版江戸名所図会』下巻、角川書店、1976 年、636～637 ページ）

といへり。御当家にいたり、官府の命ありて三囲稲荷の辺より木母寺の際まで、堤の左右へ桃桜柳の三樹を殖ゑさせられければ、二月の末より弥生の末まで、紅紫翠白枝を交へ、さながら錦繍を晒すが如く、幽艶賞するに堪へたり。また菫菜、砕米菜盛りの頃は、地上に花氈を敷くが如く一時の壮観たり。

とある（『新版江戸名所図会』下巻、六三九ページ、図2）。隅田川沿いのとくに三囲稲荷社（現墨田区向島二丁目）の辺から木母寺（現墨田区堤通二丁目）の際までの土手には、享保十（一七二五）年、将軍吉宗の命により植樹されたのを嚆矢として、同十七年には桜百二十一本、桃二十八本、柳十七本が植えられ、さらに寛政二（一七九〇）年には家斉の命による補植が行われた（『新編武蔵風土記稿』第二巻、一～二ページ）。浅草寺、吉原なども近く、多くの人々で賑わう江戸有数の花見の場所となっていたところである。

玄白の隅田川沿いの花見の多くは舟を利用して出かけるものであったようである。寛政十（一七九八）年三月の場合は序章で取り上げた、墨水に遊びかつ俳人白猿の閑居を訪ねるという長編の漢詩を生んだ機会であった。享和三（一八〇三）年二月二十日も「墨水船行」であった。「花開八分」とあり、「いつまでも死心なし花の下」、また「梅若の御袋はけに此花に別るる如くかなしかりけん」と詠じたことが記されている。梅若丸伝承を伝える「木母寺」をも訪れたのかも知れない。同寺境内には、むかし人買いの手にかかり都から東国に下り病死した梅若丸が葬られているという塚がある。行方不明となった梅若丸を探し求めてこの地にたどり着いた母親が、わが子の死をはじめて知ってここに草堂を営み、亡き子を弔ったという悲劇の母子の物語をふまえての老玄白の感慨であった。翌々日の二十二日にも、「三囲花見、開二分」とあって、木母寺にも近い三囲神社あたりに桜を訪ねたようである。

次に多くみられる地名は、「蓮花寺より上野花見単盛」（寛政八年二月二十四日）、「上野花見」（同九年三月十五日、同十一年三月九日、文化元年三月二日）、「上野彼岸桜盛也」（享和三年二月十二日）などとあるように「上野」（現台東区上野公園）である。上野は東叡山寛永寺の境内地である。寛永寺は寛永元年、比叡山延暦寺に比せられ江戸城の艮（うしとら）（北東）の鬼門を護る霊場として天海（慈眼大師）の進言により創建された寺院である。また、四代家綱以来、将軍の墓所を芝の増上寺とほぼ二分したために徳川将軍家の菩提寺でもあった。

図 3　上野（『新版江戸名所図会』下巻、92〜93 ページ）

『江戸名所図会』に、

当山は江戸第一の桜花の名勝にして、一山花にあらずと云ふ所なし。いにしへ台命によりて、和州吉野山の地勢を摸し植ゑさせらるゝが故に、花に速きあり遅きありて、山上山下盛りをわかてり。弥生の花盛りには、都鄙の老若貴となく賤となく、日毎に袖を連ねてこゝに群遊し、花のために尺寸の地を争ふて、帷幕を張り、筵席を設く。詩歌管弦は鶯声に和し、錦衣繡装（きんえしうしやう）は花影に映じ、愛玩賞咏日の暮るるをしらず。

（『新版江戸名所図会』下巻、一〇四ページ、図3）

とあるように、将軍家光の命により吉野の桜を移したことをはじめとして盛んに植樹がなされて江戸の桜花の名勝となったところである。

寛政八（一七九六）年二月二十四日の花見をしたという「蓮花寺」（蓮華寺）はどこか。江戸府内には、同名の寺が数か所あり特定しがたい。このうち、小石川の蓮華寺（現文京区白山二丁目）は、『未年花の枝折』（文政六〈一八二三〉年刊）に周囲五間以上ある枝垂れ桜の名木のある三十三の寺社のうちの一つとしてあげられているという（三田村鳶魚「一本桜から並木の桜」『三田村鳶魚全集』第九巻、六三ページ）。上野まで地図上の直線距離で二キロほどのところにある。本所寺島の蓮華寺（現墨田区東向島三丁目）は、北条経時の没後その菩提寺として弟の頼時が鎌倉に創建し、のちにこの地に移った。関東四大師のひとつとされた由緒ある古寺である（『新版江戸名所図会』下巻、六一七～六二四ページ。『新編武蔵風土記稿』第二巻、八ページ）。上野まで隅田川をはさんで四キロほど隔たっている。『花みのしおり』（天保四年刊）には、桜、山吹、杜若、朝顔、萩、また紅葉の名所として「寺島蓮花寺」をあげている（平野恵『十九世紀日本の園芸文化―江戸と東京、植木屋の周辺―』）。同名の寺はほかに関口台町（文京区関口二丁目）や下谷車坂町（台東区上野七丁目）、谷中三方寺店（台東区谷中四丁目）などにもある。玄白はこの日、自宅から蓮花寺へ向かいさらに上野へと足を伸ばしたという、その蓮花寺は小石川か寺島のどちらかであったとみてよいであろう。この日の「日録」には、「病用」記事などはなく「美日」とあって、花見のことのみが記されている。「単盛」は「ひとえ」の桜の意であろう。さらに、次のような作品が書きとめられている。

霞

海の朝山の夕部［辺カ］の霞かな

春雨

あまたり［雨垂り］降るとこそしれ春の雨

桜
むすこらが酒呑出す桜哉

蝶
未た夢の覚ぬか蝶ハ舞て居る

この日の玄白が終日楽しんだであろう、春霞と満開の桜花に包まれた江戸ののどかな情景と人々のざわめきを窺わせるところである。なお、「日録」の文化二（一八〇五）年二月二十八日には、おなじ蓮華寺のことであるか定かではないが「蓮花寺参詣。道恕軍会」の記事がある。

文化二年三月には小金井（現都下小金井市）まで花見に出かけている。「日録」の十三日には、「雨。安見貴良道。小金花見罷り。夜、松田作兵衛云農家宿、日暮花不見、前年花見し見取図ニ照して慥ニ小金井なり」とあり、翌十四日には、「曇且晴。朝宿を出、花を見る。半少過、小金□橋越野路より府中へ出、夜五ツ時帰宅」とある。雨天にもかかわらず泊まりがけで出かけ、農家の松田作兵衛方に宿泊したという。玄白の居宅からは直線距離でおそらくは二十五キロほども隔たる場所への遠出であった。

小金井村の桜花については、『江戸名所図会』の「金井橋（こがねゐはし）」の項に、

多磨川の上水掘両岸の芝塘（しばつつみ）にあり。小金井村に架す。故に名とす。（水源緒川村より、新橋の東北千川上水の掛口の所まで凡そ一里あまり、両岸ことごとく桜にして、左右の九村に跨がる。また、架す所の橋大小七ケ所ありて、何れもその地名によりて唱ふ。いはゆる金井橋（こがねゐばし）の類なり。この水流西の方羽村（はむら）より北にわかれて江戸に至るまで、直流凡そ十里余り、これを玉川上水と号す。承応の頃、始めてこの水流を大江戸に引き給ふといへり。）この地の桜花は享保年間、（或いは云ふ元文二年丁巳。）郡官川崎某台命を奉じ、和州吉野山および常州桜川等の地より、桜の苗を植ゑらるゝ所にして、その数凡そ一万余株ありしとぞ。（今存する所の古木一囲にあまるものまゝあり。延享の頃ま

では、年々に官府よりこれを植ゑつがせ給ひしとなり。今は、その数を大いに減じて凡そ三百株あまりあり。）立春より五十四五日目の頃開き初めて、六十日目を満開の期とす。七十日の頃に至りては落花す。最もその年の寒暖によりて、少しの遅速はありといへども、大方違はず。就中、金井橋の辺は佳境にして、爛漫たる盛りには、両岸の桜、玉川の流れを夾んで一目千里、実に前後尽くる際をしらず。こゝに遊べば、さながら白雲の中にあるが如く、蓬壺（ほうこ）の仙台（せんだい）に至るかとあやしまる。最も奇観たる故に、近年都下の騒人韻士遠きを厭はずしてこゝに来り遊賞す。

（『新版江戸名所図会』中巻、五五三～五五八ページ）

とある。また、同項の挿絵にも同趣旨の文言の書き入れがあり、さらに、「春の夜ハさくらにあけてしまひけり」という芭蕉の一句が書き添えられている。玉川の流れを夾んで「一目千里」、さながら「白雲」のなかにあるかのような「奇観」に都下の多くの「騒人韻士」が集まったという。このことからすれば、日が暮れてその日の内には見ることができなかった玄白の花見は、「前年花見し見取図」に照してというかなりこだわりのあるものであったようで、桜花爛漫の全景を眺望するというよりは、特定の古木あるいは名木を訪ねる目的があったように思える。翌十四日に花見を終えて帰宅したのは午後八時頃ということになる。七十三歳の玄白にとっては相当な疲労を覚えるものであったかと思われるが、翌十五日には、小浜藩主嗣子忠進の三男誕生の祝宴が開かれた藩邸の宴席に出向いており、その後も諸所の往診に出かけるというこれまでと変わらぬ日常が記録されている。なお、この花見に同行した安見貴良は三日前の十日にも墨水の花見にも随行している。当日の「日録」には、「雨。隅田川舟行。花見盛なり。安見貴良同伴」と記されている。また、文化三年九月から同四年に詠まれたと推定される玄白の和歌を収めた写本「鷧斎遺稿　歌之一」（大鳥蘭三郎「「鷧斎遺稿」について」（四）～（六））にも、「安見と東恵山の花見に罷りて」と題して、「年ことにかはらぬ友とはな見れはわけ行山のみちも迷はす」との歌が記されているように、玄白との親しい関係が窺われるが具体的な人物像は詳らかではない。

ところで、「鶴斎遺稿　歌之二」にはわずか二年足らずの間に生み出された季節の推移をとらえた全四四三首におよぶ多くの作品が記されているが、そのうちに文化四年のものと推定される次のような興味深い詞書きを付した歌がある。

花見てくらす春の少きは世のならひそかし、ましてかきりある老の命なれは、ことしは彼方こなたの花みんと思ふこゝろの、人よりはあはたゝしくて、弥生二日よりはしめて十七日には大井の里来福寺の花見に罷りたるに、八重桜さきみたれたり

ゆふ日さす春の野寺は紅の薄はなさくら今そさきける

此の寺は八重のしほちのちかけれはなみにまかえる花の色かな

桜の花も今年で見納めかも知れぬと思うにつけて、三月二日に始まって、あたう限りの桜花の探訪に駆り立てられたというのである。最晩年の玄白の花巡りへの執念といった心情の底にあるものが表れているように思う。この日は大井村の来福寺（現品川区東大井四丁目）から、さらに西光寺（現品川区大井四丁目）に向かい、「心なく散しさくらを踏行は花のおもはんことそやさしき」と詠み、さらには帰りの道筋で御殿山（現品川区北品川三、四丁目）を過ぎて、「命あらはまた来ん春とちきるなりことしは花によしおくるとも」と詠じている。来福寺、西光寺ともに江戸時代には桜の名所であった。来福寺については、『江戸名所図会』に、

延命桜（本堂の左の方の庭前にあり。（梶原松）同所にあり。梶原氏手親栽うるとなり。）梶原塚（寺の後、畑の中にあり。塚上に杉を植ゑたり。この辺農民の構への中にも梶原と号するものあり。これもその氏族の墓所なるべし。その余、一族の石塔当寺にあり。）当寺境内、桜樹数株ありて悉く品を頒てり。弥生の花盛りには、遠近薫を慕ひてここに遊賞する人少からず。

（『新版江戸名所図会』上巻、三九九ページ）

とある。延命桜に、来福寺寺本尊の地蔵菩薩を信仰した梶原景季が植えたという伝承があるところから、のちに桜

図 4　御殿山（『新版江戸名所図会』上巻、352～353 ページ）

を奉納する信者が続き、やがてさまざまな種類の桜がそろう名所となったということのようである。西光寺については同じく『江戸名所図会』に、

> 庭前、醍醐桜と名づくる老樹あり。花は単弁にして、立春より七十日目の頃より開きはじむ。その余、ひとへの桜の老樹数株ありて、満花の節は奇観たり。この地第一の花の名所なり。
>
> （『新版江戸名所図会』下巻、一〇四ページ）

と記されている。また、御殿山については、『江戸名所図会』の「御殿山」の項に、

> 慶長元和の間この地に省耕の御殿ありし故に、御殿山の号あり。土人相伝へて、この地を太田道真の旧址なりといふ。この所は海に臨める丘山にして数千歩の芝生たり。殊更寛文の頃、和州吉野山の桜の苗を植ゑさせ給ひ、春時爛漫として、尤も壮観たり。弥生の花盛には雲とまがひ雪と乱れて、花香は遠く浦風に吹き送りて、磯菜摘む海人の袂を襲ふ。樽の前に酔ひを進むる春風は枝を鳴らさず、鶯の囀りも太平を奏するに似たり。（中略）享保の頃、櫨を多く植ゑしむ。晩秋の紅葉も又一奇観たり。
>
> （『新版江戸名所図会』上巻、三五四～三五五ページ、図4）

とある。「省耕の御殿」という。「省耕」とは農民の労苦を察すること、つまり民情視察の拠点としての御殿の意であろう。実質的には将軍の別業が営まれ、鷹狩りの際の休息所や大名の接待の場所などとして使われていたが元禄

初めの火災で廃された。御殿山は高輪台の先端に位置し、江戸湾に臨んではるか房総の山々をも見通すこともできたという。弥生の花盛りの眺めは壮観であったらしい。

玄白居宅の浜町からははるか南に位置する大井村や御殿山に出かけた翌々日の十九日には、一転して安見貴良など六七人を同道して北方の飛鳥山方面に向かっている。休む間もなくの感があるが、まず、谷中の瑞林寺（現台東区谷中四丁目）から道観[灌]山、滝野川を経て飛鳥山（現北区王子一丁目）に至り次々に歌を詠んでいる。

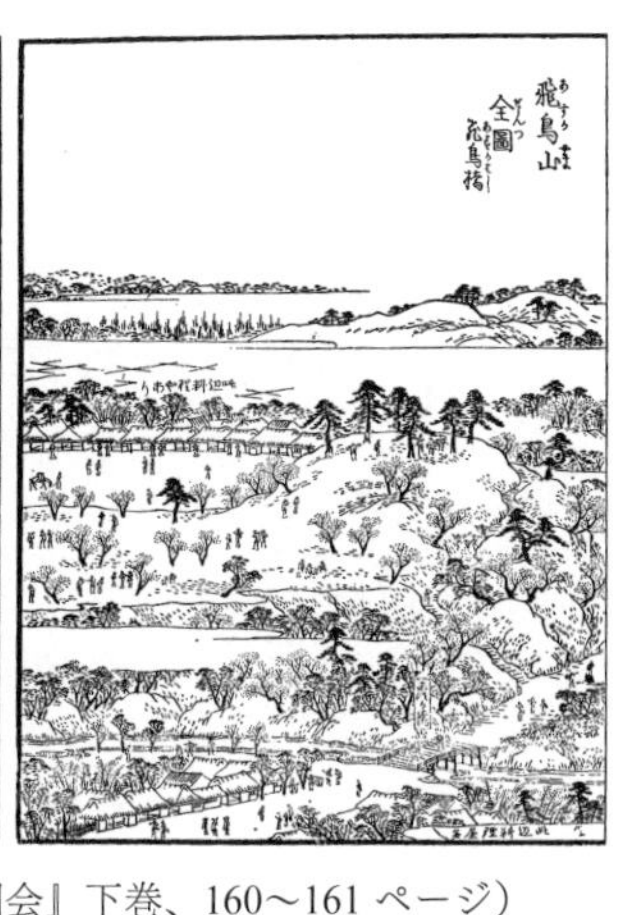

図 5　飛鳥山（『新版江戸名所図会』下巻、160〜161 ページ）

踏はをしふまねはかよふ道もなし散しく庭の花のみ雪を（瑞林寺）

八重さくら立へたてゝし春の野におほつかなくも鳴雲雀かな（道観山）

谷川のきしの山吹かけ見へてなかるゝ水に色もにほへり（滝野川）

此川に散れるさくらのよとみつゝ花し行すは春も留らむ（滝野川）

きのふといひけふとまつ間に飛鳥山いつしか花はちりはてにける（飛鳥山）

道灌山では、玄白は八重桜を眺め、また雲雀の囀りに耳を澄ませたようであるが、ここは秋の虫聞きの名所でもあった。また「採薬の輩」が訪れるところであったという（『新版江戸名所図会』下巻、一二三ページ）。玄白もそうした目でここをみたのであろうか。飛鳥山については、『江戸名所図会』に次のような叙述がある。

数万歩に越えたる芝生の丘山にして、春花秋草夏涼冬雪眺めあるの勝地なり。始め元亨年中、豊島左衛門飛鳥祠を移す。（祭神事代主命なり。）因つて飛鳥の号あり。寛永年中王子権現御造営の時、この山上にある飛鳥祠を遷して、権現の社頭に鎮座なしけり。その後元文の頃台命によつて桜樹数千株を植ゑさせられ、内には遊観の便とし、外には芻蕘の為にす。年を越えて花木林となる。爾しより騒人墨客は句を摘み章を尋ぬ。牧童樵夫は秣を刈り、薪をとる。殊にきさらぎ・やよいの頃は桜花爛漫として尋常の観にあらず。

（『新版江戸名所図会』下巻、一四九、一五七ページ、図5）

ここも墨堤や御殿山などと同じく将軍吉宗の命により桜樹が植栽されたことから始まり、今ではその季節には「尋常の観」にあらざる見事な情景が展開するところとなったという。この景観を楽しんでのちの帰路は、往路とほぼ同じような道筋を引き返したのではないかと思われるが、谷中の感応寺（のち天王寺、現台東区谷中七丁目）までの間に次のような歌を残している。

賤家は春こそよけれさゝ菜咲くかとの水田に蛙なくなり
行春をゝしと思はゝうくひすもこゑのかきりは鳴てとゝめよ
さくら狩はるの野末を行人におとろく雉の声たてゝ鳴
うとん花の盛りとそ見る春くれて御法の庭に咲るさくらは（感応寺）

そして、さらに花はまだあるだろうかと思い「東献山」に登ってみたが、すでに下枝まで散り尽くしていたとして、「しつこころなくて桜のちりたれははるもはてぬに青葉しぬらむ」と詠じている。「鶚斎遺稿　歌之一」には詞書きに「東献」とある作例がなお一首ある。また、「日録」の寛政十年二月二十二日にも「根岸見舞、東献彼岸桜盛也」とある。「東献山」、「東献」は、谷中あるいは「根岸」に隣接している花の名所としての上野、すなわち「東叡山寛永寺」を指しているように思われるが断定はできない。いずれにせよ、盛りは過ぎていたようではあるが、桜花のみならず、雲雀、蛙、鶯、雉をも目あるいは耳に留めながら江戸とその近郊の豊かな自然を十分に楽しんだ一日であったに違いない。

玄白は藩主世子、酒井忠進に随行して飛鳥山へ出かけたこともあった。寛政八（一七九六）年二月二十六日の「日録」に「若殿様御供飛鳥山」とあるのがそれである。花見が目的であったとみてよいだろう。寛政四年閏二月二十九日の「世子北郊御供」とあるのも飛鳥山方面であった可能性が大である。同五年二月十八日にも「若殿様御花見」とあって忠進の花見に随行したようである。十二年三月二十五日にも「世子御花見宴」とある。寛政二年二月二十九日の「日録」には、「若殿様御供長□□寺□□深川」とある。虫損により判読できない文字が多いが、忠進に随行して深川方面に出かけたようである。翌月の三月六日の「日録」に、「去月廿九日奉陪世子遊海亭」と題した漢詩が記録されている。

仙郎乗暇躍騂騮　　仙郎暇に乗じて騂騮を躍らす
並轡城東好此遊　　轡を城東に並べれば好し此の道
日暖曠原春寂々　　日は暖く曠原に春は寂々
波平滄海水悠々　　波は平らに滄海水は悠々
舟船隠見沙村樹　　舟船は沙村の樹に隠見し
鴻雁帰飛房総洲　　鴻雁は帰り飛ぶ房総洲
空闊欲窮千里目　　空闊千里の目を窮めんと欲し
追陪暫上酒家楼　　追陪して暫し上る酒家の楼

周の穆王の騂騮のような名馬を駆って城東に向かう世子に随行した。日は暖かく野原が静かに広がり、滄い海もまた波穏やかにゆったりと広がっている。沙村の樹々の間に大小の船が垣間見え、はるか向こうの房総方面に帰る鴻雁がみえる。この大きな天地の広がりをさらに窮めたいと世子に従い酒家の楼に上ったと詠じている。『花みのしおり』に桜の名所のひとつとして、「深川元八幡」の名がある（平野恵『十九世紀日本の園芸文化』四六ページ）。「深川元八幡」は砂村新田（現江東区南砂七丁目）の鎮守八幡神社で、深川富岡八幡宮の旧地である。この世子に随従した江戸湾を臨む地への遊行も、このあたりの桜花を訪ねることが目的であったのかも知れない。

忠進は鞠山（まりやま）藩第四代藩主酒井忠香（ただか）の七男である。鞠山藩は小浜藩酒井家二代藩主忠直が、次男忠稠（ただしげ）に遺領十一万三千石の内、一万石を分与して成立した。江戸定府のため参勤交代はせず、領内支配は本藩に預けた小藩である。忠進は、天明五年三月に本藩小浜藩の第九代藩主酒井忠貫（ただつら）の養嗣子となり、文化三年三月に第十代藩主となっている。文化五年九月に寺社奉行に任じ、同十二月に京都所司代に転じた。同十二年四月から文政元年七月まで老中を務めている。表1にみるように、玄白はしばしば世子忠進の宴席に召され、また外出に随行している。それは藩医としてのいわば務めでもあったのであろうが、また忠進の玄白に寄せる信頼が厚かったであろうことも窺えるところである。

（3）夏から秋、そして冬へ——時鳥・蓮見・月見・虫聞・雪見など——

前二節では、梅あるいは桜を諸所に足繁く訪ねるなどして春の日を楽しむ玄白の姿をみたが、さらに夏から秋、そして冬へと季節の推移に目を向けていた玄白の日常をみてみよう。

夏の訪れを告げる「時鳥」の出現に玄白は敏感であったらしい。「日録」には、「初松魚、初時鳥」（寛政二年三月二十九日）といった記録をはじめとして、「今日時鳥鳴く。一声「（虫損）」寝覚や時鳥」（同年四月一日）、「嬉しき□今宵鳴きぬ時鳥」（同五年四月九日）、「時鳥啼や弥生の雲間より」（文化元年三月二十八日）など、時鳥の一声を聞いての句作が書きとめられている。また、季節が進んで四月後半から五月にかけて、次のような作品が残されている。

時鳥啼くや五月の空近し（寛政三年四月二十八日）

おやみなき雨もいとはて時鳥己か時とや「（虫損）　」（同十年五月十二日）

晴れやらぬ夕べの雨にふり出てひまなく名のる山時鳥（同）

夜や深ぬ物の音絶て時鳥（同十二年四月二十九日）

明ぬ夜の心まとひか時鳥（同年閏四月三日）

長雨の季節である。これらの作品が残されたときの天候についてみると、寛政三年四月二十八日は、「曇夜雨。月池、鉄砲洲病用」、同十二年四月二十九日は、「大雨。在宿」と記されている。同年閏四月三日が、前日の大雨も夕方には晴れて、「美日」と記されたほかは「曇」もしくは「雨」である。寛政十年五月の場合をみてみると、月初めから二十日までの間、晴天は二日、三日、四日、八日の四日間のみであとは曇りもしくは雨天が続いていた。十二日も雨天であって、「亀戸、深川、近所病用」とあり、そのあとに二首の歌が示されている。時鳥の鳴き声に、玄白は梅雨空が続く鬱陶しさ払う力を感じていたのかも知れない。

享和二年四月十日の場合はやや特殊な状況にあった。「日録」には次のように記されている。

「（虫損）　」の頃時鳥を聞きて、

一声はまた冥土かや時鳥（享和二年四月二日）

わつらひける時ニ春も過ぬれハ、

なからへて又来ん春と契り置ハ散にし花を何か恨ん

待ちわひし花ハ何所にかへりけん青葉色こく世はなりにけり

寝覚に時鳥を聞て

□□の寝覚は殊にうれしきハ時鳥啼明方の空（同年四月十日）

前月十二日の夜半、上方方面から広がってきた薩摩風邪に罹り高熱を発し、「吃逆」（しゃっくり）や「嘔吐」など病状は日増しに悪化して、二十日、二十一日には人事不省に陥った。二十三日に覚醒、二十七日に至り漸く諸症癒えて旧に復した。床を離れ初めて近所を歩いたのは翌月五日のことであった。「日録」の記載も三月十三日まで中絶し、再開は四月一日からとなっている。病臥のうちに花の時節は移り、時鳥の一声を聞いてあらためてこの世にあることの実感を得た悦びを詠っている。

表1の後半に「天神下」云々という記事が五例ある。関連する二例をあわせてあらためて抽出すれば次の通りである。

天神下御供蓮見。（寛政十年七月九日）
天神下忍池御遊行御供。夕日さす池の汀に枯れ残る［（虫損）　］うつる蓮葉。（同十一年十月二十五日）
夕越前様蓮見御供。（享和二年七月二日）
天神下御茶被下。上野彼岸桜盛也。（同三年二月十二日）
天神下御花見召。（同年三月五日）
天神下御宴。紫陽花や五百羅漢の後向。（文化元年五月二十九日）
大和守様召。此蓮を見る人もなき暑かな。（同年六月二十一日）

これは、玄白が安房勝山藩酒井家との関わりを持っていたことを示している。「天神下」は湯島天神の下、また上野の東叡山寛永寺や不忍池にも隣接している場所である。ここに勝山藩の江戸下屋敷の一つがあった。安房勝山藩は幕政初期にも譜代大名内藤家の領地として存在したが、しばらくは廃絶しており、寛文八（一六六八）年に小浜藩第二代藩主酒井忠直が、甥にあたる酒井忠国に安房・越前国内で一万石を分与したことにより復活した。その後、忠国は安房・上野国内で五千石を加増され、忠国の遺領を継いだ忠胤（ただたね）が弟の忠成に三千石を分与したので勝山藩領は一万二千石となった。「日録」の記載期間で玄白が関わりを持ったのは、忠胤の三代あとの越前守忠鄰（ただちか）と大和守忠和（ただより）である。忠鄰は寛政五（一七九三）年五月六日に藩主の地位を忠和へ譲り、文化六（一八〇九）年六月二十七日に没している。したがって、ここにみえる「天神下」は、前藩主、当代のいずれを指すのか必ずしも明らかではない。玄白は勝山藩邸での春、夏の宴に招かれ、桜花や紫陽花を楽しんでいるわけであるが、「蓮見」とあるのが目立つ。「蓮見」については、「日録」ではこれ以外には寛政九年閏七月五日の「蓮見舟行、亀戸辺善行寺」の一件が記されているのみである。「天神下忍池御遊行」とあるのは「忍池（不忍池）」に枯れ残る蓮葉の風情を楽しもうという忠鄰もしくは忠和に随行したとみてよいであろう。また、「大和守様召」というのもおそらく不忍池での「蓮見」である。勝山藩邸との関わりであわせて四件の「蓮見」のことが記録されていることになる。

『江戸名所図会』には不忍池について、

> 不忍池（又篠輪津に作る。）東叡山の西の麓にあり。江州琵琶湖に比す。（不忍とはの忍の岡に対しての名なり。）広さ方十丁許り、池水深うして旱魃にも涸るることなし。殊に蓮多く、花の頃は紅白咲き乱れ、天女の宮居はさながら蓮の上に湧出するが如くその芬芳遠近の人の袂を襲ふ。
>
> （『新版江戸名所図会』下巻、六〇ページ）

とある。また、挿絵の詞書きにも、

> 不忍池ハ江府第一の蓮池なり。夏月に至れハ荷葉累々として水上に蓄衍し、花ハ紅白色をましへ芬々人を襲ふ。蓮を愛するの輩凌晨殊更の清観とす。
>
> （『新版江戸名所図会』下巻、五八ページ）

と記されている。玄白のみならず、不忍池は江戸第一の蓮池として多くの人々の集う所であった。

なお、「日録」には、「天神下診」（寛政十年七月十二日、同十五日、同十九日など）との記事がある。玄白の診療の

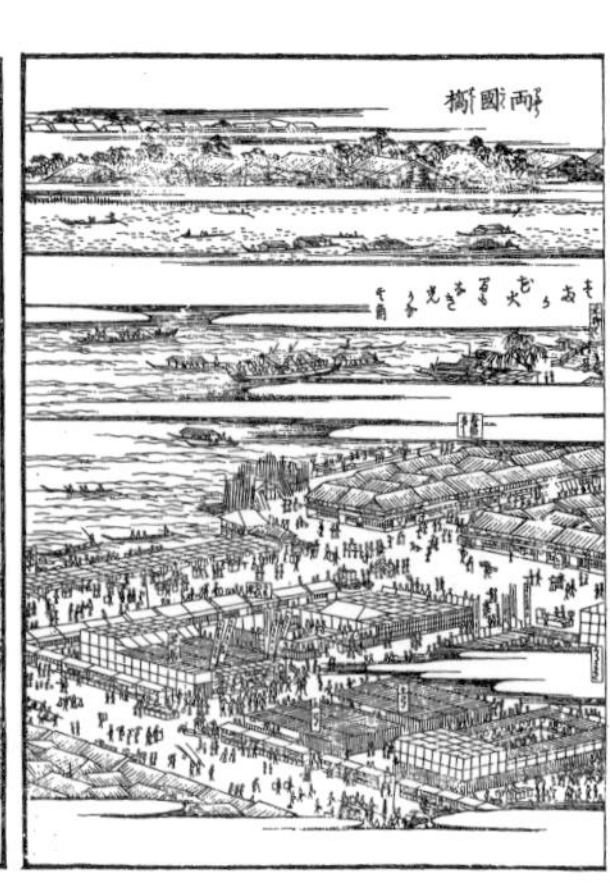

図 6　両国（『新版江戸名所図会』上巻、130〜131 ページ）

一般の記録としては「病用」と記されるので、この場合の「天神下」はたんなる地名ではなく、勝山藩邸に医者として出向いたことを示していると考えられる。

表1には、「両国」という地名が六件ほどみえる。「両国納涼」「両国遊行」などとある。両国は隅田川に架かる両国橋東西の橋詰め（現墨田区両国一丁目、中央区東日本橋二丁目）の地名である。それぞれ火除地として広小路が設けられ、芝居、辻講釈、軽業などの見せ物小屋、あるいは料理屋や待合が立ち並んだ。また東詰の広小路に接する回向院境内（現墨田区両国二丁目）では、相撲の興行や全国各地の寺社の出開帳が行われて多くの人を集めていた。両国は江戸屈指の盛り場であった。

『江戸名所図会』の「両国橋」の項には、とくに五月二十八日の川開きの花火打ち上げから始まり、涼を求めて両国に人々の集まるさまが次のように描写されている。

この地の納涼は、五月廿八日に始り八月廿八日に終る。常に賑はしといへども、就中夏月の間は、尤も盛んなり。陸には観場（みせもの）所せきばかりにして、その招碑の幟は、風に飄りて扁翻たり。両岸の飛楼高閣は大江に臨み、茶亭の床几は水辺に立て連ね、燈の光は玲瓏として流れに映ず。楼船扁舟所せく、もやひつれ一時に水面を覆ひかくして、あたかも陸地に異ならず。絃歌鼓吹は耳に満ちて囂しく、実に大江戸の盛事なり。

この人数船なればこそすゞみかな　其角
千人が手を欄檻やはしすゞみ　同
このあたり目にみゆるものはみなすゞし　芭蕉

（『新版江戸名所図会』上巻、一二九ページ、図6）

寛政十（一七九八）年六月、玄白は両国へ二度出かけている。「日録」には、「同[晴]。両国大黒亭納涼」（六月十七日）、「同[晴]。藤坂別業宴、夜両国納涼」（同二十一日）とある。この前後の「日録」をみると、六月十六日」には、「同[晴]。十三日より今日至炎暑甚。私宅土木初ム」とある。暑さに加えて「私宅土木」というのはどの程度のことであったのか不明であるが、その煩わしさを避けようということもあっての「納涼」であったのかも知れない。そして、同月二十四日にようやく「曇、疎雨」となり、雨が続いて二十六日には「涼気至」とあり、そして、二十八日には、「秋来ぬと風鈴に知る寝覚かな」との一句が書きとめられている。ちょうど両国での納涼をひとつの境目として夏から秋へと季節が移り変わったようにも見える。

翌年も凌ぎにくい夏であったらしい。「日録」の六月八日には「今日ニ至未袷を着」と記す状態であったが、翌九日には「暑気初知」とあり、十一日の夜から降り出した雨が続いて、二十一日になってようやく晴天を取り戻している。十九日には「十三日より今日ニ至暑甚」と記し、「炎暑」（二十三日）、「褥暑」（二十九日）と続き、翌七月の二日になって、「少暑退」と一息をついている。同月六日の夜には、「雷雨雹下風甚」ということがあって、翌七日には「秋気少至」と記している。ただ天候は定まらなかったようで、「褥暑不可堪」（十七日）、「涼」（十八日）、「秋暑今日頃迄日々未変難凌」（二十二日）、「夕晴涼気至」（二十三日）、「涼」（二十四日）、「又秋暑」（二十六日）と、「暑気」と「涼気」が交互に入れ替わっている。この間、二十二日に「両国納涼」のことがあったが、二十六日には「雲間初雁」と題して、「珍しとなかむる空の雲間よりさやかに聞ゆ初かりの声」との一首が書きとめられている。

遡って、天明七（一七八七）年の七月も暑さが厳しかったらしい。「日録」には「四五日来秋暑甚」（七月六日）、「秋暑強」（同七日）、「秋暑甚」（八日）、「打続秋暑」（二十六日）、「朝秋暑」（二十八日）、「秋暑□」（八月五日）といった記事が続いている。そのような中で、八月二日に、「同〔晴〕。在宿。夜中洲漁」とあり、同九日には、「快晴。□暁より中川漁、焼場掘を過、潮退に船沿泥不行、上堤行数丁、挽船或入野寺入古社、昼□中川漁人揚総□□はしり数頭来、作膾下酒」とある。「中洲」および「中川」での「漁」は暑気払いを目論んだように思われる。

「中洲」は隅田川に架かる新大橋の下流域（現、清洲橋西詰め、中央区日本橋中洲）の浅瀬になったところで、中洲の東と西および向島の方向と水流が三分して三股（三叉）とも呼ばれ、明和八年に埋め立てられやがて茶屋などが立て込んで大いに賑わったが、寛政元年には再び掘り立てられて元の如くになった。『江戸名所図会』の挿絵「新大橋三派（みつまた）」には、富士山を遠景に、新大橋を往来する人、橋下を行き交う屋形舟や小舟、そして投網を引き、釣り糸を垂れる小舟などが細かに書き込まれている。また、本文では「この所は月の名所なり」「ここに船をうかべて宴を催し、殊更月の夕は清光の隈なきを翫び、酒に対して歌謳ひなんど、甚だ賑はしかりしとなり」（『新版江戸名所図会』上巻、一四六、一五九ページ）などと記されている。玄白はこの日、藩邸勤務のことがなく、おそらく終日在宅で、夜には涼をもとめて船を仕立てたということのようである。ただ翌三日、四日は「日録」に「不快在宿」とあり、せっかくの試みも功を奏したということにはならなかった。

「中川」は隅田川と利根川の間を流れて江戸湾に注いでいる。『江戸名所図会』によれば鱚釣りの「中川釣鱚」と題する挿絵の詞書きに、「春鱚ハ三月の末より四月に入て盛なり、春鱚と云ハ寛文の頃南総伍大力の船頭仁兵衛をはじめとす、（中略）秋鱚ハ八月の末より九月なかばを節とす、然れども十月に至り寒気にうつれば沖に出るが故川釣に幸なし、漁人海に産するを白鱚と呼、川にあるを青鱚と唱ふ」（『新版江戸名所図会』下巻、六八八〜六八九ページ）と記されている。玄白は秋鱚をもとめ遠出をしたのであろうか。まだ暗いうちに出かけたものの途中で潮が引いて舟が進まなくなり、数丁の間、堤に上がり野寺に寄りまた古社を訪ねながら舟を引くことになったという。「日録」の記載に数箇所の読み取れない部分があり文意が不明瞭で、「膾を作り酒を下す」というが果たして釣果があったのかは判然としないところである。

星や月を賞で、虫の音を楽しんだ記録も「日録」にはかなり残されている。

玄白が七夕を詠んだ事例が六例ほどみられる。寛政二（一七九〇）年に、「星合（ほしあい）や思へハかわる空の色」、同三年に、「二つ星そらに秋立光かな」とある。同四年には、「七夕七首片歌」として、「年ことにあふ勢（せ）は深し天河」、「行合（ゆきあい）の風も隔し天津星」、「秋を知る一葉也星の迎船」などとあり、同十一年には、「□のみ船星や渡せる天の川」とある。また享和二年には、「心に念事ありて読る」として、「天の河神代のまゝに契り来し星の一夜を我習ハはや」、「星に似て一夜と契る此身かな」、同三年には、「二星（ふたつぼし）の涙か今朝の芋の露」とある。

陰暦の七月七日は太陽暦では八月の中下旬である。「日録」の寛政十一年七月十五日に「同〔晴〕。月池〔築地〕伊達公出。今星殊ニ美」と記されているように、夜空も澄みはじめ、星もさやかにみえるようになり、また夏から秋へ、二つの季節に跨るところでの、「行合」の風にもようやく涼しさを感じることも出てくる頃である。玄白の作品は、いずれも七夕の日の前後に初秋の気配を実感しそれをそのままに詠んで、やや月並みと評すべきであろうか。

寛政元年七月十六日に玄白は道灌山（現荒川区西日暮里四丁目）に虫聞きに出かけている。当日の「日録」には、「同〔晴〕。残暑甚。下谷病用。道灌山虫聞に参。此ノ月晴朗、風流不可云」とある。この年は残暑がことのほか厳しかったようである。七月の二日から二十日までは連日の晴天で、「十六日」のほかにも三日と八日に「秋暑強」、十九日にも「秋暑甚」と記されている。この間、玄白は日々の「病用」（患者宅訪問）も怠らずにこなしているが、その疲れを癒す意味もあったかも知れない。道灌山をたずね明月のもとでの虫の音に耳を澄ましたのである。『江戸

図７　道灌山（『新版江戸名所図会』下巻、118〜119ページ）

名所図会』には道灌山について、

一名を城山ともいへり。南は新堀を限り、北は平塚に接す。往古太田道灌江戸城にありし頃、出張の砦城とせし跡なりとも。又関道観坊といへる者の第宅の地なりとも云ひ伝ふ。（中略）この地薬草多く、採薬の輩常にこゝに来れり。殊に秋の頃は松虫・鈴虫、露にふりいでゝ清音をあらはす。依つて雅客幽人こゝに来り、風に詠じ月に歌うてその声を愛せり。

（『新版江戸名所図会』下巻、一二三ページ）

と記されている。同じく、「道灌山聴虫」挿絵の詞書きには、

文月の末を最中にして、とりわき名にしあふ虫塚の辺を奇絶とす、詞人吟客こゝに来りて、終夜その清音を珍重す、中にも鐘虫の音ハ勝て艶く、莎鶏、紡織娘のあハれなるに、金琵琶の振捨がたく、思ハず有明の月を待出たるも一興とやいはん。

まくり手にすゝむしさがす浅茅かな　其角

（『新版江戸名所図会』下巻、一一八〜一一九ページ）

とある。玄白も松虫（鐘虫）、鈴虫（金琵琶）、きりぎりす（莎鶏、紡織娘）などの「清音」を愛でる「雅客幽人」の一人となったのであろう。

寛政四年八月十四日の「日録」に次の漢詩が記録されている。

閑庭適聞虫

閑庭に適々虫を聞く

閑庭薄暮対清秋
初月光微望却幽
幽情非関絲与竹
寒蛩喞々使人愁
忽夢当時緑鬢年
紅楼歌舞酔周旋
覚来情緒長無尽
多少寒蛩鳴枕辺
月落閑庭霜色深
寒蛩鳴砌暁沈々
老夫夢断眠難熟
秋聴清音思不禁
暁雨初収爽気至
秋雲散尽燭光寒
可憐蟋蟀声猶切
不識閑庭夜已残

閑庭の薄暮に清秋に対す
初月光は微(かす)かにして望みは却って幽(かす)かなり
幽情は絲と竹に関するに非ず
寒蛩(かんきょう)喞々と人をして愁えしむ
忽ち夢みるは当時緑鬢の年
紅楼に歌舞し酔いて周旋せるを
覚め来たれば情緒長(とこしえ)えに尽きるなく
多少の寒蛩枕辺に鳴く
月落ち閑庭に霜色深く
寒蛩砌(みぎり)に鳴きて暁(あかつき)沈々
老夫は夢断たれ眠り熟し難く
愁いて清音を聴けば思に禁(た)えず
暁雨初めて収まりて爽気至り
秋雲散り尽くして曙光寒し
憐む可し蟋蟀の声猶お切にして
閑庭の夜は已に残(そこな)われしを識ず

暮れ方の新月の薄明かりさす庭に、管弦の楽ならぬこおろぎ（寒蛩）の喞々と鳴く秘やかな声が響き、奥深い思いに沈む気分が醸し出されている。ふと若かりし頃、紅楼に上り、歌舞し、酔い、遊んだことに思い及んだ。気がついてみればなお幽愁の雰囲気は尽きていない。軒下に鳴くこおろぎの清音が枕辺に届く。すでに月は沈み、やがて夜が明けようとしており、さらに眠りには就きがたい。明け方の雨も止み、爽やかな冷気の中に曙光が射し始めているが、閑庭の夜もすでに終わったことを知らぬかのように、こおろぎはなお切々と鳴き続けている。「閑庭」とはどこか定かではないが玄白自邸のそれと見てよいであろう。「新月」とあり、また「暁雨」とある。この漢詩が事実をそのままに詠んだものとすれば、「日録」の八月四日に、「朝雨昼晴。直、頼河毛。長田馬場病用」とあることにほぼ符合する。この日、朝方の雨も止み、藩邸への当直勤務を河毛松伯に依頼し、長田馬場への病用外出をしたというのである。この時に着想を得た作品が推敲を重ねて十四日に記録されたとみることができるように思われる。いずれにせよ、身辺の自然を観照し、季節の推移をみつめつつ自らの来し方をも振り返っている。老境の玄白は寒蛩に自身をも重ね合わせているようにも思える。

小浜藩邸での月見の宴に伺候する機会も多かったようである。

天明七（一七八七）年八月十四日の「日録」に、「快晴。吉原病用。良夜。京都状来」とあり、「明日の名に心月夜□□□哉」と記されている。明日はさぞかし良い月がながめられるだろうとの期待を込めたメモであろう。「京都状来」とある。藩主酒井忠貫が七月九日の夜に江戸を出立し、八月上旬に国元に到着している、この間、酒匂川の川止めなどのため一行が大磯や小田原に逗留し、江戸から家臣が金千両を届けるなどのことがあるなど、藩主一行の動静が江戸に伝えられているらしいことが「日録」にも記録されている。京都より書状が到来したというのも、そうしたことの一端であるかと思われる。明けて十五日は「曇」と記されているが、また「宵、晴月清光。若殿様御召。我庵も□□月□□の都かな。鴻雁来」とある。宵には晴れ間が出て藩主世子酒井忠進の催す月見の宴に伺候したのである。折良く、大きな雁の渡りをも目撃したのであろうか。翌天明八年の八月十五日は「大雨」であった。この日、玄白は当直勤務にあたっていたが、次の漢詩を残している。

中秋公宴
高台風雨気雄哉
無謂中秋雲不開
何恨月明天上暗
主恩時賜夜光杯

中秋公宴
高台の風雨気は雄なる哉（かな）
謂（おも）わざりき中秋に雲開かずとは
何ぞ恨まん月明天上に暗きを
主恩時に賜う夜光の杯

翌寛政元（一七八九）年も八月十五日は「雨」であった。「日録」には、「青山、桜田、鉄砲洲病用。夜若殿様侍宴無月」とあり、「君がため雲やもてなすけふの月」「わきてけふ月の□□や空の色」との二句が記され、さらに、やや日をおいて「日録」の同月二十三日条にこの日のことを詠んだ次の漢詩が書きとめられている。月は天に隠れてみることができないけれども、高堂に恩賜の宴を楽しむうちに、藩邸の庭の際には吉兆を知らせるという鳥鵲（かささぎ）が、また水辺には驪龍（りりょう）（黒龍、水の精）の潜む気配をみるという。いずれも月見の宴を背景に主恩を謝すと詠む、前年にほぼ同じ趣向の作品である。

仲秋無月侍宴
高堂賞月々何懸
月色隠天々暗然
鳥鵲閑栖庭際樹
驪龍眠熟岸辺淵
金樽半夜連銀燭
彩菊清秋映綺筵
不羨南楼当日興

仲秋月無きに宴に侍す
高堂に月を賞でれば月何ぞ懸（はる）かなり
月色天に隠れて天は暗然たり
鳥鵲（かささぎ）は閑かに庭の際の樹に栖み
驪龍（りりょう）は岸辺の淵に眠り熟せり
金樽半夜銀燭連ね
彩菊清秋綺筵に映ゆ
南楼当日の興を羨まず

恩領玉醴小臣伝　　恩をもて玉醴（ぎょくれい）を領し小臣伝えん

同　　同

高堂賜宴共相親　　高堂に宴を賜りて共に相親む
月色空朦雨露新　　月色空朦として雨露新たなり
莫向今宵動秋思　　今宵に向いて秋思を動かす莫（な）かれ
承恩誰又不生春　　恩を承（う）くれば誰か又春を生ぜざらん

寛政二年八月の「日録」は、「十四日　同〔雨〕。不快在宿。夜月清光」、十五日「同〔雨〕。在宿。夜侍宴。月少晴」と記されている。両日、玄白は体調不良で外出を避けたようであるが、月見の宴への伺候は欠かせなかったのである。翌寛政三年の八月十五日は「日録」に虫損があり月見の有無は判読できないが、九月十三日には「夜快晴。若殿様へ出」とあり、ここでもこれまでとほぼ同趣向の詩作が残されている。

九月十三日夜侍宴作　　九月十三日夜宴に侍し作る

九秋陪宴処　　九秋陪宴の処
重賞月明光　　重ねて月明の光を賞す
承恩無先後　　恩を承くること先後無く
陶然酔玉觴　　陶然として玉觴に酔う

寛政四年の八月十五日の「日録」には虫食い箇所があり、月見の宴についての記事を確認できないが、同月二十六日に記録された三編の漢詩のうち、「中秋侍宴」と題するものがあり、藩邸での催しは例年通りであったと考えられる。

中秋侍宴　　中秋の宴に侍す

侯家高興白雲秋　侯家の高興白雲の秋
潮満長江月満楼　潮は長江に満ち月は楼に満つ
請見今宵陪宴客　請うらくは見よ今宵陪宴の客
詩成無一不風流　詩成りて一として風流ならざるは無きを
三五夜中墨水阿　三五夜中墨水の阿（くま）
金樽傾尽瀉金波　金樽傾け尽くし金波に瀉（そそ）ぐ
主恩深処人乗酔　主恩深き処人は酔に乗じ
不勝秋天月色多　秋天月色の多きに勝（た）えず
月色如霜水殿寒　月色は霜の如く水殿寒し
承恩同倚玉欄干　恩を承け同（とも）に玉欄干に倚る
樽前天転銀河出　樽前に天は転じて銀河出ずれば
坐上騒人酔裏看　坐上の騒人酔裏に看る

浜町の小浜藩邸は隅田川（墨水）の西岸に面している。皎々と冴えわたる月の光に映える川面を眺めやりながら酒杯を傾け、また詩を詠じあううちに、やがて時経ち天は転じて満天の星空となり銀河が広がっている。今宵の陪宴の客は酔裏にこれに見入っているという。中秋の名月に因むこれまでの漢詩のうちでもやや趣の異なるスケールの大きな作品といってよいかと思われる。

寛政五年八月十五日は「日録」に虫食いがあって、長編の詩が記録されていたようであるが判読できない。また、同年九月から同七年五月までの「日録」が伝わらず記録を欠いている。寛政七年八月十五日の「日録」には「曇。在宿。終日雨。夜世子召」とあり、ただ、「年ことにかわらぬ秋の月なから光り□□たに照せ中空」とのみ記されている。このあたりから、月をみるという恒例の行事への玄白の姿勢に変化が生じているようである。翌八年の八月十五日には記述がない。つづく九年には、八月二十一日に「月や知る我も廿年のとしありし」と記されているのみで、十五日に月見に関わる記述はない。さらに十年八月十五日には「御月見御召」とあるが、以後、「日録」の終わる文化元年までの七年間（寛政十一、十二、十三、享和元、二、三、文化元年）の八月十五日の記事に、月見のことが記されているのは享和元年、同二年、同三年のみとなっている。享和元年八月十五日の「日録」は、「同。[晴]深川、月池病用」とあり「漫成」と題する詩が記されている。

漫成
年々歳々月相似
歳々年々月不同
如此中秋須酔尽
酌酒清光満盃中

漫成
年々歳々月は相似たり
歳々年々月同じからず
此の如き中秋須く酔い尽すべし
酒を酌めば清光盃中に満つ

同二年八月十五日の記事は、「雨且曇。近所、蔵前病用。御月見御断申上」とあって次の漢詩が書きとめられている。

有事辞中秋宴有感
懐昔中秋興不浅
厩公楼上斟交歓
一時賓客今存少
今夜月明何処看

事有りて中秋の宴を辞し感有り
懐うに昔中秋の興浅からざりき
厩公の楼上に交歓を斟(っ)くせり
一時の賓客今存するもの少し
今夜の月明何処にか看ん

享和元（一八〇一）年一月二十一日、すでに六十九歳になっている玄白は宝暦二（一七五二）年十二月に小浜藩上屋敷に勤務することになって以来、五十年間の勤務を果たした祝宴を催している。さらに翌二年の九月には門人知友に囲まれて玄白七十歳、前野良沢八十歳の合同賀宴が開かれている。その事由は定かではないが、玄白は享和二年八月十五日の月見の宴を事有りて辞したという。六朝時代の詩人庾亮が年老いていても若者とわけへだてなく楼上に交歓を尽くしたように、かつて中秋の興は浅からざるものがあった。その宴席に連なった賓客も今では数少なくなった。今宵の月をどこで眺めているのであろうか。年々歳々月は相似ているけれども、実は同じにはみえない。人が変わっているのである。此の如き中秋は須く酒を酌みつつ生きてあることを味わい尽くすにしくはない。文字通りの老境に到達した玄白の述懐であった。

享和三年八月十五日は「日録」によれば、「終日大風雨」であり、玄白は「在宿」であった。また、「海上破船多。駿遠両国洪波、破損人家数百云」との情報が記されているが、前日の十四日に月見のことが企てられていた。「日録」には「両国遊行」とある。元来は「待宵の月」をみようと「李井公子」をはじめとする「風流のしれもの」数人が隅田川を遡上し、夜は飛鳥山に「虫撰み」をしようという計画であった。李井公子とは誰か定かではない。あいにく、前日の宵より風雨の荒れ模様であり、ただ空しく中止ということも残念であるということで酒宴を催している。「日録」には、「山の幸海の幸に意地きたなきあらわす新声一曲酔を勧れハ附餐の他人の髪なる入れ歯の我ものかほなる共ニ老の将に至をしる」として、「待宵や月はともあれ名にめてん」と記されている。藩邸の催しではなくおそらくは日頃の気心の知れた友人たちとの一時であったのであろう。

秋から冬へ、これまでの季節に比べて「日録」にみえる季節の移り変わりに関わる記事はかなり少なくなるが、やはり、折にふれて残された詩作などのうちに玄白の目に映じた江戸の秋から冬への姿を垣間見ることができる。「日録」によれば、寛政元年十月十三日は晴天で南風が強かったようである。「大南風」とあり、「小松川、大杉村遊行」と記されている。この日に得た詩作の着想がまとまったものであろう。同月三十日に「過大杉村田家」と題する漢詩が書きとめられている。

　過大杉村田家　　　　大杉村の田家を過ぐ
東岸放舟去　　　　東岸に舟を放ちて去き(ゆ)
行尋野老家　　　　行きて野老の家を尋ぬ
霜深橙橘樹　　　　霜は橙橘の樹に深く
風散荻芦花　　　　風は荻芦の花を散らす
迎客童炊黍　　　　客を迎えて童は黍を炊き
見鶏媼績麻　　　　鶏を見て媼は麻を績ぐ
幽情無限好　　　　幽情は無限に好し
不覚夕陽斜　　　　夕陽の斜めなるを覚えず

小松川、大杉村（現江戸川区小松川、同大杉）は、玄白の居宅からみれば東方へおよそ十キロほども離れたところであるがその地への「遊行」を思い立った理由は定かではない。「野老（村翁）」とある、玄白にとってどのような縁ある人物なのか詳らかではない。あるいは玄白の患者の一人であったのか、その家を訪ね、また、江戸市中ではみられない秋から冬への田園地帯の風情を楽しむうちに思わず日の傾くまで時を過ごしてしまったというのである。

享和元年十月十三日の「日録」には「晴、北風吹、冷気初甚」とあり、「東山」と題する次の漢詩が記されている。

　東山　　　　東山
天台春可賞　　　　天台は春賞すべきも

秋後亦須憐　　秋後も亦須らく憐むべし
紅葉與黄葉　　紅葉と黄葉と
映来望燦然　　映え来りて望燦然たり

「天台」は上野の東叡山寛永寺を指しているように思われる。ここは花の名所として春を楽しむべき場所かも知れないが、紅葉と黄葉が入り交じり初冬の日に燦然と映えるさまに感じ入って心引かれるという。厳しい冬の到来を初めて感じた日の感慨であった。この日は、「越前様御供、浅草市人宅飲」とも記されている。「市人」は固有名詞ではなく町人もしくは商人の意であろう。勝山藩主酒井越前守忠鄰もしくは大和守忠和に随行して浅草のその人を訪れたのである。「浅草市人」については、前日の十二日にも、「浅草、近所、月池〔築地〕病用」とあり、「浅草市人我酒器狂歌贈返し」として、「ふくへ〔瓢〕にハ杉田御歌を被下ハ浅草ならぬ江戸の一人」と記されている。おそらく勝山藩主との関わりで交流があった人物であると思われる。先にも触れたように勝山藩の下屋敷が湯島天神下にあった。「東山」の漢詩に詠まれた光景はこの日の実景描写であったとみてよいであろう。

寛政元年十月十七日の「日録」の記事は「直」とのみあって次の「偶作」一首が記されている。藩邸に当直勤務のなかで浮かんだ詩想をまとめた作品であろう。

偶作　　偶作
先生茅屋隔紅塵　　先生の茅屋は紅塵を隔つ
秋去園林望又新　　秋去り園林は望み又新たなり
風落垂楊当檻乱　　風落ちて垂楊檻に当たりて乱れ
霜深残菊傍籬親　　霜深くして残菊籬（まがき）に傍（そ）うて親し
誰憐疎懶好違俗　　誰か憐れむ疎懶（そらん）にして好んで俗と違うを

自愧虚名動怪人　　自ら愧づ虚名の動れば人に怪しまるるを

多病殊由恐寒威　　多病は殊に寒威を恐るるに由る

偶然迎客着綸巾　　偶然に客を迎え綸巾を着す

「茅屋」といい、「檻」という、世の煩わしい俗事から隔絶しているかにみえる玄白の居宅である。秋去った庭の樹木はまた次の季節の訪れを秘めている。しだれ柳が風に乱れて我が住まいにあたり、すでに季節を過ぎた菊が霜深い庭の籬に沿って咲き残っている。怠惰にして好んで俗事を避けていると憐れむ人もあるまい。ややもすれば人に大仰に評価されることを恥じているのであるし、必ずしも身体頑健ではなく寒気を避けてもいるのだから。そんな寓居をたまたま訪れる人でもあれば頭巾をつけて迎えよう。この頃の玄白の、藩邸の当直勤務や往診に明け暮れている日常からすれば必ずしも「紅塵を隔つ」ことにはなっていないはずで、玄白五十七歳の年の初冬の光景の中にその願望を込めた詩作とみることができるように思われる。

江戸の冬はかなり寒さが厳しかったようである。「日録」の日々の天候の記録に「雪」の文字が続くことが珍しくはない。天明七（一七八七）年では十一月三日に降雪があり、十日、十五日、二十六日、十二月七日と降雪の記録が続いている。そのうち十日と十五日は「大雪」であった。そして大晦日も「大雪」で、年明けの九日まで連日「雪」が降り続き、さらに五日と九日は「大雪」であった。この間、元日と二日はさすがに在宅であるが、三日と六日は「直」とあって藩邸の当直勤務にあたり、四日（箱崎辺）、五日（金吹丁、新川）、七日（本町、新川）にはそれぞれ往診に外出している。また七日には幕府に登用された柴野栗山が八日に京都より到着するとのことで大槻玄沢宅に、また九日の朝には栗山宅へ出向くなど日々を忙しく送るうちに、十九日には妻登恵の急逝ということがあった。二十一日に葬儀を終え、二十二日には「中〳〵に残るもつらし春の雪」と消え残る雪景色のなかに伴侶を見送った複雑な心境を詠んでいる。

「登吉祥閣」と題する作品が寛政元年十一月二十二日の「日録」に記録されている。

登吉祥閣　　　吉祥閣に登る
吉祥高閣秀雲端　　吉祥の高閣は雲端に秀でたり
日暮登臨積雪寒　　日暮登臨すれば積雪寒し
下界楼台三十万　　下界の楼台三十万
皓然総作月中看　　皓然として総べて月中と作し看る

吉祥閣とは藩邸内の建物ででもあろうか。日暮れてその高殿に登り下界を見渡すと、一面の積雪の中に数多くの高い建物が見えるが、すべてがあたかも月の光りの中にとけこんでいるかのように凄然とした真っ白な世界が広がっているという。雪の中に静かにつつみ込まれた江戸の町の姿が詠まれている。

寛政九（一七九七）年十月二十三日、玄白は篠崎三伯方で催された和歌会に出席している。この日の「日録」の天候記録は「晴」であるが、和歌会で披露した作品であろう、「初雪」と題して、「めつらしく見るまのあられ消初て春にまがえる庭の白雪」、また、「聞馴し板屋の時雨音かへて今朝珍らしく匂ふ初雪」との二首が書きとめられている。十二月に入ると、五日に「氷程春に近よる今年か南」とある。いずれも訪れる春への期待を込めた作品となっているといってよいであろう。同月七日には「微雪」とあり、雪が散らついたようである。二十一日も「雪」であった。この日、玄白は吉原への往診に出向いているが、三十日の「日録」にはこの日の印象をまとめた次のような作品を記し、さらに「当年災前不相分、歳暮分受納金百六十四両弐分」と書いてこの年を締めくくっている。

二十一日日本堤遇雪　　二十一日、日本堤にて雪に遇う
暮闌春色至　　暮は闌けて春色至り

千樹着花開　　千樹に花を着けて開けり
顧望長堤路　　顧みて長堤の路を望むに
北風吹雪来　　北風は雪を吹きて来たれり
命駕風雪裡　　駕(くるま)を風雪裡に命じ
翩々経墨河　　翩々と墨河を経る
此行人若問　　此の行人若し問わば
為道乗鶴来　　為に道(い)え鶴に乗じて来たると

「日本堤」は吉原へ向かう途中の隅田川に通じた山谷掘の土手である。暮れも押し詰まってやがて春を迎えようとするこの日、降りしきる雪で樹々が花開いたようである。北風が吹き抜ける長堤を駕籠は軽やかに進む。もしこの行人について問われることがあるならば、鶴に乗って来たと応えよう。隅田川沿いの雪景色に往診に向かう玄白がとけ込んで一つになっている。あたかも広重の浮世絵風景画をみるように思えるところである。

次の二編の漢詩はいずれも夜の雪を詠んでいる。

夜雪　　夜雪
不寝非関病　　寝ねざるは病に関わるに非ず
其如衰老何　　其れ衰老をいかんせん
中夜聞風雪　　中夜風雪を聞くに
蕭瑟払窓過　　蕭瑟(しょうしつ)として窓を払いて過ぐ

暁作　　暁の作

暁天眠覚再難眠　暁天に眠り覚めて再び眠り難し
擁褐畏聞雨雪寒　褐(ぬのこ)を擁(いだ)きて畏れて聞く雪の雨(ふりて)寒きを
積素不知深幾許　素(しろき)を積みて知らず深きこと幾許(いくばく)なるをや
好迎朝日推窓看　好しく朝日を迎えて窓を推して看ん

夜中の物寂しい風雪の音に眠れないのは病気ではなく老いのためであると詠む前者は寛政十年十一月二十二日、玄白六十六歳の時の作品である。夜来の雪は次の日にも続いたようで二十三日の「日録」には「雪　在宿」とあり、「夜山崎氏の仏事に罷りて」として「けふの雪つもる咄を手向哉」の一句が書きとめられている。後者は、明け方に目覚めて再び眠りに就きがたい。どれほどの雪が積もっているのか、綿入れにくるまったまま推し量るばかりである。朝日の上るのを待つことにしようという。文化元（一八〇四）年一月六日、おなじく七十二歳の折の作品である。この冬も雪が多く、前年（享和三年）の十一月三十日の「日録」には「大雪尺余」とあり、翌日の十二月一日には「若殿様御雪見召」とある。そして十二月十三日、十五日、二十八日にも降雪があり、年明けの一月五日は「大雪」であった。「暁作」はこの大雪の折の夜中の想いを詠んだことになる。

（4）蘭を育てる——玄白と園芸——

江戸の豊かな自然空間に常に目を向け、折々の自身の心情を重ね合わせた多くの漢詩を残した玄白は、また蘭を育て人に贈り、あるいは盆栽を楽しむといった園芸のことにも熱心であったらしい。「日録」には、蘭花を人に贈りそれを詠んだ次の四篇の詩作が記録されている。

蘭花贈人　蘭花を人に贈る
已見槿花落　已に槿花の落つるを見

初聞君子香
能対清秋□
近又不飛觴

初めて君子の香を聞く
能く清秋に対して［（虫損）］
近く又觴（さかずき）を飛ばさず

（天明七年八月十六日）

頃採蘭花贈井子盈詩以見謝重寄
翩々錦字映秋陰
憐汝交情一自深
説道畹蘭風靡後
其馨偏似二人心

蘭花を採りて井子盈に贈る頃い、詩以て謝し重ね寄す
翩々たる錦字、秋陰に映ず
汝が交情一に自ずから深きを憐む
説道（いうならく）畹（はたけ）の蘭の風靡せる後
其の馨は偏に二人の心に似たりと

（寛政九年八月二十一日）

淙庵贈蘭花
手採閑庭君子香
朝来附使寄高堂
此花不似梅花好
為願同心似箇長

淙庵に蘭花を贈る
手ずから採る閑庭の君子の香
朝来（あした）に使いに附して高堂に寄す
此の花は梅花の好きに似（しか）ざるも
心を同じうすること箇（かく）の似（ごと）く長きを願う為なり

（享和二年七月十八日）

輝牛へ蘭を贈るとて
独して其馨は聞し蘭の花

（同年七月十九日）

第一首はおそらくは玄白の自邸でのことである。すでにむくげの花が終わったのと入れ替わるように漂い始めた蘭花の香りに爽やかな秋の空気を感じ取り、知人にその蘭花を贈り詩を詠んだのである。結句は最近はこんな時節に酒を飲まなくなったけれどもという意であろうか。

第二首以下には蘭花の贈り先の名が記されている。

「井子盈」なる人物については不明である。序章に取り上げた「暮春に津井二氏と墨水に遊び、兼ねて俳人白猿の閑居を訊ぬ」と題した長篇詩にいう「津井」二氏とある、「井」字姓の人物と同じかと考えられるが詳らかではない。蘭花贈呈への返礼として届けられた漢詩にさらに応えて詠んだという。秋の冷ややかな空気のなかに、風になびく蘭花の香りが二人の心をあらわしているかのようだと述べる。すぐれた美しい詩句を受け取り、その深い思いに感じ入ったというのである。

「淙庵」については、『片玉集』、『譚海』などを著わした歌人、国学者「津村淙庵」である可能性がある。この場合、推定が重なるが前述の「津井」二氏のうちの「津」字姓の人物であるかも知れない。「江戸名家墓所一覧」を引いた『譚海』の「例言」によれば、津村淙庵正恭は文化三（一八〇六）年に没しており、通称三郎兵衛、藍川と号し秋田藩佐竹侯の用達でもあった。また同じ「例言」に「譚海十五巻に田虫、水虫、しらくも、あせも等の家法あるよし云へれば、以て生業となせるものならむか」ともいっている（『譚海』）。太田南畝の『一話一言』巻十六には、津村淙庵は伝馬町に住むというとあって、

淙庵翁は鳴鳳先生の門人にして和文をよくす、詩歌ともに其風をつたふ、片玉集百余巻を編輯して国初以来の和文をあつむ、文化三年丙寅三月四日芝車町より火出し時、その住居も焼失せしが、蔵はのこりて其書も恙なしといへり、同年夏の頃身まかりぬ、其書いづれに伝へしやらん、猶尋ぬべし、二月二日（文化四年）

とある（『新百家説林』『蜀山人全集四』）。森銑三氏によれば、淙庵の編集した『片玉集』全巻はその没後間もなく秋田藩校明徳館に献納され、維新後にそれが宮内省図書寮に入り現在に伝えられていたことが判明し、それにより同書が慶長以後の仮名文の一大蒐集として大きな価値を有すること、また淙庵の生年が元文元（一七三六）年で、七十一歳で没していたこと、淙庵は石川雅望との交渉もあり雅望を通して太田南畝とも相識って南畝の蔵書を借用し手写していたことなどが明らかにされている（「津村淙庵」『森銑三著作集』第七巻）。

後に触れるように、南畝と玄白との間にも交渉があったと考えられる。また、「日録」の寛政十二年閏四月二十三日の条に「夕、津村氏宴」とあって、この「津村」が蘭花を贈った「淙庵」と同一人物であると推定し、玄白周辺の人物の一人としてなお確定はできないが津村淙庵の存在を考えうるのである。いずれにせよ、玄白は自邸に花開いた蘭花を淙庵に贈り、この花に托して二人の交情の長きを願ったのである。

蘭花を贈り、いわゆる金蘭の交わりといわれるように二人の友情の厚いことを思うという「輝牛」については、「日録」の享和元年三月二十九日の条に「輝牛子桜草を贈らるゝを□て」と題して、「□□織の花の錦や桜草」とあり、また享和二年一月十日に「夜輝牛宴」、同年二月二日に「輝牛亭宴」とある。折に触れて交流の機会のあった人物であるようである。また白猿（五世市川団十郎）の『友なし猿』（『賞奇楼叢書』三期第三集）に、

輝牛といへる人鯉のあつものおくらんといひて出行ける後程過ぎぬれと便りなかりければ大黒屋七五郎が許へよみて遣はしける

二もじ牛の角文字まちわびてあらひもじとそ我は覚ゆる

とある人物と同一である可能性も高いと思われる。

ところで、文化五年八月二十八日付の玄白が米沢藩医堀内忠意に宛てた書状がある。忠意からの藩主上杉治広、前藩主上杉鷹山の病気についての問い合わせに対し、江戸在府中の治広の足指の腫れ物について玄白が診察し、藩

医たちとも相談して治療に当たっていること、国元の鷹山の膝の病気について堀内の報告から推察して、直に拝診しなければ真実のところはわからないがとして参考意見を述べた長文のもので、その一部に蘭の植え方を次のように教授している（堀内文書、片桐一男氏のご教示による）。

蘭植様之事……江戸ニてハ八十八夜過ニ外へ出シ四月之節に入候と抜候て根宿土ヲ去新ニ黒土と山川砂と随分・黒土ニ炒候糠と三品等分ニ合植申候。石台ハ大成方宜候。霜降節より内へ入候て寒気不入様、冬中貯へ申候。三冬ハ……候。夜ハ乾候方宜候。水多は不宜候。

大田南畝の『半日閑話』巻二十一にも次のような一項があって、「杉田玄伯」から聞いたという蘭の栽培法について記している。玄白が堀内忠意に述べたこととほぼ同趣旨の内容である（「新百家説林」『蜀山人全集四』）。

○蘭生育法

八十八夜より庭へ出す。九月節霜降りより屋中へ入れ極寒には屋中にて行燈を掛置、毎年四月に至らは土をふるひ入る事なり、真土と川砂と半分に合せ粉糖を三歩一程よく煮黒く色附程にして右の上へよく交て植る。尤も其節蘭の古根をかき捨て、新根ばかりを残し、石台或は植鉢へ根の不附様に植、外へ出置候、雨遠にて根あまり乾き候はゝ水を根へかけべく、極暑中日強くあたらは昼内ばかり日覆ひする事なり。

右蘭生育の秘法の由、杉田玄伯の談なり、同人は数鉢蘭所持せり。

この「杉田玄伯」について、高浜二郎氏は玄白の養嗣子伯元のことかとされている（高浜「湯島の白梅」）。たしかに南畝は他でも伯元の名を伝えている。一つは『南畝莠言』に「伯元今は元伯といふ。鷧斎玄白翁の子なり」として、文化十三年に八丈島の僧契誉が伯元の治療を受けたこと、契誉が源為朝の後裔であり近年為朝の遺器が発掘されたことなどを記している。伯元はこの間の事情を『観源為朝遺器本末紀事』として刊行したが、森銑三氏は南畝もこの一本を贈られてそれによって『南畝莠言』の中の一項をまとめたものであろうとされている。他の一つは

『一話一言』に「国手杉田元伯記」として、上州のある悪僧についての因果談を纏めた伯元の一文を載せるもので、文政三（一八二〇）年に伯元が若狭小浜の空印寺を訪れて知った話を伝えたものである（「杉田伯元異聞」『森銑三著作集』第五巻、「新百家説林」『蜀山人全集五』）。

『半日閑話』に記された蘭生育法の記事自体は何時頃のことを伝えるものかは詳らかではない。また『半日閑話』そのものの成立過程も必ずしも明瞭ではない。蜀山人全集所収の『増訂半日閑話』は全二十五巻であって、そのうち『街談録』の名で別に流布した部分（巻十二より巻十六に至る三百余項、明和五年より文政六年までの事項）を含んで後人の編纂になるもののようである。各巻も内容的にみれば寛政頃の見聞雑事が多いが、南畝歿年以降の事項も含まれている。「蘭生育法」のことを含む巻二十一に限れば年代の明記された事項の最下限は寛政八年である。また玄白、南畝の生没年代を見れば、前者が享保十八（一七三三）～文化十四（一八一七）年、後者が寛延二（一七四九）～文政六（一八二三）年であってほぼ同年代の人とみてよい。一方、伯元の家督相続は文化四（一八〇七）年であり、それ以前に「元伯」（玄白）を名乗ったとは考えにくい。これらのことから、南畝がここで「玄伯」といった場合に、それは伯元であるとするよりも玄白と見た方が自然である。とすればこの記事について、これまであまり注意が向けられなかったが、玄白と南畝の両者に接触の機会があったことを伝える貴重な史料となるものである。なおこのことから考えれば、「日録」の寛政八年十二月十日の条に記された落書をめぐって、玄白と南畝の両者の関係をいっそう強く考える必要があると思われる（Ⅳ―一参照）。

「日録」の寛政九年十一月二十六日条に、「小笠原の久右衛門ニ蘭を頼けれハ」と前書きがあって、「御□□らんを入れたる寒サ哉」という一句が書きとめられている。判読できない文字もあり、小笠原の「久右衛門」についても未詳であるが、玄白による蘭の栽培の様子を伝えるひとこまであろう。

また、森島中良の「桂林漫録」には次のような挿話が伝えられている。

○菊変化

連歌師阪昌周。東都山伏井戸に僑居（カリヰ）のとき。隣家の老父。菊を好て作りけるが。長を延さずして。花を開かしめん事を欲し。年々切つめ苅こみける程に。二三年の時。変じて艾と為ぬ。唐艾（カラヨモギ）及の名宜なりと。昌周が云ける由。予が幼なるとき。杉田老医。先考 訓［ママ］法眼へ語りけるを。思ひ出せる儘。爰に記す。

（「桂林漫録」『日本随筆大成』第一期第二巻）

阪昌周は玄白の連歌の師であった（『形影夜話』）。山伏井戸というから玄白の居宅に近い隣人でもあったことになる。その昌周からの話として、玄白が桂川国瑞に語ったことを森島中良が記憶していたというわけである。単なる笑話としてみてよいものであろうが、また玄白に限らず玄白周辺の人々が菊を育て、あるいは蘭を栽培するといういわば園芸のことに多くの関心を持っていたことを伝えるエピソードとみることができる。

「日録」の天明八年六月七日条に、「近き頃、三浦［保カ］の小松を得、盆中ニ植」とあって、

雛松纔寸余　　雛（わか）き松は纔（わずか）に寸余
移従三保得　　移すに三保より得たり
不関白雪高　　白雪の高きに関らず
聊含芙蓉色　　いささか芙蓉の色を含めり

という玄白の漢詩が書きとめられている。寸余の松も芙蓉（富士）の色を含んでいるというのである。さらにこれに続いて、「三保の松の二葉なるを根□してうへけるを見てよめる　玄達」として、「吹風のをとに聞しをたねしあれハ□□□□ここに見保の松かえ」とあり、また「同清女」として、「ふる葉より□□□□うつして□□つ世の□へ出□しらす三保の浦［　　　］」という二首が記録されている。読み取れない個所が多くそれぞれの歌意が明らかでないが、たまたま小さな松の苗木をえて三保の松原に見立てた盆景を玄白と周囲の人びとが楽しんだのであろ

う。

享和二年五月十九日条にも次のような漢詩が記されている。前日の五月十八日条には、「本庄〔本所〕、深川病用。鉄砲洲盆景見物」とあり、この時の印象にもとづく作品であると考えられる。

盆中植松竹與万年青因賦一絶。
盆中に松竹と万年青を植う、因りて一絶を賦す

愛此盆中物　此の盆中の物
堅節将清操　節を堅くし清操を将（も）つを愛す
万年青不変　万年青変らず
其奈老夫豪　其れ老夫の豪なると奈（いか）ん

また、寛政十年八月二十七日、玄白は「日録」に「従公儀近来鉢物至て高価に致売買候ニ付、以来御製〔ママ〕禁被仰出御触廻る」と記している。「御触書天保集成」によれば、この時の大目付へ示された触書の文言は、

近来品珍敷鉢植もの、至て高直に売買いたし候趣相聞候、都（すべ）て不用之品不相応ニ高価なるを翫ひ候儀は有之間敷事ニ候間、高価ニ商売致問敷申渡候条、其旨相応得候様、向々え寄々可被達候

（『御触書天保集成』六一一九）

というものであった。「日録」にはとくにその前半部である天明末年から寛政初期にかけて、いわゆる寛政改革に関連の法令類がかなり記録されているか、この時期にはその種の記録があまり記されていない。数ある触書の中でとくにこのことが書きとめられたことは印象に残るところである。

表2　「日録」にみえる諸会合

元号	年	年齢	会	病論会	物産会	詩会	河漏会	絵会	後風土記会	俳会	歌会	軍会	書会	書画会	会読	源氏会	道具会	計
天明	7	55	2	3	1													6
	8	56	6（2）	1	1													8
寛政	1	57	1	9	2	3	1	1										17
	2	58	6（5）	2		2	1											11
	3	59	1（1）	5					1									7
	4	60	1（1）	6														7
	5	61		2														2
	6	62																
	7	63	4	4						2	5							15
	8	64	2	6						5	1	1						15
	9	65	1	8						14	2		1	1				27
	10	66	1	9						7			1		2			20
	11	67	1	11						4	6					7		29
	12	68	1	7						8			1			21		38
享和	1	69	3	7						9		23			2	14		58
	2	70	9	7						13		27				3	5	64
	3	71	4	6						19		23				5	8	65
文化	1	72		4						2		28				11	18	63
	2	73								1	3	4					1	9

二、さまざまな会合

（1）詩会・河漏会

玄白の日常のひとこまとしてさまざまな会合へ足を運ぶということがあった。

表2は「日録」中にあらわれる諸会合の年ごとの件数を表示している。表3は諸会合の会場となった場所を示したものである。

「会」とあるのは「日録」の表記のままであってその内容については不明であるが、括弧内の数字は会合の開かれた日時から、おそらくは病論会であったと推定される件数である。病論会については すでに述べたように、臨床医としての玄白たちの集まる症例研究のような場であったと想定されるものであるが、表にみるように「日録」記載の全期間を通じて会合が持たれていたことが記録されている。物産会についても前述のように医業

春道															
山本未白										○				○	
不関										○				○	
五岸										○				○	
菊屋														○	
石町														○	
長崎屋														○	
馬喰町														○	
銭屋														○	
西岸														○	
菊水														○	
千花														○	

に関わる会であるとみれば、この二つの他はすべていわば玄白の趣味の範疇に属するものということができよう。表3はこれら諸会合の持たれた場所についてまとめたものである。玄白宅（私宅）をはじめ、地名表示のものも含めてかなり多くの名が上がっている。それぞれの会合について「日録」の記事は具体的な記述に乏しくその実際を詳しくみることは難しいが、以下そのあらましをみてみよう。

寛政元年十月二十五日、十一月二十八日、十二月二十一日、同二年十二月十五日、十二月二十八日の「詩会」はいずれも小浜藩世子酒井忠進のもとに行われたものである。「日録」には、「若殿様御詩会」などと記されている。元年十二月二十一日には冬至の前夜に思うとして次の漢詩が詠まれている。

除夜有感
窮陰維厳節
惏慄北風吹
中夜何難寝
心中多所思
十九出初仕
幸値太平時
晏然養拙婦
無事育豚児

除夜感有り
窮陰維れ厳節
惏慄として北風吹く
中夜何ぞ寝ぬること難し
心中思う所多ければなり
十九にて出て初めて仕え
幸に太平の時に値う
晏然と拙婦を養い
事無く豚児を育つ

表 3　諸会合会場

	会	病論会	物産会	詩会	河漏会	絵会	後風土記会	俳会	歌会	軍会	書会	書画会	会読	源氏会	道具会
私宅		○						○						○	
目黒道琢	○	○													
斯波栄碩	○	○													
石□□安哲	○														
新家	○	○						○							
利光	○	○													
川村寿庵	○	○						○							
家城	○	○													
村山	○								○						
藤阪道恕	○	○						○		○				○	○
山本済川	○	○						○							
大川	○														
鶴岡	○														
永井	○														○
神戸周悦		○													
加川															
石町三河屋		○													
南前															
原長川		○													
三文亭															
所		○						○							
立庄□□		○													
躋寿館			○												
□上						○									
若殿様				○							○		○		
長坂					○										
吉田三郎兵衛					○							○			
新城								○							
左房								○							
新家								○							
瀧川								○							
深川								○							
高常亭								○							
両国								○							
篠崎									○					○	
春海									○						

君恩未曾報　　君恩未だ曾て報ぜず
今年又如之　　今年又之の如し
慷慨志無改　　慷慨志は改むる無くも
如何筋骨衰　　筋骨の衰うるを如何んせん

冬の末、寒さの厳しい時節、身の震えるほどの北風が吹いている。夜中なかなか眠ることのできないのは心中思うところが多いからである。十九歳にして藩邸に出仕してこのかた幸いにして太平の時に遇い、妻や子女を安んじて養うことができた。しかしその君恩には未だ報いることはできていない。今年もなおそのままである。意気盛んで心高ぶる志は変わるところはないが、身体の衰えは如何ともしがたいというのである。この詩を詠んだ詩会の九日前の十二月十三日にも玄白は次のような作品を残している。

燈下書思　　燈下に思を書す
燈前独坐思凄然　　燈前に独り坐すれば思い凄然
形影相憐奈暮年　　形影相憐み暮年を奈(いか)んせん
嗟爾風流旧知己　　嗟爾(ああ)風流たる旧の知己
当今屈指半帰泉　　当今指を屈せば半ばは泉(よみ)に帰せり

灯火のもとに独り座しているといかにも冷ややかで物寂しい思いに至る。この身と影法師が互いに老いの境地を憐れみあっているかのようである。利害打算を超えた世界で心を通わせてきた旧知の人々も今その半ばはこの世にいない。先の詩会の折の作品に重ね合わせてみると、年も暮れようとしているこの時節に小浜藩医としての過ぎ来し方を顧みながら、幸いに充実した生涯であったとは思うものの、五十七歳に達した老境の寂しさをひしひしと感じている玄白の心境がにじみ出ているといえよう。

さらに、寛政二年十二月十五日の「日録」には、「夜若殿様御詩会奉和尊顔」とあって、陪宴の客とともに美酒に酔うという一首が記されているが、その翌日の十二月十六日にはまた次の一首がある。

歳暮書懐　　歳暮に懐いを書す
老来無一事　　老い来たらば一事も無く
寂寥坐寒陰　　寂寥として寒陰に坐す
岸幘憐霜満　　岸幘すれば霜の満つるを憐み
孤燈照夜深　　孤燈は夜の深きを照らす
空伝三世術　　空しく三世の術を伝え
長棄四方心　　長えに四方の心を棄てん
白駒看将過　　白駒看て将に過ぎんとし
凄然思不禁　　凄然として思い禁えず

歳暮に老いの身にはなすこともなく、ただ寒さのなかにひっそりと物寂しく坐すのみである。頭巾をつければ白髪の多きを憐れみ、孤灯は夜の闇の深さを際だたせている。ひたすら祖父以来三代の医業を伝え、なにものにも束縛されぬ放浪への願望を絶ってきた。時が過ぎて行くのを冷え冷えとしたさびしい思いでみるのみであるという。老境の悲哀を訴えた作品である。また、十二月二十八日の「日録」には、「今夜御年忘。若殿様御詩会作」とあって、

朱門歳□故沈々　　朱門の歳□故より沈々たり
迎客時開翰墨林　　客を迎え時に開く翰墨の林
春近盤餮催淑気　　春は近く盤餮は淑気を催し
風来屏障隔寒陰　　風来るも屏障寒陰を隔つ

論文暫廃青雲坐　　文を論じて暫し廃す青雲の坐
乗興争歌白雪音　　興に乗りて争いて歌う白雪の音
此夕陪従忘世事　　此夕の陪従世事を忘れ
悠然同浴主恩深　　悠然と同(とも)に主恩の深きに浴す

と書きとめられている。年の瀬の藩邸は静かであるが、時には客を迎え詩文の催しが開かれる。食卓は春の気配に満ち、屏風や障子が外界の寒気を隔てている。一座は暫し官位の席次も廃し詩文を論じ、興に乗り白雪の詩を詠んでいる。この陪従に世事を忘れ、悠然と主恩の深きに浸っている。いわば主恩を謝すという型どおりともいうべき結びであるが、藩医としての玄白の日常の一面が窺えるところである。

「書会」については、「日録」の寛政九年八月五日、および同十年九月二十四日に「若殿様御書会」とある。さらに、寛政十二年四月九日の「御書会」、享和元年七月四日および九月四日の「御会読」とあるのもいずれも小浜藩世子酒井忠進のもとに行われたものであろう。

寛政元年十二月二十四日および同二年十月十四日に、玄白は「河漏会」に出かけている。前者について「日録」には、「同、[美日]風。直頼中川。近所・本庄病用。駿河台吉田河漏会」と記されている。この日は藩邸の当直勤務の日であったが、それを同僚の中川淳庵に依頼し、自宅近辺と本所の患者を回診して、さら駿河台の吉田方の河漏会に出向いている。後者については、「同、[晴]風。直。夜、長坂君河漏会」とある。この日も当直勤務日であった。長坂宅での夜の河漏会に出向き、再び藩邸へ戻ったと考えられる。河漏（かろう、かろん）は蕎麦の意である。蕎麦を賞味することを楽しむ会合であった。「長坂君」の人物像は明らかではない。「駿河台吉田」については、玄白も出席した寛政九年十月一日に「書画会」の開かれた「吉田三郎兵衛」方に同じと見てよいであろう。この吉田については、同年四月二十四日付で柴野栗山が立原翠軒に宛てた書簡に、

一、今日吉田三郎兵衛方にて蕎麦振舞候に付、村山藤九郎、篠崎朴庵、井戸甚助、岡田清助、谷文五郎など寄合申候。八ツ時頃より私宅まで御可出被下候。庭続に参り候事故、私宅へ御出被成候はゞ、御一所に参り可申候。此段私宜申上呉候様、三郎兵衛申聞候

（森銑三「谷文晁伝の研究」『森銑三著作集』第三巻、一九六ページ）

とあり、谷文晁（文五郎）、柴野栗山ほかに自邸で蕎麦を振舞う宴席を催している人物である。栗山宅と吉田宅とは庭続きであったという。玄白と栗山、篠崎朴庵が相知る中であったことはすでに述べたとおりである（なお、三二三―三二五ページも参照）。篠崎についてはなお次節にふれる。

また、寛政九年八月三日の「日録」には、「夜道恕宅俳、新蕎麦振舞」と記されている。藤阪道恕宅で開かれた「俳会」で新蕎麦が振舞われたという。さらに、同九年十一月二十七日には、「河漏して逃しからハ挽取てよい子こそたて側で□□ん」とある。虫損もあり歌意がかならずしも明らかでないが、これは玄白が藤阪道恕に「挽抜蕎麦」を贈ったことの返礼の歌であった。挽抜蕎麦とは、まざりもののない白い上等なそば粉を使った蕎麦の意である。同十一年八月十一日の「日録」にも、「夜道恕病論会、新蕎麦」という記事がある。道恕についてはなお次節にもふれる。いずれにせよ江戸の学者、文人の交際の結び目のひとつに蕎麦があったというのは興味深い。

「絵会」「後風土記会」については「日録」にはその名をとどめるばかりで具体的な内容は不明である。また、前掲表2にみるように前述の「詩会」「河漏会」を合わせて、これらの会合の名は寛政四年以後には記録されていない。寛政七年以後、入れ替わるようにして「俳会」「歌会」「軍談（軍会）」「書画会」「書会」「会読」「源氏会」「道具会」の名が頻出するようになっている。とくに「俳会」「軍談」「源氏会」「道具会」への出席回数が多くなっている。これは、「II―一　藩邸勤務」で述べたように、現存しない「日録」の寛政五年九月以後のいずれかの時点から藩邸への当直勤務を免除されるようになり、藩医としてのいわば公務にあまり縛られなくなったこととの関係

があるように思われる。

（2）俳会・歌会・その他

「日録」に「俳会」への出席のことが現れるのは寛政七年後半からで、全八十四回に及んでいる。なかでも寛政九年、享和二年、同三年の出席回数が多く、いずれも十回を越えている。「日録」には「川村宅俳会」とか「道恕亭俳諧」など記されていて、歌仙を巻くというようなことが行われたのかと考えられるが、具体的な記述はほとんどなく内容はよくわからない。ただ会場を提供している人物の名がかなり残されており、それらを通して玄白の交友の範囲と特徴をある程度とらえることができる。

まず、川村寿庵、藤阪道恕、山本済川、新家、所の名があがる。これらはいずれも「病論会」の会場を提供している人達でもある。

川村寿庵については、本石四丁目新道に住み、江戸でも相当に名声のあった内科専門の市井医で、読書を好み、煙霞の癖があり、谷文晁その他の筆になる海内諸勝の図を多く襲蔵していた人物であることが知られている。また『甲子夜話』によれば、寿庵は南部の産で「奇男子」ともいうべき人であった。名医の評判が高かったが、居処の四方およそ幾町という定界をたて、その中の療治のみして他には懇交の人を除きいかなる王侯貴人より依頼されてもほとんど拒絶したという。音楽を好み、毎日巳刻までに医業を終え笛を腰にして管弦会集の許に行くのを常としていた。蔵書家であったが、天明飢餓の祈りには数万巻の書を処分して郷里の親類縁者の援助をした。また居宅の楼上に「火見」なるものを作り毎朝芙岳を眺めることを好んだ。晩年は本所に退居して人を避け、文晁他の名山図を刻行したという人物である（森銑三「川村寿庵とその名山図会」『森銑三著作集』第十一巻）。

「日録」には川村寿庵の名は寛政元年正月十八日の条に「夜川村□庵亭病論会」とあるのを初出として四十七件

ほど記録されている。病論会の他とくに「俳会」への出席に関わるものが多い。寛政九年の場合、全九件の内、俳会六件（一月十七日、四月二十八日、六月二十三日、閏七月六日、十月五日、十一月二十日）、病論会一件（四月八日）、その他「川村宴」とあるもの二件（五月十九日、同二十九日）である。寛政十年十二月二日の条には「夜川村宴。秋月侯藩医館元正□死。前夜杯中之火と成ト云□□物語也」、また同月十一日の条には「川村病論会。肥前唐人瀬と云所にて先頃、和蘭船破損事と云」とある。秋月藩医館元正の死、あるいは和蘭船の難船などが話題になったようである。こうした会合の折りに様々な情報が交換されたのであろうことが窺える。享和二年三月には玄白の薩摩風邪罹患のことがあり、その治療処方記録の中に、「石川」の名とならんで「川村伝」などとして四回ほど名前が記録されている。また「川村宅篠崎宴」（寛政九年五月二十九日）、「道恕宴、川村送別」（享和元年七月十九日）などとも記されており、篠崎朴庵、藤坂道恕らとの相互関係もみることができる。『甲子夜話』には川村寿庵について「風雅人にて、其人名山を好んで諸国を登渉せり。一年高野山に登りしとき」、「殊に芙岳を好み幾度か登れり」などとあり、「川村送別」というのは川村のそのような旅発ちの機会に催された宴であったかも知れない。

　藤阪道恕についても前節にも述べたが、「日録」には寛政四年に初めて登場して以後その名がしばしば記されている。表4は寛政四年以降、各年度ごとに「日録」中

表4　藤阪道恕宅諸会合

	玄白年齢	病論会		俳会		軍会		源氏会		道具会	
寛政4	60	1	6								
寛政5	61	1	4								
寛政6	62										
寛政7	63			1	2						
寛政8	64			1	5	1	1				
寛政9	65	1	8	3	14						
寛政10	66	1	9	3	7						
寛政11	67	1	11	2	4			1	7		
寛政12	68			1	8			5	21		
享和1	69			1	9	14	23	1	14		
享和2	70	2	7	2	13	22	27	2	3		
享和3	71			1	19	23	23	3	5	7	8
文化1	72					28	28	10	11	18	18
文化2	73			1	1	4	4	1	1		

に記録された「病論会」その他の会合について、道恕宅が会場になった回数を表示している。当初は「病論会」や「俳会」との関わりで年に数回であったのが、享和～文化年間に入って「軍談（軍会）」、「源氏会」、「道具会」に関連して頻出するようになっている。とくに「軍談」および「道具会」の会場をほとんど提供しているのが特徴的である。

「軍談（軍会）」とはどのような会合であったのか、山崎彰氏は『形影夜話』において展開される玄白の蘭漢折衷の医論は、荻生徂徠の兵法書『鈐録外書』の影響を受けており、これは玄白の「軍談」出席が享和元年以後に頻繁にあることと密接に関連していると考えられ、「軍談」を軍学研究の場とされている（山崎彰「『和魂洋才』的思惟構造の萌芽―杉田玄白を中心に―」『日本洋学史の研究』Ⅱ）。しかし「日録」では「軍談」のほかに「軍書会」とか「軍会」とも記されており、むしろ軍書講談、軍書読み聞かせの場であった可能性が高いのではなかろうか。「源氏会」についても文化元年の場合、そのほとんどが道恕邸で行われている。この会合についても、高浜氏によれば源氏物語の講義、岡本氏によれば源氏節の会とされるが、いずれも決め手には欠けると思われる。「道具会」についても内容は詳かではない。

「日録」の寛政四年三月十四日に、「去八日道恕宅集」とあって次の漢詩が書きとめられている。

卜築新開黄橘園　　築を卜し新たに開く黄橘の園
縮来設宴一乾坤　　縮め来りて宴を設く一乾坤
薬畦春暖燕遶屋　　薬畦春は暖かに燕は屋を遶(めぐ)り
丹竈煙軽蝶舞軒　　丹竈(たんそう)煙は軽く蝶は軒(のき)に舞う
並下南昌徐孺搨　　並びに南昌徐孺の榻(とう)を下(おろ)し
頻顛北海孔融樽　　頻りに北海孔融の樽を傾く

為君迎医忘名利　　君医を迎えんが為めに名利を忘れ
近接紅塵好避喧　　近く紅塵に接すれども喧を避くるに好し

黄橘園の新開に祝宴が設けられた。黄橘園とは道恕の別荘のようなものであったかと思われる。薬草の畑には燕が飛び、製薬の竈からは煙が上り蝶が軒を舞っている。君は私に対し南昌の徐孺のように親しく榻を勧めてくれ、また後漢末北海の相、孔融のように列座の客とともに頻りに酒を酌み交わす。都会の俗塵に近くはあるけれどもその喧噪を避けるにはこの上もない園であると詠んでいる。玄白と道恕、そしてその周辺にある人々の親しい交渉のさまを窺うことができる。また、享和二年五月十七日には、道恕の還暦を祝う次の漢詩が詠まれている。

賀道恕六十初度　　道恕の六十を初めて度るを賀す
黄橘園裡蒼髯叟　　黄橘園裡の蒼髯の叟
此日開筵会良友　　此の日筵を開きて良友を会す
家富不空北海樽　　家富みて北海の樽空しからず
年高争唱南山寿　　年高くして争いて唱う南山の寿

黄橘園の老主人が良友を招き宴を催した。孔融が「坐上互いに客満ち、樽中常に空しからざれば、吾憂いなし」といったように、賑やかに酒を酌み交わしながら、終南山の永久に崩れることのないと同じように長寿を得た老主人道恕を祝したという。玄白と道恕との交流は密なるものがあったといえよう。

山本済川、新家、所については、病論会と俳会との関係で「日録」中にそれぞれ数回ずつその名前が現われるのみでどのような人物なのか詳らかでない。この他に俳会の行われた場所として「私宅」とあって玄白宅の使われたこともあった。さらに左房、新城、瀧川、高常亭、などの名がみられるがいずれも未詳である。

「日録」には、玄白の俳句作品が多数記録されている。全体で百八十句ほどに及んでいるが、とくにその後半に作品数が多くなっている。例えば寛政十二年に十四句、享和元年に十六句、同二年に十六句、同三年に二十二句、文化元年に二十六句などである。寛政七年以後の「俳会」への出席とも関係があると思われる。これらの作品群は全体として必ずしも文学的な完成度の高いものとは言い難いが、臨床医として多忙な日々を送っていた玄白がまた心豊かな常識人であったことを窺わせる貴重な手がかりを残すことになっている。例えば、次のような作品群をみることができる。

○やかて咲花なそこねそ春の雪（天明七・一・二二）
○時鳥啼や五月の空近し（寛政三・四・二八）
○夕日さすをかたへハ曇る冬野かな（寛政三・一〇・一六）
○冬もまた梢に残る紅葉かな（寛政三・一〇二六）
○船の路行程見よや屋根の雪（寛政七一一・一〇）
○氷程春に近よる今年か南（寛政九・一二・五）
○此かしこ梅の香ならぬ里もなし（寛政一〇・一・二八）
○秋来ぬと風鈴に知る寝覚かな（寛政一〇・六・二八）
○夜や深ぬ物の音絶て鷗鳥（寛政一二・四・二九）
○はつ午や娵御いさなう宵祭（享和三・閏一・二四）

全体に実景をあるがままに描写した素朴な味わいのある作品の数々である。また次のような機智に富む作品も目につく。

○慾しらぬ人馬鹿らしき師走哉（天明七・一二・三〇）

○老木とて油断めさるなかへり花（亀屋と云ふ茶屋ニて女子ニ対して、寛政八・一〇・一〇）
○初雁や行義目に立御江戸入（寛政二・八・一六）
○風の留守見てはやしけり土手の花（山夕万句ニ遣、亨和元・三・一〇）
○紫陽花や五百羅漢の後向（文化元・五・二九）

そして、前掲の作品とも合わせて、今は失われた江戸の都市空間が玄白の率直な観察眼によって色彩豊かに描写されているように思う。

また、V章に掲出したように、妻とえ、園部丈右衛門、中川涼庵、山本末白ら玄白周辺の人々についての追想句に佳句が多いように思われる。思いがけずも長命を得たが故に、親しい人々を次々に見送る寂しさにも逢わねばならなかった玄白の心情がありのままに詠まれているといえるだろう。またこのような作品群に重なるようにして、とくに「日録」の後半には自然の風物の移り行きに老境の一日〳〵を大切に生きている玄白自身の姿を投影した作品が残されている。

○花見んと思へハおしき命かな（亨和元・二・一二）
○一声はまた冥土かや時鳥（亨和二・四・二）
○なからへて今年も見たり山桜（亨和元・二・二五）
○一ッ年増ともよしや花の雪（亨和三・一・一）
○此暮ハいくつになるぞ亀の年（亨和元・一二・二〇）

亨和三年正月十一日の作品は次のような長文の詞書のあるものである。

総て人我の差別なく此世に生れ出しもの、其初は乳汁に養はれ已ニ六月七月七立ハ落雁白雪羔を喰、割味噌喰、歯と云ふものを生す。漸〳〵握箸にて物喰ふ頃ハ、魚はむしりて骨を除け里芋ははさみ切てあてかわる。次第に□ひまさるに従ひ、皆抜代りはては親知らすと云ふものはゆ。是より石を喰みわり銭をかみくたく勢ひをなせと無程四十の初老なれハ、するめ漬菜は奥歯にはさまり楊枝の助ケなければ心よき事を覚へす。其根もたんニゆるみ、いつしか一本ぬけ二本抜終ニは蠟石の似物なく相手を失ひ、何事もむせうに世話〳〵しく我儘は日ことに増り、朝には早く起、宵には早く寝、見し聞し事も忽ニ忘れ、御丸は虎子と代り、竹馬は鳩の杖ニ変す。是そ自然の道理なるべし。然あるにより三時の食事も常の立振舞も老てハ小児にかへるの諺に違ふことなし。若此事に違ひなは大道の御叱り蒙ふむるべし。年寄の気性立いらぬ事を明らめて、惟生らるるたけハ生なからへんニ如くことはあらしとみつから願、紙衣に包れ火燵をはなれす三冬を凌きおふせて、指折数へし正月を待付梅鶯にそゝなかされて、

あせ路やあんよは上手若菜摘

自然のままに与えられた生命を全うしようという。医者としてさまざまな人々の生死にも立ち逢って来たからこそ自らの置かれた状況の幸いを十二分に自覚していることが読みとれよう。なお次のような句もみられる。

○なからへて聞も嬉しや蚊の初音（享和三・二・一五）
○いつまても死心なし花の下（享和三・二・二〇）
○終に行道へハゆかす生身魂（享和三・七・一四）
○明日ありと思へハ嬉し大晦日（享和三・一二・二九）
○まし〳〵と今年も暮ぬ鶴の面（文化元・一二・三〇）

「まし〳〵と」の句にはすぐ続けて、「当年総収納高四百二十八両一分二朱。病客不財収納減、世情窮困［ママ］可嘆。薬種料拾金如例」と記されている。自然のままにとはいっても世捨人ではない。生きているからにはそれだけのことをしようという生への執着といったものも感じとれるようである。

「歌会」への出席については、表1に見るように「俳会」と同じく寛政七年以後に全十七回が確認できる。寛政七年および同十一年の出席回数が多い。さらにⅠの表2（二八ページ）によれば、残された作品数も歌会への出席回数の多寡にほぼ見合っているといえよう。表2によれば歌会の過半は篠崎および村山二名のもとで行われており、他は文化二年一月十九日に「春道歌会」、同年三月四日に「春海和歌会」とある二件である。前記のように、「俳会」への出席が全八十四回に及び、会場としてあわせて十七の名が上がっているのに比べると玄白の「歌会」への関わり方は違いがある。また、作品の生まれ方も俳句の場合とは異なっているように思われる。

寛政七年十月十一日の「日録」の記事をみると、

　曇り。村山和歌会。

　　残菊

　咲く初めし時よりも猶したハるれたえ［（虫損）　　］残る庭の白雪

　　為恋

　いつわりと思ひなからも忘られて思ふ心のやるかたそなき

　　閨炉火

　置霜の深さ知られて老か身は猶さし添ふる閨の埋火

とあり、同年十二月三日には、

　曇。近所、下谷病用。村山会。（中略）

　　老少送行

　数れは老も若きも行年を誰かハ一人おしまさらめや

　　浜砂

さゝ波のよせてハ返す真砂地の浜辺はぬるゝ色も□わらす
　伊勢
治れる御代を守のしるしにや五十鈴川の水も濁らす

とある。

さらに、寛政十一年三月二十一日の「日録」の記事を見ると、

晴風。近所病用。篠崎歌会。
　兼題　雨中花
佐保姫のかさしの花のひろからてあたら桜の雨にうつろふ
　牧馬
山さ［（虫損）］の若草ふミ分て霞かくれにいはふ春駒
　当座　鵜川
後の世のつミをいとはす鵜飼舟やミをせにそとてらす篝火

と記されている。また、同年七月二十六日には、

同［晴］。又秋暑。篠崎歌会。
　雲間初雁
珍らしとなかむる空の雲間よりさやかに聞ゆ初かりの声
　別懇
鶏鐘の聞へぬ里に棲人はかゝる別のうきをしらまし
　当座　時鳥

老か身のうきをかこちし寝覚にも聞ハうれしき初時鳥

とある。ここでは「兼題」すなわち予め歌題があって詠んだもの、「当座」（席題）すなわち歌会の席で示された歌題で詠んだ作品とが書き分けられている。他の歌会の場合もほぼ同様に記されていて、「俳会」についてはそのような具体的記述がほとんどないのとは大きな違いがある。玄白にとっての和歌は、多くの場合に歌会における詠むべきテーマのあらかじめ定められている「題詠」であったようである。俳句が折々の玄白自身の感懐を自由に述べた作品となっているのとは自ずと異なるものが生み出されたように思われる。

篠崎三伯（朴庵）は寛政十二年九月二日に没した小児科にすぐれた幕府の医官であった。同じく幕府医官の家に生まれ、後に一橋家の用人に進んだ村山仲忍（勗斎）とともに玄白にとってはとくに和歌を通して交渉の密接であった人であった。篠崎、村山、そして玄白三者については、『よしの冊子』に次のような記事がみられる。

一小児医師山添熙春院。当地モノナレドモ療治ヲ出精心ガケヨシ。篠崎卜庵よし。少し仲間沙汰アシヽ。田舎モノ也ト云。書物中クラヒ、書ハヨシ。

一田安でハ一橋に人才多しといふて羨む、一橋でハ田安にハ大塚長野など人才あれ共、一橋には村山計（ばかり）だと田安をうらやむよし。

一村山（一橋）が手先ニて人の善悪を聞出し候ハ篠崎卜庵・杉田玄白のよし。右ノ両医少しも隙アレバ村山へ参り、夜中も閑談仕候由。篠崎も世間広く付合申候由。併人のコトめったに受合介杯ハ致し不申候が、ひょっと能人と存付候とむせうニ能言こと癖ニ御座候由。尤卜庵ハ橋邸御子様方の御匕也。

一黒田雅之介殿病気之由。さて案事申候程の事にも無之候へ共、暫く病気しか〳〵不被致、家中ニてもあんじ候由。篠崎卜庵橋邸よりの御引続にて御薬上候由。併卜庵をバ家中ニて不得心のよし。侍医なども承知致さゞるよし。

『よしの冊子』は、松平定信の側近水野為長が寛政改革の進行中、天明七年より寛政五年に至る間の日々の幕政や世情についての風聞、また幕府の各部署を担当する人物の性格などを見聞に任せて書きとめ、主君に報告した雑記である。「人の善悪を聞出し候」人物であるという玄白らについての風評を伝えたこの記事は、特定の側からみた偏りがあるにしても、玄白らの社会的位置についての一つの評価の存在を伝えた他にあまり例をみない珍しい記録といってよいであろう（『よしの冊子』『随筆百花苑』第八巻）。

春道、春海の名は前記のように「日録」の文化二年二月、三月にのみ残されている。春海については同年三月九日に「春海賀筵に罷過」ともあり、村田春道、春海父子のことかと考えられる。

三、芝居見物

「日録」の日々の記事には「戯場」の文字がしばしばみえ、芝居見物が玄白の日常のひとこまであったことが分かる。

例えば、天明八年八月二十七日には、「大雨。戯場」とある。ここではただ「戯場」とあるのみで場所が特定できないが、大雨の中を芝居小屋に出かけている。また、寛政十二年四月七日には、「晴。吹屋丁、戯場」とある。この場合は吹屋（葺屋）町の市村座に出向いたと考えられる。特定の芝居小屋の名が「日録」に明記されるのは、天明七年九月二十三日の記事に、「昼疎雨。子供召連、桐座見物」とある一例のみで、これは葺屋町の桐座に出かけたことの記録である。

表5は、このような「日録」に記録された玄白が芝居見物に出かけた日付をまとめたものである。堺町、葺屋町（吹屋町）、木挽町という地名が記されていて、それぞれ中村座（控櫓、都座）、市村座（控櫓、桐座または村山座）、

表５　杉田玄白の観劇記録

		堺町・中村座（都座）	葺屋町・市村座（桐座）	木挽町・森田座（河原崎座）	不明	その他	計
天明	7		9/23		2/20	8/24、11/29	4
	8				8/27	2/28、4/16、9/24	4
寛政	1					2/13、3/25	2
	2				9/16	2/26、4/13、5/19	4
	3				5/19	5/6	2
	4						
	5						
	6	*	*	*	*	*	*
	7						
	8				11/14（団十郎引退興行、都座）？		1
	9	11/2、9/2			2/1、5/17		4
	10	8/13		5/21、		〈3/8　反古庵訪問〉	3
	11				9/2		1
	12	閏4/14、8/7、11/6	4/7、閏4/12	11/23、	2/18、2/23、5/8、10/5、11/14		11
享和	1		11/24、	2/2、4/12、12/4（団十郎）	2/18、3/17、4/18、9/2、10/1、11/6	3/30、8/2	12
	2	4/27、11/7	5/27、8/7、11/27	3/10（団十郎）、6/1	1/29、2/10、9/14、11/12		11
	3	閏1/13、9/2	閏1/21、2/27、3/16、4/4		5/27、7/27、8/21、10/5、11/16	1/21	12
文化	1	3/24、4/22	2/23、5/21、9/23	4/27、8/2	2/18、11/29	1/10	10
	2				2/12	1/8	2

注：寛政５年９月～同７年５月「日録」現存せず記事を欠く

文化元・2・23	葺屋町・市村座	「梅桜松曾我」常代、源之助、小次郎ほか	
文化元・3・24	堺町・中村座	「一谷嫩軍記」「長者丸鐘鋳桜」三津五郎、半左衛門、冠十郎ほか	
文化元・4・22	堺町・中村座	「一谷嫩軍記」「長者丸鐘鋳桜」三津五郎、半左衛門、冠十郎ほか	
文化元・4・27	木挽町・河原崎座	「おやま紅粉対伊達者」松助、七蔵、冠十郎ほか	
文化元・5・21	葺屋町・市村座	「卯花恋中垣」幸四郎、よね三、常世ほか	
文化元・8・2	木挽町・河原崎座	「天竺徳兵衛韓話」門蔵、叶助、善次ほか	
文化元・9・23	葺屋町・市村座	「漢人韓文手管始」幸四郎、工左衛門、よね三	

森田座（控櫓、河原崎座）のいわゆる江戸三座（もしくはそれぞれの控櫓）に出かけたと推定されるものを区分して表示した。中村座の中村勘三郎、市村座の市村羽左衛門、森田座の森田勘弥は代々世襲の座元であったが、火災あるいは興行不振のため休場やむなきに至った場合、それぞれに替わり興行を許可された控櫓の制度は享保二十年に始まったものである。「日録」記載期間にもしばしば控櫓による興行が行われている。また、「日録」の記事にはただ「戯場」とのみあって、場所が特定できないものも多い。江戸三座のいずれかに出かけたとみてよいと思われるが、これは「不明」欄にまとめた。「その他」に区分したのは、「日録」に子供芝居、能、狂言、人形、操りなどをみたと記されているものである。

この一覧に明らかなように、玄白の観劇の頻度は寛政十二年以後にかなり高くなっている。これにはなにか具体的なきっかけがあったのではないかと思われるが事情は詳らかではない。ひとつには、前節にみた玄白の諸会合への参加が「日録」の後半に多くなっていることについて、寛政五年九月以後のいずれかの時点から藩邸への当直勤務を免除されるようになり、藩医としての公務にあまり縛られなくなったこととの関係があるのではないかと推定したことと同様のことが考えられる。また、序章において触れた玄白と市川団十郎の関わりについて、あらためて一覧表の中で確認してみると、寛政八年にただ一件記録された「十一月十四日」の観劇は、都座における団十郎の引退興行であった可能性があること、向島の寓居に隠棲していた団十郎を寛政十年三月八日に玄白が訪ねていたことなど、玄白の観劇の頻度の高まりは、団十郎の引

表6 玄白の観劇（戯場・演目・役者）

年・月・日	戯場	主な演目・役者	
天明7・9・23	葺屋町・桐座	「天竺徳兵衛郷艶」団十郎、門之助、半四郎ほか	
寛政8・11・14	（堺町・都座？）	「清和二代遨（大寄）源氏」八百蔵、団十郎、仁左衛門ほか	団十郎引退興行
寛政9・9・2	堺町・都座	「近江源氏先陣館」仁左衛門、徳次、万菊ほか	
寛政9・11・2	堺町・中村座	「会稽櫓錦木」（六世）団十郎、粂三郎、簑助ほか	
寛政10・5・21	木挽町・森田座	「俊寛」かんや、京四郎、常世ほか	
寛政10・5・22	堺町・中村座	「敵討染分綱」のしほ、六代目団十郎、粂三郎ほか	
寛政12・4・7	葺屋町・市村座	「化粧六歌仙」国五郎、松之丞、雄次郎ほか	
寛政12・閏4・12	葺屋町・市村座	「男巻誓立願」菊之丞、常世、松之丞ほか	
寛政12・閏4・14	堺町・中村座	「俊寛」「織合会稽錦」海老蔵、団三郎、友蔵ほか	
寛政12・8・7	堺町・中村座	「けいせい屏風浦」団蔵、八百蔵、海老蔵ほか	
寛政12・11・6	堺町・中村座	「源氏雲黄金隈取」八百蔵、男女蔵、荒五郎ほか	
寛政12・11・23	木挽町・河原崎座	「戻橋綱顔鏡」彦三郎、雛助、松助ほか	
享和元・2・2	木挽町・河原崎座	「的当歳初寅曾我」松助、栄三郎、叶助ほか	
享和元・4・12	木挽町・河原崎座	「江ノ島奉納見台」松助、栄三郎、叶助ほか	
享和元・11・24	葺屋町・市村座	「男哉婦将門」路考、幸四郎、伊三郎ほか	
享和元・12・4	木挽町・河原崎座	「巫鈴俄振袖」「梅水仙色抗」粂三郎、門蔵、白猿（五代目団十郎）ほか	
享和2・3・10	木挽町・河原崎座	「結倣鹿子道成寺」粂三郎、男女蔵、白猿（五代目団十郎、口上）ほか	
享和2・4・27	堺町・中村座	「想妻袷小袖」松助、喜代太郎、小次郎ほか	
享和2・5・27	葺屋町・市村座	「太平記忠臣講釈」京十郎、三八、六代目団十郎ほか	
享和2・6・1	木挽町・河原崎座	「道成寺」「郭公相宿話」男女蔵、徳次、和田右衛門ほか	
享和2・8・7	葺屋町・市村座	「棹歌恋白浪」三八、六代目団十郎、冠十郎ほか	
享和2・11・7	堺町・中村座	「越路花江戸侠」六代目団十郎、幸四郎、三津五郎ほか	
享和2・11・27	葺屋町・市村座	「当奥州壺碑」松助、源之助、門三郎ほか	
享和3・閏1・13	堺町・中村座	「松春寿曾我」七三郎、三八、紋三郎ほか	
享和3・閏1・21	葺屋町・市村座	「歳男徳曾我」常世、粂三郎、路之助ほか	
享和3・2・27	葺屋町・市村座	「江戸紫由縁十徳」常世、粂三郎、路之助ほか	
享和3・3・16	葺屋町・市村座	「加賀見山」常世、粂三郎、路三郎ほか	
享和3・4・4	葺屋町・市村座	「野辺の書残」粂三郎、男寅、鬼次ほか	
享和3・9・2	堺町・中村座	「菅原伝授手習鑑」七三郎、八十助、六代目団十郎ほか	

退前後以降に重なっていることも考慮の余地があるのではないかと思われるが、いずれにしても確証にはやや乏しい。

表6は、表5のうちの江戸三座での興行がどのようなものであったか、主な演目と役者について、『歌舞伎年表』によりまとめたものである。もとより、玄白がこの一覧のすべてをみていたとは断定できないが、玄白が楽しんだであろう世界を垣間見ることはできるかと思われる。例えば、文化元年八月、木挽町河原崎座で上演された「天竺徳兵衛韓話（噺）」は、近松半二原作の浄瑠璃本「天竺徳兵衛郷鏡」（宝暦十三年四月、竹本座）を四世鶴屋南北が江戸歌舞伎の台本として脚色したもので、この時が初演であった。鎖国以前に難船をして、天竺を遍歴した播州高砂の漁師天竺徳兵衛の聞書きに取材し、その徳兵衛を日本国転覆をねらう謀反人にすえるという枠組みのストーリーで、徳兵衛の使う蝦蟇の妖術、水中の早替わりなどのいわゆるけれんみたっぷりの演出で仕立てあげて評判となった南北の出世作である。月若めのと五百崎、田舎座頭徳市、天竺徳兵衛実は吉岡宗観一子大日丸を尾上松助が演じた。徳兵衛の早替わりがあまりに巧妙であったため切支丹の妖術との嫌疑を受け役人の実地検分を受けることがあったという。天明七年九月、葺屋町桐座で上演された「天竺徳兵衛郷舵」は、明和五年八月の中村座初演であるが、ほぼ同趣向の芝居であったと思われる。座頭舛都、天竺徳兵衛、春永を五世団十郎が演じている（『歌舞伎事典』二九三～二九四ページ、『歌舞伎名作事典』二〇五～二〇六ページ）。

「その他」に区分された十八件の記事を概観してみよう。

天明七年八月二十四日の「日録」の記事は、「曇夜雨。近所病用。おさへ来。此頃御番頭野瀬小笠原依願御役御免。○子供芝居へ参」とあって、自宅近辺の往診にでかけたこと、妹のおさえ（三〇六ページ参照）がやってきたこと、おそらく小浜藩内の人事のことなどとともに、「子ども芝居」に出向いたことが記録されている。ほかに、表中に○印を付した日も同じく「子ども芝居」あるいは「子ども芝居へ参る」などと記されている。子供芝居の見物が天明七年〜寛政二年に集中しているのは特定の興行をみるといった事情があったのかも知れない。

子供芝居とは、浄瑠璃狂言や歌舞伎狂言を子供役者だけで演じる芝居である。享保頃、からくり人形の竹田座がからくりの前芸または間狂言として試みたことに始まるという。太夫の浄瑠璃に合わせて子供役者が台詞をいうものと、無言で人形の身振りを真似て演じるいわゆる首振り芝居とがあった。竹田座などの大坂の道頓堀浜芝居、京の錦天神などの寺社境内地での興行など、上方で流行した（青木繁「v子供芝居・中芝居」『岩波講座　歌舞伎・文楽』第三巻）。

江戸における子供芝居について言及した論説はあまりみられないが、『歌舞伎年表』の引く「寛天見聞記」によれば、寛政年間のものという図8を示して、

其頃葺屋町市村座ハ都伝内と替り、堺町中村座ハ桐長桐とかわる。中の芝居にハ、子供狂言又ハ竹田からくり、或ハ曲馬、能狂言など絶ずあり。肥前座には住太夫、土佐太夫、いづれも名誉の太夫にて、互に張合て操人形浄るり出語り。寛政六、七の頃、土佐座にて、「仮名手本忠臣蔵」十二段つゝき幕なし大仕掛を初て興行せり。河岸の芝居ハ猿狂言を専らし、折節に珍しき物を見せ物とす。手品、軽業など、何も両国の張り芝居に同じ。

（第五巻、一〇七〜一〇八ページ）

と付記している。葺屋町の土佐座と堺町の肥前座にはさまれた「中の芝居」では、「子供狂言」や「竹田からくり」などが絶えず上演されていたという。子供芝居について、「日録」には具体的な記述はない。玄白のみた芝居が実際にどのようなものであったのかは不明であるが、あるいは「中の芝居」に足を向けたこともあったかも知れないところである。なお、岡本綺堂の語るところによれば、子供芝居なるものは江戸末期から明治初年にかけて頗る流行したが、その後しばらく中絶し、明治三十年に至って歌舞伎座、浅草座、新富座で歌舞伎役者の子弟の演ずる芝居として復活した。一時期、好評を博したが明治三十六年頃には殆どその跡を絶ったという（岡本綺堂『明治

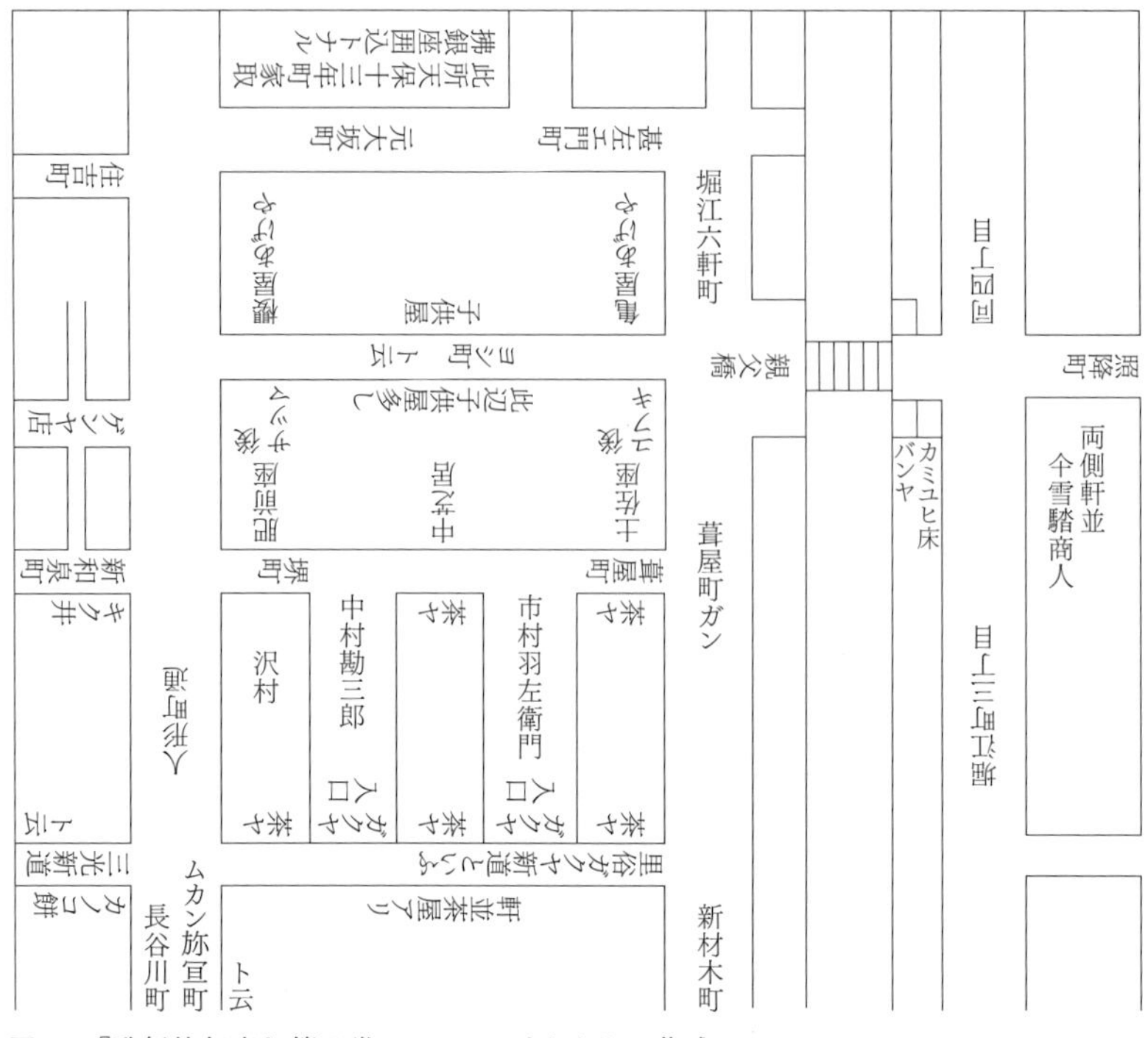

図8　『歌舞伎年表』第5巻、108ページをもとに作成。

劇談　ランプの下にて』）。

その他の欄に類別された子ども芝居以外のことについて、当日の「日録」の記事を列記すれば次の通りである。

○「晴。鳥越梅若方へ能見物参」（天明八年四月十六日）

○「晴且微雷雨。近所病用。夕方、深川壬生狂言見物す」（寛政二年五月十九日）

○「曇。丸内年礼。墓参。夜渡部庄衛門宅狂言□□」（文化元年一月十日）

○「雨。人形見物」（寛政三年五月六日）

○「晴冷気。衣を□□。操芝居見物」（享和元年三月三十日）

○「晴。餞別高野玄齋帰郷。（漢詩略）鏡開来客如例。土佐座見物」（文化二年一月八日）

能、狂言、人形浄瑠璃の見物が記録されている。能をみることなどは玄白の藩医としての位置を考えれば、実際にはもっと多くあったのではないかと思われるが、記録はこの一例のみである。壬生狂言は、京の壬生寺の大念仏会に壬生大念仏講人びとにより太鼓、笛の囃子に合わせて終始無言で演じられる狂言である。『武江年表』寛政二年の項によれば、「永代寺にて京都大仏の内弁財天開帳、この間境内見せ物に壬生狂言を出す、世に行れて両国に於ても見せ物とし、幇間の輩も酒宴の興にこれを学べり、（筠）庭云、此時壬生狂言は大に流行りて両国の見世物にも真似て是もはやりしが、弁天の開帳は流行らず」とある（『増訂武江年表』）。この出開帳は寛政二年三月二十一日から六十日間行われている（比留間尚「江戸開帳年表」『江戸町人の研究』第二巻）。この時の壬生狂言の興行は大に流行ったという。玄白は評判を聞いて深川永代寺に出かけたのかと思われる。土佐座は宝暦十一年に葺屋町の廃座となった辰松座の跡に興行を始めた人形浄瑠璃の小屋で、堺町の肥前座、外記座とならぶ三座の一つとして賑わったという（林久美子「人形浄瑠璃」『日本芸能史』）。

Ⅳ　社会への目

——記録者として——

一、「当世の流行物」——落書一件——

「日録」の寛政八年十二月十日条に、「十日　曇。飯田丁、水戸橋病用。夜新家誹諧〔ママ〕。鹿松熱」という記事に続き、「当世の流行物」と題した全八十三句を連ねる長文の落書が記されている。「日録」の原本をみると、それぞれの記事は罫紙一行に二行ずつきわめて細かな文字で記されるのが通例であるが、この落書の部分は全文が一行ずつ比較的大きな文字で五丁余にわたって書かれている。したがって「日録」の他の部分とはかなり印象の異なるところとなっている。「鹿松」なる人物については未詳であるが、同月十三日に「鹿松灸、点痘と見ゆ」、同じく二十四日に「鹿松笹湯祝」とあり、疱瘡に罹患し癒えて祝いの笹湯（酒湯）をつかった小児であることが分かる。この十日に、玄白は飯田町及び水戸橋に往診に出かけ、夜には新家宅の俳句の会に出席している。「落書」もあるいはこのような会合の折りに知り得たことの記録であるのかも知れない。

「日録」は臨床医としての玄白の往診記録を軸として、さらに玄白周辺の人事往来、玄白自作の詩歌、またおそらくは玄白の藩邸勤務や往診の途次に得たであろう当時の社会事情を伝えるさまざまな情報などを書きとめた日記である。全体としてそれらはきわめて簡潔なメモの累積のような記述となっていて、とくに諸情報の記録については事実のみが記され、それについてコメントを付け加えるようなことがほとんどない。この落書の場合も事情は同じであって、作者は誰か、玄白自身の作ではないのか、玄白自作でないとしてどんな意図で日記の中に書きとめたのかといったことは全く記されていない。

もっともこの落書の記載が「日録」の中にあってそれほど唐突な記事となっているわけではない。「日録」には玄白の現実社会への観察眼を反映しているとみられる記事は数多いし、また次のような狂歌などが記されていることもある。

○有難や戸さゝぬ御代ニ戸をたてゝ無算用ニて内はまつくら（寛政元年十月朔日）
○御政道かゆい所へ届ものは徳ある人の孫の手なれハ（寛政元年十月二日）
○川さらい水をおさむと聞へしは禹のまねをするからす黒□（寛政二年正月四日）
○阿部こへと益にもたゝぬ川浚も□秋元□□□立花（寛政二年正月五日）
○曲っても杓子ハ命救うふなり人を殺すハ直なすりこ木（寛政二年正月六日）

これらの狂歌が寛政改革期の世情や風俗を風刺し揶揄するかのように人口に膾炙したものであろうことは、次にみるように類句が諸書に残されていることからも推測しうる。

○まがりても杓子は物をすくふなりすぐなよふでも潰すすりこぎ（「一話一言」『蜀山人全集』第五巻）
○孫の手のかゆひ所へとゞきすぎあしのうらまでかきさがす也（同右）
○御政事のかゆきひ所へ届のは実にも徳ある人の孫の手（異本、徳ある人の孫の手なれば）（「蚊やり火」『列侯深秘録』）
○ゆがんでもしゃくしで下はすくはるゝすぐなれん木は下がつぶれる（「翁草」『日本随筆大成』第三期二十四巻）

○どこまでもかゆき所に行とゞく徳ある君の孫の手なれば（「甲子夜話」『東洋文庫』平凡社）

また玄白が、天明の飢饉を背景とした社会不安と田沼政権末期の混乱の事情を記録して、松平定信の登場を歓迎し、時勢の転換を期待しながら筆を擱く『後見草』を著わしていることはよく知られている。したがって、「日録」へのこの落書の記載も玄白の社会への関心のしからしむるところとみてよいものであろう。

「日録」に記載されたこの落書については、ほぼ同文のものが太田南畝の『半日閑話』（巻二十一）及び『一話一言』（巻四十五）にも収録されている。また、後者では「野翁物語抄三條」とあって、「病犬に喰れし妙薬之事」、「草臥ぬ薬の事」に続いてこの「流行落書之事」を引用している。

表1は、「日録」（A）、『半日閑話』（B）、「野翁物語」（C）、『一話一言』（D）所載のこの落書を一覧表示したものである。比較の便宜のため、一句ずつ区切って順を追って配列し、一書にあって他書にない句や各句の配列の相違がある場合には空欄によってそれを示した。「日録」については刊本を基礎とし、原本の写真複製版も参考としている。『半日閑話』及び『一話一言』については『蜀山人全集』（第三巻・第五巻、吉川弘文館、明治四十一年）による。また『野翁物語』については国会図書館所蔵の写本（「野翁物語・巻之三、第二十項」）によっている。『国書総目録』によれば、内閣文庫、静嘉堂文庫その他十五の大学図書館等に写本が伝えられているようである。『野翁物語』について、『国書総目録』では編著者名を確定していない。しかし国会図書館本によると、本書の成立事情や筆写年代などを知ることはできないが、表紙に「四方の赤良」の貼紙があり、また「長嶋町五丁目大野屋惣八」の印と、帝国図書館の「明治三十二年」購求の印がある。明和四年に創業し、明治三十二年まで存続した名古屋の著名な貸本屋「大惣」の蔵本が帝国図書館（国会図書館）の所蔵に帰したものである。また表紙見返しにも「太田覃　南畝先生ト号　又蜀山人ノ号アリ四方赤良ハ一時狂誹ノ号」と記した貼紙があり、南畝に由来する写本と理解されて伝来したものであることが示されている。浜田義一郎『蜀山人』（青悟堂、昭和十七年）、同『太田南

表1

A　鶉斎日録	B　半日閑話	C　野翁物語	D　一話一言
当世の流行物	寛政八年丙辰	流行落書のこと	流行落書のこと
	の頃江戸流行のもの	此比江戸のはやりもの	頃日江戸の流行もの
長大小に網代かさ	長大小に網代笠	長大小にあじろ笠	長大小にあじろ笠
		小額のこして拍子染	小額のこして柏木染
麻肩きぬにわら草履	麻着肩衣に藁草履	麻肩板に藁草履	麻肩衣に藁草履
大胴乱に道悟柄	大胴乱にとふこ柄	大胴乱に白茶柄	大胴乱に白茶柄
御厩平ニ麻羽折	御厩平に麻羽織	御厩平に麻羽織	御厩平に麻羽織
		京棧留に薄色足袋	京棧留に薄色足袋
木柄ふつさき提弁当			
鳥渡之歩行ニ野装束			
軍学皆伝総免許	軍学皆伝惣免許	軍学皆伝惣免許	軍学皆伝惣免許
諸芸の見聞　むだ騒キ	諸芸の見分むたさわぎ	諸芸の見分むた騒	諸芸の見分むだ騒
武芸の先生御役替へ	武芸の先生御役替	武芸の先生御役替	武芸の先生御役替
免許目録金次第	免許目録金次第	免許目録金次第	免許目録金次第
	替るか早ひ諸役人	替りの早い御役人	替りの早い御役人
昨日の立身今日不首尾	昨日の立身今日不首尾	昨日の立身今日不首尾	昨日の立身今日不首尾
役人四時　差扣	役人四ッ時差扣		役人四ッ時差ひかへ
御番御免小普請入	御番御免小普請入		御番御免で小普請入
すりさけあたまの御小納戸	そりさげ奴の御小納戸	剃下奴の御小納戸	剃下奴の御小納戸
		御番御免て小普請入	
		天狗咄に弃指さた	
撫付あたまの御役人	なて付あたまの御役人	撫付天窓の御役人	撫付天窓の御役人
天狗噺のきゑん沙汰	天狗咄に弄指沙汰		天狗咄に弃捐沙汰
		役人四時差扣	
惣拝借ニ年賦沙汰	惣納金ニ年賦沙汰	惣拝借に年賦沙汰	惣拝借に年賦沙汰
昔の立身金次第	昔の役替金次第	往古の役替金次第	往昔の役替金次第
當時立身縁次第	當時の役替禄次第	當時の立身縁次第	當時の立身縁次第

縁あるたわけハ御小納戸
無縁でならぬ御番入
明和の趣意ハ御験約
今では諸向□しらへ
明てハ暮る借金公事
中から下ニ金はなし
大町人と御役人
銭金たまる御奉公
賢者も貧で不人柄
隠密風聞當違ひ
江戸中見廻る勤仕並
草臥足の廻り衆
帳面手札組合辻
安売引札セリ呉服
能無小普請息子株
俳諧十種香花の会
植木唐鳥茶器小道具
軍書講釈碁と将棋
内々ニてハ酒の会

何も手辨て六ッ限り
連中不残若隠居
又は四ッ時御役人
再勤望ニかゝわらす
旧悪筋ハ皆御免
近所の息子ニ無理教へ
逢対定ニ惣皆勤
御蔭て武芸の御肝煎
家督小普請運次第
宅番出精物入損

禄有たわけ御小納戸
無禄てならぬ御番入
明和の御趣意は御倹約
今では諸向取締
となへは替る借金公事
中から下に金はなし
大町人と御役人
銭金たまる御奉公
堅ひも極めて不人柄
おんみつ風聞きゝ違ひ
江戸中見廻る勤仕並
草臥足の廻り衆
帳面張札組合辻
安売引札せり呉服
能なしに小普請息子株
誹諧十種香花の会
植木唐鳥軍書読

内々碁将棊酒もあり

何れも手辨六時限り
連中不残若隠居
又四ッ時の御役人
再勤替に抱らす
舊悪そゝきの古免許
近所の息子にむりおしへ
逢対定日惣皆勤
お影て武芸の御肝煎

縁有空気ハ御小納戸
無縁てならぬハ御番入
明和諸向ハ御倹約
今てハ御趣意に取締
唱へハ替れと金の事
中から下に銭ハなし
大町人と御役替
銭金溜る御奉公
賢者も貧てハ不評判
隠密風聞聴違
江戸中見廻勤仕並
草臥足の廻り衆
帳面張札辻番所

能なし小普請息子構
俳諧十種香花の会

内々碁将棊酒もあり
植木唐鳥軍書講
いつれも手弁て六限り
連中残らす若隠居
又は四時御役人
再勤望ハ加らす
旧悪すゝぎの古免許
近所の息子へむりおしへ
應対定日惣皆勤
お蔭て武芸のお世話役

縁有空気は御小納戸
無縁でならぬは御番入
明和諸向が御倹約
今での御趣意に取締
唱へはかはれど金の事
中から下に銭はなし
大町人と御役人
銭金溜る御奉公
賢者も貧では不評判
隠密風聞聴違
江戸中見廻勤仕並
草臥足の廻り衆
帳面張札辻番所

能なし小普請息子株
誹諧十種香花の会

内々碁将棋酒もあり
植樹唐鳥軍書講
いづれも手辨で六限り
連中残らす若隠居
又は四ッ時諸役人
再勤望は加らず
舊悪すゝぎの古免許
近所の息子へ無理教へ
逢対定日惣皆勤
御蔭で武芸の御世話役

出家穿入儒者揚り屋
朱子学古学のいじり合
後世古方の医師問答
増註著述の犬おとし
現物挍への医学館
諸会々読むた咄し
聖堂御吟味十五以下
奥向御吟味皆老人
明地残ず大的場
高ひくあるハ植付場
焼後ハ門ニ屋根かなし
有のは各長屋住
大名旗本仮玄関
町屋ハ裏迄数寄屋風
天下の祭にたしか無
手に手を盡ハ俄なり

団扇ハ絵盡しはんし物

千社の札ハ皆石摺
引なし札付道具見せ
瀬戸物焼継堀抜井戸
七色茶漬□物茶屋
扨又町中減し方
七分の積りて籾蔵立

四文商ひ五文ツヽ
運上出し奉り
切見せ運上二割増

出家か穿入儒者揚り屋
朱子学古学いじり合
後世古法の医師問答
蔵板著述大おどし

待合会読むた咄し
聖堂御吟味十五以下
奥の衆御吟味惣おやじ
明地は残らす的場となり
高ひくあるは植付場
焼後の門に屋根はなし
あるのは残らす長屋住
大名旗本仮玄関
町屋は裏迄数寄屋風

団扇は画つくしはんじ物

千社の張札皆石摺
引ヶなし札付古道具

七色茶漬手打蕎麦
扨又町中減し方
七分の積と入蔵建

四文屋運上五文ツヽ

きり見世運上貳割増

出家浪人儒者揚り屋
朱子学古学いちり合
後世古法医師問答
蔵板著述犬おとし

詩会会読むた咄し
聖堂御吟味十五以下
奥衆御吟味惣親仁
明地ハ残らす惣的場
高低有のハ植付場
焼後の門に屋根ハなし
有ハ残らす長屋住
大名旗本仮玄関
町屋ハ裏迄数寄屋風

安うり引札せり呉服

引なし札付古道具
団扇絵尽し判し物
千社の張札皆石摺

七色茶漬に手打そバ
扨又町内減し方
七分の積金蔵か建
家賃年賦ハ矢の如し
四文の運上五文宛

切みせ運上二割まし

出家牢入儒者揚り屋
朱子学古学いぢり合
御世古法医師問答
蔵板著述犬おどし

詩会会読むだ咄し
聖堂御吟味十五以下
奥衆御吟味惣親仁
明地は残らず大的場
高低有のは植付場
焼後の門に屋根はなし
あるは残らず長屋住
大名旗本仮玄関
町家はうら迄数寄屋風

安売引札せり呉服

引なし札付古道具
団扇絵盡し判事物
千社の張札皆石摺

七色茶漬手打そば
偖また町内減じ方
七分の積金蔵が建
家賃年賦は矢のごとし
四文屋運上五文づヽ

切見世　上二割増

田舎新見セ大當り
大見世段々さびか来る
地主迷惑道普請
家主難儀の自身番
店借きひしき火の廻り
家賃年賦ハ矢の如く
味噌真木諸式皆高直
下直な相場ハ御張紙
世間よい偶〳〵流行うた
皐丸望の嫁が来る
か丶る目出度世渡りハ
難有や物見遊さんハ
御法度て銭かね
持□御代の静さ

田舎親見世大當り
大見せ残らずさへかへり
地主迷惑道普請
家主難義の木戸の番
店借きびしき火の廻り
家賃年貢は矢の如し
塩味噌薪皆高直
下直にこまる米相場
世間よい〳〵はやり歌
きん玉堂の娘か来る
か丶る目出度世渡りは
ありかたや物見遊山は
御法度で銭金持す
死る日を待つ
長生をすれはくるしき
責をうく、めてた過
たる御代の静さ

田舎新見せ大當り
大見せ残らす再起り
地主迷惑道ふしん
家主難儀木戸の番
店賃厳重火の廻り

味噌薪油みな高直
安うてこまる米相場

後世やぼたひがとひやうかなし
此落書は文の有人の作にも有ね
ハこれらハ見所もなしといへども
うつり行世の語傳ふ便りなきにし
もあらす　よりて其意を爰に記し
ぬ
牛込の太田直次郎が戯れ歌に
　世中にかほとうるさきものハ
なしふんぶといふて身をせむ
る也
　曲りても杓子は物をすくふな
りすくなやうても潰す摺子木

田舎新見世大當り
大見世不残再返り
地主迷惑道普請
家主難儀木戸の番
店賃厳敷火の廻り

味噌薪油皆高直
安くて困る米相場

後世や菩提もとひいよふがなし
此落書は文の道に心あるもの丶
作にもあらねば、取べき所もなし
といへども移り行世のかたり傳る
便りなきにしもあらずよりてその
心をとりてここに記しぬ
牛込太田直次郎が戯歌
　世の中にか程うるさきものは
なしぶんぶといふて身を責る
なり
　まがりても杓子は物をすくふ
なりすぐなよふでも潰すすり
こぎ

		孫の手のかゆい所へとゝきか ねあしのうらまてかきさかす也	孫の手のかゆひ所へとゞきす ぎ足のうらまでかきさがす也 是大田ノ戯歌ニアラズ偽作也、 大田ノ戯歌ニ時ヲ誹リタル歌 ナシ 落書體ヲ詠シハナシ 南畝自記

畝』（吉川弘文館、昭和三十八年）、玉林晴朗『蜀山人の研究』（畝傍書房、昭和十九年）などでは蜀山人の編著として同書を挙げていないが、全十巻二百項目ほどに及び、『半日閑話』や『一話一言』などと同様の体裁をもつ本書が蜀山人と何らかの関係がある可能性は十分に考えられる。しかし、先にもふれたように本書の抄録であると明示して、この落書を含む三項目が『一話一言』の中に含まれ、表1の「D」の末尾にみるように、その抄記のあとに「是大田ノ戯歌ニアラス……南畝自記」と記した体裁からすれば「野翁物語」を蜀山人の編著とすることには疑問も生ずる。この点についてはなお後考をまたねばならないであろう。

表1にみるように、A・B・C・Dを比較すると、それぞれ仮名遣い、用字、用語、配列にかなりの相違があるものの、冒頭の「長大小に網代かさ」に始まり、末尾に近く「下直な相場ハ御張紙」まで、基本的には寛政期の流行り物なるものを連ねた同じ落書とみてよい。さらにこれに続く結びの部分で、A・Bにある「世間よいよい流行うた」云々というくだりは、Cにはない。その代わりに、この落書は「文の有人の作」でもなく見所もないが、ここに記録して、「うつり行く世」を語り伝えることの意味もあろうとして、さらに蜀山人の狂歌三首を写している。Dの結びもCと同様であるが、さらに「南畝自記」としてこの狂歌が「太田ノ戯歌」ではないことを書き添えている。またA・B（「日録」・「半日閑話」）は、ほぼ同じテキストに由来するとみることができるが、A（「日録」）には、他のいずれにもみられない「木柄ふっさき提弁当」、「鳥渡之歩行ニ野装束」、「家督小普請運次第」、「宅蕃出精物入

損」、「現物挍（くら）への医学館」などという数句を含むことから、そこにあるいは玄白自身の手が入っている可能性も含めて、別系列のテキストであるかもしれないことが判明する。

ところで、よく知られた「世の中にかほどうるさきものはなし」の狂歌の作者について、表1の「D」の末尾にもあるように、蜀山人白身は強く否定しているにもかかわらず、『甲子夜話』（前掲）に、

白川老侯御補佐の時は、近代の善政と称す。何者か作けん、世に一首の歌を唱、

どこまでもかゆき所に行とゞく徳ある君の孫の手なれば

此時武家の面々へ、尤文武を励されければ、太田直次郎（世に呼て寝惚先生と云。狂歌の名を四方の赤良と云へり）といへる御徒士の口ずさみける歌は

世の中に蚊ほどうるさきものはなしぶんぶといふて夜もねられず

時人もてはやしければ、組頭聞つけ、御時節を憚ざることとて、御徒士頭に申達し、呼出して尋ありければ、答申しには、何も所存は無御座候。不斗口ずさみ候迄に候。強て御尋とならば天の命ずる所なるべしと言ければ咲て止けるとぞ。

とあり、また『蚊やり火』（前掲）の中に、

世の中にかほどうるさきものはなしぶんぶ〱と夜もねられず

御旗本方、御家人衆をはじめ、藩邸の士六尺まで奢侈にながれ、酒色に遊び、風俗いたく頽廃せしを、頻に文武をはげまし給ひければ、ある人（支配勘定太田直次郎蜀山人）戯にこの狂歌をよめり、ただ一言にして当時の勢ひを想像するにたれり

とあって、一般には蜀山人の作であるとみなされていたことがある。一方、玉林晴朗『蜀山人の研究』や浜田義一郎『蜀山人』によれば、この時期の狂歌界を支えた募臣たちがその身分と抵触することを避けることもあって、時

世を風刺する落書体を極度に嫌いまた軽蔑していたこと、また蜀山人自身が強く否定していることを主たる理由として蜀山人の作ではないとされているが、『甲子夜話』や『蚊やり火』の記述が全くの誤伝であると否定し切れないものがなお残るように思える。もしそうであるとすれば、「日録」に書きとめられた長文の落書についても蜀山人と何らかの関わりがあるものと考えられるところであろう。

なお玄白と蜀山人両者の関係についての問題が残る。両者が相互に面識のあったことを確認しうるような直接的な徴証はみられないようである。「日録」にも蜀山人の名をみることはない。しかし一方で、二人の共通の友人としての平賀源内、あるいは二人の共通の詩文の師としての宮瀬龍門の存在などを考えると、両者が全く無縁の間柄であったともいいがたい事実がある。いずれにせよ、いくつかの問題について曖昧な所論に止まることになるけれども、こうしてひとつの落書をめぐって当時の文人、知識人の世界の一側面をみることができるように思われる。

二、災害情報

（1）地震関係記事

表2は、「日録」に記録された地震関係の記事をまとめたものである。あわせて十八の地震について全三十一件の記録がなされている。＊印を付した末尾の二件は、地震が伴うものであったのかは不明であるが、地割れ・陥没と海底火山の爆発という地変であった。備考欄に○印を付した七件は玄白自身が体験していることを示す。その他は、これこれと云う、これこれの由と記された各地の地震についての伝聞情報の記載で全体の約七割に及んでいる。同じく備考欄の数字は、諸資料により算定された地震規模（マグニチュード）の推計値である（宇佐美龍夫『新編

表 2　「日録」にみる地震関係記事

	年月日	記　　事	備考
1	天明8.　7.　3	去月廿九日上方筋地震云。	A
2	寛政1.　5.　13	先月十六日四国地方震、人家倒人民死者多しと云。百年已来未曾有と云。阿州の医佐野氏来訪。	C　M7.0±0.1
3	寛政2.　11.　19	前月廿二三両日羽州山形大地震由。	C
4	寛政2.　11.　20	今朝地震	○
5	寛政2.　11.　27	夜亥刻大地震。今日未刻北方赤気立し由。	○ M6.0〜6.5
6	寛政3.　8.　30	去十五日［　　　］震当日□雨降、同三十日海笑（瀟）にて□治橋為本船被破総浜［　　　］水□六尺上中ノ芝潰、同日界（堺）西宮辺同様未委事不［　　　］、京大風雨家々潰、伊勢四日市同しく海笑（瀟）云。今年西国北国辺大水、海道筋大風損。	c
7	寛政 4.　3. 晦日	□月廿五日肥前国硫黄山大焼ト云。	D　M6.4±0.2
	寛政 4.　4.　8	松平主殿頭様御在所肥前国島原御城下より三里程□普賢山と申山、当正月十八日夜より致鳴動、御城下迄聞申候所、(以下略)	D
	寛政 4.　4.　28	「松平主殿頭より御用番へ御届写」4通（2月9日、29日、□月19日、4月14日）	D
	寛政 4.　5.　5	朔日夜六ツ時過頃よりトロメキ有之、島原沖に当海中より流星の如火数万飛出後々次第に飛火大きくなり海中火事の如く熊本より見候所、(以下略)	D
	寛政 4.　5.　9	「島原大変・肥後迷惑」諸情報	D
	寛政 4.　5.　27	島原異［　］今以相鎮り不申云々（松平主殿頭5月11日付申越）	D
8	寛政 5.　1.　7	八ツ時過大地震両度、夜へ懸都合十三度。	○ M8.0 〜8.4　陸奥地震
	寛政 5.　1.　8	余程地震暮前也。	○
	寛政 5.　1.　10	夜余程地震。	○
	寛政 5.　1.　20	去七八日より奥州筋仙台領抔大地震云。	B
	寛政 5.　1.　21	去十日□□辺高潮ニテ御所引続二日沖迄干潟と成、八日夕潮□□、其後如常也。	B
	寛政 5.　1.　29	当月七日より日々奥州［　　　　　］人家大損［　　　　　］	C
	寛政 5.　2.　10	先月七日午刻大地震昼夜七十四五度之内昼三度夜四ツ時大ニ強。(以下、略)	C
9	寛政 7.　12.　30	因州鳥取ハ去月廿六日地辰（震）スト云。	C
10	寛政 8.　2.　1	今日勢州大地震、四五十年来有之由、去月廿四日是亦同と也。	後日記入？
11	寛政 9.　閏7.　29	去九日より十一日、京都大地震、将軍塚へ勅使立陰陽被召と云。	C
12	寛政10.　9.　24	晴大雷雨、且地震。	○
13	寛政11.　5.　29	当月奥羽晴多暑も強ト云、廿八日賀州地（加賀、金沢）大震云。	C　M6.0±1／4
14	寛政12.　8.　9	夜地震両度。	○

表2（続き）

15	享和 2. 10. 23	暁地震	○
	享和 2. 10.	（欄外記事）尾張、伊勢、其域内地大震し京師抔ハ□ニ□□ト云。	
16	享和 2. 11. 5	地震水瓶泄ル。	○
17	享和 2. 11.	（欄外記事）「佐渡小木湊地震。新潟、秋田、津軽、□前辺回船不便利ニ相成る。」	M6.5～M7.0　佐渡地震
18	文化 1. 6. 7	当月四日、出羽、庄内、新城、秋田辺迄大地震と云ふ。坂田辺大凡四千軒程倒と云。	A M7.0±0.1　象潟地震
	文化 1. 6. 30	当月四日頃、出羽、庄内、本庄辺大地震、象潟海没詳事別紙ニあり。	C
＊	文化 1. 5. 9	当年二月中より丹後なれ合観音有之山十八丁有之由、右之場所地割ニ付、長き竹を地中へ入見に限不知次第ニさけ堂宮等地中陥没藪抔も同しく陥よし、但し麓は無別事頂より三丁の処如此と也	D
＊	文化 1. 8. 30	当月天気少寒暖不定。摂州天ケ崎海水熱湯と成、魚死、火柱海中立と云。	C

日本被害地震総覧』増補改訂版）。

各地の情報については、上方筋、四国地方、羽州山形、肥前島原、奥州筋仙台領、因州鳥取、伊勢、京都、賀州地、尾張・伊勢・京師、佐渡小木湊、出羽・庄内・秋田、象潟、丹後、摂州天ヶ崎など、かなり広範囲に及んでいる。備考欄のA～Dの記号は、各地からの情報の「日録」への記載に至るおよその時間経過をみたものである。Aは地震発生の数日以内、Bは半月前後、Cは一か月前後、Dは数か月であることを示している。それら個々の情報源がどこにあったのか必ずしも詳らかではないが、寛政元年四月の四国地方の地震のニュースは、ちょうど地震発生の一月後に玄白のもとを訪れた阿波の医師佐野氏が伝えたとみてよいであろう。人家倒れ、多くの死者が出た百年来未曾有のことであったというその地震は、紀伊水道に面した徳島から室戸にいたる沿岸地域に相当な被害をもたらし、有感地震が現在の岡山、広島、山口、鳥取県域にも広がるものであった（宇佐美、前掲書）。

寛政四年一月十八日の雲仙普賢岳の噴火と地震は津波をともない、その被害が肥前島原にとどまらず有明海をはさんで対岸の天草、肥後（飽田、宇土、玉名、益城各郡）にまで及んで、のちに「島原大変肥後迷惑」という俗諺が生まれた大災害であった。普賢岳の地震は、すでに前年十月八日からはじまって鳴動多く、十一月十日頃からは前山（眉山）の土砂崩れ、小浜の山崩れがあった。四年一月十八日の噴火は溶岩の噴出をともない、さらに二月六日には三会村穴迫谷から噴出した溶岩は杉谷村千本木に至った。二月二十九日には、蜂ノ窪、閏二月三日には飯洞岩が噴火した。三月一日からは地震が頻発し、同八日夜半には前山東南面で長さ一八〇間、幅二〇〇間に及ぶ地辷りが発生し、四月一日には二回の大地震があり、このため前山の東部が崩れ大量の崩土が島原湾に流入して津波を起こし、また海中に多数の小島が生じた。津波は対岸の天草、肥後（飽田、宇土、玉名、益城の各郡）、そして鍋島領諫早、神代にも達している。島原城下は壊滅状態となり、藩主および藩士の多くが守山村をはじめ北部諸村に避難した。前山は一五〇メートル低くなり、海岸線は七～八〇〇メートル前進した。死者は、島原領一万一三九人、天草十八ヶ村三四三人、益城を除く肥後三郡四六五三人に及び、その他家屋の倒壊、流失、田畑の荒廃など被害は甚大であった（宇佐美、前掲書。林銑吉『島原半島史』下巻）。

　雲仙普賢岳の地震に関連する「日録」の記録はかなり詳細である。

一月十八日から三か月半後の三月晦日の「日録」の記事に「硫黄山大焼」というとあるのは、このことのいわば第一報となる。続いて四月八日には、

> 松平主殿頭様御在所、肥前国島原御城下より三里程□普賢山と申山、当正月十八日夜より致鳴動御城下迄聞申候所、右之山之内差渡三十丁程地窪候所有之、其内に穴明き泥土夥敷吹出、湯烟至て烈敷小石砂利等連［　］申候、二三日前同様御坐候、右山次第に勢気和キ申し候［　］近辺之山地震鳴動強、所ニより追々湯烟吹出砂利［　］二月九日夜山焼甚地震動［　］焼下り申候、然ル所去月朔日［　］住居建具等［　］昼夜同様［　］鳴動も強御坐候［　］

とあって、［　］で示した虫食い箇所が多く判読しがたいところが多いが、普賢岳の爆発、地震、被害状況の実際

が日を追ってきわめて具体的に記録されている。現地からの情報を受けとめた記事であることは明らかであるが、次に述べる島原藩から幕府に報告された覚書の文言に重なる個所が見られることから、玄白がその覚書の一部をこの時点ですでに目にしていたことが考えられる。

四月二十八日には、冒頭に「曇。直」とあって藩邸への当直のことを記したあとに、そのまま続けて、罫紙一行に二行ずつ細字で書き継ぐ通常の「日録」記載方式により、島原藩江戸留守居役より閏二月九日（二月九日）、同二十九日（閏二月六日）、三月十九日（三月三日）、四月十四日（四月二日）に、それぞれ江戸城中の老中御用部屋へ届けられた藩主松平主殿頭忠恕の名によるかなり長文の覚書四通が煩を厭わず書きとめられている。（　）内の日付は国元で認められた覚書の記載であって、現地を発した情報の江戸到着所要時間が次第に短縮されていることが分かる。また、四月十四日に江戸城に届いた現地の最新の報告がその二週間後には玄白の知るところとなったことも判明する。玄白はこれらの情報をいつどのようにして入手したのかを記してはいないが、それは藩邸当直の折であったことを想定しても大過ないように思われる。

四月二日付の覚書の「日録」への記載は次の通りである。□および［　］は「日録」原本の虫食い等で判読できない箇所である。これらの覚書は史料編纂掛肥前採訪本「島原山焼山水高波一件」（『増訂　大日本地震史料』第三巻）にも収録されており、対校が可能で、判読不能箇所もそれぞれの［傍書］の通りに補うことができる。またその他の部分についても若干の用字の異同はあるが玄白の記録は原史料をほぼ忠実に写しているとみることができる。

四度目御届子四月十四日御用番様え

私在所肥前国島原［先達而］御届申上候。二［三］月朔日より之地震鳴動追々相鎮り居候処、昨日酉之刻□［過］至而強く地震仕、城廓［ニ近キ］前山と申高山頂上より根□［方］迄一時に割崩、山水押出し、城下海より高波打［上一ッニ］相成、城下町家尽並近在共暫時に押流し、潰家大木等流懸り、死人怪我人数相知れ不申、城下住居之者過半即死仕候様子に〔対校本になし〕御届に御座候。山崩等は海中に〔江〕押出し小山処々に出来致し候。只今迄は城内先別条無御座候。此段御届申上候。〔猶又追而可申上候〕

四月二日　松平主殿頭

なお、この覚書の「島原山焼山水高波一件」の記録には、「四月十四日夕方、御用番松平伊豆守様へ、留守居番差出ス、尤四月二日島原出立、早追い、徒士兼田満左衛門、足軽団平、昨十三日申中刻到来」との前書きがあり、現地から江戸への伝達の経緯が分かる。この地震に関する「日録」の記録はなお三件ある。五月五日の記事は冒頭に、

朔日夜六ツ時頃よりトロメキ有之、島原沖に当海中より流星の如火数万飛出、後々次第に大きくなり海中火事の如く、熊本より見候所遠山之火に成りし如く、然る処程なく津波打あけ高瀬大島南は三潟まて悉く打流す

とあり、情報源などは読み取れないが、「長浜生源寺之西川又五郎、家は勿論土蔵七つ、家内上下廿五人一人残らず流死」、あるいは「生源寺浦番野田彦九郎家内七人之内彦九郎一人は扇崎に遊着」云々と書き継がれて、有明海に面した熊本地域と思われる各地の津波による被害状況が事細かに記録されている。

五月九日の記事には、「肥後国温泉ヨリ東海上七里より川尻へ御勢被差向候小早船五艘ニ引船附、松島沖ニ来候お侍衆両人細川蔵人、正井求人、役人島原の御城下ニ着船有、島原御城内より番頭衆御対面有て即日右之場所見分として斧五郎同道有り」、「右一件肥前佐賀表へ島原より追々注進、尚又三月三日神代より注進如左」、「三月五日諫早より注進」、「御飛脚御両人〔　　〕村より柳川御城下へ舟渡ニて被相渡、江戸表迄十二日切ニ被罷登候御飛脚之物語ニて御座候」などとあって、これらの情報を玄白がどこから入手したのかは記されていないが、地震をめぐって島原と周辺各地あるいは江戸との間に諸情報が行き交っていたことが列挙されている。

五月二十七日の記事には、「島原異変之儀、今以相鎮不申、前山日々崩落申候、尤強弱ハ御座候。割末之所不絶

吹出シ山々之間沼田之様ニ相成煮音之様ニ強く相聞申候。右割口之中辺泥土吹出シ候之勢相増申候。一体地中之様子不一通相見、此上大変何分無心元奉存候」、「普賢山穴迫焼場所段々鎮り候方ニ御座候処、又候烈敷相成、一日ニ二三間程ツヽ焼下リ次第に城近く相成申候。（中略）此後異変之儀も無御座相鎮リ可申儀も難計奉存候」などとあって、この時点になっても地震の沈静化がみえない不安が述べられている。この記事について、「日録」には欠落部分があり不明であるが、前掲の「島原山焼山水高波一件」により、「五月十一日御用番戸田采女殿並松平越中守殿、本田弾正大弼殿勝手江留守居口上ニ而相勤候、左之通書付いたし持参」との前書きのあることが確認でき、前出の覚書四通と同様に島原藩江戸留守居役が幕府老中に対して報告したものであることが分かる。

三井の大坂両替店の『聞書』に、「寛政四年子二月肥前島原山崩届書写、左之通」として、前述した「日録」四月二十八日に記録された四通の島原藩の報告とほぼ同文のものが書写され、さらに、「右山崩ニ而四月朔日夜六半頃より五時頃迄之間、肥後国三度之津波ニ而流出死人左之通」として、各村毎の死者数、流出家屋数、田畑被害状況などが記録されている（三井文庫史料叢書『大坂両替店「聞書」1』）。島原異変に関する諸情報が広範に流布していた状況が窺える。

寛政五年一月の地震についての「日録」の記事は、「七日。八ツ時過大地震両度、夜へ懸都合十三度」、「八日。余程地震、暮前也」とある。さらに一日おいて「夜余程地震」とある。さらに二十日に至って「去七八日より奥州筋仙台領抔大地震云」とあって、この地震が江戸にとどまるものでなく奥州筋仙台領などに大きな被害をもたらしたという情報を得て記録している。翌二月十日には、

先月七日午前大地震、昼夜七十四五度之内昼三度、夜四ツ時大ニ強。八日昼夜三十三度。九日昼夜十七八度。十一日五六度別て海［　　］。［　　］石の巻近所小渕と申す所嶋海突［　　］人家四十軒流失、松ケ浜、東五

代嶋少々損、桃生郡鹿□申所三十軒程将棋倒ニ成、三十軒余大損、其外所々倒家［　　］大手前倉小十郎屋敷潰、大名小路伊達安兵衛、茂庭主水屋敷十五間程、瓦落、其外数々損、芭蕉辻雁金屋店八軒、小店多損、死人も有之候由、飛脚屋達□□も未折々地震、南部［　　］

とあって、前月の玄白が体験した地震の余震回数が頻繁であったことをあらためて記し、さらに石巻あるいは仙台地方の具体的な被害状況にふれている。この地震はマグニチュード八・〇〜八・五と推定され、余震が長く続き、津波も陸中・陸前・磐城沿岸に達して家屋の損壊、流失などの被害は甚大であった（宇佐美、前掲書）。

寛政八年二月一日の「日録」の記事は、冒頭に「晴、北風。船越様御入、若殿様出ル」とあって、続いて「今日勢州大地震、四五十年来有之由、去月廿四日是亦同と也」と記されている。伊勢地方に起こった大地震の情報について、後日得たところをこの日にあてはめて記録したものと思われる。

寛政九年七月九日に京阪地方に起こった地震について、玄白はその情報を翌月末に得たようであるが、「将軍塚」に勅使が立ったと記録している。将軍塚は、平安京造営の際に都の守護のため、京都の北、東、西の三方の山に高さ二・五メートルほどの土製の武将に甲冑を着せ弓矢を持たせて埋めたことに始まるが、都に異変があるときには鳴動するという伝承があった。三箇所のうち現存するのは東山の青蓮院の飛び地境内にあるもののみである。寛政九年七月の地震はそうした伝承を思い起こさせるものであったのであろう。

寛政十一年五月のマグニチュード六・〇と推定される大地震は加賀金沢の被害が最大で、金沢城の石垣が二十二箇所変形し、六箇所が崩れた。家屋の損壊四一六九、潰家二十六、土蔵損壊九九二に及んだ。越後不親知、江州木ノ本・長浜で微震、そのほか大坂、京、甲府、江戸でも有感の地震であった。余震が二十六日七回、二十七日八回、二十八日三回、二十九日に一回あり、六月十日まで毎日数回続いたという（宇佐美、前掲書）。「日録」の五月末の記事として、「廿八日賀州地大震云」と記録されたのはそうした余震情報の一部が伝わったものと考えられる。

享和二年十一月の「日録」欄外上部に書き込まれた記事は、この月十五日に佐渡を中心に起こった地震について伝えるものである。佐渡の内で被害の大きかったのは小木半島と国中平野の西半分であったが、佐渡三郡全体では死者十九、家屋焼失三二八、潰家七三二、家屋破損一四二三、土蔵潰一、同破損三十七、同破損焼失二十三におよんだ。西南海岸が隆起し小木では二メートルに達した。鶴岡で強く、米沢、秋田、弘前、江戸、日光、高山で有感であった（宇佐美、前掲書）。新潟〜津軽辺の回船が「不便利」になったと伝える「日録」の記事が何時の時点で記入されたのかは不明である。

文化元年六月七日の記事は、冒頭に「同〔雨〕。不快在宿」とあって、さらに「当月四日、出羽、庄内、新城、秋田辺迄大地震と云、坂田〔酒田〕辺大凡四千軒程倒と云」と続いている。「日録」の原本（写真版）を見ると、同月四、五、六日の記事は原本の罫紙にほぼ余白なく記入されているが、七日の「同〔雨〕。在宿」の記事を受けて、八、九、十日は連続して「同左」と記されて余白を多く残しており、その余白を利用するかのように、七日の条に地震の記事が書き込まれていることがわかる。また、月末三十日の記事のあとにも、「当月四五日頃出羽、庄内、本庄辺大地震。象潟海没詳事別紙ニあり」と記され、一行空けて七月の記事が続いている。おそらくはこの四日に発生した地震についての情報を月末に得て、記事とするとともに地震発生の日時に近いところにも書き込んだものと見ることができよう。象潟地震は前月下旬より付近に鳴動あり、四日の本震後も鶴岡における記録によれば、五日・十一〜十三回、六日・六〜七回、七日・四回、八日・四回、九日・三回、十日・一回と連日の余震があり、以後も月末まで断続的に続いた。芭蕉が「象潟や雨に西施が合歓の花」と詠んだ径二キロ、深さ二メートルの象潟湖も隆起して沼地となった。被害地域は庄内平野と本庄平野、およびその間の海岸沿いの低地で、象潟では戸数五一二のうち家屋の倒壊三八九、半壊三十三、土蔵倒壊一二七、半壊一、寺社倒壊十八、死者七十四、負傷者三十三の記録が残されている（宇佐美、前掲書）。「象潟海没」について詳しくは別にあるという。玄白が大きな関心をもった事件であったことが窺える。この大地震発生の二か月半後に、玄白が米沢藩医堀内忠意に宛てた書簡の一節に次のように記されている。

御同国酒田之大変、扨々可嘆の事に御座候。酒田の民如何なる罪御座候哉。又大水の沙汰承申候、実説にも御座候哉。乍去、此度の様成大変も百年の内ニハ一度も二度も有之事と相見可申候。老拙覚候ても、浅間抜、薩州霧島の焼け、先年の肥州天草の変、其の地に在候てハ驚候得ども、天より見申候て差有事とも不被存候。木曾山中或美濃国より石蛤、石螺の類掘出候事有之候得は、今の辺海ニてありし事も有之候事と被存候。可恐怖事に御座候。只不朽者は名と徳とニ御座候。無御油断御出精可相成候。

（小川鼎三「堀内文書にみる蘭学者の生活と思想―第一回杉田玄白の手紙―」）

この度の「酒田之大変」（大地震）はまことに嘆き悲しむべきことであった。一体酒田の人々にどんな罪があってこのような事になったのかと思う。また大水の被害もあったと聞き及ぶが本当だったのだろうか。このような大事も百年の内には一度か二度かはあるものだ。自分の知る限りでも先年の浅間山、霧島山そして雲仙普賢岳の噴火など、その地にあってみれば驚くべき事であったかも知れないが、天よりみれば常にあり得ることなのだ。木曾の山中などから貝の化石が掘り出されることからすれば、このあたりもかつては海中にあったこともあるのだ。まことに自然の力を怖ろしく思うと玄白のいわば自然観をを述べつつ、その上で、「名」と「徳」とは不朽のものであって、油断なく「出精」すべきだとして、医師としての堀内忠意を励ましている。

（2）雷雨・落雷、大雨・洪水関係記事

表3は、「日録」に記録された雷雨・落雷関係の記事についてまとめたものである。備考欄の○印は江戸を離れた国内各地の情報であることを示している。またA～Cの記号は、それらの情報の「日録」への記載に至るおよそ

の時間経過をみたもので、Aは落雷などの災害発生から数日以内、Bは半月前後、Cは一か月前後である。全四十九件の記事のうち二十九件、約六割が江戸市中の情報である。玄白の身近に関わるものが多いが、その他、鴻巣、浦和、川越、高崎、鎌谷、行徳など江戸近郊が八件、京都、大坂、奈良、讃岐、仙台、奥州など遠隔地の情報もあって、注意深く各地の情報を得て記録に努めているといえよう。それらの諸情報はかなり個別具体的に取り上げられている。例えば、江戸市中の落雷個所を三十箇所余（寛政七年六月十五日）、十三、四箇所（同六月二十八日）などと数え上げている。また、「水戸様御屋敷雷二つ震云」（天明七年七月二日）、「夜雷雨雹下風甚。小日向金剛寺上へ雷震と云」（寛政十一年七月六日）、「雷雨、今日も浅草新堀青龍寺、本庄（本所）一つ目根頃[来]喜内殿、亀戸天神表門前さかさひ向百姓屋へ震、百姓一人即死と云」（文化元年六月五日）などとある。近郊の雷雨では川越に枇杷（寛政九年四月六日）あるいは柚（寛政十一年七月七日）ほどの降雹のあったこと、鎌ヶ谷の雷雨は竜巻をともない雹に打たれた死者も出て、「黒雲地を巻、雷火地を廻り実古今未曾有」という状況であったこと（寛政九年閏七月二十日）、浦和辺の落雷で菓子屋の下人二人が即死し、一人は風に巻き上げられ手足が別々の場所に落ちたこと（寛政十一年四月二十七日）などと記されている。また、「天際之雷古今珍事」として、富士八合目の落雷で五人の死者があったこと、京都の紫宸殿（寛政十二年八月十九日）、大坂四天王寺（享和元年十二月十一日）、奈良元興寺（享和二年六月二十九日）、仙台城二の丸（文化元年六月三十日）の落雷・火災のことなども記録されている。

これら諸情報の入手ルートがどこにあったのか、江戸在住の小浜藩医、文化人として広範な情報チャンネルがあったと考えられるが具体的には不明である。「日録」の享和三年六月二十九日の記事に、

　当月大坂、草津辺十日昼夜雷鳴、奥（州、脱カ）も秋田飛脚為雷雨四日滞留ト云。常陸辺出水沙汰ス。

とある。この月、各地の天候が定まらなかった様子を記しているが、秋田飛脚の伝達が雷雨のために四日ほど滞ったようである。国内各地の情報が飛脚の手によって江戸にもたらされていることの一端が窺えるところである。

表3 「日録」にみる雷雨・落雷記事

	年月日	記事	備考
1	天明 7. 7. 2	雷雨両度。水戸様御屋敷雷二つ震云。	
2	天明 8. 3. 3	昼頃初雷一鳴。午後大北風	
3	寛政 1. 6. 23	今日日光御宮御材木小屋雷、御□間辺戸障の類裂破し、金物等抜飛と云ふ。常の雷と替、大□□□□と云。	○
4	寛政 1. 6. 26	去月廿八日奥州大雷雹下ト云。	○C
5	寛政 1. 7. 4	夕雷雨、安部侯別業震。	
6	寛政 1. 7. 11	京都去月廿九日大雷、人八人牛馬震死。	○C
7	寛政 1. 7. 20	夕方より雷雨甚。	
8	寛政 3. 11. 8	夜雷雨、□□方病論会断申遣。	
9	寛政 4. 6. 28	今日富士八合雷震、五人死、怪我人多。天際之雷古今珍事と云。	○
10	寛政 7. 6. 14	夕立雷鳴、鴻巣辺甚云。	○
11	寛政 7. 6. 15	夜大雷雨、所々震及三十ケ所余。傷人幾芝井丁にて一人而巳。	
12	寛政 7. 6. 17	遠雷。	
13	寛政 7. 6. 18	夜少雨遠雷。	
14	寛政 7. 6. 20	十四日より今日迄日々少雷鳴。	
15	寛政 7. 6. 28	晴、夕雷雨甚。落事十三四ケ所、即死深川黒江丁灯燈屋若者、怪我翌日死ハ浅野隼人様坊主也。	
16	寛政 7. 6. 30	雷火ニ常火を加ハ消云事あり、実也。本月廿八日雷駒込富士前植木屋杉本へ落消と（も）不消、巧者人わらニ火を点、差出忽消と云。浅野隼人殿坊主うたれしに火胸ニ付たるゆへ手桶の水をそゝぎ不消、漸にして滅と云。深川富山町ニては蚊帳へ落たれとも二人並居て無事。蚊帳雷ヲ防と云、実也。雷火ニ打れたる人唐もろこしを食し且つ□ハ能愈（癒）と云。	
17	寛政 7. 7. 23	暁大雷五ケ所落と云。	
18	寛政 8. 1. 24	俄雨、四日市辺龍昇ル。	
19	寛政 8. 1. 29	当月天気不正、処々雹下リ、去廿四日豊島郡の内雷震。	
20	寛政 8. 4. 29	夕雷雨。今日上方迄大雷雨ニて大雹下ト云。	
21	寛政 9. 4. 6	晴且雨夜雷。川越大少如枇杷雹下云。重サ八十銭計、或云二三百目、破家八十、五人蒙疵或死者多。	○
22	寛政 9. 7. 1	夕雷鳴。	
23	寛政 9. 7. 2	又雷鳴、今日迄暑甚。金川へ雷多落しと云。	○
24	寛政 9. 7. 6	雨雷、山手辺甚。一橋□□並糀町□□辺雷震。	
25	寛政 9. 6. 13	晴雷雨。諸国共雷雨。	○
26	寛政 9. 閏7. 20	昨十九日鎌谷原より先夜おろしの間、大雷大雹龍昇、人為雹ニ打死サレ、家滅レ黒雲地を巻、雷火地を廻り実今古未曾有ト云。未より酉ノ刻ニ至ト也。	○
27	寛政10. 9. 24	晴大雷雨、且地震。	
28	寛政11. 4. 27	夕雷雨、浦和雷震菓子屋下人両人即死、一人風ニ巻上られ手足異所下ト云。	○
29	寛政11. 4. 29	夜大雷雨、行徳辺雹下ト云。目黒辺同ト云。	○
30	寛政11. 7. 6	夜雷雨雹下風甚。小日向金剛寺上へ雷震と云。	
31	寛政11. 7. 7	昨夜之雹川越辺大サ如柚子云。	○
32	寛政12. 8. 19	京都先頃大雷、紫宸殿落ルト云。十七日之事なるよし、天上の間とか云。	○

表3（続き）

33	享和 1. 4. 10	風雨雷雹下。	
34	享和 1. 4. 20	夕大雷雨。根津雷落一人死。	
35	享和 1. 5. 4	夜大雷雨雹下り、本丁三丁目並馬場辺震と云。其外もありとなり。凡十五六ケ所云。	
36	享和 1. 5. 30	夕雷雨。十五日京大雷、四月水戸同云。	○B
37	享和 1. 12. 11	去四日夜、大坂天王寺塔三重目雷震、火出寺九分通焼失云。	○A
38	享和 2. 6. 29	去十日、南都大塔雷火ニて焼ト云。がんがふ寺なりと云。	○B
39	享和 2. 7. 13	夕雷雨夜中大雨。今日之雷浅草寺町へ震ト云。	
40	享和 3. 6. 29	当月大阪、草津辺十日昼夜雷鳴、奥も秋田飛脚為雷雨四日滞留ト云。常陸辺出水沙汰ス。	○C
41	享和 3. 7. 14	今日雷雨甚強く近年不是程也、処々震未知所。	
42	享和 3. 7.	（欄外記事）雷震凡三十ケ所、讃岐ニて馬一ツ人二人、□橋とて両人、本庄養仙寺ニて一人今死、□中ニて震所四十ケ所ニ余ト云。	○
43	文化 1. 4. 7	夕雷雨、有観蔵甫仙参。	
44	文化 1. 4. 21	大雷雨、少□桜田病用之途中より帰宅。（漢詩）「余性懼雷因賦」（十里風雷動　電光射眼来　願和天地意　早此得快哉）御玉池品川一番丁石丁一丁目雷震。	
45	文化 1. 6. 1	大雷雨、竜巻人家損。雷も所々へ震と云。	
46	文化 1. 6. 5	雷雨、今日も浅草新堀青龍寺、本庄一ツ目根頃喜内殿、亀戸天神表門前さかさひ向百姓屋へ震、百姓一人即死と云。	
47	文化 1. 6. 16	少遠雷。	
48	文化 1. 6. 17	雷鳴	
49	文化 1. 6. 19	十六日より今日迄雲□遠雷。	
50	文化 1. 6. 20	上州高崎、武州川越辺大雷云。	○
51	文化 1. 6. 30	当月廿四日仙台大雷々震、御城二丸焼と云。	○A

寛政七年の六月は、中旬以降、天候が不安定であったらしい。「日録」には雷雨、雷鳴の記事が続いている。そして、月末三十日には、「日録」の通常の記載方法と同じく、罫紙一行を二行に分けて書く細字で「曇且晴。両国・千駄木出」と記したあとに、罫紙の行なりにやや大ぶりの文字で雷に関する俗信の真否について書きとめて、「日録」の記載としてはやや目に付く箇所となっている。「雷火」に「常火」を加えれば消えるといわれているのは本当であったという。去る二十八日、駒込富士前の植木屋杉本に落雷があり、火を消そうとしても消えなかったが、知恵者が藁に火をつけ差し出すとたちまち消えた。また、浅野隼人配下の坊主が雷に打たれ胸に火がつき、手桶の水を注いでもすぐには消えず、ややあってかろうじて消えたというのである。さらに、深川富山町では蚊帳の中の二人が落雷にも無事であったと記し、蚊帳が雷を防ぐ

というのは「実也」と述べている。また、一部判読できない箇所もあるが、雷火に打たれた人がとうもろこしを食べるなどすればよく治癒するといわれているとも記している。雷の発生、落雷のメカズムなど知り得ない時代の人々の俗信のあれこれであるけれども、これらが若干の論評を加えてとくに記録されたのはあるいは玄白の医者としての関心に起因するところがあったのかもしれない。寛政元年六月二十三日の「日録」に、日光東照宮の御材木小屋への落雷被害について、判読できない箇所があって具体的な状況は分からないが、「常の雷と替」としてとくに記録しているのも、雷に対する強い関心が玄白にあったことを示すものであろう。

文化元年四月二十一日の「日録」をみると「大雷雨、少□桜田病用之途中より帰宅」とあって次の漢詩が書きとめられている。

余性懼雷因賦　　余性雷を懼る、因りて賦す
十里風雷動　　十里に風雷動き
電光射眼来　　電光眼を射て来たれり
願和天地気　　願わくば天地の気に和して
早此得快哉　　早くこれ快(いゆ)るを得ん哉

桜田方面に患者を訪ねた折に激しい雷雨に遭い、急ぎ帰宅しての作であった。自分は生来雷を恐れているという。十里に雷鳴がとどろき、稲妻が眼を刺す。落ち着いていられない。早く収まってほしいと願うのみだと詠んでいる。「日録」の寛政三年十一月八日の記事に、「晴。夜雷雨、［　］方病論会断申遣」とある。雷雨のために定例の病論会の欠席を伝えさせたという。雷雨が激しく外出もままならぬほどのものであったのかどうかは分からない。また、病論会の会場についても原本の当該箇所が読み取れず不明であるが、元来自分は雷が恐ろしいのだと詠んだ心情が背後にあったとすれば興味深いところである。

表4は、「日録」に記録された大雨・洪水関係の記事全四十三件についての一覧である。備考欄の○印は江戸市中と近郊を除いた全国各地の情報で、全体の四分の三ほどを占めている。七、八、九月の記事件数がきわめて多く、台風シーズンにはほぼ毎年のように国内各地に洪水被害が生じていたことが分かる。江戸市中に関する記録が相対的に少ないが、出水、洪水の問題が大きくなかったというわけではないのは後述の通りである。また、同じく備考欄の「直」はそれぞれの記事の記載された日が玄白の藩邸への当直日であったこと、そして、「篠崎講釈」「私宅俳会」「未白亭源氏講」とあるのは、それぞれ篠崎三伯（朴庵）、杉田玄白、山本未白方で講釈の会、俳句会、源氏の会、俳句会が開かれていることを示す。「栗山へ参」とあるのは玄白が柴野栗山を訪問していることを示す。いずれも確証はないが、それぞれの機会に交換された話題の一つにこうした各地の洪水についての情報があったのではなかろうか。

これらの諸情報について、「日録」のそれぞれの記述は必ずしも詳しくはないが、越中、越後で餓死者が四千人ほどにおよんでいること（寛政元年閏六月二十七日）、若狭表の風雨出水による収納被害が二万四千百五十六石に達していること（寛政二年十一月三十日）、鹿島浦に乗り出した漁船が悪風により転覆し二百七、八十人が死亡したことなど数値を示してのかなり具体的な記録がなされていることが目につくところである。

江戸市中の出水、洪水については、「日録」の天明八年八月三日に、「今日大雨、下谷辺水溢レタリ」とある。次いで寛政二年八月、および翌年八月から九月にかけて深川、洲崎を中心に甚大な被害が生じたことが記録されている。

寛政二年八月二十日の「日録」には、「大風雨、洪水床ニ上ル。今日深川洲崎辺津波、舛屋何某持家も潰れ、仙台殿辻番□失たり。去午年洪水よりハ海辺ハ水高五六寸も多と云ふ」とある。同月二十九日には、この暴風雨がとくに駿河、遠江、三河の三国、そして若狭各地にも甚大な被害をもたらしものであったことが知られ記録されてい

表４　「日録」にみる大雨・洪水記事

	年月日	記　事	備考
1	天明 7. 2. 21	去十五日白川大風家数破損セリト云。	○ 篠崎講釈
2	天明 8. 7. 11	今日江州舟木辺大波立り、人家床上二三尺及□□□□由。	○　直
3	天明 8. 7. 27	若州洲崎洪水無風して人家［　　　　　　］。	○
4	天明 8. 8. 3	今日大雨下谷辺水溢レタリ。	
5	天明 8. 8. 4	奥州筋洪水仙台領甚云。	○
6	寛政 1. 6. 30	海道筋□□□堤防四ケ所洪水して十七ケ村ニ浸と云。美濃加納辺甚と也。	○
7	寛政 1. 閏6. 27	近来諸国大水。越中・越後、中にも八丁不残人家漂流、只十八丁残り、御本城危く人馬死生未分、餓死四千斗也。米は水にひたり、可求米はなく人民可救よふ無之よし御訴と云。筑後国久留米常水に二丈八尺、丹破（波）藪山は屋根上三尺と云。若狭も卯年已後大水也。	○　直
8	寛政 2. 1. 22	今日大風により処々破船すと云。	○
9	寛政 2. 8. 20	大風雨、洪水床ニ上ル。今日深川、洲崎辺津波、舛屋何某持家も潰れ、仙台殿辻番□失たり。去午年洪水よりハ海辺ハ水高事五六寸も多と云。	
10	寛政 2. 8. 29	去ル廿日之大風雨上方ハ不知、大津より此方別て駿遠三国甚洪水強、海災至人家大ニ破と云ふ。若州去ル十九日大風雨洪水、土橋、板倉、西津口、中橋、高塚橋落と云。	○
11	寛政 2. 11. 30	当八月若州表風雨出水、此節御収納ニ至高二万四千百五拾六石余御損毛由。	○
12	寛政 3. 8. 6	大風雨、海潮来洲崎辺人家没、行徳、船橋辺□	
13	寛政 3. 8. 20	夜大嵐大雨	
14	寛政 3. 8. 30	去十五日［　　　］震当日□雨降、同三十日海笑（瀟）にて□治橋為本船被破総浜［　　　］水□六尺上中ノ芝潰、同日界（堺）西宮辺同様未委事不［　　　］、京大風雨家々潰、伊勢四日市同しく海笑（瀟）云。今年西国北国辺大水、海道筋大風損。	○　夜栗山へ参
15	寛政 3. 9. 4	大風雨、又海笑（瀟）大至高四五尺、永代橋為本船被破落。	
16	寛政 3. 9. 8	去ル六日より本庄葛西筋水今以不引と云。	
17	寛政 3. 9. 23	洲崎荒跡見物。	
18	寛政 4. 8. 7	六月二十六日松前海笑（瀟）大至船百艘余大破ト云。	○
19	寛政 4. 8. 8	先月中摂州勢州尾三遠信甲大洪水［　　　］五尺□□橋□尺程水ニ没ト云。	○　直
20	寛政 4. 8. 9	四国洪水［　　　］殊に甚先月十六より□迄と。	○　直
21	寛政 7. 7. 29	中国辺多出水就中因作備等最甚云。因州ハ人馬多死。	○
22	寛政 7. 9. 10	道中川支廿六日、今日頃逐々上方便アリ。	○
23	寛政 7. 9. 30	中国辺大水沙汰増量、讃州へ多雑物流集云。	○
24	寛政 8. 3. 25	今日奥州ハ風大木を抜□地を払或吹折と云。	○
25	寛政 8. 3. 29	当月並去月海上悪船多損海魚少。	○
26	寛政 9. 閏7. 12	大風雨、所々人家を破る。	
27	寛政10. 4. 29	当月東海、東山所々洪水云。	○
28	寛政10. 5. 30	当月六日美濃郡上山抜山水出、岐阜辺尾州勢州長島あたり大水人家流々死二万斗ト云。	○
29	寛政10. 6. 29	当月五日越後、奥陸、南部、津軽辺大水と云。	○

表4（続き）

30	寛政11. 2. 30	当月鹿島浦ニて大魚洋中ニ見へ猟船多乗出シ一日ニ二百七八十人悪風起て船覆リ不残忘（亡）スト云。当月北国辺奥羽信越大雪云。	○　私宅俳会
31	寛政11. 8. 19	夕大雨風。今日之風雨上方、信州辺甚強、所ニより建候土蔵迄も吹倒大木も倒と云。	○
32	寛政11. 10. 29	八月十九日の大風雨ニより勢州辺帰り花咲、八重桜、梨の花盛り始め□梨ハ子を結ひ、筍出□□出と云。	○　未白亭源氏講
33	寛政12. 8. 13	大雨。上総下総大水大荒。	○
34	享和 1. 7. 30	去月廿一日南部洪水ニて人家漂流大凡五万人程溺死云。	○
35	享和 2. 6. 28	終日大雨、在宿。	
36	享和 2. 7. 2	下総辺出水権現堂堤崩と云。新大橋、永代橋落。	
37	享和 2. 7. 3	出水ニ付、大川橋落、本庄（所）辺少出水。	
38	享和 2. 7. 5	今朝亀戸辺出水云。昼後芦川合大川上より別ニ堤破ト云。	
39	享和 2. 7. 14	此頃洪水ニ付、葛西新宿辺水牛出云。	
40	享和 2. 7. 30	先月廿五六日より大雨、諸国洪水、就中、江州より畿内諸所大水、江州勢州摂津河内等ハ所ニより五六丈も出ツ（中略）関東筋奥州道等皆出水、其外西国方築（筑）後クルメ辺殊ニ大水皆々人民牛馬死ト云（以下略）	○
41	享和 2. 8. 30	当月二百十日、二十日上方筋大風雨、京都ハ家倒所も在云。	○
42	享和 3. 6. 29	当月大坂、草津辺十日昼夜雷鳴、奥も秋田飛脚為雷雨四日滞留ト云。常陸辺出水沙汰ス。	○
43	享和 3. 8. 15	終日大風雨、在宿。海上破船多。駿遠両国洪波破損人家数百云。	○

る。また、翌年の八月六日には、「大風雨、海潮来洲崎辺人家没。行徳、船橋辺□」とあり、深川洲崎に再び大きな被害の生じたことが記されている。

深川洲崎（現江東区）は、深川の江戸湾に面した小名木川以南の地域で、元禄十一年六月に深津八郎右衛門を御普請奉行として築立てが始まり、一三年九月に完成した所である。深津は同年の洲崎弁財天（現洲崎神社）の建立にも関与した。洲崎弁財天の本尊は将軍綱吉の生母桂昌院の守り本尊であった。江戸名所図会には、

　この地は海岸にして佳景なり。殊更(ことさら)弥生の潮尽(しおひ)には、都下の貴賤袖を連ねて、真砂の文蛤(はまぐり)を捜り、又は楼船を浮べて、妓婦の絃歌に興を催すもありて、尤も春色を添ふるの一奇観たり。又冬月千鳥に名を得たり。

（『新版江戸名所図会』下、四五六ページ）

とある。「潮干狩り」と「初日の出」の名所でもあった。広重の「名所江戸百景」には「深川洲崎十万坪」と題して、遠景に筑波山を配し鷲が翼を大き

く拡げて空から獲物を狙うかのように眼下に洲崎から木場、そしてその先の十万坪を見下ろす奇抜な構図の作品がある。十万坪は、元禄十一年に築立てられ、さらに享保八年から三年かけて江戸の町人近江屋庄兵衛と井籠屋万蔵によって新田開発が進められたところである（『武江年表』、『御府内備考』巻之百十一）。

寛政三年八月六日の暴風雨については、三井大坂両替店の『聞書』にも、「寛政三年亥八月六日江戸大風雨ニ付、同所より登り候書付写」として、江戸店からのかなり詳細な報告が記録されている（前掲、『大坂両替店「聞書」1』）。その冒頭には、

八月五日弐百十日至極長閑ニ而、其上久々雨降不申、何方も雨を乞候所、程克雨降、朝より珍敷雨天ニ而一統相歓申候、然ル処六日未刻過より大嵐相成、暮六ツ時より東風大風雨ニ而、夜ニ入段々強相成、所々損候所在之、品川鍵屋久右衛門方家作土蔵浪打上、家土蔵流候程之津波打上候由、其外河岸通家並不残同様ニ御座候趣承り候

とある。八月五日の二百十日もことのほか穏やかであったが、長らく雨もなく誰もが一雨を望んでいたところに朝方から雨模様で喜んでいた。しかるに翌六日の未の刻（午後二～三時）過ぎには大嵐となって、夜に入ると次第に風雨が強まり、品川の鍵屋久右衛門方では津波により家土蔵が流され、そのほか河岸通りの家並みも同様に残らず流されたというのである。そして、翌七日の見聞として、深川佐賀町では土蔵、売場、借家の床上に七、八寸（二一～二四センチ）も浸水しており、津波による急なことで畳を上げる暇もなく、土蔵は壁、瓦、外壁の横板も損傷していること、北川丁、舟堀町、材木町も同様で床上二尺（六〇センチ）、中町辺では三尺余（九〇センチ）も浸水し、木場、洲崎辺では家屋が流され死者も多く、洲崎弁天辺りの流失を免れた家はねじれており、死者の数も不明だと記されている。また、永代橋向かいの御船蔵水門に八百石積船一艘が吹き付けられて御蔵の出入りが出来なくなり、八日四ツ時（午前九～一一時）から大勢の人足が「シャチ」（車地、大きな轆轤）で移動を試み、七ツ時頃（午

後三〜五時）までに少しばかり動かしたこと、また同所近くの熊井町・相川町間の河岸近くの火の見櫓のところにも千二百石積み筑前船が押し寄せ、これまた同様に大勢の人足が取り組んだこと、この津波の水は六日の夜中には引いたが、打ち続く大雨で川水が諸国より押し来たり、七日から八日の四つ時まで追々増水して本所割り下水辺、石原辺、本所法報恩寺前では腰のあたりまで浸水していること、両国橋では橋の上に石や水入りの樽を並べ、役人衆が詰めており、橋杭が三本損傷して往来が差し止められていること、永代橋も往来はできるが水の状況により時々さし止められていること、また、津波により行徳辺の家屋が流失し怪我人も多いようであること、千住辺も出水により往来が止まっていることなどが書き上げられている。さらに、九日の見聞として、橋場、真崎、三谷、千住方面の出水の様子と、深川、洲崎の状況をあらためて記し、また、同じく九日に川崎より見舞いに来た者の書付けとして、高輪、品川、大森、鎌田、川崎地域の状況がつぶさに報告され、江戸とその周辺部に甚大な被害が生じていることが記録されている。また、大坂の三井両替店には、飛脚問屋の京屋弥兵衛や島屋からの報告として、箱根越えや酒匂川の通行が困難になっていること、仙台飛脚を差し立てたところ千住より先の往来の出水が三四尺（九〇〜一二〇センチ）程になっており馬荷物の通行ができず立ち戻ったこと、木曾路筋は秩父山中より水が押し出され荒川土手の熊谷堤が決壊し、忍領六万石が洪水となっていること、利根川が氾濫して大洪水となっていることなど、この時の暴風雨による被害が広範に及んでいることも伝えられている（前掲、『大坂両替店「聞書」1』）。

「日録」の寛政三年八月末日には、判読できない箇所が多いが、「大風雨、海笑（海嘯、津波）」などで界（堺）、西宮、京、四日市などに大きな被害が出たとあり、また、「今年西国、北国辺大水、海道筋大風損」と書きとめられている。九月に入って、三日は玄白の藩邸での当直の日であったが、「夜風甚」とある。そして翌四日には、「大風雨又海嘯［　　］大至高四五尺、永代橋為本船被破落」とある。前月に引き続いて再び暴風雨が江戸を襲ったのである。玄白の記述はきわめて簡潔で、後に記すように三井両替店の「聞書」の伝える小浜藩邸の状況には触れていないが、一方で次のような漢詩一首が記されている。「鶚斎遺稿」にも「九月三日［ママ］海笑大至因賦」（九月三日、海笑大いに至る。因て賦す）と題して収録されており、これにより「日録」の判読出来ない部分を補った。

何事東方海若驕　　何事ぞ東方海若(かいじゃく)は驕れり
長風吹動大洋潮　　長風吹いて大洋の潮を動かす
即今天地望難弁　　即今天地望むも弁じ難く
更上層楼一渺漂　　更に層楼を上るも一に渺漂たり

何事であろうか、東方の海若（海神）は驕り昂ぶっている。大海原を吹いてきた風が大津波を引き起こしたのである。今天地を見渡せばその境を分かちがたい。さらに層楼を上ればまさに果てしない広がりが眼前にあると詠んでいる。

三井大坂両替店にはこの時も江戸店からの詳細な報告が届けられている（前掲、『大坂両替店「聞書」1』）。

寛政三年亥九月四日江戸大風雨聞書

一爰元此五六日以前より雨天勝ニ而困入候処、昨三日七ツ時頃より夜中江懸大雨降、今暁方より大雨風ニ相成、勿論小雨も相交り、四半頃迄は不怪恐敷気色ニ御座候処、九ツ時前より俄ニ大西風ニ相成快晴罷成申候、前文下地より之地水之上へ、昨昼夜之大雨大嵐ニ而、先月六日之場所々江水押上、品川辺・鉄砲洲・深川・洲崎・本所辺迚も同様之儀ニ而、怪我人等も有之趣ニ御座候、先月六日之水より余程高ク在之由、佐賀町土蔵抔米三四俵通りも水附申候、永代橋凡弐三拾間程も大船吹付橋落し、先月之水ニ而深川相川町河岸へ吹上候筑前大船も、此度之水ニ而自然と水中へ出申候、右大嵐故哉、今日は米相庭俄ニ引上、上物ニ而五斗七八升位いたし申候、其外何ニよらす少々ツヽ引上申候、右ニ付町々名主衆申合ニ而、先頃已来不天気旁米引上候付、此節より粥給候様との申合ニ御座候数日の雨模様であったという下地の上に、三日の七ツ時頃（午後三～五時）から夜中にかけて大雨が降り、さらに四日の明け方から大風雨となって、四ツ半頃（午前十時前後）には尋常ではない事態になった。江戸湾にそった品川、鉄砲洲、深川、洲崎、本所辺など、八月六日の大水に浸かった地域に再び水が押し寄せたのである。大船が吹き付けられて永代橋が落ち、先月の出水で相川町河岸に吹き上げられた筑前船が今回の出水で自然と水中に押し出されたという。このほかにも江戸市中諸所の被害状況が個別に二十件ほど列挙されているが、そのうちの幾つかを適記すれば、

一浜町酒井修理太夫様御屋敷江水押上ケ、床迄壱尺程も上り申候、御殿向は御別状無御座候
一品川・高縄辺又々高浪入申候、品川鍵屋方先月残候座敷向流レ申候由、其外右近辺所々流失所有之
一同所江戸入口大木戸ト申、余程高ク大キク土手石垣ニして盛立有之候を、海手之方一側押倒シ流シ申候、高縄海道石垣不残打崩シ、所ニ寄道中半迄崩レ候処も有之、鈴ケ森辺迚同様之儀之由、扨々不怪御事御座候、
　此段為御知申入候

などとある。小浜藩の浜町下屋敷もかなり浸水したようである。高縄（高輪）大木戸辺は江戸への入り口として、海道の両側に土手石垣が築かれ高札場などもあったが、江戸湾沿いの石垣が崩壊、流失したとも報告されている。

津波によるとくに深川洲崎の惨状に対処して、幕府は寛政六年十二月にこの地域一帯を買い上げて永く原野とし居住を禁じた。同七年五月には、吉祥寺門前と入船町の西側に、

此処寛政三年波あれの時、家流れ人死するもの少からす、此後高なみの変はかりかたく、流死の難なしといふへからず、是によりて西は入船町を限り、東は吉祥寺門前に至るまて、凡長弐百八拾五間余の処、家居取払ひ、永く明地になしをかるゝもの也

寛政六甲寅十二月　日

という一文を刻んだ高さ六尺、幅一尺四方の石碑が建てられた（『御府内備考』巻之百十一）。これらの碑は損傷が激しく原形が失われているがそれぞれ今に伝えられている。

「日録」によれば、九月五日からは雨は上がり、玄白はさっそく浅草、本町（五日）、本所、小川町、駿河台（六日）、本町、日本橋（七日）とあちこちの往診に出向いている。八日には、「小杉振替直。今日迄雖晴不十分、去ル六日より本庄（本所）、葛西筋水今以て不引と云」とあって、この日は小杉玄適に替わり藩邸の当直を勤めているが、本所、葛西筋の洪水がまだ引いていないことを書きとめている。また、二十三日には「洲崎荒跡見物」との記事がある。玄白がそこに何をみたのか、「日録」には具体的にふれるところはない。

江戸市中と近郊の出水、洪水については、このほかに享和二年六月、七月の「日録」に数件の記録がある。六月二十八日、「終日大雨、在宿」とあり、さらに七月に入って、大川（隅田川）の新大橋、永代橋が落ちたこと、また本庄（本所）辺、あるいは亀戸辺に出水のあったこと、さらに中旬には葛西新宿辺にも被害が広がったことが記録されている。そして、七月三十日には、「同〔晴〕。夜雨、在宿」とあって、月末の記事として六月末の大雨が江戸ばかりではなく、畿内では所により五、六〔ママ〕丈の出水があったことなどを始めとして全国的に大きな被害をもたらしたものであったことなどが記されている。

この時の江戸の状況については、三井大坂両替店への飛脚江戸屋平右衛門の次のような報告が残されている（前掲、『大坂両替店「聞書」1』）。

江戸表高水

一六月廿五日大雷雨大風雨ニ而、廿六日より廿九日迄ふり続大高水、両国橋残り、其外永代橋・新大橋・東橋右三ヶ所落申し候、朔日より天気ニ相成候得共、上州上野〔ママ〕下野・上総・下総・常陸・相模共出水ニ而、一向通路無御座候、江戸本町五日頃迄段々水増、床之上五六尺斗も水突、葛西弐合半辺・相生辺も家流申し候、

千住辺通路無御座候、追々水増候趣申来り、此段御知らせ申上候、以上
戌七月十一日　　　　　　　　　　　　　　　　　江戸屋　平右衛門

六月二十五日から二十九日まで降り続いた大雨で、朔日には晴れたけれども本町では五日頃まで増水が続き、床上五、六尺も浸水したこと、関東一円の洪水で交通に支障を来していること、千住辺ではなお増水していることなどが伝えられている。「日録」によれば、この間、玄白が外出をしなかったのは六月二十八日のみで、二十九日は前日同様に「風雨」であったが、蔵前、丸の内の病用外出をしており、七月に入っても、

一日、近辺少病用。夕道恕話。
二日、下谷病用。夕越前様蓮見御供。
三日、近所、蔵前病用。
四日、夕近所病用。月池（築地）へ出。
五日、蔵前、丸内病用。昼帰。
六日、神田御殿久之介様診罷出。
七日、永井君へ道具会。

とあって、連日の外出が記録されている。本町の床上浸水が五、六尺というが地域的に出水もかなり限定的なことであったのかも知れない。

（3）火災関係記事

表5は、「日録」にみる全一五九件に及ぶ火災関係記事の一覧である。同一の火災について日を変えて記載されている場合もそれぞれ一件と数えている。備考欄の＊印は江戸以外の国内各地の情報である。また、「記事件数」

は各年の記事件数を示し、（ ）内はそのうちの江戸の火災情報の件数である。参考資料として、［ ］内に、吉原健一郎「江戸災害年表」（『江戸町人の研究』第五巻）に集成された火災記事件数を示した。「日録」に記載された火災情報の件数の多寡は年によりかなり変動があるが、これは毎年の火災発生件数の多寡をある程度反映しているとみてよいかと思われる。そして、それは玄白の耳目にふれた情報を細大もらさず記録している結果であるようにみえる。「遠火あり」といった記事が天明二年二月四日のそれをはじめとして合わせて四件ほどあるのも、火災の記録への玄白の強い執着を示しているのではなかろうか。

江戸を除く国内各地の火災情報は二十一件記録されている。京都、大坂が各七件、若州小浜が二件で、岩城（磐城か）、奈良、諏訪、甲府、烏山・高崎・関宿が各一件である。

このうち、京都については、天明八年正月の大火に関して四件の記事があって他に比べかなり詳しい記録となっている。この火災は市街の過半を灰燼に帰して応仁以来といわれる大惨事となったもので、正月三十日未明、鴨川東の宮川町より出火して火勢は終日拡大し翌二月一日も収まらず、二日の明け方頃にようやく鎮火した。焼失した町数は一四二四町、焼失家数三万六七九七軒、焼失した寺院は二〇一、神社は三十七に上ったという。二条城、禁裏、仙洞御所、東西町奉行所、所司代屋敷を焼き、聖護院が仮御所となり、仙洞御所は青蓮院、女院御所は修学院竹内宮御殿に定められた（『京都の歴史』6、学芸書林、昭和四十八年）。こうした情報は種々のルートにより江戸に集まったと思われる。

「日録」の二月七日の記事は次の通りである。

> 同［曇］。今月三日禁裏炎上ニ付鳴物停止。○京都今度大火の事□去月卅日寅刻宮川丁どんぐり辻子より出火、大風ニて松原通まて焼、夫より寺町高辻へ飛火、仏光寺門跡迄焼、西ハ千本南ハ伏見丁橋まて焼、壬生より段々北野之方へ焼通り、火口数多ニ成、西ハ牢屋敷、東西町奉行屋敷、小堀殿屋敷焼落、御城ハ御小屋一つ御櫓二つ

表５　「日録」にみる火災関係記事

	年月日	記事	備考	記事件数
1	天明 7. 1. 1	早朝西久保火。		
2	天明 7. 1. 3	昨日賊以火薬白銀籐茶屋へ放火 [　　　]。		
3	天明 7. 1. 10	□ツ時火。		
4	天明 7. 1. 17	昼より大南風。青山六道辻より火出権太原鮫橋辺にて止。		
5	天明 7. 1. 26	白銀台丁火。		
6	天明 7. 1. 29	夜四半時三十三間堂辺火事。		
7	天明 7. 2. 4	夜遠火あり。		
8	天明 7. 2. 12	午後赤坂火事。		
9	天明 7. 2. 15	赤山今井□火事。		
10	天明 7. 2. 17	夜石原火事		
11	天明 7. 2. 21	此頃岩城火事二百家余焼と云。	*	
12	天明 7. 2. 29	今晩新材□丁半丁程焼。		
13	天明 7. 7. 26	浪花丁川岸ニ付火あり。		
14	天明 7. 7. 28	溜池山口殿火。		
15	天明 7. 9. 17	巣鴨火。		
16	天明 7. 10. 6	昨夜浅草火。		
17	天明 7. 10. 9	三谷火。		
18	天明 7. 11. 9	今朝吉原より出火、三谷、本庄（本所）類焼。		
19	天明 7. 11. 24	夜赤城筋火。		
20	天明 7. 11. 25	松戸辺火。		
21	天明 7. 12. 7	夜深川筋遠火。		
22	天明 7. 12. 9	菊坂火、夜風。		
23	天明 7. 12. 12	本江（郷）菊坂火。		
24	天明 7. 12. 22	早朝谷中火。		24（25）[9]
25	天明 8. 1. 13	夜小川丁土屋様屋敷出火。		
26	天明 8. 2. 4	去月廿九日夜寅中刻、宮川丁どんくり丁辻子より出火、高辻□□□飛火し東南風はけしく南ハ松原通り東西本願寺類焼、千本通り二条御城西ハ御□向も御炎上之由。	*	

27	天明 8. 2. 7	今月三日禁裏炎上ニ付、鳴物停止。京都今度大火の事（　略　）凡洛中東西ハ一面ニ焼失南北ニて少斗人家残となり。	*	
28	天明 8. 3. 6	晴終日風荒れ。今夜九つ半過より八丁堀長崎屋出火。霊岸島際ニて火止。近火ゆへ大ニ騒ぐ。		
29	天明 8. 3. 8	遠火両度。		
30	天明 8. 3. 11	北風大吹、小梅火。		
31	天明 8. 3. 14	夜鳥越、巣鴨火。		
32	天明 8. 3. 21	終日大南風。夜愛宕下相良侯藩火。		
33	天明 8. 3. 26	夜□□火。		
34	天明 8. 4. 2	先達て京都大火之節四条の乞食大坂何某とやら□□落せる金子を拾ひ落主を尋出し相渡す。（以下略）	*	
35	天明 8. 4. 14	（漢詩一首）正月晦京師大火因賦成斎先生（以下略）	*	
36	天明 8. 8. 8	今暁、湯島天神男坂下火。		
37	天明 8. 8. 26	夜本□火。		
38	天明 8. 12. 19	本庄、林丁火。		14 (10)[5]
39	寛政 1. 1. 10	夜小田原丁火。		
40	寛政 1. 1. 11	麻布日ケ久保火。		
41	寛政 1. 1. 20	王子火。		
42	寛政 1. 2. 8	今日、京［　　　］出火、夜八ツ時過より翌巳時迄焼と云。	*	
43	寛政 1. 2. 18	今朝聞くは、昨夜鳴たるは深川辺大風と云。小梅辺火事。		
44	寛政 1. 2. 19	讃州侯本藩火。		
45	寛政 1. 2. 27	遠火あり。		
46	寛政 1. 3. 21	萱場丁、坂本下火。		
47	寛政 1. 6. 14	此夜四谷天王横丁火事あり。		
48	寛政 1. 6. 17	暁、馬喰町弐丁目より出火。		
49	寛政 1. 6. 30	今朝、伝通院前より出火、向鳶坂にて留。		
50	寛政 1. 閏6. 5	若州先頃の火事の節、吉田専右衛門不参、田中岩五郎場所間違出候に付、逼塞閉遠慮被仰付。	*	
51	寛政 1. 9. 27	四谷火事あり。		
52	寛政 1. 10. 2	夜、近火ありと云。		
53	寛政 1. 11. 11	浅草、萱丁、本庄火。		

54	寛政 1. 11. 17	芝源助丁火。		
55	寛政 1. 12. 25	夜、近火ありと云。阿部川丁火。		
56	寛政 1. 12. 30	去る廿ニ日朝卯刻大坂南本丁堺筋出火。川東へ飛火。同本丁南側松屋□、夫より□側に来、谷丁筋大手迄、東は玉造□迄焼抜。又暮時より久宝寺丁箒屋丁□より出火、火口三つ一つ（に）成、西北風にて東南へ焼抜、同夜戌刻まで慎り不申と也。	*	18（15）[13]
57	寛政 2. 1. 22	本庄、中□□□小路出火。火勢□□砂村迄焼□□□里半程と云。		
58	寛政 2. 1. 24	小名木沢阿□□□蕃丁火。		
59	寛政 2. 2. 1	本郷□物店火事。四谷内藤宿火。		
60	寛政 2. 10. 6	深川、十川丁火。		
61	寛政 2. 10. 9	萱場丁火事。		
62	寛政 2. 10. 11	此夜本庄三ツ目火事。		4　[6]
63	寛政 3. 10. 28	去ル九日より十一日迄大坂大火。伏見□野□原丁松屋清七より出火、町数八十七丁焼。	*	
64	寛政 3. 11. 2	夜吉原火事。		
65	寛政 3. 12. 20	夜永代橋近□火。		
66	寛政 3. 12. 21	夜大坂丁。		
67	寛政 3. 12. 30	北風吹順上野広小路火事、下谷ニて止。処々火事沙汰。		5（4）[2]
68	寛政 4. 2. 24	去月廿九日小浜上竹原火災、家数百七十七□類焼。浜名□持場ニ不出、火防ニ懸に付、逼塞被仰付。	*	
69	寛政 4. 2. 26	夜処々火。		
70	寛政 4. 閏2. 8	今朝筋違橋外火事、三人焼死。		
71	寛政 4. 6. 20	先達て大坂火事、町八十九□家数[　　　]竈数一万五百四十間、土蔵百八十三、穴倉六十二、□□百九十二、橋九ツ、蔵屋敷十三、神社三ツ、寺二十九、道場九、銅座一ツ、俵物一ツ、東西組ニて与力十二、同心四十五、死人男一人女二人と云。	*	
72	寛政 4. 7. 21	かふかい□□田五郎兵衛と申大番御旗本今朝大坂御番出立、其宅より出火麻布筋□坂通麹町番丁飯田丁小川迄類焼、三崎稲荷木□橋内ニて焼止。		
73	寛政 4. 7. 29	去廿一日火元小□人組神谷惣二郎[　　　]火事後親類立ち退候所、下女十四歳狐狸ノ故[　　　]ニ後一二ケ所[　　　]届牢ニ入と云。		
74	寛政 4. 9. 4	今度類焼之大小名屋敷替被仰出。		
75	寛政 4. 11. 5	夜瀧□本多公火。		
76	寛政 4. 11. 8	夜深川万年丁火。		9（7）[3]

77	寛政 7. 9. 30	夜小梅火。		
78	寛政 7. 10. 1	本庄□ッ目火。		
79	寛政 7. 10. 4	夜転奏屋敷火。		
80	寛政 7. 11. 6	夜阿部川丁火。		
81	寛政 7. 11. 7	夜緑丁火。		
82	寛政 7. 12. 24	今暁尾張町辺火。		6 [6]
83	寛政 8. 1. 20	明神下火。		
84	寛政 8. 3. 10	黒田公火。		
85	寛政 8. 3. 13	深川災。		
86	寛政 8. 12. 12	明方高橋火事、玄沢類焼。		
87	寛政 8. 12. 16	夜萱場丁火事		5 [3]
88	寛政 9. 1. 8	夜お玉池火事		
89	寛政 9. 2. 19	月池細川公より火出近所類焼。		
90	寛政 9. 3. 17	旧冬十六日夜萱場丁火事之節松（平）越中殿人数取□場へ町火消上候故、足軽五人迄取て投□意趣を含ミ大勢てうちやくにかゝり候故、不得止□を抜八人[ ]負し候故、格別大勢□□巻候間、其場□逃去り鉄砲洲土岐市兵衛殿と申[ ]へかけ込かくまひ給り候様ニと申候所、心易かくまひ[ ]厳敷手当有之火消しの追駈引取候後、越中[ ]引渡、此頃其礼使者なと参り其頭へ届候所[ ]土岐殿立身可有之と也。		
91	寛政 9.閏7. 29	大坂十一日、十二日地震、火ト云。	*	
92	寛政 9. 8. 28	朝尾張丁火、夜馬喰丁火。		
93	寛政 9. 10. 3	夜上野山内火。		
94	寛政 9. 11. 16	立花出雲守様御自火。		
95	寛政 9. 11. 19	夜牧野日向守様御自火。		
96	寛政 9. 11. 22	西北風強。佐久間町朝五ツ時頃出火、薬研堀へ飛火し、夫より新大橋向へ飛、木場ニて夜九ツ頃留。	玄白宅類焼。	
97	寛政 9. 11. 28	夜巣鴨原町出火、小石川柳町ニ飛火。		
98	寛政 9. 11. 29	北風強、朝山本町、夜下谷・千駄木火。		
99	寛政 9. 12. 4	北風所々火。		
100	寛政 9. 12. 6	夜猪堀火。		
101	寛政 9. 12. 18	本町辺出火。		14 (13) [6]

102	寛政10.　1.　29	当月烏山、高崎、関宿其外所々大火と云。	＊	
103	寛政10.　3.　17	牛込宿、四谷新宿災。		
104	寛政10.　6.　18	墨川及品川町火。		
105	寛政10.　7.　7	京都大仏殿雷ニて焼亡云。当月朔日戌刻焼出、二日朝巳刻未止云便アリ。	＊	
106	寛政10.　10.　25	所々小災。		
107	寛政10.　10.　26	所々小災。		
108	寛政10.　12.　15	本郷丸山片町火。		7（5）［6］
109	寛政11.　1.　8	堀田原火。		
110	寛政11.　1.　19	鳥越火。		
111	寛政11.　1.　25	本所花町森川吉十郎殿湯殿より出火。入江丁辺類焼。		
112	寛政11.　1.　27	月池本願寺池中より出火。		
113	寛政11.　1.　28	夜神田三河町出火、鎌倉河岸辺不残類焼。		
114	寛政11.　1.　29	夜八丁堀辺火事、稲荷あたり一面焼。此十日程日々処々出火。日之内七八度騒、人心不平、来往人少、芝居ヲ休ム程なり。当月、神田鳶者きやん太平（記）向鉢巻と云草双紙の事ニ付、人家を二三ケ打破る。又、去廿五日本庄出火の頃、お蔵火入候とて無何事土蔵へ三四十人盗賊来り破りて家財を盗去と也。此賊見候処、小川町十人火消中間□同心ニて被召捕。		
115	寛政11.　2.　2	未処火災沙汰不休。		
116	寛政11.　3.　10	麻布仙台坂□より出火、雑式通り十番一兵衛町迄焼失。今日大風途中より帰る		
117	寛政11.　4.　14	夜駒込□□火。		
118	寛政11.　6.　12	佐渡国奉行着、翌日組頭ヨリ火出旧親等尽焼云。		
119	寛政11.　12.　15	大坂町朝火。		11　［3］
120	寛政12.　1.　26	夜谷中火、火災除廻文。		
121	寛政12.　2.　19	浅草寺内火。夜牛込□□下火。		
122	寛政12.　2.　23	夜大恩寺前出火、吉原焼失。		
123	寛政12.　3.　1	四谷竹越家焼失。		
124	寛政12.　4.　25	京都愛宕山不残炎上スト云。	＊	
125	寛政12.　11.　16	町方夜番火の廻り等も無懈怠故ニ哉、当冬は火事沙汰も稀ニて静成様子一段之事候。全未□迄行届念入候故之義と相聞え一同誉遣し、猶無油断様可致旨可被申含［　　　］の通、町奉行へ相達候付て、武家方屋敷〃被申付ハ勿論の事、組合□辻番並風烈昼夜之廻ニも猶更無油断申付、行届候様向〃へ可有達候。		

126	寛政12. 11. 27	扇橋火。		
127	寛政12. 12. 29	当冬寒気強共総て風少火事少は難有 [　　　] ニて世上静秘也。		8 (7) [4]
128	享和 1. 1. 1	木挽町一丁目暁災。		
129	享和 1. 1. 28	横山町火事あり。		
130	享和 1. 10. 19	夜飯田町火。		
131	享和 1. 10. 23	朝、日輪寺内小火。		
132	享和 1. 11. 25	浅草地内火、夜神田三河町辺四丁程焼。		
133	享和 1. 12. 11	去四日大坂天王寺塔三重目雷震火出寺九分通焼失云。	*	
134	享和 1. 12. 30	当年温邪多一年、雨多三冬雨度々下温ニシテ不見氷、風少火事少ク雖有小火至て平穏也。		7 (6) [8]
135	享和 2. 1. 11	今暁、大船町上野火。		
136	享和 2. 1. 20	今暁、福井侯藩火。		
137	享和 2. 3. 7	今暁、糀町一二三四丁目迄火災。		
138	享和 2. 6.	(月末記事) 去十日頃、南都大寺塔雷火ニて焼ト云、がんがふ (元興寺) 寺なりと云。	*	
139	享和 2. 10.	(月末、罫紙欄外記事) 住吉四社炎上、橋計□焼ト云。	*	
140	享和 2. 11. 21	朝□女坂火、喧嘩有云。		
141	享和 2. 12. 5	今日風寒。青山、本庄、駒込辺火事、□中駒込火、本郷、遂 (追) 分迄大火、終日九度火事ありと云ふ。		
142	享和 2. 12. 11	根津火。		
143	享和 2. 12. 25	今暁数寄屋橋外より竹川町迄火事。		
144	享和 2. 12. 27	今暁小伝馬丁火事。		10 (8) [7]
145	享和 3. 1. 24	久保丁、四谷新宿火。		
146	享和 3. 1. 26	去十八日より今日迄日々所々火事あり。		
147	享和 3. 3. 23	大坂夜四ツ時より翌朝五ツ迄、安堂寺町より出火、渡部筋順慶橋にて止	*	
148	享和 3. 3. 24	白山□本郷六丁目迄火事。		
149	享和 3. 3. 29	当月無別事。信州諏訪大火云。	*	
150	享和 3. 4. 4	甲府大火。	*	
151	享和 3. 11. 3	中藩小火。		
152	享和 3. 11. 9	住吉町火。		
153	享和 3. 11. 9	小網町小火二。		

154	享和 3. 11. 12	小船町火。	
155	享和 3. 11. 28	夜亥刻藤堂侯より火出、佐久間丁辺医学館近所類焼。	11（8）［4］
156	文化 1. 3. 13	大久保月桂寺前火事。	
157	文化 1. 4. 13	浄瑠璃坂水野氏火。	
158	文化 1. 5. 28	今朝、安心丁出火。	
159	文化 1. 6. 26	赤坂田町出火、見付外ニて止ル。	4　［2］

注1　記事件数（　）江戸の火事
注2　記事件数［　］「江戸災害年表」（『江戸町人の研究』第5巻）
注3　寛政5年9月～寛政6年～寛政7年5月「日録」欠

残り、諸司[所]代屋敷不残、西陣北野天神まで焼、北は寺町木堺丁辺より荒神口まで焼上り、二条川東不残焼、御所へ火移り女院御所より又火出、禁裏仙洞宮方党[堂]上方一宇も不残焼失、相国寺鞍馬口まで焼ぬけ、妙光寺辺野原ニて焼止となり、凡洛中東西ハ一面ニ焼失、南北ニて少斗(すこしばかり)人家残となり。○昨日酒井左衛門尉殿川さらひ□□被仰付となり。○夜中より雪降。

同月四日にも「去月二十九日夜寅中刻」云々として、この大火のいわば第一報が書きとめられており、これはそれに続く詳報で延焼の範囲が細かく記されている。大火後一か月余りたっているが、ほぼ正確に状況が把握されているといえるであろう。同月二十三日には、前年の三月から京都遊学中の玄白の養嗣子伯元が江戸に帰着している。「日録」によれば、この二月に限っても、伯元からの書状が、「京都状届（三日）」、「京都二日出状来（十一日）」、「四日出京状来（十二日）」として玄白のもとに届いていたことが記録されている。あるいはそれらのうちに、京都大火の状況が報告されているものがあったかも知れない。

天明八年四月に入ってもなお正月の京都大火に関連して二件の記事がある。一つは四月二日の記事で、大火の際に金子を拾得し、落とし主に返却した四条の乞食何某が礼金をなんとしても受け取ろうとしなかったという話題である。他は同月十四日に記された次の漢詩一首である。玄白が大火に因んで詠み、京都の西依成斎に寄せたものである（西依について、後述三五七〜三五八ページ参照）。

正月晦京師大火因賦成斎先生

一夫失火万家空
天子安全幸護宮
官女舎車徒跣走
侍将分隊礼容同
都間民庶散湖北
畿内諸侯会洛東
極月名園無樹色
不知何日見青楓

正月晦京師大火因りて賦し成斎先生に（寄す、脱カ）

一夫火を失いて万家空し
天子は安全にして護宮に幸（みゆき）す
官女は車を舎（す）てて徒跣（はだし）にて走り
侍将は隊を分かちて礼容同じ
都間の民庶は湖北に散じ
畿内の諸侯は洛東に会す
極月の名園　樹色なし
知らず何の日か青楓を見ん

一人の失火が無数の家々を失わせたが、天子は無事に護宮（聖護院）に行幸された。随従する官女は乗り物を棄てて跣で走り、侍将は隊を分かちて常と変わらず落ち着いて振る舞っている。市中の庶民は湖北に散らばり、畿内の諸侯は洛東に集っている。大火前の名園も樹色を失っているけれども、いつの日か若い楓をみることもあるのだろうかと詠んでいる。山崎闇斎の学統を引く若林強斎の私塾、望楠軒を継承していた西依成斎は小浜藩主の敬慕するところであった。望楠軒はこの大火で類焼したが、成斎はその焼け跡に小屋を構えて住んだ。ある人が老人の居るべき所ではないと忠告をしたが、先師の位牌がここにあるとして成斎は聞き入れなかった。小浜藩主の資金援助もあって、まもなく望楠軒再興が進み表長屋が完成したところでようやく移り住んだという（「望楠軒諸子の学風」

『西依成斎基礎資料集』)。こうした事情の一部始終を玄白は聞き及んでいたのであろう。

このほか京都の火災については、方広寺大仏殿の落雷による焼失(寛政十年七月七日)、愛宕山神社の炎上(寛政十二年四月二十五日)などのことが書き留められている。大坂についても七件の記事があるが、寛政元年十二月二十二日の大火(同年十二月三十日)、寛政三年十月九日から十一日まで続いた火の手が三つに分かれて延焼したという大火(同年十月二十八日)、寛政四年六月の焼失八十九町におよんだ大火(同年六月二十日)、享和元年十二月四日に四天王寺五重塔の三重目に落雷があり同寺の九分通りが焼失したこと(同年十二月十一日)などが記されている。若州小浜の火災記事二件(寛政元年閏六月五日、同四年二月二十四日)は、いずれも防火について藩士に落ち度があり「逼塞」の処罰があったとしてその名をあげて記している。おそらく藩邸を通じて得た情報を書きとめたのであろう。

江戸市中の火災はとくに毎年の十月から一、二、三月にかけて頻発していた。「日録」にも多くはどこそこに「火」といった簡潔な表現ながら丹念に記され、いわば火災都市江戸の姿が描き出されている。

寛政九年十一月二十二日の「日録」には、

同[晴]。西北風強。佐久間町朝五ツ時頃出火。薬研堀へ飛火し、夫より新大橋向へ飛、木場ニて夜九ツ頃留。十右衛門妻七月ニて大橋より落、腹破死。

とある。十右衛門は小浜藩士であろうか。その妻の事故死は火事騒ぎによるものと思われる。この頃、前月十日が「雨」であったが、その後、十一月十三日の「曇」、十四日の「曇微雨」を除いて連日の晴天であった。十六日には「立花出雲守様御自火」、十七日には「牧野日向守御自火」とある。「政鄰記」は、若年寄立花出雲守の屋敷は西丸下にあったが屋敷内の長屋八軒ばかりが焼失し、八代洲河岸にあった牧野日向守屋敷は全焼したと伝えている。さらに、この火災は江戸城の向かい側ということもあって老中等が登城する騒ぎがあり、また翌二十一日の夜も「数十度」の火災があってことのほか騒がしかったと記している（『東京市史稿』変災編第五巻）。「日録」の二十一日の記事は火災についてはふれていないが、「風烈」とある。さらに二十二日には「西北風強」とあり、前記の佐久間町出火のことが記されている。

この大火については、三井大坂両替店に江戸店から届けられた報告が、とくに焼失場所を次のように書き上げている。すなわち、昼四ツ時に下谷和泉殿橋の藤堂和泉守屋敷表門向いの町家より出火して佐久間町三町、井伊兵部頭中屋敷、板倉佐渡守屋敷を焼き、さらに新シ橋向いの町家を残らず焼き、「籾蔵」（現台東区浅草橋）にていったんは焼け留まった。しかしまたそれを越えて薬研堀町ならびに米沢町の町家を焼失させ、さらに薬研堀、矢之倉、浜町一帯の大名屋敷、武家屋敷を焼き尽くした。大名屋敷としては小浜藩酒井修理太夫ほか、松平越中守、松平讃岐守などあわせて八家の中屋敷、ほかに武家屋敷として三十二家の名が列挙されている。そのうちには玄白の名も「杉田玄白老様」として明記されている。さらに火勢は新大橋を焼き落とし隅田川を越えて六軒掘町、森下町、海辺大工町、平野町、中木場、須崎等の町々を焼き尽くし、一帯の大名屋敷数家ほか御徒衆組屋敷、御船手組屋敷など、また霊岸寺、霊雲院、浄心寺、宜雲寺、本誓寺などを焼いて六ツ半時に漸く鎮火したと記している（前掲、『大坂両替店「聞書」1』）。「朝五ツ時頃」（午前八時前後）に出火し、鎮火時刻については、「日録」が「夜九ツ頃」（深夜十二時前後）、「聞書」が「六ツ半時」（午後六時前後）と相違があるが丸一日燃え続けたことになる。焼失範囲は、佐久間町（現台東区南端）から神田川さらに隅田川沿いに広がり薬研堀、浜町（現中央区）を経て新大橋を越え、木場にいたる一帯（現江東区）までの広域に及んだ。「政鄰記」（前掲）によれば、焼失範囲は幅二丁、長さ二里、死者は三千人ほどであったという。

「日録」の十一月二十二日の記事は先に記したように、この大火の範囲についてはほぼ正確に書き残しているが、玄白自宅の焼失についてはなぜかふれていない。このことは、「日録」の天明八年三月六日に「晴終日風荒。今夜九つ半過より八丁堀長崎屋出火、霊岸嶋橋際ニて火止。近火ゆへ大ニ騒」とあり、また、寛政八年十二月十二日には、「明方高橋火事、玄沢類焼」として、大槻玄沢宅の類焼について書きとめていることなどと比べると印象に残る。続く四日間の記事は次の通りである。

二十三日　同〔晴〕。
二十四日　同。万年三左衛門殿長屋へ仮宅、引移ル。
二十五日　同。近所、深川病用。
二十六日　同。火事御借金□両。更ニ伯元分□両。
　小笠原の久右衛門ニ蘭を頼けれハ、
　　御□□らんを入たる寒サ哉

被災翌日は天候を記すのみで空白である。一夜明けて、玄白がどのように過ごしていたのか、被災状況がどの程度のものであったかなどについても全く記述がない。翌々日には万年三左衛門方の長屋に引越している。三左衛門については未詳である。二十五日には患者往診が始まっている。早くも日常に復したかに見える。二十六日には「火事御借金」とある。伯元とともにおそらく藩から被災の手当を受けたのであろう。判読不能の箇所があり句意が読み取れないが、久右衛門に蘭を頼んだというのは玄白が蘭の栽培に熱心であったことと関係あることと思われる（前記一〇七～一一二ページ参照）。二十八日には、「夜巣鴨原町出火、小石川柳町飛火」、二十九日には、「朝山本町、夜下谷、千駄木火」とあって、なお江戸市中の火災が続いている。さらに、二十九日には「雨降の歌」として「此頃の民のなけきをあわれミて八大龍王雨降たまへ」とも記されている。玄白の祈願が多少は通じたのか三十日には「曇雪少降」とあり、月が替わって一日は「晴」、二日には「微雨」があり、漢詩一首が記されている。

災後漫成　　災後漫に成る

灰塵遠接海東雲　　灰塵は遠く海東の雲に接し
街陌縦横路不分　　街陌縦横に路を分かたず
天定人間春色近　　天の定めにて人間には春色近し
携樽将問野梅薫　　樽を携えて将に野梅の薫るを問わん

一面の焼け野原となった江戸市中はそのまま遠く海東の雲に連なっている。街路はどこがどこと区別がつかなくなった状態である。しかし確実に季節は廻っていてこの世の春色は近い。酒樽を携えて梅香の薫るを訪ねようかと思うという。五日には、近所の往診にでかけ、また「氷程春に近よる今年か南」とも詠んでいる。老境の玄白はすでに被災を達観して心の余裕を見せているようである。大晦日には、「当年災前不相分、歳暮分受納金百六十四両弐分」と俗事をたんたんと記している。翌年、六月十六日には、「私宅土木初ム」とあり、九月二十三日には「新宅引越」とある。そしてその引越し前々日には次の一首が記録されている。

寓居漫成　　寓居漫に成る

寓居過半歳　　寓居半歳を過ぎ
容膝一無情　　容膝一に情なし
不見黄花発　　黄花の発くを見ず
唯聞白雁声　　唯だ白雁の声を聞く
紛々嗟拙業　　紛々拙業を嗟き
黙々厭時名　　黙々時名を厭う

曷卜幽棲地　　曷(なん)ぞ幽棲の地を卜し
清秋対月明　　清秋月明に対せざるや

被災後のせまい仮住まいも半年を過ぎ、菊の花の咲くのもみず、ただ雁の渡るのを聞くのみであった。あくせくと日々の仕事に追われ虚名の上がるのを厭うばかりである。どうして静かな土地を選び、清らかな秋の月明かりに向かおうとしないのかという。どこか醒めた目で自身をみつめるもうひとりの玄白がいるようである。

ところで、米沢藩医堀内忠意に宛てた寛政九年十二月十一日付と考えられる玄白の書簡に次の一節がある。

扨〔さて〕、今時は御聞及も被下候半、老拙事も不慮に去月明、比隣より失火にて相延、及弊廬申候て、御存之小詩仙堂を初、一時灰塵と相成候。寔以箸一方無之と申候類焼に候得共、幸に蘭書之分は土蔵納候故無恙候。其外愛翫之物より珍薬類は皆致し焼失候。和漢書籍も無恙は希〔まれ〕、半〔なかば〕は全きは少々御座候。一通りよりは長寿にて都下に住候故、自然と奢之付候故、天より不許所と一ツは怖候。一ツは楽も能程いたし候故、身之恥を残し不申、幸と存候得共、おしく存不申候。夫故〔それゆえ〕、小詩仙堂罹災因賦と申題にて、

火気燎然発比隣　　火気燎然として比隣に発し
相延茅屋委灰塵　　相延て茅屋も灰塵に委ぬ
非因造物能憐老　　造物の能く老を憐むに因るに非ざれば
何得従来軽此身　　何ぞ従来此の身を軽んずるを得んや

好事頑夫衰老年　　好事の頑夫衰老の年
画図常対六詩仙　　画図は常に六詩仙に対す
風流元為祝融妬　　風流はもとより祝融のために妬まる

率爾草堂焼作烟　　率爾に草堂は焼けて烟を作れり

と作申候。乍序右火災之義も御知せ申上候。何か御礼御報旁如此御座候。（堀内亮一編集兼発行『堀内素堂』）

今回の火災について、玄白は小詩仙堂を初めとして居宅、愛翫のもの、珍薬など多くを失った。「蘭書」は土蔵に納めてあったので無事であったのは幸いであったが、和漢の書物も多くが損傷してしまい無傷なものはまれであった。都下に住み、人並みより長寿を得て自ずと生じた奢りを天が許さなかった結果と怖ろしく思う。しかしまたほどほどに楽しむこともしてきたので、多くをなくしてしまったのは「身の恥」を残さずにすんだと思えば幸いなことであったと述べている。

漢詩第一首は、近隣に発生した燃えさかる火気が我が茅屋ものみこんで焼き尽くしてしまった。それは天がこの老いの身を憐れんだ故ということでなければ、どうしてこれほどまでに総てを失って身軽になることができるだろうかと述べる。第二首は、好事に恵まれてきたこの愚かな老人の詩聖の画図に対した風流の日常は、もとより祝融（火事）の妬むところとなって瞬く間に草堂は焼け落ちて烟となってしまったと詠じている。玄白の豊かな詩想が現れたところであろう。

なお、これより先の寛政五年十月二十五日の大火でも玄白宅は類焼している。寛政五年九月より同七年五月までを記録していたと考えられる「日録　五」が失われているので、このことを玄白がどのように書き記していたかは分からない。「政鄰記」にはこの火災について次のように記されている。

十月廿五日暮時分、下谷茅町出火と御櫓近板打ち候ニ付、火消一番宮崎蔵人、二番大脇靫負御人数召連押出候処、火事所出雲守様御借地御囲之内、御長柄小者へ御貸長屋より出火ニ付、為防候処、無縁坂町家へ火移、此所に而も講安寺本堂竝町家三軒ハ防留候内、榊原式部大輔殿御中屋敷へ飛火等ニ而焼付、本家ハ不残焼失、門、長屋、土蔵者防留め候内、北風烈く飛火等所々ニ有之、湯島切通より天神大門通江焼抜、立花出雲守殿焼失、此辺に而此方様御人数消口都合十二ケ所有之。右より段々焼通り、下谷和泉橋迄、夫より須田町、今川橋通へ焼抜ケ、遠火ニ相なり候ニ付、夜九時前一二番火消帰入有之候。右火事日本橋河岸ニ而、翌廿六日昼九時前及鎮火。

（『東京市史稿』変災編第五巻）

二十五日の暮れ方、湯島にあった松平出雲守（前田利謙）の借地内の長屋から出火し、無縁坂の町家、榊原式部大輔中屋敷などに飛び火し、湯島切通しから和泉橋を経て日本橋河岸に至り、翌日の昼頃にようやく収束した大火であった。同年十二月二十五日付で米沢藩医堀内忠意および内村洞翁（覚端）に宛てた、玄白、伯元連名の書簡（玄白筆）が残されている。堀内と内村からこの時の火事見舞いとして白銀一枚が送られたことに謝意が述べられている（小川鼎三「堀内文書にみる蘭学者の生活と思想」）。また、玄白は、小石元俊に宛てた寛政六年二月二十二日付の書簡では、

先以、去冬近火ニて致類焼候段御聞及之由、預御尋忝奉存候。至て急火ニハ御座候得共、幸ニ老少無怪我退出、致大慶候。乍去雑具ハ不残焼失仕候。併蘭書分ハ一冊も焼不申、是ハ天幸ニ御座候。

と書いている（片桐一男『杉田玄白』二八一ページ）。元俊の火事見舞いに対して、急なことではあったが怪我もなく避難し、「雑具」は残らず焼失したが「蘭書」は一冊も焼かず、「天幸」であったと述べている。「日録」にも同様に記していたのであろうか。

寛政四年七月二十一日に起こった火災も延焼地域は広範であった。「日録」には次のように記録されている。

同。直。今日日光御名代御控被蒙。○四ツ時頃より、かふかひ［丼］□□田五郎兵衛と申大番御旗本、今朝大坂御番出立、其宅より出火麻布筋□坂通、麴町、番丁、飯田丁、小川（丁）まで類焼、三崎稲荷木□橋内ニて焼止。○今日腹鳴。南風強。

麻布笄橋の大坂勤番に出立する旗本宅から出火し、折からの南風に煽られて延焼範囲は江戸城の西側地域を北上して麴町、番町、飯田町、小川町など山の手一帯に及んだ。「日録」の同月二十九日には、「去廿一日、火元小□人組神谷惣二郎［　　］火事後親類立退候所、下女十四歳狐狸ノ故［　　］ニ後一二ケ所［　　］届牢ニ入と云」とある。虫食い箇所が多く文意が不明瞭であるが、「椎のみ筆」では出火原因について、「笄橋の火事は、小十人何某の下女が、子どもを遊ばするとて線香にて障子の紙へ火を付て見せし其の火より起こりて、さばかりの大火となり、かの下女は遠島になりぬとぞ」（『東京市史稿』変災編第五巻）と伝えている。子どもを遊ばせるために、下女が線香で障子紙に火をつけてみせたことが発端であったというのである。「日録」の記述もおそらくこのことに関わってのひとつの伝聞を書きとめたのであろう。

この大火後、幕府はただちに事後対策を展開している。七月二十四日には老中より大目付並びに目付に対して、「去ル廿一日類焼候屋敷々之内、品ニより場所替被仰付向も可有之哉ニ付、屋敷囲或は当分之小屋掛等ニ至迄も、随分手軽にいたし可申候。尤右之次第相済候ハヽ、猶又可相達事。右之趣、番町小川町筋拝領屋敷有之面々江被相達候」との指示が出され、その後九月に入って、一日、二日、十二日、二十四日に大小名の大がかりな屋敷替えが相次いで発令されている。たとえば、『東京市史稿』には、松平壱岐守定剛の麴町三丁目屋敷を収公し、かわりに小川町三枝土佐守上げ地二二二八坪、同所久貝忠左衛門上げ地二三一六坪を下付、鳥居丹波守忠意の神田橋内の屋敷および家作を収公し、大手前水野出羽守忠友屋敷を家作とも下付、水野出羽守忠友屋敷を家作とも収公し、代地として三番町水上帯刀、小栗松五郎、市橋寛次郎、久松太左衛門上げ地三五五七坪などを下付するなど、あわせて二十件ほどの屋敷地の受授が例示されている。この後も屋敷地の受授が続いているが、これらを受けて番町、及び小石川門内に数カ所の火除け地が設定されている（「寛政録」『東京市史稿』市街編第三十一巻）。「日録」の九月四日には「今度類焼之大小名屋敷替被仰出」とある。玄白はこれら諸情報の一部始終を把握していたと考えられる。

このような屋敷替えあるいは火除け地の設定といった、江戸の火災に関連した周辺情報ともいうべき事柄が、「日録」にはこのほかにもいろいろと記録されている。

たとえば、「日録」の寛政八年十二月十六日に、「夜萱場丁火事」と記されているが、翌年の三月十七日に、この火災の時の騒動の模様の記事がある。判読不能個所が多く詳細はよく分からないが、この時、松平越中守方の足軽と町方の火消人足がトラブルを起こしたその後日談のようである。江戸の消防活動は、武家地、町地が入り組んだ江戸を町火消、大名火消、定火消（旗本）というそれぞれ異なる仕組みが分担して延焼防止を主とする破壊消防が中心であって、その現場ではさまざまなトラブルが生じがちであった。寛政八年二月九日に町火消各組の総代が名主、月行事共々町奉行所に呼び出しを次のような申渡しを受けている。

町火消し人足共は消防第一ニ心掛、遺恨等を以て、口論ケ間敷儀致間敷は勿論之儀ニ候処、近来出火場竝於途中口論等仕掛、かさつ及法外に候儀も　有之趣相聞、既去冬当春も多人数及び口論、疵人等有之候得共、疵平癒致、双方和議之上致内済、吟味下之儀再応願出候間、其段は聞届遣候、然ル処人足共之内ニは前々より右口論有之、内心ニは遺恨を含、又々口論を心掛、同意之者申合、出火有之候を待居候様成組合も有之、附添候町役人共之制も不相用、理不尽之儀も有之趣も相聞不届候、以来場所は勿論、於途中ニも口論ケ間敷儀無之様、相互ニ心掛、かさつ成儀決而致間敷候、若相背、町役人共制も不相用もの有之候ハヽ、吟味之上急度可申付候間、其旨を存相慎、消防第一ニ心得出情可致候（『江戸町触集成』第十巻、一〇三一七）

町火消しは消防第一を心掛けねばならぬのに、火事場あるいはその往来で粗暴な喧嘩口論におよび怪我人が出る始末である。双方がいったん和議に及んだにもかかわらず遺恨を含んで新たな火事騒ぎを待つようなことすらあり、付添の町役人の制止も聞かぬようなこともある。今後そのようなことがあれば厳しく処分するというのである。また、寛政十一年十二月二十二日、町火消組世話番名主が町奉行所に呼び出しを受け次のように申渡されている。

当月十日夜、湯島四丁目武士屋鋪出火之節、定御火消富中［富田］務様御人数并町火消八番組壱番組之内よ組町火消共、瓦等投付候義御尋有之候処、其節見留候者無之趣申立候ニ付、其段御聞済有之候得共、一躰町火消共、消防ニ相懸無余義場所ハ格別、余程隔候所瓦をめくり候義、度々御見留被成候得は、飛火等之ためニも不宜候間、已来可成丈瓦をめくり不申候様ニ人足共江可申付置旨被仰渡候

（『江戸町触集成』第十巻、一〇七八三）

湯島四丁目の武士屋敷出火の際に、定火消富田配下の者と町火消「よ組」の人足が瓦を投げつけたということで取り調べることがあったが、元来、消防のために必要な範囲を超えて、瓦をめくり屋根をはぎ取ることはできるだけ控えなければならないという指示が出されたのである。町火消、定火消、大名火消というそれぞれ異なる組織によって担われた江戸市中の火事場における消火活動にまつわる騒動の一端を窺うことができる。萱場町の火災の折にも類似のことがあって玄白の耳にもその話題が届いていたのであろう。

さらに、寛政十一年一月二十九日の「日録」を見ると次のように記されている。

同［晴］。近所病用。夜八丁堀辺火事、稲荷あたり一面焼。此十日程日々処々出火、日之内七八度騒。人心不平、来往人少、芝居ヲ休ム程なり。当月、神田鳶者きやん太平［侠太平］向鉢巻と云草双紙の事ニ付、人家を二三ケ打破ル。又、去廿五日本庄［本所］出火の頃、お蔵火入候とて無何事土蔵へ三四十人盗賊来り破りて家財を盗去と也。此賊見候処、小川町十人火消中間□同心ニて被召捕。

この月は、「日録」に記された限りでも、堀田原（八日）、鳥越（十九日）、本所花町、入江町（二十五日）、築地本願寺（二十七日）、神田三河町（二十八日）と続いており、玄白のいう「日々処々出火」という状況で、芝居小屋も休場するという有様であった。またこの月の五日、前年に実際にあった町火消一番組の「よ組」と二番組の喧嘩騒ぎに取材してそれを戯画化した、式亭三馬の黄表紙『侠太平記向鉢巻（きやんたいへいきむこうはちまき）』の刊行に怒った神田の鳶者が版元の西宮新六（翫月堂）を襲撃した事件が起きており、玄白はこのことを書き留めている。三馬の描くところは、火消人足

同志の喧嘩騒ぎを「太平記」の世界になぞらえ、嘘気茶右衛門（うそのきちゃえもん）（楠正成）を主人公として鳶口と纏をもたせ活躍させるという趣向であった。この襲撃事件で版元と三馬の家は破壊され、「よ組」人足の何人かは入牢、西宮は過料、三馬は手鎖の処罰を受けたという（本田康雄『式亭三馬の文芸』）。

玄白はまた、二十五日の本所の火災で隅田川東岸の新大橋近くにあった幕府のお蔵（御船蔵）に火が入ったということで、盗賊三、四十人が何事もなく進入して家財を盗み去ったという事件についても記録している。御船蔵の火災の際、本所、深川の町火消三百人が駆けつける取り決めがあった。たまたまこの一月二十六日に、町奉行所がその実際についての確認の問合わせをしており、深川平野町甚四郎ほか三人の名主が連名で回答をしているが、その一部に、「昨二十五日、本所永倉町御武家方より出火有之候所、御蔵より出火場迄凡十五丁余も有之、殊に風脇に御座候間、御蔵江は欠付〔かけつけ〕不申候」とある（『江戸町触集成』第十巻、一〇六六九）。御蔵に火が入ったというのは事実ではないようである。また、結びの文言は、この盗賊が現れたのが小川町で、火消し人足によって捕らえられたの意であろうか。

寛政十二年十一月十六日の「日録」に次のような記録がある。

> 町方夜番火の廻り等も無懈怠故ニ哉、当冬は火事沙汰も稀ニて静成様子一段之事候。全末々迄行届念入候故と相聞え一同誉遣し、猶無油断様可致旨、可申含［　　］の通、町奉行へ相達候付而、武家方屋敷々々被申付ハ勿論の事、組合□辻番并風烈昼夜之廻ニも、猶更無油断申付、行届候様向々へ可有通達候。

この冬は火事騒ぎも稀で大変静かであり結構なことである。これは町方の夜番など火の用心の警戒が怠りなく隅々まで行き届いているためで、町方を顕彰するとともになお油断なく努めるよう町々に触れることが町奉行に指示された。ついては武家方屋敷等へも同様の指示が行き渡るようにとの通達があったとの記録である。「町方夜番火の廻り等も無懈怠故ニ哉」云々の文言は、この時、十一月十二日付で町奉行所に呼び出された年番名主、肝煎名主が受けた通達の文言にほぼ同一であることが確認できるが（『江戸町触集成』第十巻、一〇八九七）、玄白はおそらくはこの情報を藩邸を通じて得たのであろう。同年十二月二十九日の「日録」には、「当冬寒気強共総て風少、火事少ハ難有［　］ニて世情静謐［　］也」とあり、また、享和元年十二月三十日には、「当年温邪多一年雨多、三冬雨度々下温ニシテ不見氷、風少火事少ク雖有小火、至て平穏也」といった記録もある。江戸市中の火災そのもののばかりでなく、周辺の出来事、あるいは気象の推移にまで事細かに目を向けて記録に努めている玄白の姿勢がみえるところである。

三、打ちこわし・百姓一揆関係記事

表6は、「日録」に見える打ちこわし、百姓一揆関係の記事全三四件の一覧である。このうち二十五件が天明七年の記事で、さらにそのうち＊印を付した八件が五月に起きた江戸の打ちこわし関係で全体のほぼ五分の一に及んで最も多い。

この五月の江戸打ちこわしは、玄白が「若此度の騒動なくば、御政事は改るまじきなど申人も侍りき」（『後見草』）と述べたように、結果として田沼意次から松平定信へという幕府の政権交代を決定づけたといわれる大きな事件であった。打ちこわしが本格化したのは五月二十日夜の赤坂からであったが、市中の不穏な動きはそれ以前からあった。「日録」の十二日の記事は次の通りである。

所々盗賊流行。米価金壱両ニ弐斗四升ニ売、赤坂の米や四斗二升ニ買置タルヲ時相場ニ売買、其上弐朱の［　］商ニヨリ諸人打□□、因テ［　］アライ六合ツ、□買、但丁[町]内斗。

判読できない箇所もあり文意が必ずしも鮮明ではないが、「諸人打ち□□」とあるのは仕入れ値段の倍額以上の

「時相場」で売った赤坂の米屋が打ちこわしの対象となったことを記録したものであろう。さらに、十九日から二十二日まで、「赤坂米屋ハ雑人党シ破と云」（十九日）、「□□□□松ト云□屋ヲ破」（二十日）、「処々米屋ヲ破」（二十一日）、「処々徒党人乱取」（二十二日）と連続して、騒動の発生を手短な表現で記録している。

ところで、石高三百石、番方の旗本森山孝盛が同じ時期の公私にわたる詳細な日誌を残している。その五月二十一日（二十日夜）の記事は次のように記されている（「森山孝盛日記」『日本都市生活史料集成二　三都篇Ⅱ』学習研究社、平成九年）。

夜ニ入、八時頃元馬場丁殊之外騒敷物音聞ヘ候間、起出見候処出火に而ハ無之、物音斗ゆへ人遣し見候処、大勢徒党致し米屋を打潰し候様子之由申聞候。翌朝段々承候処、赤坂一帯之米屋二十軒悉く打潰し候由、依之何となく罷出見候処、赤坂御門迄之間、道筋米屋共散々之躰ニ相見ヘ申候。衣類諸道具等泥ニ踏込、米大豆等は途中ヘ打散し少しも取不申、火之元等念入隣家なとヘハ障不申候由、四谷・深川ニても右之通騒動始り、今晩赤坂を初とす。

さらに、翌日の記事は次の通りである。

糀町・四谷笄橋・本芝一本松・新橋下町・本所辺何所と云嫌なく白昼ニ米屋を打潰す。其余りニ紙屋なとも被潰候も有之、大丸も此時被潰候。其外白銀、目黒、江戸一面也。町々不残戸をしめ家財を片付逃支度致居候由。矢村信濃守[山]（町奉行）乗出し被鎮候処、中々手ニ余り怪我不致を幸ニ罷帰候由。米屋ニ不限諸商人買置なと致し物品高直ニ欲深く致候故、それらハ皆打潰候由。赤坂ニて酒屋一軒右人数を見かけ、不取敢酒一樽出し為呑候ニ付無難ニ仕廻候由。人数五十人斗鳶之者きほひ躰ハ無之。奉公人或浪人又は一通り之者斗也。浅草蔵宿も多く被打潰候由。近辺往来之人無之、諸商人不来。尤も形も異形ニ無之候中ニ十七八之前髪之若者有之、殊之外するとく大力にて能　働候由巷説有之。

表6　「日録」にみる打ちこわし・百姓一揆関係記事

	年月日	記事	備考
1	天明 7. 1. 2	去□□備中之［　　　　］七郎右衛門殿陣屋へ逐寄□□□東口様加勢を出□□□□聴被下候由。	備中騒動
2	天明 7. 1. 16	［　　　　］今日米を求二升下□成金壱両ニ三斗六升［　　　　］。昨日□こもかふり客な□の分団左衛門方へ召［　　　　］数百人と云ふ。	
3	天明 7. 2. 3	去月廿五日上州桐生辺の土民同所町家穀物問屋へ数百人徒党して切込穀物諸道具を奪去家数二間（軒）迄打破りしよし、町の者共腹を立、六□人□合集帰行を待もふけ、刀脇指抜連、あるは鉄砲を打かけ互ニ［　　　　］或即死或怪我するもの二十余人ニ及へりとなり。此段［　　　　］により地頭酒井岩見守（石見守）殿より町御奉行曲淵甲斐守殿へ訴あり［　　　　］歩騎二人同心二十人并酒井殿家臣差添ケ地へ出立せし［　　　　］	桐生新町打ちこわし
4	天明 7. 2. 12–1	夜新家玄常宅集坐談。遠州所々土民党と云。	
5	天明 7. 2. 12–2	□に御普請場之内にて土民伊奈殿下吏ヲ集殺と云、此旨伊奈殿聞給ひ公儀より御救之御普請百姓共難有可思事なり。夫ニ我家来ヲ殺は家来主曲あるゆへなるへし、急度吟味すへきと云給ひし由、人賞となり。	
6	天明 7. 2. 16	［　　　　］家士を殺と云は虚説、上州二十四ケ村百姓御勘定衆へ党ヲ詰逐［　　　　］家士取鎮と云。	
7	天明 7. 3. 10–1	玄常宅之辺物語ニ、故郷発足之頃□部伊勢守殿領分百姓□党行路絶ゆ、是兼て用金甚被申付故也ト。岡田屋嘉兵衛抔申者ワツカノ身上ニて□五年来、七十貫共□□□□之由、夫故、身代行迫候。多（他）領地立去者多候を、又去年中□沼ノ三浦□□か一件之時、庄二兄荒谷藤右衛門と申者、父サエ見棄たる愚人を大庄屋申付、□置ヲ江戸の騒キ聞と其侭身代没取被申付、□兄中嶋伝介と申者ハ百弐十石も給勤居シカ、是□□暇被出由。偖々軽薄□入□。	
8	天明 7. 3. 10–2	万年七郎右衛門殿備中支配十二万石之所へ陣屋普請と唱、八万両役金被申付、其上色□政事悪□去暮当春騒動有之由、今以て安穏ニハなき噂也。	備中騒動
9	天明 7. 5. 12	所々盗賊流行。米価金壱両ニ弐斗四升ニ売、赤坂の米や四斗二升に買置タルヲ時相場ニ売買、其上弐朱の［　　　　］商ニヨリ諸人打□□、因テ［　　　　］アライ六合ツヽ□買、但丁内斗。	江戸打ちこわし *
10	天明 7. 5. 13	［　　　　］様扶持方不渡、餓死人多。取納の金も不出来日々桶ニ入積置。当時ニシ兎角出来次第初の方より寺へ送ト云。	
11	天明 7. 5. 17	米価日々騰揚金壱両ニ壱斗八升にて売、□□□大場百七十五両。右故、日々溺死（餓死）多、盗賊縦横すと云。	
12	天明 7. 5. 18	此節御蔵前米相場百八十五両と云。	
13	天明 7. 5. 19–1	此頃米価ニ付、赤坂米屋ハ雑人党シ破と云。	*

表6（続き）

14	天明 7.　5. 19-2	御家中米価□ニ付、知行□斗、御［　　　　　　］御乗出。	
15	天明 7.　5. 20	今晩□□□□松ト云□屋ヲ破。	*
16	天明 7.　5. 21	今晩処々米屋ヲ破。米価［　　　　　］斗百石三両御借金払。	*
17	天明 7.　5. 22−1	今日処々徒党人乱取。	*
18	天明 7.　5. 22−2	大坂表［　　　　　］日、雑人徒党米屋破事□□家ト云。	天満伊勢町米屋打ちこわし（5月11日）
19	天明 7.　5. 23	今日町々小路々々木戸しめ往来三分一斗、党人召取之為御先手十組被仰付。今日より御施米被下。	*
20	天明 7.　5. 24−1	今日より御救米并御金諸々ニて被下、江戸中御金弐万両米七千俵と云ふ。此節徒党人為防丁人共竹鑓用意す。若無法□□□は殺候共不苦旨被触候。下ニ兵権を借事不宜政と云ふ。	*
21	天明 7.　5. 24−2	京都も同し騒敷、米石ニて百六拾五両ト云。	
22	天明 7.　5. 25−1	伊丹、池田□□、紀州和歌山雑人党と云ふ。	粉河村騒動（5月17日）
23	天明 7.　5. 25−2	浦賀辺党人ありて人家を破と云ふ。	
24	天明 7.　5. 26	今日頃より世間静謐	*
25	天明 7.　6.　8	伊奈半左衛門殿諸国米運送司被仰付、天［　　　　　］。今日より伊奈公米売と云。糀町、浅草見付外、芝、深川□□丁四ケ所。	*
26	天明 7.　7.　2	北新浜□問屋を狼藉者党して打破云。	
27	天明 7.　7.　8	米価初て賤く、上品両ニ三斗五六升、下米四斗ニ及。	
28	天明 8.　2.　5	先月中、相州筋徒党人七八百斗、一番手山形一字ノ灯燈、二番手山形ニ二字ノ灯燈ヲともし竹鑓大まさかり類を貯へ□拍子木を鳴し酒屋々々を打こわし候沙汰あり。□其□人被召捕、伊那家にて捕へしよし。上郷張本人津久井太郎次、下郷ハ庄蔵と云尾州者ニて剣術指南なと□□よし、阿る名を津久井の□二郎童子のど兵衛と云と也。	土平治騒動
29	寛政 9.　4. 29	去三月五日頃、仙台領江刺郡井主村（井手村）より七八人党を結び土民願事ありとて出侍りしか、逐々人数をかり一千人余に至りしを伊達大炊頭家来伊藤森［　　　　　］取鎮しむ。	仙北諸郡一揆
30	寛政10.　2. 12	去月廿二日、奥州ニて高田領百姓蜂起、所々大名主、小名主其富家ヲ打破、麻川陣屋近所へ集り凡一万余人之由、所々郡代其意趣相尋候処、此地斗名主共不破余八万三千石分、名主ハ皆打破候間御免相願候よし。然ハ勝手次第と申所、其分破却シ序ニ油屋何がしも可破と集候所、陣屋へも人数入込候故、不届者とて番題鑓ニて両人突伏候得者、余者も相伴ヒ刀を抜連切立、白川より四百人、二本松より三百人、三春より二百人、棚倉より三百人、加勢の人数同しく抜連切立候故、即死三十人余、怪我人七十余有之、其余如雲散、当月四日迄ニ皆納り候よし。	浅川騒動
31	寛政10.　2. 17	浅川騒動記。越後国高田領奥州浅川陣屋元百姓共致騒動左之通申上候。（略）	浅川騒動

表6（続き）

32	寛政10. 4. 4	上総阿部駿河守様領分百姓徒党ありと云。	上総佐貫1万6,000石
33	享和 1. 7. 8	□州山形土寇沙汰来［　　　　］鉄砲鑓等持来云。別紙□玉蔵鉄砲打払被仰付［　　　　］	村山一揆
34	享和 3. 1. 30	当月上旬、奥川森山辺百姓徒党御代官三人御越［　　　　］	
35	文化 1. 10. 30	下総国女化原に百姓集増□□願出竹鑓等持集と云。	

米大豆等は「途中へ打散らし、少しも取り申さず」、「火の元等」に念をいれ隣家に差し障りのないように行動しているようだとか、町奉行が制圧に乗り出したけれども手に余り、「怪我致さざるを幸いに罷り帰った」ということだと述べ、あるいは打ちこわし勢の中に「大力にてよく働く」十七、八歳の前髪の若者がいるとの巷説があるといった話題など、「日録」と比べると、記述は詳細にしてかつ具体的であることが分かる。もっとも、玄白が『後見草』という時期の政治、社会情勢について詳しい論評を別途残していることがあり（Ⅵ章参照）、また、「日録」全編が基本的には簡潔な記述に終始しており「日録」記述の時点で玄白が打ちこわしについての詳しい情報を持っていなかったということではないであろう。

「日録」の原本（写真複製版）をみると、さまざまな事件などについてかなりの日時を経て知り得た情報を当該の時日に当てはめて記録したと判断できる事例がままあるが、天明七年五月の記録にはそうした箇所はみえず、次に見るように玄白が打ちこわしの事態終息の方向に関する情報もほぼリアルタイムに把握していたことが窺える。

「日録」の五月二十三日の記事に、「今日町々小路〱木戸〆往来三分一斗、党人召取之為、御先手十組被仰付。今日より御施米被下」とある。町々の木戸を閉めたので往来が三分の一ほどになったというのである。これは、前日二十二日に年番名主から町々に廻状が廻り、町奉行所の与力衆が昼夜警護のため巡回しているが、町としても昼夜とも木戸を閉めてくぐりから往来させよとの町年寄奈良屋市右衛門からの指示があり、自身番屋の勤めを怠らず火の元には用心し夜間は外出禁止とするとの申し合わせがなされた結果であった。

「野翁物語」によれば、町家一町ごとに木戸を構え、四ツ時（午後十時前後）から門を閉めて人を改め、拊を打って人を送るという仕組みは、天明七年五月、江戸市中が騒がしくなったときからのことで、一人通れば拍子木を一つ、二人は二つと人数に合わせて打ち、隣町へ告げて拍子木が聞こえて人が来ない時には両方から出て町内を改めることとした。このことにより世情が落ち着き、それまで下町辺はしばしば大火があったが、以後は火災も少なくなった。これはひとえにこの木戸を閉め往来を改めるようになったからであるという（「證無番其外書状」、「野翁物語」『東京市史稿』産業編三十巻）。「日録」二十三日の記事の後段では、「党人」（打ちこわしの集団）召取りのため御先手十組が任じられたこと、町々救済のための施米が行われたことが記されている。二十四日の記事でも、

今日より御救米并御金諸々ニて被下、江戸中御金弐万両米七千俵と云ふ。此節徒党人為防丁人共竹鑓用意す。若無法□□□は殺候共不苦旨被触候。下ニ兵権を借事不宜政と云ふ。

とあって、施米、施金が行われたことが述べられている。また、近頃、「党人」を防ぐために「丁人共」が「竹鑓」を用意している。これはもし無法な行為があれば殺害してもよいとの触れが出されたためで、「下ニ兵権を借事不宜政と云ふ」と記されている。伝聞情報を借りた間接的表現ながら玄白の状況への感想が示されたものであろう。

この五月二十三日には、町々の名主一同が町奉行所に呼び出され、「御救之為、御手当米、代金ニて被下置候」との通告を受けている。近来凶作が続き、とくに昨年秋の洪水で米価が一層高騰して町々が困窮に及んでおり、とりわけ下賤のものに至っては、今日をも送りかねるほどの難儀をしているということを理解して「格別之思召を以て」の措置であるというのである。さらに二十四日には、江戸橋蔵屋敷において施米が実施され、南伝馬町一、二、三丁目の場合でみると、一人あたり「玄米六合」として伝馬町三町合わせて二四一八人分で、米七石二斗五升四合、大豆七石二斗五升四合が渡されている。また二十五日には、町奉行所において町々の「当四月書上ケ人別高」のうち「召仕」（奉公人）人数を除き一人あたり銀三匁二分宛てで、南伝馬町三町合わせて九五七人、召仕男女二六八

九人を除き六八九人分として金三六両二分二朱、銀七匁三分が下付されている（「撰要永久録・公用留巻之七」『東京市史稿』産業編三十一巻）。

江戸市中の治安、警備は町奉行所の定廻り同心、及び臨時廻り同心によって担われていた。定廻りは南北奉行所合わせて十二人、臨時廻り同じく十二人が巡回をして犯罪の摘発や異変の調査に従事していたが、町奉行所のみでは打ちこわしの混乱を収め切れぬことから、二十三日には、「町方騒々敷趣相聞候ニ付、組之者召連、今日より相廻り、あはれ〔暴れ〕候者共召捕、町奉行所え可被相渡候。尤手あまり候ハヽ、切捨等ニ致候ても不苦候間、其旨可被心得候」ということで、長谷川平蔵をはじめとして十人が御先手組頭に任命されている。御先手組の市中巡回により騒ぎを起こしている者たちを捕らえ町奉行に引き渡すこと、もし手に余れば切り捨ててもよいと指示であった。先手組は番方の一つで弓組十組と鉄砲組十五組とからなり、別に西丸先手として弓二組、鉄砲四組があった。先手頭は若年寄支配で千五百石高であった。各組には与力六〜十騎、同心三十〜五十人が所属した。市中警備の先手組十組の編成は町奉行配下を大きく上回る人員が配備されたことになる。また、二十四日には、町方に対しても、「町方ニおいて此節騒立候者ハ、いケ様にもいたし、町内に召捕候て可訴出候。捕違不苦事」との触れが出されている（「正宝録続」『東京市史稿』産業編三十巻）。場合によっては切り捨ててよいといい、出動した先手組の手にあまる事態が予測され、あるいは、町方に対していかなる手段によってでも打ちこわし勢を町内に召し捕らえよとの指示が出されたことは幕府の威光に陰りが見えていることの現れであった。玄白をして、「下ニ兵権を借事不宜政と云ふ」と書きとめさせたわけであるが、森山孝盛もその日記の五月二十三日の記事の末尾に、「見附〳〵ニて棒突六人ツヽ、小頭差添、夜は高灯燈ニ而致張番、世上ニて是式之儀ニ天下之御門番高張ニて警護被致候ニは及申間敷旨雑説有之」（「森山孝盛日記」、前掲）と記している。「是式之儀」に対して、俗に三十六見付と呼ばれた天下の江戸城の各城門に番卒六人を立て、高張提灯をかかげ物々しい警備を敷くほどのことなのかとの「雑説」があるというのである。

先手組の出動、施米・施金の実施などによって漸く事態は沈静化に向かった。「日録」には五月二十六日の記事として、「今日頃より世間静謐」と記されている。

六月八日の「日録」には、

伊奈半左衛門殿諸国米運送司被仰付、天［　　　　］。今日より伊奈公米売と云。糀町、浅草見付外、芝、深川□□丁四ケ所。

とある。伊奈半左衛門が「諸国米運送司」に任命され、今日から糀町、浅草見付外、その他で伊奈により米が売り出されるということだと記されている。これは、関東郡代伊奈半左衛門忠尊がこの日江戸町方の救済を命ぜられ、必要な措置がとられるという情報を玄白が得ていることを示す。江戸幕府日記の転写本で、『徳川実記』の編修に利用された「柳営日次記」には次のように記されている（「柳営日次記」『東京市史稿』産業篇三十一巻）。

伊奈半左衛門

右近来不作打続、世上米穀払底及難儀候。譜代之家来も多、常々諸御用向等も手広相勤馴候家筋ニ付、右御救方取計被仰付、依之御小性組番頭格被仰付旨、於奥被仰渡之。其後於御座之間御目見上意有之。（中略）此節米穀払底ニて、江戸町之者共及飢渇難儀之趣ニ付、右御救方取計之儀、伊奈半左衛門え被仰付候。右ニ付津々浦々ハ勿論、国々米穀御買上廻方、半左衛門家来差出可取計間、其旨相心得、差支無之様御料は御代官、私領ハ領主地頭より、早々可被相触候。

関東郡代は関東の幕府直轄領の農政を担当し幕府の地方支配の筆頭に位置した。伊奈氏はその地位を世襲し、関東の水系の整備、灌漑治水、検地による年貢の査定と収納などのことにあたっていた。したがって、譜代の家来も多く、諸御用向きも手広く勤め馴れているということで「御救方」として今回の事態を収めるべく、幕府領、大名領を問わず全国から米穀を買い上げ江戸へ回送する任務に就くよう、江戸城中御座之間において将軍の意向が伝えられたのである。「日録」二月十二日の記事に、伊奈郡代のいわば善政の評判が取り上げられている。「御普請場」で、「土民」が伊奈の下僚を殺害する事件が起きた。これを聴いた伊奈は百姓救済のための普請で感謝されてこそ当然であるのに、その現場でことが起きたのは伊奈の家来の方に落ち度があったからに違いないとして、きつく吟味すべしといったというのである。

六月十一日、江戸中の名主が伊奈役所に呼び出され、「町々御救米」については一日も早く渡すつもりであるが、「廻シ方」に手間取っている。近々渡せるはずでそれまでは「飢渇」に及ぶ者のないよう名主以下町役人は努められたい、米穀の「渡場」は深川佐賀町、芝田町、浅草茅町河岸の三箇所とするので都合良い場所で受取ること、町毎に受取場所および「御救米受取人数」を申告することなどを申渡されている。米穀の町々への相場よりも低価格での売渡しは三回にわたって実施されている。第一回は六月二十三日で、高野新右衛門が名主を務める南伝馬町二町目、南鞘町、南塗師町、松川町は深川佐賀町で受取っている。四町の総人数二八二三人、一日一人玄米五合、殻麦(からむぎ)四升宛てで五日分、買請米一四石一斗一升五合、同殻麦一一二石九斗二升、買請金額は合わせて、金一三七両三分二朱、銀四匁二厘であった。金一両につき玄米四斗替え、殻麦一石一斗替えである。二回目は七月三日で、同じく高野新右衛門支配の四町分、米二八石二斗三升、殻麦五六石四斗六升、小麦一四石一斗一升五合、三口合わせて金一三六両、銀一匁一厘であった。三回目は七月十日で、買請米二八石二斗三升、同殻麦二八石二斗三升、同小麦一四石一斗一升五合、三口合わせて買請金額は金九五両二朱、銀二匁六分六厘であった。米は金一両につき六斗替え、殻麦は同じく一石四斗替え、小麦は同じく一石一斗替え、舂麦同じく八斗替えとなっている。米相場は金一両につき四斗替えから六斗替えとなって大幅に下がったことになる（「撰要永久録・公用留」『東京市史稿』産業編三十一巻）。「日録」七月八日の記事には、「米価初て賤く、上品両ニ三斗五六升、下米四斗ニ及」とある。玄白が米価の推移を注視していたことが分かる。

日録の五月十九日に、「御家中米価に付、知行□斗、御［　　　］御乗出」とあるのは、米価をめぐる小浜藩中の動きを記録したものかも知れない。「日録」の天明七年五月には、江戸ばかりでなく上方などにおける騒動についての記録も残されている。「大坂表［　　　］日、雑人徒党米屋破事□□家ト云」（二十二日）、「京都も同し騒敷、米石ニて百六拾五両ト云」（二十四日）、「伊丹、池田、□□紀州和歌山雑人党と云ふ」（二十五日）とある。七月に入って、「北新浜□問屋を狼藉者党して打破云」（二日）とも記されている。大坂の打ちこわしは、五月十日夜の大坂市域南部に接する木津村の米屋打ちこわしを発端として、十一日の玉造町々、天満伊勢町、安治川新地などの打ちこわしを経て、十二日の大坂三郷全域に拡大する経過をたどった。さらにその後、平野郷、伏見、尼崎、八尾、京都、西宮などの大坂近在諸都市に騒擾が展開している（岩田浩太郎「打ちこわしと都市社会」）。玄白の記録はいずれも断片的ながらこうした各地の動きを捉えていたということができるであろう。

玄白は「日録」のうちにこのほかにも国内各地の一揆、騒動にも目を向けて記録をしている。森山の日記が各地で起きていた一揆、騒動などについてほとんど触れることがないのに比べるときわだった特色が現れている。次にその主なものについてみてみよう。

「日録」の天明七年一月二日および三月十日の記事はいわゆる「備中騒動」について次のように記録している。

去□□備中之［　　　］七郎右衛門殿陣屋へ逐寄□□□東口様加勢を出□□□□聴被下候由。（一月二日）

万年七郎右衛門殿備中支配十二万石之所へ陣屋普請と唱、八万両役金被申付、其上色□政事悪□去暮当春騒動有之由、今以て安穏ニハなき噂也。（三月十日）

備中の幕府領に起きた強訴についてふれたものである。前年十二月二十二日夜に備中後月郡今市宿（現、岡山県井原市）に、年貢延納と夫食（ぶじき）（食料としての米穀）拝借願いの取次ぎを岡山藩主に訴えることを呼びかけた立札が建てられたことが発端となって、二十五日までに倉敷代官所支配下の総勢七〜八千人におよぶ百姓が笠岡出張陣屋に押し寄せたという事件であった。代官所の手勢では収められず、代官万年七郎右衛門は強訴の起こったことを幕府に届けるとともに隣接の岡山藩、岡田藩、福山藩、庭瀬藩に出動を要請した。その結果、騒動は二十七日には終息した。「日録」に、「七郎右衛門殿陣屋へ逐寄□□□東□様加勢を出」云々とあるのは、岡田藩主伊東長寛の手勢が出動したことを記していると思われる。玄白は、年末に起きた江戸をはるか離れた備中の幕府領内の事件について、代官万年七郎右衛門の名を伝えるなどそのあらましを年明け早々には承知していたことになる。天明の飢饉の影響は、備中でも大きく、米、綿の不作に加えて陣屋普請の負担なども騒動の背景にあった（『岡山県史』第七巻・近世II）。「日録」の三月十日には、この騒動の続報として、万年七郎右衛門が「陣屋普請」と称して「八万両」の役金を課していたことが記されている。

「桐生新町打ちこわし」は、天明七年一月二十五日八ツ半時（午前二時）頃、桐生入飛駒、山地、浅部などの百姓三、四百人が押し寄せ、桐生新町の穀綿商菊屋甚右衛門、穀商金子伊勢松、酒商近江屋喜兵衛方を打ちこわしに及んだものである（『桐生市史』中巻、昭和三十四年）。この打ちこわしについての玄白の記録は次のようにかなり具体的で、打ちこわし勢の乱暴に立腹した町の者どもが刀、鉄砲で実力行使をして二十余人の死者、負傷者があったようだと記している。

去月廿五日上州桐生辺の土民、同所町家穀物問屋へ数百人徒党して切込、穀物諸道具を奪去、家数二間［軒］迄打破りしよし。町の者共腹を立、六□人□合集帰行を待もふけ、刀脇指抜連、あるは鉄砲を打かけ互ニ［　　　　］或即死、或怪我するもの二十余人ニ及へりとなり。此段［　　　　］により地頭酒井岩［石］見守殿より町御奉行曲

淵甲斐守殿へ訴あり、［　　　］歩騎二人同心二十人并酒井殿家臣差添ケ地へ出立せし［　　］

「酒井岩［石］見守」は出羽松山藩二万石を領し、安永八年に桐生新町を含んで上州勢多、山田両郡で五千石余の加増を受けている。「日録」の記事には判読できない空白箇所があり文意が必ずしも明瞭ではないが、玄白は酒井石見守の訴えを受けた町奉行曲淵甲斐守の配下が、酒井の家臣とともに現地へ向かったとも記している。「町奉行」は江戸の町奉行、曲淵甲斐守を指すと思われる。大名領の事件に江戸町奉行が関与することがあったのか疑問があるが、『桐生市史』所引の、「上菱村星野氏日記」には、

天明七未正月廿五日晩、桐生入馬立道より、山地、彦間、川西東、大州、猿石、浅部百姓大勢、町にて二軒打こわし、捕人廿二人、町の者夜盗と申立、酒井石見様へ訴候へば、御公儀様与力と同心様方大勢参り、打こわしの者を村々へ廻り数多捕。

とある。「御公儀様与力と同心様方」が廻村し一揆勢を多数捕らえたというのは、玄白の記述に符合するようである。ただ、今のところお他にこのことについての明確な傍証史料、関係史料を見出せない。玄白が桐生新町の長島家から往診の依頼を受け、門弟を代診として差し向けるということなどがあったことについては前述の通りである（五〇ページ参照）。桐生新町の打ちこわしについて、玄白の情報源がこのあたりにあったと想定できる。

「日録」の天明八年二月五日の記事は、相模国津久井県と隣接する同国愛甲郡北部におよぶ地域に起きた事件について次のように記している。のちに一揆指導者の一人の名をとって「土平治（どへいじ）騒動」とよばれている事件である。支配関係でみれば、関係地域は上下川尻村の殆どが旗本領であるほかはほぼ天領であった。なお、津久井地域は元禄四年以降、「郡」ではなく「県」と呼ばれている（『新編相模国風土記稿』）。

先月中、相州筋徒党人七八百斗、一番手山形一字ノ灯燈、二番手山形ニ二字ノ灯燈ヲともし、竹鑓、大まさか

り類を貯へ□拍子木を鳴し酒屋々々を打こわし候沙汰あり。□其□人被召捕、伊那家にて捕へしよし。上郷張本人津久井太郎次、下郷ハ庄蔵と云尾州者ニて剣術指南なと□□よし、阿る名を津久井の□二郎童子のど兵衛と云と也。

天明七年十二月二十二日の津久井県上川尻村久保沢（現神奈川県相模原市緑区）の酒造屋源助方、二十八日には牧野村土平治（専蔵）の先導により日連村の酒造屋惣兵衛方、年明けの正月四日には青野原村重郎兵衛の主導で青山村、中野村、鳥屋村三箇村の酒造屋が打ちこわされた。さらに正月六日には青野原村利左衛門の主導で愛甲郡半原村、田代村の酒造屋、質屋が襲われたが、十四日にいたり主謀者土平治などが伊奈役所により捕らえられ終息した騒動であった。近江商人の系譜をひく酒造屋が支配役所からの酒造減石の申渡しを守らず、また米の買占め行っており米価が高騰しているとして打ちこわしにおよんだものである。天明八年八月に、勘定奉行根岸肥前守により一揆の首謀者として土平治（処刑前に病死）、重郎兵衛、利左衛門の死罪、津久井県下二十七箇村に過料銭二百十二貫文、日連村名主に過料銭三貫文、半原村名主・組頭が急度叱り、打ちこわしを受けた日連村惣兵衛および半原村酒造屋が酒造道具取り上げのうえ江戸払いなどの処罰がなされている。土平治騒動は幕府の酒造政策を徹底させ寛政改革の米価引下げ政策に影響を与えたといわれている（「土平治騒動」、「一揆参加者判決申渡につき請書」『神奈川県史』資料編七、川鍋定男「百姓一揆物語の伝承とその世界像―土平治騒動をめぐって―」）。

玄白は、七、八百人の一揆勢が二手に分かれ、それぞれに「山形一字」と「山形に二字」の「灯燈」（提灯）をかかげ、竹槍と大まさかりを手にし拍子木を鳴らして酒屋〳〵を襲うという事件があったと記している。また、伊奈役所により逮捕された一揆の「張本人」は、上郷は津久井太郎次、下郷は庄蔵という剣術指南の尾張出身者（別名、津久井の□二郎童子のど兵衛）であるという伝聞情報も記録している。津久井県はそのほぼ中央を東西に流れる道志川を堺に北方を上郷、南方および東方を下郷とよんだ。上郷には川尻村、牧野村、日連村など、下郷には青野原村、青山村、中野村、鳥屋村などの村々があった。

騒動の一部始終を伝えた史料のひとつには、

> （略）今暮過ゟ騒立、青山之酒蔵打潰し夫ゟ中野村江参り候由、其大惣成事幾千万とも不相知、ほら貝の音、ときのこえ天地茂崩るゝ計ニ相聞江候故、聞と等く下郷村々名主共互ニ顔を見合暫く見詰、何ニもせよ此場を早々引払い一刻も早ク可欠付と、取物茂不取敢与瀬宿を打立、二瀬之渡シ場ニ而中野村之早打ニ逢ひ候処、只今青山村を打潰し中野村江参候先手之者と紺屋之前ニ而出合候、押続候勢ハけづり原又野原一面ニ高張桃燈二行ニ立、人ならずと云所なく押来り候と大汗ニ成て物語り、（略）昨夜四ツ頃俄ニほら貝、ときのこえ、近江屋之蔵打潰シ候音前代未聞之大騒働故、（略）昨夜之騒立承候処、いろは付之高張ちやうちん二行ニ立、拍子木、螺イ、鯨懸ケ、引手配り用心之仕方厳重之由、風聞ニは昨夜不出村方は打潰し候由申触し、六日も同しく右之風聞、（略）
>
> （「酒造一乱記」『神奈川県史』資料編七）

と記されている。土平治騒動についてはこのほかにも種々の史料が残されており、一揆勢の主立った人物の名などもさまざまに伝えられている。玄白も騒動発生の一か月ほど後にそれらの一端を伝える情報を何らかのルートで得ていたことが推定される。

寛政九年四月二十九日の「日録」の次の記事は仙台藩領の「仙北諸郡一揆」について伝えるものである。

> 去三月五日頃、仙台領江刺郡井主村〔伊手〕より七八人党を結び土民願事ありとて出侍りしか、逐々人数をかり一千人余に至りしを、伊達大炊頭家来伊藤森［　　　］取鎮しむ。

これは、南部藩領に接する江刺郡伊手村に始まり、気仙、胆沢、磐井、登米、栗原、玉造、遠田、志田の九郡を席巻する三月初旬から五月初めにかけての仙台藩未曾有の大一揆であった。玄白は、「井主村〔伊手〕」から七、八人が

「願事」があるとして徒党を結び、やがてその勢力は一千人余にも拡大したが、「伊達大炊頭家来」により取り鎮められたと記している。伊達大炊頭は岩谷堂領主、岩城宗隆である。いわゆる伊達一門十一家の一員として五千石を領し岩谷堂を拠点として仙台藩領の北端を押さえていた。

「江刺郡南北強訴一件」の冒頭には、家老潮田八郎右衛門および石井又右衛門の名によって次のように記されている（「江刺郡南北強訴一件」『編年百姓一揆史料集成』第七巻、『宮城県史』2）。

> 江刺郡南北伊手村御百姓共、昨七日暁七時頃より何か願之事有之由にて、一村不残騒立、桐貝吹立、面々賄物等背負、近村浅井村、横瀬村、其外村々同意為仕、右同意不致者共は、居家等打破致一味、御城下迄罷登り候心懸にて、当郡大肝入等罷越取扱候由ニ候へとも納得不仕、最早横瀬村へ被罷越候由相聞得、仍物見之者指遣候処、猶々騒動押来り候由、物見之者注進申聞候ニ付、於大炊方にても行先迄役人共指遣し取扱申付候へとも、中々数百人一味致し候事ニ相聞得候間、承引仕間敷、左に候はゝ仙台表迄も押登り候事に御座、段々人数も倍合可仕、尤居館近までも押来り候はゝ、取扱候上其時々相達候様可仕、先以此段相達置候様、大炊被申付如此ニ御座候

三月七日、伊手村に決起した一揆勢は桐貝（ほら貝カ）を吹き立て、面々に得物を背負って騒ぎ立て「居家」を打ち破るとして近隣の村々に同調を強要し、さらに「御城下」（岩谷堂）に迫ろうとする勢いであった。大肝入（大肝煎、村役人）あるいは伊達大炊方の役人などの説得も聞き入れず勢力を拡大しなお「仙台表」へも押し寄せようという状況であった。家老伊藤森之助が一揆勢に、「如何様之訳ニて此処に詰居候哉」と尋ねたところ、一揆を主導した伊手村の清三郎は「近年諸上納別て過分之御取立て被成置候故、御百姓相続申様無之候方より此集会仕候、乍恐御取次御吟味被成下度奉願上候」と述べたという。家老は願書を受取り一揆勢はいったんは解散した。しかし騒動はこれで収まらず、四月から五月の初めにかけて蜂起当初の村々をこえて江刺郡全体に拡大し、さらに周辺各

郡の村々にもおよんだが、各地の一揆勢はそれぞれの所在の領主の説得により願書を提出し、あるいは藩主への取り次ぎを約束することによっておおむね騒動を収めることになったという。一揆の要求はさまざまであった。藩による不当な課税や借上げあるいは買米制の是正、郡村役人の不正の弾劾など、窮迫した農民の救済を求めるものであった。一揆主謀者の断罪については、伊手村清三郎と胆沢郡中野村山伏正覚坊の二人が処刑されている。一連の騒動の終息を受けて、仙台藩は従来の郡村の支配方法を改め、それまで全領で二十八人いた代官を十九人に減員するなど地方役人の大幅減員、地方役人の廻村禁止、郡村の諸経費の厳正な使用、年貢先納の削減などのいわゆる「寛政の御転法」が実施されている。

玄白はこの騒動の発端のところについて、その発生から二か月ほどして「日録」に記していることになるが、一揆のその後の広がりを把握していたかについては不明である。

「浅川騒動」は越後高田藩の飛び地である奥州分領に起きた一揆である。越後高田藩榊原政敦は高田城付六万七四八四石余の外に、奥州分領として石川郡浅川町（現、福島県浅川町）に陣屋を置き、白川郡の内に五十四村、石川郡の内に四十三村、岩瀬郡の内に十七村、田村郡の内に九村、計一二三村、八万四六三六石余を支配していた。分領の石高は高田城付領を凌駕しており藩財政のうえでもきわめて重要であったが、分領全域を十二組に分けてそれぞれに大庄屋を任命し、その配下の庄屋、組頭を通して在地の支配を図っていた。大庄屋は中世的土豪の系譜を引く者が多く村落最上層として士分に準じた待遇を受けていた。また分領では大庄屋に劣らず権威をふるった駒付役が存在した。駒付役は、領内の二才駒の競りを行い藩の御用馬を選んで安く買上げること、その残りを売買させた価格に応じた運上金を徴収すること、毎年領内を廻村して産馬数を記録することなどのことにあたっていた。高田藩は宝暦地震や天明飢饉などで財政は逼迫しており、しばしば年貢先納金や御用金を課していた。寛政九年、浅川陣屋領は天候不順、雹害で苗代が壊滅状態となり村々では年貢軽減を求めたが、大庄屋はこれを藩に取り次がず例年通りの年貢割り付けを行った。

こうして、浅川騒動は寛政十年正月二十四日に石川郡宮村の金山組大庄屋石井亦左衛門方の打ちこわしに端を発して、奥羽分領の南郷（白川、石川両郡）から北郷（岩瀬、田村両郡）に広がり全域に拡大した。二十六日までに打ちこわしを受けた大庄屋は十二組のほとんど全員におよび、そのほか庄屋、駒付役、組頭、駒付役の手先であった馬喰など八十八軒が襲撃された。一揆勢は大庄屋ほかの村落支配層の居宅や家財を徹底的に破壊するだけでなく、借金証文を奪い、帳簿から負債を抹消させたという。浅川陣屋の職制の筆頭者である領奉行伊藤勘左衛門（五〇〇石取）も出馬して一揆の説得に当たったが効果がなく、隣接の白川、棚倉両藩に出兵を求め、白川藩からは四八〇人、棚倉藩からは一五〇人が派遣され浅川陣屋の警備に就いた。さらに三春藩は一八〇人、二本松藩は一四〇人をそれぞれ浅川領と自領の境に配して警戒をした。二十六日夕刻には、一揆の集団は浅川町に押し寄せ陣屋の背後にある城山に立てこもった。領奉行伊藤以下の陣屋役人は白川、棚倉両藩兵とともに鉄砲三百丁を使用するなどして鎮撫に務めたが制圧しきれなかった。その一方で、二十七日には今回の騒動の責任は問わないこと、窮迫者には手当金を与えること、大庄屋以下の諸役人は謹慎させることを通告し、このためか領内は沈静に向かう兆しが見え、二月四日、金山村郷士鈴木傳左衛門らが領内の村々を廻り村毎に一〜三両の手当金を配り先の通告を実行した。三月晦日には打ちこわしを受けた五人の駒付役を罷免し、四月に入ると納縄のうちの代銭上納分の免除、追駒役金や駄馬冥加銭の減免など農民の負担軽減を図った。四月二十二日には一揆の首謀者として二十六人が逮捕された。また、大庄屋以下の村役人層の不正を追求し、場合によっては役儀取り上げ、家財没収のうえ所払いの処罰する方針が示されている。翌十一年二月には駒付役五人のほかに大庄屋十二人が罷免され、一か年に限ってそれぞれの代行者が任命された。同時に、白川郡釜子組上の出嶋村半十郎、同村左源次（牢死）、同村喜曾右衛門が一揆首謀者として断定され処刑された。また分領の全村に対して高百石につき銭二貫文の過料が課せられている（北島正元「寛政十年浅川騒動覚書」、『福島県史』8）。

この浅川騒動について、玄白は寛政十年二月十二日の「日録」に、

去月廿二日、奥州ニて高田領百姓蜂起、所々大名主、小名主其富家ヲ打破、麻川［浅川］陣屋近所へ集り凡一万余人之由、所々郡代其意趣相尋候処、此地斗名主共不破余八万三千石分、名主ハ皆打破候間、御免相願候よし。然ハ勝手次第と申所、其分破却シ、序ニ油屋何がしも可破と集候所、陣屋へも人数入込候故、不届者とて番題鑓ニて両人突伏候得者、余者も相伴ヒ刀を抜連切立、白川より四百人、二本松より三百人、三春より二百人、棚倉より三百人、加勢の人数同しく抜連切立候故、即死三十人余、怪我人七十余有之、其余如雲散、当月四日迄ニ皆納り候よし。

と記している。五日後の同月十七日にも全文一三〇〇字を超える、「日録」の記事としてはかなり長文の「浅川騒動記」と題する文章を書きとめているが、これを典拠としてその要旨を十二日の「日録」に書きとめたものかと考えられる。両日の記事を重ね合わせて読むとおおよそ次のようである。領内の「大名主」（大庄屋）、「小名主」（庄屋）その他の富家を襲撃しながら一万余人におよぶ一揆勢は「麻川」（浅川）陣屋近くに押し寄せてきた。「郡代」（領奉行）が一揆の意図を質すと、領内八万三千石を治める名主どもをことごとく打ちこわしたいと願っているという。それは勝手次第と応えると大小庄屋二軒を打ちこわしたついでに、「御会［ママ］米問屋」を営んでいる「甚悪事仕候者」である「油屋右近」方を打ち壊すべしとして集合している。また、陣屋へも侵入しようとしているので「不届者」として領奉行も槍を提げ、刀を抜き一槍で二人を突き伏せた。白川藩、棚倉藩ほかの加勢も得て死者三十人余、手負い人七十人余を出して制圧された一揆勢は漸く退散し当月四日まではすべて収束したという。浅川騒動については、北島正元「寛政十年浅川騒動覚書」の主要な拠り所となった『寛政十年正月浅河騒動記』『浅川騒動

見聞録』『寛政十年正月奥州浅川御領内百姓騒動之一件』などのほかにもさまざまな記録史料が相当数残され、関係自治体史、あるいは『編年百姓一揆史料集成』などに収録されているが、玄白の記録した「浅川騒動記」はその末尾に「二月三日」の日付を記して、さらに「遂啓申上候」との書き出しで二本松藩、三春藩からの援兵が「二月三日晩ニ引取申候」云々などと伝え、「扨々此辺大乱にて騒々敷義御座候。左之通申上候」と結んでいる。原本はなお後続の文章があったものであろう。管見の限りでは「油屋右近」の名を伝える記録は他に見ない。いずれにせよ、騒動が起こって一か月足らずの内におそらくは江戸のいずれかに伝えられた情報を玄白は入手していたものと思われる。

「村山一揆」は享和元年六月末から七月はじめにかけて、出羽国村山郡内の天領および天童、山形両藩領の九十七箇村にまたがる広域に起きた一揆で、玄白は七月八日の「日録」に、「山形土寇沙汰」云々として次の通り手短に記している。

□州山形土寇沙汰来〔　　〕鉄砲鑓等持来云。別紙□玉蔵鉄砲打払被仰付〔　　〕

虫食い箇所があり詳細は読み取りにくいが、事件の起きたことをほとんど時をおかずに記録していることになる。村山一揆の事件の背景には前年来の米の不作、米価の高騰に加えて特産の紅花の不作と価格の下落があった。六月二十七日の天童城下の商人宅の打ちこわしを発端として、翌日にかけて天童城下商人と周辺の村々の豪農宅の打ちこわしに拡大した。また一揆側への酒食の饗応と詫びによって打ちこわしを回避した家もかなりあった。二十九日には山形城下近郊の沖の原に二千人ほどの一揆勢が集結し城下に入ろうとしたが、藩は三方面に合わせて一二五〇人余の家臣団を配してこれを阻止した。一揆勢は藩役人に対して、米価の引き下げ、酒値段の米価並み引き下げ、質物利下げ、油かす・米糠肥などの直売り、米買い占めの張本人と目された山形四日町の呉服屋新五兵衛宅の打ちこわしを要求したが、藩は城下への侵入を否定した外はこれを受け入れた。七月五日には代官手代市村宗四郎は寒河江代官所において村山郡内の幕府領、私領全体の会議を行い、米価を三斗五升入り一俵金一分二朱を銭一貫二〇〇文に引き下げ、質物利息を二割から一割二分五厘に引き下げるとの触を村々に伝達し、さらに村々の有力者に一升銭二十文の米の安売りを命じ、ほぼ一揆の要求を入れる措置を講じた。仙台藩、新庄藩、米沢藩など隣接諸藩の出兵もあり騒動は収束し、その後、一揆参加者の探索、捕縛、取調べが行われている。

捕縛者の吟味は寒河江陣屋で行われたが、五十人を越える逮捕者の江戸送りが八月から翌年の享和二年一月にかけて数次にわたり行われている。四月には勘定奉行菅沼下野守により処分が下った。沼沢村の医師寿仙は獄中で没しているが、頭取として徒党を組織した久野本村友吉宅および後沢村伊助宅を打ちこわしたことにより、存命であれば獄門として処罰され、ほかに、遠島五人、入墨追放八人、逼塞一人、手鎖六人、闕所六人、九十五箇村にそれぞれの村高に応じた過料銭が課されるなどの処分が下されている。重罪処分者の中には寿仙のほかにも処分前に獄死、病死あるいは所在不明となった者もかなりある。一揆勢の身分、階層などについてみると、頭取もしくは頭取の風聞のある者のうちには無宿者も含まれていた。たとえば天童町の打ちこわしを指揮し、谷地村の藤右衛門宅では川東騒動の大将と称して金十両を強要し、捕縛後の取調中に病死したという大五郎がそれである。一揆の一般参加者にも打ちこわしに止まらず窃盗などの逸脱行為に及んだ者がかなり存在した。たとえば、山口村の百姓藤七倅権治は近村で打ちこわし参加を強要し、河原子村治郎七宅へ礫(つぶて)を打ち、山口村傳左右衛門は山家村の若松本寿院を打ちこわし頭取に次ぐ不届きとしていずれも遠島となっている。河原子村の百姓清三郎倅太郎は頭取に続いて徒党参加者を募り、本寿院の打ちこわしの際に刀や衣類を盗んだが、存命ならば遠島という処分を受けている。同じく河原子村の百姓清八も本寿院を打ちこわし窃盗に及んだが、盗品は村内小原寺等の扱いで内密に返却するも過少申告をしてすべては返さなかった。存命であれば入れ墨の上、放ちという処分となっている。山家村の本寿院が打ちこわしの対象になった背景には、本寿院が地主経営と中下層農民への金融を行っていたことがあった。

玄白は「日録」の記述の中で一揆の集団について、多くの場合「雑人」、「雑人党を結ぶ」、「百姓徒党」といった表記をしているが、村山一揆については「土冦沙汰」と記している。いずれも単に百姓の蜂起の意と見てもよいであろうが、「土冦」の語は土着の暴民、徒党を組んで悪事をはたらく盗賊といったかなり強い意味を含んでおり、窃盗などの逸脱行為のあったこの一揆について、玄白は「日録」への記載以上に具体的な状況を把握していたことを想定しうるのではなかろうか（「村山郡一揆記」『山形県史』第三巻、『山形県史』第三巻近世編下、藤田覚「天明・寛政期の農村構造と「豪農」―享和元年村山一揆の前提―」、坂本達彦「享和元年羽州村山一揆の再検討―一八世紀後半の地域社会―」）。

四、田沼失脚と定信政権誕生

天明七年正月朔日に始まる「日録」の冒頭の数年間は、ちょうど田沼意次が失脚し、松平定信が政権を担当していわゆる寛政改革を推進した時期に重なっている。

天明六年八月二十日、十代将軍家治が没し、田沼意次が老中職を罷免され雁間詰に移されたのは同月二十七日のことであった。さらに閏十月五日には意次の加増の二万石の削減、大坂の蔵屋敷および江戸の役宅召し上げ、三日以内の役宅立ち退きが命ぜられている。同じ日、意次の腹心ともいうべき勘定奉行松本伊豆守秀持がその職を解かれ、采地五百石の半減と小普請入りを命ぜられている。玄白がこの政変の行方について注視していたらしいことは、この間の幕府内部の主要な人事をほぼもれなく把握していたかにみえる「日録」の記録に明らかに窺えるところである。以下、田沼の失脚から定信政権の誕生に至る経緯に関わる天明七年の「日録」に記された主要な記事についいて取り上げてみよう。

「日録」の天明七年十月二日には、「田沼主殿頭相良城地竝二万七千石被召上、下屋敷へちつ居〔蟄居〕、嫡孫龍介□地一万石被下」とあり、同四日には、「岡部上総守様相良城受取被仰付、□□□在番被在番、御使番永井伊織、久留十左衛門引渡被仰付」とあって、意次への追罰として田沼の下屋敷への蟄居と相良城および領地の没収が宣告されたこと、嫡孫龍助には一万石が下賜されたことなどが手短に書きとめられている。「十月二日」という日付は「徳川実紀」(「文恭院殿御実紀」『続徳川実紀第一篇』)などの記録に同じであり、玄白がこの情報をその日のうちに把握していたとみてよいであろう。

そして、十月五日にはまず「□□直」とあってこの日が玄白の藩邸への当直であったことが記されたあとに、意次に告げられた処分仰渡しの全文があらためて次のように記録されている。

> 相良侯被仰渡、田沼主殿頭義□中不正之取斗有之に付、已ニ御勝手向も甚御差支相成、御先代御病中達御聴、御沙汰之趣も有之竝事実遂に達御聴候ニ付、右御趣意を被為継此度二万七千石御取上隠居被仰付候、御下屋敷蟄居仕、急度可相慎旨被仰付候、主殿頭義御先々代御取立之義ニ付、御先代ニも御宥恕共之御旨有之ニ付、嫡孫龍助へ為家督一万石被下置、遠州相良城被召上差控□□候様被仰付候、倩右之者親類知己間懇意者有之候共、一切御構無之候、此段何も相心得候様に被仰出候。以上。

老中在任中の田沼の不正により幕政に支障が生じたことは、すでに先代将軍家治も知るところとなり領地召し上げなどの処分がなされたが、先々代将軍家重による取り立ての縁故も考慮されて嫡孫への家督相続が許されたと仰渡しは述べている。さらに、「日録」の十月六日には、「今日相良表取〆大久保忠兵衛、井上平兵衛被差遣」とあり、また、十二月八日には「相良城取潰、本田、井上、西尾被仰付」と記されている。意次をめぐる事態の推移に玄白が終始目を向けていたことがわかる。

天明七年四月十五日、将軍宣下のことが行われ前年八月以来空位だった将軍職が継承されている。同日の「日録」には、「将軍宣下。□」とあり、さらに、「今日御大礼の前、戸田中務と申□持頭御殿中ニて卒倒スト云」、「今日西丸□□蟬鳴云」と書き添えられている。また、同月二十二日には「昨日将軍宣下、御祝儀大名、旗本被仰上、清水御用人□ニて死」と記されている。将軍宣下の儀礼を終えて、十六日には公卿供応の演能、十八日には勅使等への賜物のことがあり、二十一日、二十二日、二十三日にはあらためて諸大名以下の将軍への拝賀のことが行われている。江戸城中の動向の一端が玄白のもとにももたらされていたことがみえる。また、将軍宣下のことがあった前後に行われた一橋家に関わる幕府の人事三件が「日録」に記録されている。

①「今日□[一]橋□□□廿四人被仰付」(四月十日)、読み取れない箇所があるが、これは「徳川実紀」にこの日のこととして「民部卿治済付旗奉行格用人手伝猪飼茂左衛門某始め其他のもの二十三人共に治済卿付属となさる」とあることをさすとみてよいであろう。将軍家斉の実父治済付きの人事が発令されている。

②「村山君一橋御用人被仰付」(四月二十四日)

③「此[此頃カ]山川下総守一ツ橋御付被仰付」(七月二十五日)、これは「徳川実紀」の七月十二日の記事に「目付山川下総守貞幹、一橋家司命ぜられ三百石の加秩ありて実禄五百石となる」とあることに符合する。目付山川を三百石の加増で新たに一橋家の家司とする人事であった。

「日録」の天明七年五月三日には、「此頃横田筑後守三千石、小笠原若狭守二千石御加増」とあって、横田、小笠原の二人にそれぞれ加増があったことを記録し、さらに同じ五月の二十九日には、「横田筑後守御役御免、菊□□□□、田沼能登守同、今［　　］ト云」との記事がある。「徳川実紀」によれば、「御側申次横田筑後守準松、菊の間縁詰を命ぜらる」とあり、将軍側近として田沼意次を支えた横田が罷免されたことを伝えるものである。太田南畝『一話一言補遺』に収録された覚書「天明打こはし一件」のうちに、「横田筑後守御役御免の事」として次のような挿話が記されている。

此筑後守事、五月朔日三千石御加増、都合九千五百石となり、同十五日御加増御礼金高□差上之、日増其勢ひ強き事飛鳥も落る気色、皆人羨敷思ふ処に、同晦日退役被仰付寄合衆と成は手の裏をかへすが如く不首尾、いかなる故にやと思ひし折から、或人云、今般町方打こはし騒々しき事とも御聴に達し被遊御尋候処、世上唯御静謐と計申上しに、大奥向女中衆より町方大騒動の事聞し召驚かせ給ふ。一体上には御仁心に渡らせ給へば、常々万民の患苦無之様にして取らせ度、思召しの厚きといへとも、佞人御側に有之、繕ひ言上しける故、上には御正直の余り、欺れ給ふは御尤の御事なり、右の騒動聞し被及〔ママ〕せ給ふ事を御憤り思召、不届きなりとて退役被仰付しと云々。

（「新百家説林」『蜀山人全集』第五巻）

三千石の加増で合わせて九千五百石となり、飛ぶ鳥を落とすといわれたほどの権勢を誇った横田の免職は、この頃に起きた江戸市中の米騒動について、将軍家斉が状況を尋ねたところ静謐で別段かわったところはないとのこたえであったが、大奥の女中衆から「町方大騒動」と聞き、それが虚偽の言上であることが判明したためであるというものである。また、五月の当番であった南町奉行曲淵甲斐守も米騒動による市中の混乱の責めを問われ転役を命ぜられているが、玄白は六月一日の「日録」に、「曲淵甲斐守様御役替、西丸御留守居」と記し、十日には「今日石戸〔河〕土佐守殿町奉行被仰付、若州［　　　］」としてさらに後任人事も書きとめている。

横田の免職が実際に十代半ばという若年の将軍自身の意思によるものであったのかは別にして、この時期には幕府内における田沼派の勢力は完全に後退したといってよいであろう。六月十九日、そのことを象徴するように松平定信が老中首座に就任している。同日の「日録」には、「松平越中守様御老中被仰付」とあり、二十六日には、「松平越中守西丸丁久世屋敷へ、久世殿横田屋敷へ、横田本庄越中殿やしきへ替」、「加納遠州公御側頭被仰付」とあって、定信の老中就任に伴う屋敷替えのことなどが記録されている。さらにこれに続く年末まで次の十五件ほどの人事情報が丹念に書き留められている。引用部分の（　）内の注記は筆者による。

①「此頃奥□□□大前熊□郎西御門番頭被仰付」（六月二十四日）

②「山河五左衛門御徒士□被仰付、十石□□萩山半太夫二十石加増」（六月二十五日）

③「北条金太夫二十石御加増三十石御足高、大目付被仰付」（七月七日）

④「本多伊勢守若老（若年寄）被仰付」（七月十八日）

⑤「此頃御番頭野瀬、小笠原依願御役御免」（八月二十四日）

⑥「此頃御番頭大勢出来ル」（八月二十八日）

⑦「伊井掃部頭様（大老井伊直幸）御役御免、御刀御拝領、御用台立入候様被仰付」（九月十一日）

⑧「此□(土)山惣二郎と申御天守番の頭、妻と妹を連出奔ノ「　」妻女と申ハ元菅沼殿腰元たりしか、其後吉原大□字屋の遊女となり、たか袖と申き、其時お為の歌に、今ハはやたか袖ふれん梅の花浪華のこともしのふ世の中と読て贈りけり。今度土山殿母義を棄られしよし、御勘定吟味役の時の悪事ゆへと云ふ」（九月二十日）

⑨「土山惣二郎入間郡日暮里村ニて被召捕。同類石田儀右衛門佐倉海道ニて自殺と云ふ」（九月二十八日）

⑩「丸毛和泉守御役（京都町奉行）御免、村山元格御番入被仰付」（九月二十九日）

⑪「池田修理大坂町奉行被仰付」（十月二日）

⑫「去ル五日、大嶋庄左衛門番頭被仰付」（十月二十一日）

⑬「去十日、御広鋪御用人名取半左衛門殿御役御免、御寄合入、是ハ御丸[本丸カ]丸御留守番明候故、御役替可有之沙汰之所、去月廿七日御奉書来候所、病気と称し出不被申候よし、是ハ御役料の内転役候得者百俵減を怖しなり、

然に其事上々御察悪せ給ふとや、御役御免と云ふ」（十二月十五日）

⑭「土山一件、今日御仕置済、松本伊豆守□□被召上、赤井越前守［豊前］半地御役御免、小普請入」（十二月五日）

⑮「今日戸田因幡守御役（京都所司代）御免、松平和泉守御諸司代［所司代］被仰付」（十二月十六日）

⑧⑨⑭は、勘定組頭土山宗次郎（惣二郎）の出奔、断罪にいたる経緯を記録している。土山宗次郎は勘定奉行松本伊豆守秀持、赤井豊前守忠晶の配下で蝦夷地開発案の調査、検討などにも参画している実力者であった。戯作者平秩東作らとの交流もあった人物である。玄白が「御勘定吟味役の時の悪事」と書いているのは、越後米買上げ、仙台米御蔵納めをめぐる不正、横領事件である。天明六年二月、土山の進言により普請役石田儀右衛門が越後米御買上御用として越後に派遣された。さらに土山は江戸の飛脚問屋十七屋孫兵衛、山城屋宗左衛門、京都の近江屋五兵衛らに仙台米の御蔵納を引き受けさせることを画策した。これらの過程で、土山の買い上げ代金の一部着服、幕府貸付金の不正流用などが発覚し、天明七年十二月五日、赤井豊前守の領地千四百石半知召し上げ、小普請入り、松本伊豆守の領地二百五十石のうち百石の召し上げ、逼塞の処罰のほか、土山ほか四名の死罪、遠島二名を含んで、関係者約五十人におよぶ大がかりな処分が行われ落着している。なお、玄白は十二月二十五日の「日録」に、近江屋五兵衛方の「状くばりの子茂助」が主人に処罰の及ぶことをおそれて、五兵衛の身代わりとして江戸に送ってほしいと望んだがかなわず、結局のところ五兵衛は入牢、処刑され、茂助は「今は乱心同前たりしよし」と書きとめている。土山をめぐる一連の事件の広がりの中で、かなり細かな周辺情報まで掌握していたらしいことがわかる。

この土山一件について、そのあらましを「徳川実紀」は十二月五日の記事として次のように記している。かなり長文の具体的な記述となっている。

寄合赤井豊前守忠皛勘定奉行職にあるうち、買上米穀により不精の事ども聞へければ、采邑千四百石の半を削られ、小普請に入れられ、小普請松本伊豆守秀持同じ事により、再び采邑弐百五十石の内百石を収められて逼塞せしめられる。二丸留守居飯塚伊兵衛政長勘定吟味役勤務の節、買上米穀の事もて御前をとゞめられる。富士見宝蔵番の頭土山宗次郎孝之勘定の組頭職務の節、身持不宜、遊女に馴染、身請致し妾に召仕、且さいつ頃娘病死を官長へも届も致さず、うち〳〵幼稚の娘貰請、娘両人と書出し、そが上勘定組頭の節、買上米穀の事にて彼是御後闇事ども多く、果には家出致し、重々不届によって死罪に行はる。又勘定評定所留役長滝史郎左衛門政央、実兄土山宗次郎家出致し、同人娘幼稚のせつ病死を届も致さず、其方親類書にも娘壱人と書出置、兄宗次郎よりは娘両人と偽書出し、ある夜娘両人共宗次郎召連れ夜中忍出しなど、相違の儀取拵申立段、不埒により御役儀召放、小普請入逼塞せしめらる。その他連座のものまた多し。小姓赤井兵庫頭忠郁父赤井豊前守忠晶放たれしにより、奥の勤を許され寄合とせらる。

（「文恭院殿御実紀」『続徳川実紀第一篇』）

ところで、玄白は十二月八日および九日の「日録」を次のように綴り漢詩二首を書きとめている。

十二月八日　晴。月池・二本松見廻。

漫成

凶年已飽食　　凶年に已に飽食し
寒夜且暖衣　　寒夜に且つ暖衣
難忘主恩厚　　忘れ難し主恩の厚き
子孫其無違　　子孫よ其れ違うること無かれ

○相良城取潰、本田、西尾被仰付。

十二月九日　同。直。長坂振舞。菊坂火。夜風。

偶成

天子不得臣　　天子は臣を得ず
諸侯不得友　　諸侯は友を得ず
人生可正然　　人生正に然る可し
何必論身後　　何ぞ必ずしも身後を論ぜん

地震、火災、水害など災害が相次ぎ、さらに飢饉、打ちこわしも頻発している。その上、田沼から定信へと政権も移行するという定まらぬ世情の中にあって、幸いにして飽食、暖衣の不自由のない暮らしが可能であるのはひとえに主恩の厚いことによるのだと詠み、また、天子は臣を得ず、諸侯は友を得ていないというが、人生はとかくそうしたものであり必ずしも死後のことにまで思いを致すこともないのではないかと、状況を醒めた目で達観して詠じている。この頃の玄白の心境をみることができるようである（「文恭院殿御実紀」『続徳川実紀第一篇』、山田忠雄「田沼意次の失脚と天明末年の政治状況」、藤村潤一郎「天明七年御買上米一件と飛脚問屋」、井上隆明「土山一件と寛政黄表紙」『近世文芸論叢』、三田村鳶魚「未遂既遂の米暴動」『三田村鳶魚全集』第六巻）。

定信が老中首座の位置にあった天明末年から寛政期にかけて、玄白は先にみたような幕閣の人事情報にとどまらず、種々の幕府の布達などについてもかなり丹念に把握して記録している。以下、主要な事項について瞥見してみたい。たとえば、天明七年七月五日の「日録」に、「当月朔日、表向下役人に上意之趣」として、「有徳院様以後は代々の思召行届候様ニ相心得何も出精可相務との事」、「上意之趣何も厚く相心得御為第一□□□主□□□出精致相勤可被申候。又心得之覚越中守殿御読後心得之趣沙汰致置候」云々とあり、吉宗（有徳院）の享保改革政治以来の歴代の幕政を滞りなく継承していけるよう、諸役人に対して精励をもとめるという当代将軍家斉の上意があり、その趣旨を老中松平定信が伝えたというかなり長文の記事が記されている。「徳川実紀」によれば、当日は黒書院に将軍の出座があり、「布衣以上の輩一職一人づゝ拝謁命ぜられ御懇詞あり。入御の後宿老松平越中守定信、阿部伊勢守政倫解諭せらる」とあって、老中から上意之趣旨が説かれたという。江戸城中における応答がほぼそのまま数日の内に玄白の知るところとなっていることが分かる。

同年十一月二十日の「日録」は、「当時、従公儀遂々仰出候趣、及承候義ニも可有之□此之者兼て被仰出候義ニ候得共、参会贈答之義不及申勤服等の義、尚又倹約質素可被申合、此段申談」とあって、かねてよりの公儀（幕府）からの質素倹約の指示につきあらためて申し合わされたとして、次のように記している。すなわち、昨年の「御領分」（小浜藩）の年貢収量が減少し、当年の「御賄金」が不足することは各々すでに承知の通りであるが、さらに当夏の江戸表の騒動で米価が高騰し月々の賄金が増加して上方ならびに国元の借金が一万両に及び、江戸表の当座の「才覚」も過分に行われている。当年の「御領分作方」は良いようでありその他返済筋の取り扱いも進んでいるが、何分にも「調達金」が莫大でありとても十分に返済が行届いていない。右の次第について銘々覚悟し「諸事質素御為筋ヲ」もって専ら相勤め、「諸役御倹約之義」につき追々仰せ出されの通り厚く心を用い取りはからうよう仰せ出されたというのである。

天明八年四月二十七日の「日録」には、幕府が南鐐二朱判の鋳造停止と丁銀増鋳について次のような触れを出したことが記されている。

> □〔此〕度弐朱判吹変差止（ふきかえさしとめ）、丁銀吹方被仰付、勿論弐朱判義ハ永代通用可致□被仰出候、猶又諸式直段正路ニ相守り下直ニ致し候様、江戸京大坂町々は相触、只今迄遠国等にてハ弐朱判通用未致し馴さる場所も有之哉に相聞候、以来永代一統通用之事に候得者少しも無指支候通可致候、右公儀御触。

南鐐二朱判は「二朱」という金貨計数名目をつけた銀貨で田沼政権下の安永元（一七七二）年に発行されている。弐朱判八個をもって金一両とする金名目の定位貨幣としての銀貨であった。品質がその名目価値に及ばず流通範囲が三都に偏在したことなどから、金および銭相場の下落と銀相場の高騰をまねき、三相場の不均衡が天明末年の物価高が生じた原因のひとつとされていた。回収した二朱判を丁銀に吹直し寛政元年正月に焼失した御所造営費用に充てるなどのことが行われている。この触れは『江戸町触集成』（第八巻）によれば、町年寄喜多村あるいは奈良屋を通じて、「日録」への記載より二週間ほど早い「四月十一日」には各町に通達されていることが分かる。

寛政元年二月二十二日の「日録」には、去る十七日の「白川殿被仰渡候御書付写」として、老中松平定信より奥医師への訓戒が示されたことが記されている。奥医師は家業として医業をもって特別に世禄を得ているのだから、格別の出精を心がけねばならない。近来は調薬のことも名目のみになって他にゆだねるような宜しからざる風儀がみられる。平生将軍のお側近くにも控え、また大奥へも出向く者として格別に身を慎まねばならないというのである。同年五月二日には、「御番医坂真□、御外科岡田養泉」両人へ若年寄安藤対馬守信明より桔梗の間において伝えられたことの写しが書き留められている。「代々医業の義、別て出精致御用に相立候様心懸けの義御為の事、且は銘々の先祖へ対候ても可為本意に候。殊に医業は大切の職業□人命被預候義を怠り可申様無之義候」とあって、奥医師に向けられたとほぼ同趣旨の訓戒であった。さらに、その身一代の精励の甲斐なく後継者に医師としての人を得ない場合は家督等の際に減禄を命ずることもある。また追々修行を遂げ出精に及んだときには旧禄に復し加増のこともあるので心して精励すべきであるとも言い添えられている。

「日録」の寛政元年三月十八日には、服飾、玩具などの贅沢を禁止する触れが全文書き出されている。すべて「奢りたる品」を拵えてはならないという元禄・享保年中の触れの趣旨を忘れぬよう改めて通達するとして次のような事項が列挙されている。

○火事羽織、頭巾に「結構之品」は無用であること。火事場纏に錫箔は無用であること。
○能装束、女性の衣類に「大造成織物、縫物」は無用であること。

○はま弓、菖蒲、甲、刀、羽子板などに金銀かな物、箔を用いてはならぬこと。
○八寸以上の雛人形、翫び人形の類は無用であること。それ以下のものは粗末な金入りどんす類の装束は許されること。雛道具の梨子地、紋所以外の蒔絵は許されないこと。
○櫛、笄、簪などに金は決して使用しないこと。銀鼈甲も「大造」でなければよいこと。細工が入り組み目立つ飾り細工の高価な品は売買をしてはならないこと。
○煙管そのほか持ち遊び同前の品に金銀を使い、蒔絵を施すなどはしないこと。

玄白がこのことを書きとめた翌四月十九日の「日録」には、「瀬川菊之丞、市川團十郎着美服候ニ付□に成と云」とあり、同月三十日には「瀬川菊之丞着服の事相済、衣類取上□□くわれう〔科料カ〕被仰付と云」として、菊之丞、團十郎が服飾の奢侈禁令に触れて処罰されたことが記されている。

同年九月二十八日の「日録」には、「今度惣蔵宿共被仰渡写」が記録されている。九月十六二日に町奉行初鹿野河内守の役宅に蔵宿（札差）が召し出され、勘定奉行久世丹後守立会いの下に、「天王町組札差　浅草茅町弐丁目家持　坂倉屋清兵衛ほか三十一人」、「片町組札差　浅草旅籠町壱丁目代地新兵衛店　相模屋庄兵衛ほか三十一人」、「森田町組札差　浅草平右衛門町久左衛門店伊勢屋七兵衛ほか三十一人」に対して申渡されたものである。いわゆる棄捐令の発令であった。冒頭に、「其方共御旗本御家人へ被下置候御切米高引取致、世話定式臨時用向をも承、金子貸付渡世の義候処、其方共貸金の義は永々元利之引取に成、数代の借金尽期も無之候間、御旗本御家人は日に月に難渋相増候殊に候」と述べている。そして、貸金高が増しても利下げなどもせず、多分の利潤を取り不届きの奢りを極め、旗本御家人に対し無礼なることもあると聞く。言語に尽くしがたい不届きであり厳重にお咎め仰せ付けらるべきところであるが、御憐愍をもって御宥免なし下されるので今後は身持風俗を改め渡世の分限を守り、旗本御家人へ対して無礼のないよう一同申合せ、貸金利下げと是までの貸金の決済の仕方について「別紙の通」改正する。また、浅草御蔵前猿屋町の空き地に「貸付会所」を建て運営を町年寄樽屋与左衛門に引き受けさせるとしている。札差に直接示されたのは以上の通りであるが、別紙の改正仕法によれば、とくに旧債権の処分法のあらましは次の通りであった。

①天明四（一七八四）年十二月以前の未返済の貸付金と利子は理由の如何を問わず債権を破棄する。

②天明五年四月から寛政元（一七八九）年五月の夏借米までに貸し付けて未返済の元金・利子は一か月元金五十両につき金一歩、年利六パーセントに下げて、知行高一〇〇俵につき一か年元金三両ずつの年賦返済とする。

③寛政元年夏借米から冬切米までの貸付（当借）は年一二パーセントとし冬切米で決済する。

④扶持米取に対する貸付金は寛政元年夏の張紙値段で扶持米を貨幣換算して①〜③を適用する。

六年以前までの貸付金は理由の如何をとわずすべて帳消しとするなどかなり大胆な命令であった。『よしの冊子』はこの棄捐令発令についてかなり多くの挿話、風聞を伝えているが、そのうちからいくつかを摘記してみよう。

①蔵宿御書付是又巨細ニ被仰出、一統越中様を手を合拝ミ候由。アノ様ナ事にどふして御委しい事だ。田沼主殿ハ匹夫から出ても、あんナ下々の事にハ気が付ぬ、越中様ハ大名も大名、田安の御深宮ニ御育被成て、公方様も同様ナ御方だが、不思議ニ下情ニも委く御立入被成、蔵宿の事抔人のしらぬ所迄御気が付た事じゃ。拝借抔ハ幾らも例が有が、今度の様ナ事ハない。年賦棄捐ハ扨置て廿五両壱歩の処計が有がたい。去年から廿両壱歩ニ成と沙汰が有て、そんならバよいがと云た処が、廿五両に成り、五両だけでも余計に有がたいに、まだ年賦だの棄捐だのとハ言語に絶したものだと申候よし。

②蔵宿御書付出候頃にや、本所辺の御旗本蔵宿手代を呼ニ遣候処、使のものへ蔵宿の手代申候ハ、どふして参られませう。まだそなたでハ御存ござりませぬが、蔵宿ニハ大変がおこりました。中々参られませぬと御返事を

申てくれろと申遣候よし。

③蔵宿並ニ御家人へ被仰渡候御書付、一統ニ町家へも相廻候由。是ハ買掛り其外相対借金ハたゞ今迄之通故、安心致せといふ思召を御知せ被成為に、御廻し被成たろふ。難有事じゃ。是でハ御家人から不法をいはれても、此方で一躰を知てゐるからうろたへず困らぬと、町人共有がたがり候よし。

④蔵宿一件、誠ニ前日迄も蔵宿共一向存不申候由。併廿日程前より何か面白からぬ風聞少しヅヽ有之、蔵宿共不快ニ御ざ候由。たとへ蔵宿向被仰渡御ざ候ても、大金之分ハ年賦ニても相成可申、且又利分も廿両壱分くらいニ被仰付であろふから、そこで又願てやつパり利分ハ元トの九分利にハ丈夫に成であらふ。ともくろミいたし居候処、十六日ニ一統御呼出しニてあたまより大に御叱り御座候ニ付、中々兼而の存寄と違ひ、一言半句も出不申候由。成程御政事といふ物ハ先ンを取と、とらぬ所で大に違ひの有ものだ。中々一ト通り被仰付抔といふ事でハいつ迄も煮切まい。あたまから御叱で公儀より御改正と出た所で、ぐっともいふことがならぬハ、気味のよい事じゃと申候さたのよし。

⑤先日軽き御家人、蔵宿へ参り借返しの事相談致候処、蔵宿番頭至て悪口仕候付、堪兼抜打ニ致し候処、鈍刀ニてハあり番頭ハ早く逃、漸く尻を少々切候由。右之事、町奉行へ持出候処、御触間もなき内ニ不届成やつと叱られ、御家人ニは構ひ無御座候由。右之事町奉行より上へ申立候ニ付、西下より又々御書付出御家人をも御いましめ被成たとさた仕候よし。

（「よしの冊子」十一『随筆百花苑』第九巻）

「日録」の寛政二年五月六日には、「人足寄場」の設置に関する情報が四件ほど記録されている。人足寄場は先手頭火付盗賊改長谷川平蔵宣以（のぶため）の建議により、隅田川河口の石川島と佃島の間の葭沼一万六千余坪を埋め立てて設置された。市中の無宿を強制的に収容し、種々の手仕事に従事させ作業の手当は溜銭として積み立てられ出所を許されたときに生業資金として渡すというもので、治安対策であると同時に無宿の授産と厚生を図る社会政策的な側面をもつ仕組みであった。人足寄場の設置計画は二月十九日に発表されているが、「日録」へ記載されたのは五月六日のことである。これまでにも見てきたように、幕府の布告などについて玄白が把握した諸情報は布告の出された当日、もしくはあまり日をおかずに「日録」に記録されることが多いが、この情報の記載までにやや時間を要している理由は不明である。「日録」五月六日の記事は次のように書き出されている。

此度火方盗賊方長谷川平蔵殿□□にて石川嶋佃嶋之間葭□之場所［　　］地面［　　］共々□万坪斗、右溜へ［　　］咎人共之類入置、尤有来溜之定法通、但、咎人共夫々仕覚候細工仕候様被仰付（但、巾着切こもかぶり其外、之に准ずる軽咎人共）、右細工之義は□□わらし縄細引之類何にても仕覚候細工為仕、右稼方見廻り役有之、壱ケ月に四五度づゝ町方より買人を門内に入□調サ申、右代壱人別に委細帳面に記置致勘定、其内より上け致□□精能稼候て身持も直り誠の人に成候者共出所御糺の上、銘々其所江御帰被下候由、誠難有御慈悲に候。唯十五□場所地割御□分相済、追て御普請被仰出候旨風聞右之通也。戌三月十六日。

「有来溜之定法通」とあるのは、新たに設置する人足寄場については、すでに行われていた無宿人を佐渡に送り銀山の水替え人足として使役したり、あるいは更正させて本国に帰す人返しの施策に準じて運営するということであろう。

さらにこの一文に続けて、「同二月十九日松□□□□〔松平越中〕守様被成御渡御書付写」として、

長谷川平蔵

今度［　　］〔無宿共加役方〕人足に被仰付候間、右御用可相勤候場所之儀［　　］〔六石川大隅守〕屋敷辺壱万三千坪□□〔六千三十坪余〕御用地［　　］〔二成、右之内江取建〕被仰付候。御普請奉行〔奉行へ〕相談其方へ受取、地所築□〔立〕等之義追々可被相伺□〔候〕

一、右場〔場所以来〕所加役方之人足寄場と可被相□〔唱候〕

と記されている。「日録」の翻刻には判読できず空欄となった部分が多いが、「公事余筆」を典拠とした『東京市史稿・救済篇第二』に収録されたテキストによって傍記して補った。さらに、二月二十六日に長谷川平蔵に対して渡された人足寄場の運営条規について、人足の作業は各自の得手の作業をさせること、作業に励み渡世を続けられる状況になれば寄場を出て家業につけるほどの手当を支給し身寄りの者に引き渡すこと、寄場諸入用について当年は米五百俵、金五百両は勘定奉行より支給すること等々が規定され、さらに人足の盗み、博奕、徒党などについては死罪、作業に励まず申しつけに再三応じない場合は遠島とするなどの処罰規定が丹念に記されている。

「日録」の寛政二年五月二十七日には、「去ル廿二日松平越中殿御達之由、京極備前守御渡書付」として、老中松平定信から若年寄京極備前守に対して、いわゆる寛政異学の禁令が示されたことが次のように記録されている。

朱学之儀者、慶長已来御代々御信用之御事にて、已に其方家代々学風維持之事被仰付置候義に候得者、無油断正学相励、門人共取立可申筈に候。然所、近頃世上種々新規之説をなし、異学流行風俗を破候類有之、全く正学衰微之故に候哉、甚不相済事にて候。其方門人共内にも右躰学術純正ならざるも、折節は有之様にも相聞如何に候。此度聖堂御取〆厳重に被仰付、柴野彦助、岡田清介義も右御用被仰付候事に候得ば能々此旨申談、急度門人共異学相禁じ、猶又不限自門他門申合、正学講究いたし人材取立候様相心得可申候。右之通林大学へ相達候間、得其意可被談と柴野岡田両氏へも被相談候。

林家の学塾において異学教授を禁じ、朱子学を正学として講究することを奨励した通達である。あわせて、林家塾を幕府直轄の学問所（昌平黌）とし、学問吟味（素読吟味）の試験制度を始めて幕臣の正学学習を奨励し、柴野栗山、岡田寒泉、尾藤二州、古賀精里の四人の碩学を教授として招いている。朱子学を寛政改革の正統イデオロギーに位置づける政策であった。栗山は玄白にとっては養嗣子伯元を託した師でもあり、「日録」には次のようにその動静がかなり詳しく記されている。

○天明七年十一月二日「栗山先生関東へ被召由、初聞」(十一月十五日「伯元状来」、十一月二十六日「伯元〔来状カ〕来」)

○天明八年一月七日「夜栗山着之由ニて玄沢宅□」、一月八日「栗山先生着」、一月九日「朝栗山宅へ参る」、一月十二日「夜栗山先生宅集」、一月十五日「夜栗山先生へ参」、一月十六日「栗山先生二百俵被下御儒者[　　　]」、二月十日「夕栗山先生参」、(二月十一日「京都二日出状来)、同十二日四日「出京状来」、二月十六日「京都伯元七日出状来」、二十三日「伯元着」、三月十一日「栗山夜話」、四月三日「夜栗山へ」、四月二十二日「夜栗山先生方病用深更帰」、五月十二日「夜栗山へ」、六月二十七日「夜栗山先生へ」、七月十七日「今日栗山先生御講釈被仰付」、七月十八日「栗山先生へ祝参」、八月二十一日「栗山先生初御講書」

この頃、柴野栗山は京都在住であった。伯元からは玄白のもとにこの前後の様子が逐一報告されていたようである。また、栗山の江戸出仕を追って、伯元自身も二月二十三日には江戸に到着していた。栗山の江戸到着後、玄白はしきりに栗山を訪ねていることが分かる。栗山が幕府より儒者として「二百俵」を下されたこと、四月二十五日には栗山の診察もして帰宅が深更に及んだこと、七月十七日には、「徳川実紀」にも「林大学頭信敬をりをり奥にて講義すべしとの命を奉る。儒臣柴野彦輔〔助〕邦彦同じく命ぜらる」と記されているように、江戸城中での講義を命ぜられており、さっそく翌日にお祝いに駆けつけていることなどこの頃の栗山の動向が漏らさず書きとめられている(北島正元「寛政改革」『体系日本史叢書2　政治史II』、竹内誠「寛政改革」『岩波講座日本歴史12　近世4』、北原進『江戸の札差』)。

五、対外関係情報

（1）長崎屋・オランダ風説書

表7は「日録」に記された対外関係情報についてまとめたものである。あわせて五十件ほどが記録されているが、この時期にいわゆる海禁環境、すなわちキリスト教禁止という目的のために自国民の海外往来不許可の状態が長期間強制されたこと、より具体的には対馬口、長崎口、薩摩口、松前口という四つの口を通じた該当地大名が請け負う異国・異域との交流・交渉と、民衆の外国渡航・帰国を厳禁する対外関係として定置された体制が揺らぎだした経緯をほぼ跡づける結果となっているということができる（深谷克己「一八世紀後半の日本―予感される近代―」『岩波講座　日本通史』第14巻近世4）。

毎年春に行われるオランダ商館長の江戸参府の際に、一行の定宿となった本石町三丁目長崎屋源右衛門方を蘭学者や医師達が訪問して交流をしていたことについてはすでに述べたところであるが（五九～六〇ページ参照）、「日録」の記事にも玄白が長崎屋に蘭人を訪ねていたことが二件ほど残されている。

ひとつは「夜、長崎屋」と記された天明七年四月十日の記事である。この年の江戸参府では三月十五日に商館長の将軍拝謁があり、四月十四日に江戸出立の挨拶が行われている。玄白の四月十日の長崎屋訪問はこの間のこととなる。『文恭院殿御実記』に、

（三月）十五日（中略）阿蘭陀人を御覧あり。貢物は猩々緋。花色大羅紗。黒大羅紗。青茶色大羅紗。白大羅紗。

24	寛政　8.　9.　30	去月十五日エンゲレス漂流船百十人乗合、内一人ミンホ□と云婦人あり、蝦夷地クナジリへ着無程帰帆、松前侯差控被仰付。	
25	寛政　8.　10.　29	当月上旬異国船房州沖を通御届出。	
26	寛政　8.　11.　25	琉球人着。	
27	寛政　8.　12.　6	琉球人登城。	
28	寛政　8.　12.　9	琉球人見物。	
29	寛政　9. 閏7.　11	先月廿一日銚子沖へ異国船着、別ニ洋中六艘見るのよし、何ノ船と云ふ事不知松前右京公より御届出。	
30	寛政　9. 閏7.　12	当年紅毛着之所、欧羅巴及印度所々戦争ありて、インキリス諸国ヲ乱リ、紅毛商館共被奪ニ付、荷物少ク其上大船ハ軍用ニ用、夫故小舟ニてカビタンも不乗参し由、尤去年来の戦故去年も不来よし申上、其外ヲロシヤ女帝死しトルコト戦ヒ、スウエーテン、マストも乱ルヽよし申上。	「阿蘭陀風説書」情報
31	寛政　9. 閏7.　29	当月九日昼、異国船松前城下着ノ所、□より軍事御備有之処、巳の方へ驚て逃去となり。	
32	寛政　9.　9.　29	先月廿四日異国船朝鮮釜山浦へ着、当月朔日まで未出帆由、御届対州公より七日出来由。	
33	寛政　9.　9.　29	当月八丈沖六十里程先無人嶋へ十四年前土佐船漂着三人之内一人残、不火食五年、其後大坂船薩摩船着、作船都合十四人十三年ニて帰。	
34	寛政　9.　10.　30	当月十五日対州沖地方十里程ニ、異国船数艘大船も交り三ケ所漂ヒ廻リ、浦ト云アタリニて夜中石火矢四ツ程打候所、山谷へ響キ、翌十六日朝迄霞ノ内ニ見へ候所、其後大雨雷風之所、其より行方不知ト御届国君より出。	
35	寛政 10.　2.　25	去廿二日銚子へ琉球人四十人余漂流申。	
36	寛政 10.　2.　30	無人島漂流人松兵衛来同（宴）	
37	寛政 10.　4.　5	此節蝦夷地御用ニて御目付御使番御勘定吟味役御小人目付等大勢発足。	
38	寛政 10.　12.　11	肥前唐人瀬と云所にて先頃和蘭船破損事と云。	
39	寛政 11.　6.　21	「阿魯西亜人射鶴図」（＊原昌盈作）（略）	＊七言律詩
40	寛政 11.　8.　28	今□蝦夷地御目付勝見権二郎［　　　］小人目付西村□□と申両人、羆熊ヲ切留候段達上聞、去ル七月十八日御沙汰あり手□被下。	
41	寛政 11.　9.　16	蝦夷御用人逐々帰る。	
42	寛政 11.　9.　30	蝦夷地御用人遂に帰府。	
43	寛政 12.　9.　15	去月廿五日蝦夷地洪水、且風雷と云人三十人失船四百艘程損ト也。	
44	寛政 12.　12.　15	□此頃遠州□洲か辺異国漂着と云、太田殿西尾［　　　　　　　］（略）	＊寧波船主劉然乙書翰写し
45	享和　1.　1.　18	横須賀返翰（朱書）（略）	＊寧波船主劉然乙書翰写し
46	享和　1.　10.　30	当月肥前五嶋へ異国船漂流沙汰あり、未聞詳。	
47	文化　1.　9.　29	当月七日、魯西亜八十六乗船長崎着、内四人ハ仙台人と云。	漂流民津太夫を伴いレザノフ来航
48	文化　1.　10.　30	当月魯西亜船未決定、長崎に在留。	
49	文化　1.　12.　14	遠山金四郎殿長崎御用被仰付。	

表7 「日録」にみる対外関係情報記事

	年月日	記事	備考
1	天明 7. 4. 10	夜長崎屋。	
2	天明 8. 3. 15	蘭人に逢う。	
3	天明 8. 3. 18	夜長崎屋。	
4	天明 8. 3. 19	夜長崎。	
5	天明 8. 3. 20	蘭人帰足。	
7	寛政 1. 2. 26	紅毛人着。	
8	寛政 1. 2. 28	蘭人□城。	
9	寛政 1. 3. 12	蘭人立。	
10	寛政 1.閏6. 8	当月五月十八日飛驒商人武川［　　　　］并松前役人竹田勘之丞等都合七八十人蝦夷［　　　　］クナジリと云所の夷、月のゐと云もの大将にて□人□□を害と云ふ。別に記あり。	寛政の蝦夷騒動
11	寛政 1.閏6. 28	一昨日津軽大小南部公蝦夷乱□付、御手当被仰付。	寛政の蝦夷騒動
12	寛政 1. 9. 19	蝦夷一件、宝を納降参し月の井、松前へ来云。	寛政の蝦夷騒動
13	寛政 2. 7. 29	今年より和蘭一艘、唐船七艘に定り、阿蘭陀拝領五年に一度と極りしよし。	
14	寛政 2. 11. 21	琉球人着。	
15	寛政 3. 8. 23	蕃船肥後豊前石見加賀［　　　　］。	
16	寛政 3. 8. 30	異国三度、紀州二度西国へ一度来。諸大名御手当被仰付。	
17	寛政 4. 5. 27	海国兵談并三国通覧一件に付、松平陸奥守様御家来林嘉膳同居弟林子平、松平越中殿御指図蟄居被仰付御談。其方儀仮令利欲に不致候とも一己の名聞に拘り取留候義にも無之風聞又ハ推察を以異国より日本を襲候事可有之候趣奇怪異説等取交著述いたし、右之内□御要害之義等□相認、其外地理相違の絵図相添書本又ハ板行いたし、室町二丁目権八店六兵衛方へ相送遣候始末不憚［　　　　］仕方不届之至ニ付、兄嘉膳へ引渡於嘉膳［　　　　］中含候。尤板行物并板木ともに取上候。	林子平処罰
18	寛政 4. 6. 4	当春頃、朽木□□守殿留守居役ノ者異説を唱出候付、公儀より御役被召解其一件ハ、一此度ムスコビヤ大王朝鮮国を随へ□□度々軍使を以申遣候（略）	
19	寛政 4. 11. 24	此節ロシヤ国より日本人漂流者召連蝦夷地参候由、交易ヲ兼願とて松前侯急ニ帰国被仰付并津軽侯御手当被仰付、御目付石川将監村上大学御用懸被仰付、来廿九日発足之由、黄金二十枚ツヽ御手当金弐百両御借金五百両ツヽ被下、御小人目付□早立候由。	漂流民大黒屋光太夫を伴いラクスマン来航
20	寛政 4. 12. 6	此度東蝦夷キイタップ領之内コモロと申所へ差置候私家来方より一昨八日申越候は紀州米塩積候舟伊勢国白子村神昌丸船主彦兵衛船頭幸太夫（略）	松前藩より幕府への報告と措置伺い書面写し。
21	寛政 4. 12. 9	十一年已然寅年駿河沖ニて乗沈候と相聞得候大黒屋光太夫船之義、其節梶を痛漂流仕居半年も過漸島へ取付、其後又々異国□乗組申候。此節東蝦夷地へも着仕候由、（略）	松前藩より紀州藩への報告ほか写し
22	寛政 5. 8. 18	ムスコヒヤ漂流人近頃帰府□。	光太夫江戸着（8月17日）
23	寛政 8. 9. 11	先月十五日蝦夷地クナジリへエンゲレス舟百十乗漂着御届出。	

黒鳶色大羅紗。萌黄大羅紗。黄大羅紗。薄柿色大羅紗、土器色大羅紗。緋へるへとあん。黒へるへとあん。二番紋紗。珍酡酒。葡萄酒なり。

（四月）十四日（中略）けふ入貢の蘭人御暇たまはり時服かづけらる。条約よみ聞する事例に同じ。

（『続徳川実紀第一篇』）

とある。江戸城中において将軍家斉が商館長Hendrik Casper Rombergを謁見し猩々緋など各種の毛織物類や酒類の貢物を受領し、その後一月ほどした江戸出立に際し商館長には将軍より時服として小袖三十が下賜され、また前例にならい「条約」を読み聞かせて確認をするという儀礼が行われている。「条約」とはオランダ人が守るべき条目として幕府が示した次の五箇条で、キリスト教の禁止、日蘭貿易の継続、唐船と琉球船の保護の確認が眼目であった（片桐一男『江戸のオランダ人―カピタンの江戸参府―』）。

1．オランダ人は代々日本との商売を許されてきているが、これまで通りキリシタン宗門の奥南蛮人（ポルトガル人）と通行してはならない。もし通じていることが他の国より知らされてきた場合には日本への来航が停止される。奥南蛮人をオランダ船に乗せて来てもいけない。

2．引き続き日本との商売を望むなら奥南蛮人の動向を長崎奉行まで報告しなければならない。

3．日本に来航する唐船を奪ってはならない。

4．オランダ人が往来する国々の内、奥南蛮人と出会う国があればその国その所の名を毎年来航するカピタンが長崎奉行までつぶさに報告しなければならない。

5．琉球船を奪ってはならない。

この時の商館長随行の書記はRicard、医師はLoth、付添大通詞は名村八左衛門であった。

他のひとつは、いずれも天明八年三月の一連の記事で、「蘭人に逢う」（十五日）、「夜、長崎屋」（十八日）、「夜、長崎」（十九日）、「蘭人帰足」（二十日）とあるものである。この時の商館長 Joha Fredrik Paron van Rheede tot de Parkeler の将軍拝謁は三月九日、江戸出立の挨拶は三月十四日に行われている（『続徳川実紀第一篇』）。商館長随行の書記は Coenraad Jonas、医師は J. A. Stutzer、付添大通詞は名村元次郎、小通詞は本木栄之進であった。

翌年の寛政元年にも記録があるが、この時は、「紅毛人着」（二月二十五日）、「蘭人□城」（三月二十八日）、「蘭人立」（三月十二日）とあって、長崎屋に出向くことはなかったのかも知れない。いずれにしても商館長一行の江戸到着と出立がきちんと「日録」の記事として書きとめられていることには注意をしておいてよい。玄白が新しい知識を求めて「蘭人」に逢える機会を逃さぬよう心掛けていたということが考えられるところである。

寛政二年の江戸参府では二月二十五日に商館長が将軍に拝謁し、三月一日に江戸を立っている。「日録」には関連の記事は見られないが、七月二十九日に、「今年より和蘭一艘、唐船七艘に定り、阿蘭陀拝領五年に一度と極りしよし」との記事がある。今年からオランダおよび中国との交易を縮小し、また商館長の江戸参府を五年に一度とするようになったというのである。『通航一覧』に「寛政年録」および「長崎志続編」を引いて次の二項の記載がある。

寛政二庚戌年七月九日、越中守（按するに老中松平定信）渡、

御奏者番、大目付、御目付江

阿蘭陀人商売高減し之儀被仰付候に付、江戸参上之儀も、御用捨を以五ケ年目に参上、并献上物も是迄之半減たるへき旨申渡候、且又、長崎町年寄并宿老年頭御礼之儀、隔年に出府いたし、町年寄献上物も只今迄之半減たるへき旨申渡候間、可被得其意候

七月（寛政年録）

寛政二年

一近来諸山出銅不進に因て、当年半減商売被仰出、自今年々一艘宛渡来可致、尤銅之儀者六十万斤宛可被相渡旨被命之、且半減商売に付ては、向後江府拝礼之事も、五個年に一度出府可致、献上物幷諸御進物等も半之積りに可心得旨、九月六日甲必丹へ被諭之、且参府休年之節の献上物、幷諸御進物とも半減にて、御役所附触頭、御役所附大小通詞等附添、出府可致旨被命之。（長崎志続編）

国内の銅産出高の減少で、幕府はオランダとの交易を半減し、江戸参府を五年に一度とするとしたのである（「通航一覧」巻二百四十一『通航一覧』第六）。七月九日に老中松平定信のもとで決定し、カピタン（甲必丹）への通告は九月六日であった。「日録」への記載は七月二十九日である。玄白がどのようなルートでこの情報を得たのか興味深い。

なお、唐船の扱いについて『通航一覧』では「長崎実録大成」を引いて、

寛政二庚戌年、諸山出銅不進に付而は、唐船定数是迄一個年十三艘之処、已来三艘相減し年々十艘宛銭氏十二家中合可致旨、四月十八日被命之。已上。（長崎実録大成）

とある（「通航一覧」巻百六十『通航一覧』第四）。「日録」は「七艘」と記していて相違がある。

この新しい取り決めによる第一回の江戸参府が寛政六（一七九四）年に行われたが、続いて同十年、享和二年、文化三年、同七年、同十一（一八一四）年と五年目毎に実施された前後六回の参府の際のオランダ人との対話について、大槻玄沢により「西賓対晤」と名付けられた記録が書き残されている。長崎屋でどのようなことがあったのか「日録」には具体的な記述がないが、その欠を補う貴重な証言である。

寛政六年の参府は三月十五日に長崎を発ち江戸到着は四月二十二日であった。官医桂川甫周は例により対話の伺いを幕府に提出したが、あわせて社盟のよしみがあり同じく阿蘭陀の医学に志している者として、松平陸奥守家来大槻玄沢、松平越中守家来森島甫斎（中良）、松平越後守家来宇田川玄随、酒井修理太夫家来杉田玄白、奥平九八

郎家来前野良沢をとくに同行したいと願い出ている。願書には、

右蛮学同学之者に御座候。何れも蛮書之内年来積疑も御座候。紅毛人え直に質問仕候はば後来考合相成候義も多可有御座奉存候。不苦者御座候はゞ、私対談之砌、右之者共一両人宛同道仕度奉存候。依之御内意奉伺候

とある。その結果、それぞれの藩を通じて長崎奉行にあらためて申請するようにとの指示があり、玄沢の場合は、五月二日に仙台藩留守居役菅野勝三郎の名で、

陸奥守家来大槻玄沢義、桂川甫周様御同学に而蛮書執行仕候所此度甫周様紅毛人え御対談被成御越候節、右玄沢義も附添罷越申候。此段御届仕候

との届けを提出し受理された。翌三日には、

御医師大槻玄沢等紅毛人対談之義勝手次第可被相越候。紅毛人出立も差急候間、数度之対談之間に合申間敷候。尤も桂川甫周同道にもかぎらず壱人立可相越候而も不苦候事。右之書付之趣御座候間、玄沢老御越之節は御届等に不及候。尤長崎屋方へも其旨申置候間、左様心得候様にとの義被申聞候

として、玄沢の「紅毛人対談」を許可するとの通告を受けている。江戸出立も迫っているので数度の対談はできないが、甫周の同伴なく玄沢個人での対談も認められるなど規制は比較的ゆるやかであったようである。

対談は五月四日、五日の両日に行われている。参加者は、四日が官医栗本瑞見、桂川甫周、同甫謙、渋江長伯、ほかに大槻玄沢、森島甫斎、宇田川玄随が加わり七名、五日が瑞見、甫周、佐藤有仙に一橋の医官石川玄常の子息玄徳、そして玄沢、甫斎、玄随が加わり同じく七名であった。

四日は申の刻から二階座敷で対談が始まった。毛氈を敷き並べて長崎奉行の検使、下検使両人が末座に控え、小通詞今村金兵衛が通訳をした。カピタン（商館長）は名をメイステル・ゲイスベルト・ヘムミイといい、喜望峰の生まれで四十二歳、両親がオランダ人であった。前歯が欠けており常に眼鏡を使用していたという。オップルメイ

ステル（医員）は名をアムプロシウス・ロッテウェイキ・ハルド・ケルレルといいホーコドイツの生まれで三十二歳、その学才は審らかにしないがやや志ある人と見えたという。この日は医官たちの質問が多く末座の玄沢たちは対話がしにくかったらしい。玄沢は医員ケルレルの示した外科の書物のうちバウスという人の綳帯（マキモメン）の書について、久しく欲していたもので「一覧してただ渇望するのみ」だといい、また眼科の書物については、小冊子だが「療術薬法等」が詳らかであるとみえ、社中でオランダ眼科の修行を志す人もあるので、「これも亦渇望にたへず」などと記している。またカピタンが蠟細工の人体模型の「首側面」をはずして甫周に示し、さらにケルレルが諸筋脈の名称などをラテン語で指示したという。玄沢は人体模型をみて「頭の切り口より気管、食道及び大給二道見ゆ。側面の額色眼口、半ば開き、其色沢の死相甚だ冷然、人をして獝視せしむ。吾等の如き已に屢々刑屍を解剖して其真を観たるものは、殊に益々感じて不已なり。奇功精妙今に始ぬことながら驚嘆するに堪たり」と述べている。「仏郎察国都、把里斯（パレイス）の婦人」の制作になり「全身備あり」とのことで、「医に志あるものこの物を見れば、直に解剖せずして熟視するに足れり。医家講習の為に設けしものと見へ」、是非購求したいものだとしている。また、最上徳内が蝦夷地より持ち帰り今は某氏の珍蔵する産物を借り出して、それを彼に質したところ多くは皆みたことがなく「一奇観なり」といったが、その中でオロシヤ北辺の地で、彼の地ではオレンといい蝦夷地ではツナカイという凍結した氷の海で舟を牽引する獣の皮角が示され、カピタンが詳しく説明するといった場面もあった。対談の場にはカープウェインとウィットウェインという二種の葡萄酒、コンヒチュールという口取りの蜜漬も出されて勧められたという。

　五日は午前に天文方の佐々木、山路両名が徒弟を率いて来て対談があり、午後申の刻を過ぎて、瑞見、有仙、甫周、玄徳、玄沢、甫斎、玄随たちの対談が始められた。通訳は大通詞加福安次郎であった。今回はケルレルから玄沢に対して貴国にも種痘の法があるかとの問いかけがあった。玄沢が『医宗金鑑』に示された方法に拠り行っていると答えるとそれは中国の方法で実効がない。子どもの左右の二の腕のうちに一箇所小さなきずを作り、そこへ極く軽い順痘の膿水を一点取って差し入れれば、数日の間に痘が現れ甚だ軽く済むという方法があるとの説明であった。玄沢がそれは『ヘイステル外科書』手術部第十五篇にある方法と似ていると述べると、その方法と同じで、より簡便であるとのことであった。ケルレルから桂川甫周に痘瘡書一冊が贈られた。これは他日会読することにしたいと玄沢は記している。さらに一同はケルレルの部屋へ行き「薬籠」をみせてもらう。すでに見知っていた薬もあった。解熱剤キナキナがフラスコに入っていた。ケルレルは、オランダではこれはコールツバストという高貴薬で彼の国でも貧困者達には妄りに用いず、代用品としてエイケボームの皮を使うがこれも効きめがあると述べた。他にも問うべきことが多々あったが、日時も限られ、問う者も多く、わずかに尋ねることができても大抵は半ばに終わり詳らかに出来ないまま薄暮に近い頃長崎屋を辞した。遺憾ながら次の機会を待たねばならないと玄沢は対談の記録を結んでいる。前野良沢と杉田玄白は四日、五日の両日とも不参であった。玄沢は「故障があってついに参会されなかった」と記している（大槻玄沢『西賓対晤』、森銑三「大槻磐水の蘭人訪問」『森銑三著作集』第五巻）。

「日録」の寛政九（一七九七）年閏七月十二日の記事は次の通りである。

十二日　大風雨。所々人家を破る。本庄病用。雨故早ク帰る。当年紅毛着之所、欧羅巴及印度所々戦争ありて、インキリス諸国ヲ乱り、紅毛商館共被奪ニ付荷物少ク、其上大船ハ軍用ニ用、夫故小舟にてカピタンも不乗参し由、尤去年来の戦故去年も不来よし申上、其外ヲロシヤ女帝死し、トルコと戦ヒスウェーテン、マストも乱ル、よし申上。

この日は風雨強く、荒れ模様の中を本庄（本所）方面へ往診に出向いたが、早々に帰宅したと記されている。続いて書きとめられた「当年紅毛着之所」云々の記述は、この年のオランダ風説書の要点を記したきわめて注目すべきものである（片桐一男「杉田玄白と海外情報」）。

オランダ風説書は、オランダ商館長が日本向けの最新の海外情報をまとめて長崎奉行に提出した書類である。オランダ船の長崎来航時に、乗船人員名簿、積荷目録などとともに最初に提出する重要書類であった。これらの書類は入港に先立って長崎奉行が派遣する検使に密封のまま渡された。出島に上陸後、風説書の原文は商館長室で新旧両商館長、船長、検士らの立ち会いの下に開封し直ちにオランダ通詞により翻訳され、その下書きを年番通詞が長崎奉行のもとへ持参し内見に入れて、奉行の許可が出たところで出島に持ち帰り二通の清書が作成された。新旧商館長、通詞目付、年番通詞達が署名押印し再び年番通詞により長崎病奉行に提出され、奉行は一通を密封して極秘の至急便で江戸の老中のもとに送付した。商館長げいすべると・へんみい（ハイスベルト・ヘンミイ Gijsbert Hemmij）の名によるこの風説書の日付は六月二十八日となっている。風説書のような機密性の高い情報が早くも一か月半後には玄白の知るところとなったことになる。玄白が幕閣要路に通じる情報ルートを持っていたことが推定される。

この頃のオランダをめぐる国際情勢は大きく変化していた。一七八九年のフランス革命後、一七九四年フランス軍はオランダに侵入し、翌年総督ウィレム五世はイギリスに亡命し、オランダ連邦共和国は崩壊してバタビア共和国となりフランスの属領となった。このためイギリスと敵対関係になり、イギリスはオランダ沿岸を封鎖し、さらにオランダ植民地を蚕食していった。このため、寛政八年の日本への貿易船の来航はなく、交代すべき商館長の着任もなかった。寛政九年の風説書は二年ぶりのことだったのである。また、来航船はオランダ船ではなくバタビア総督府が雇い上げた北アメリカの船であった。この時の風説書本文は六項目あるが、主要なところは第三項と第四項の二つであって、第三項の文言は次の通りである（幸田成友「寛政九巳年の和蘭風説書」『幸田成友著作集』第四巻、引用以下同）。

一ふらんす国臣下の者共徒党仕、国王幷王子を弑シ、国中及乱妨、阿蘭陀国其外近国よりも同所え押寄及合戦候段、去ル寅年申上候末、臣下逆徒の者共追討仕、王孫の内国主ニ立、旧臣の者守護仕、国中漸平和ニ相成候ニ付、近国和睦仕候、然処ゑげれす国より大事を発、阿蘭陀国え押寄及合戦候末、阿蘭陀所領商館の向ゝえ乱入仕、剰弁柄幷こすとの両商館横領仕候ニ付、弥戦争相募罷在候。

フランスに革命が起き国中が混乱し、さらにオランダその外の近国が攻め寄せてきた。このことは寅年（寛政六）の風説書にも記した通りである。その後、フランスに反革命運動が起こり王孫を擁立して近国と和睦した。ところがイギリスがオランダに押し入りオランダ領各地の商館に攻め入り、とくに弁柄（ベンガル Bengal）、こすと（クスト Kust）沿岸の商館を横領する戦争となったと述べている。フランスに反革命運動が起こったというのは事実ではない。オランダ本国が崩壊したことを伏せるための作文であった。

第四項はやや長文でその冒頭には、

一りゆす国の女帝逝去の末、とるこ国と及戦争申候。デーネマルコ、スエーデン、ノヲルドアメリカ此三国の外、欧羅巴諸州何れも及合戦候段、追々本国筋より申越候。

とある。「りゆす国」はロシア、「女帝」はエカテリナ二世である。この間、露土戦争のほかヨーロッパ、北アメリカ諸国に戦乱が起きているとの本国からの情報があると述べている。つづいて、

ゑげれす国と阿蘭陀国戦争ニ付ては、咬𠺕吧表え通船難相成、委敷儀何分難相分御座候。就夫印度幷咬𠺕吧辺甚及騒動、諸商館の向々も及戦争候も有之、専防戦の手当仕候儀ニ御座候而、前件申上候通、既印度辺の商館所々ゑげれす国え奪取候儀ニ御座候。右ニ付而本国幷印度の諸商館共不穏候ニに付而は、咬𠺕吧表之荷物廻着付仕候儀は勿論、大船の分は何れも軍船ニ相備、敵船を相防候ため、所々出張仕候得は、去年の儀何分御当国え出船の手当難相成、仕出シ不申儀ニ御座候。

とある。イギリスとオランダの対立の結果、詳細は不明であるが、咬𠺕吧（カラパ）すなわちバタビヤへの通船ができなくなっており、インドやバタビヤ辺でも各地の商館がイギリスに奪われる状態になっている。したがって、交易品も十分に用意できずまた大船は軍用に向けられるなどのことで、昨年は日本への来航が叶わなかったと説明している。そしてさらに、今もって戦争が続いておりとくに過半の大船は損傷し、その上咬𠺕吧辺へ数多の兵船が配備されているので、今年も日本への配船は困難なのであるがとして、次のように述べている。

打続両年渡来不仕、殊更外国筋右体之風説不申上候儀、於頭役共も甚以恐多奉存候。依之色々評儀仕候処、迚も是迄乗渡候通りの大船ニ而は、例の乗筋乗出シ候はゞ敵船襲候儀必定の儀ニ而、無難ニ乗通り候儀相叶間鋪奉存候ニ付、例の乗筋よりは東南の方ニ針路を求乗通り候様、頭役共より申付候。猶又別而暗礁多場所ニ御座候得は、其辺案内の船方の者共新ニ抱入、有合の荷物積込、咬𠺕吧出船仕、今日無滞着岸仕候儀ニ御座候。

日本への風説書の提出が二年も途絶するようになってはきわめて遺憾なことであり種々評議をした。日本に向かうについてはこれまで通りであっては敵船の襲撃が必至であり、大船によらずまた針路を東南の方向に取ることに変更した。このコースは暗礁の多いところなので案内の船方を新たに雇い、とりあえず用意できるだけの荷物を積んでジャカルタを出航し今日漸く到着したと述べている。そしてさらに、

当年かひたん交代期年の事ニ御座候えは、是非新かひたん渡来可仕筈ニ御座候処、前件申上候通所々及大乱、殊敵船防のため、諸商館え罷越役掛りの者共数多死失仕、誠に不慮の患ニ依り、無是非新かひたん乗渡不申儀ニ御座候。

として第四項を結んでいる。当年はカピタンを交代すべき時であるが、戦乱によりしかるべき多くの人材を失い、やむなく「新かひたん」を乗船させることができなかったというのである。第三項と第四項を除く他の四項目の要旨は次の通りである。

第一項　当年来朝のオランダ船一艘は五月二十四日に咬𠺕吧（バタビア）を出帆し今日無事に到着した。海上にはほかに類似の船はなかった。
第二項　一昨年当地から帰帆した船は十一月十七日にバタビアに帰着した。
第五項　バタビアの「ぜねらる」（東インド総督）の「あるてんぎ」（ウィレム・アルノルド・アルチング）は退役して、「瓜哇国奉行」（ジャバ北東岸長官兼理事）の「はんおゝふるすたらあと」（ピーター・ゲルハルヅス・フハン・オーフエルストラーテン）と交代した。
第六項　近頃、海上には唐船を見かけない。そのほかとくに変わった風説はない。

玄白が拠り所としたテキストがどのようなものであったのかは不明であるが、これらの四項目を除き、本風説書の要点である第三、第四項の趣旨をほぼ正確に書きとめていることが分かる。「ふらんす国臣下の者共徒党仕、国王幷王子を弑シ」というフランス革命を報じた箇所にふれていないのは意図的なものなのかは詳らかではないけれども、二年ぶりの来航にもかかわらず商館長の交代がないこと、交易品の少ないことなど、オランダをめぐる国際状況の大きな変化を読み取っているといえよう。

（2）琉球国王使節江戸参府

琉球国王使節の江戸参府は、将軍の代替わりを祝う「賀慶使」と、琉球国王の襲封を謝す「恩謝使」として、島津藩主の参勤交代の行列に伴われるかたちで行われるものであった。「日録」の記載期間では寛政二年、同八年の二回実施されている。前者は徳川家斉の将軍職継承に祝意を伝える賀慶使として正使宜野湾王子尚容が、後者は十五代尚温王の襲封を謝して正使大宜見王子尚恪がそれぞれ九十六人の一行を率いて江戸を訪れている。

寛政二年の賀慶使は六月六日に首里城を発ち、九月六日に鹿児島を出発、九州西岸から瀬戸内海を船で進み、大坂でいったん上陸した後、淀川を船行列で上りさらに陸路東海道を進んだ。城下町の通行、宿場町の発着、淀川の遡行の際には「路次楽」を奏した。見慣れない装束や聞き慣れない琉球楽器の奏楽で進む行列はまさに異国・琉球の印象を強く人々に残した。十一月二十一日に江戸に到着、十二月二日および五日の江戸城登城などの諸行事を終えて江戸を離れたのは十二月二十七日であった。翌年三月十七日に鹿児島に到着、十一月十七日に琉球に帰着している。寛政八年の恩謝使は七月十三日に琉球を発ち鹿児島を経て十一月二十五日に江戸到着、十二月六日および九日に登城している。十二日には上野東照宮に参拝し、三十日に江戸を離れ翌年三月二日に鹿児島に到着した。琉球帰着は四月六日であった（横山学『琉球国使節渡来の研究』、国立歴史民俗博物館『行列にみる近世―武士と異国と祭礼と―』）。

琉球使節を迎える江戸市中における対応について、幕府は市中風俗の規制、見物時の不作法の禁止、道路修復、清掃の指示、使節の市中通行道筋の予告、火の用心の注意等々かなり事細かな指示をその都度触れだしている。

例えば寛政二年十一月十日に出された町触には、使節の江戸到着より滞在中、自身番屋に詰め町内を度々見廻り火の元を入念に調べること、使節の江戸城登城などの際、その道筋近辺町々で「大火焚」を禁止する、もし出火があった時には即刻駆けつけること、「水溜桶」の損傷は修復し、水の汲み入れを怠らないこと、「路次番」のないところは暮れ六ツ時より締め切ること、見苦しい看板、暖簾、幕、屏風、二階窓の簾は取り外すこと、町家のうちの空き地は竹垣、よしずで取り囲むこと、町々の木戸のない横町には縄張りをして「棒突人足」を置くこと、使節の登城の際は夜間に芝の薩摩藩邸から幸橋の藩邸に入るので、道筋の町々では相応の桃燈を差し出すこと、江戸城中よりの退出が万一夜間に及んだ時にも同様に桃燈を出すこと、名主は「裏付き裃」を着し、町人は「羽織、裁着（たっつけ）」もしくは「袴」を着用することなど細々と列挙している（『江戸町触集成』第九巻、九六一七、以下『町触集成』と略す）。

十一月十八日の町触には、琉球人参府については見物に出る者がたいへんに多いであろう。これらの人々が町中に滞留しては往来の障りになるので、「立休らひ」申さざるよう、すなわち立ち止まらぬようにしなければならないとあり、さらに琉球人が当地に参着したさいには、「町中不作法無之様急度可申付候、見物仕候共、店[庇]より外江不可罷出候、琉球人通候節、ゆびさし高笑仕間鋪事」とある。見物そのものは禁止しないが店あるいは庇から外に出てはならない。見物人が大勢集まり往来に支障を来すので立ち止まってはならない。また、物見高い見物人が琉球人を指さし高笑いなどしてはならないという。指さし高笑いなどとあるのは実際に生じた「不作法」だったのであろう。「琉球人通候刻、名主月行事度々相廻リ、不作法無之様可申付事」ともあって、名主、月行事がたびたび見廻りをして琉球人に対する町人の「不作法」な振る舞いがないよう留意すべきであると注意している。「琉球人参着ニ付通筋町々道悪敷所は造可申候」ともあって、道路の修復が求められている。また、琉球人到着之日、登城の日、江戸出発の日にはそれぞれ自身番屋前に「積手桶」を出し、掃除をして琉球人が通過する少し前には水を打つべきであるとしている。さらに、町々の両木戸脇の家主は木戸脇に控えて「喧嘩口論」などの生じないように配慮せよともある（『町触集成』九六二二）。

十一月十八日に出された別の町触では、「武家諸寺院江被仰出候御書付之写」が示されている。琉球使節の通行する道筋にあたる武家諸屋敷の見苦しきところや道路は至急修復すること、諸屋敷の警備に当たる者は使節登城の際、給人は「熨斗目、麻裃」、徒士は「服紗小袖、麻裃」を着用し、足軽は「看板」（背に主家の紋所などが染め出された短い衣服）を着すこと、使節が御三家、若年寄衆に出向くときの警備に当たる者は給人・徒士ともに「服紗小袖」を着用し「下座」には及ばないこと、雨天の際には警備の者は雨具を使用すること、往来の通行を禁止する「人留」はしないが、行列に支障のないよう、「雑人」などが入り交じらぬよう制すること、使節が通る道筋の諸屋敷の門前や広小路に「立番」を置くこと、一万石以上の武家は「物頭」一人、「給人」四、五人を出すこと、また屋敷の間数に応じて五、六間に一人ずつ「棒突」を置くこと、一万石以下の場合は「侍」三、四人を出し、屋敷の間数四、五間に一人ずつ「棒突」を置くこと、使節の通る道筋の清掃をし、屋敷に横小路のあるところは場所に応じて「足軽」四、五人を差し出して往来の人が入り交じらないようにすること、「辻番」の前には「積手桶」を用意すること、それぞれの屋敷内の長屋敷などから琉球使節の行列を見物する際には「簾」を懸け置くこと、道筋に差し出す人数の用意がない「小身之者」の場合は最寄りの「大身之者」へ「足軽」を差し出し、屋敷の門は開いておいて見物をしても差し支えがないが、使節の通る当日の朝に「御徒目付」や「御小人目付」が見廻りをして作法等に落度のないようにすることなどさまざまな要請がなされている（『町触集成』九六二三）。

十一月二十八日の町触では、琉球人が通る道筋で「人留」はこれまでもなされていないが、今回の使節の到着時にはとして、「行懸見物可致と罷出候者多有之、道筋群集致候由、尤夫々制候事ニハ候得共、怪我人も可有之趣相聞候」と述べている。行列を見物しようと道筋に人々があふれかえり、それぞれ制止はしたものの怪我人も出たというのである。そして、近日中に行われる琉球人の登城、および御三家方、御老中方、若年寄衆それぞれの屋敷訪問、使節の当地出立の際には、「道筋町々横町木戸有之処ハ琉球人通り候少し前より木戸立置可申候、木戸無之町々は喰違竹矢来致、尤駕籠等通候節差支無之様致、琉球人通候前ニ人留可致候、勿論用事有之候歟又ハ病用或は見物之もの共、参候先慥に断候分は相通可申候事」として、横町に「木戸」あるいは「喰違竹矢来」を設け必要に応じて開閉をし、また「人留」をして対応すべきであるとの触れであった（『町触集成』九六二三）。

使節を迎えて江戸城中ではどのようなことが行われたのか、寛政二年十二月二日および五日の登城について、『徳川実紀』には次のように記されている。

二日表に出まし。松平豊後守斉宣こたび琉球人めし連来りぬるにより。見えたてまつり慰労の御懇詞蒙り。やがて中山王御継統を賀しまいらす。正使宜野湾王子見えたてまつるによて。譜代の大名。高家。詰衆。その他の輩。直垂。狩衣。布衣。素襖著しまうのぼりまみえ奉り。はてゝ奥に入らせ給ふ。献物は太刀一腰。馬一疋。寿帯香三十箱。香餅二筥。龍延香百袋。大平布百疋。畦島五十端。薄織芭蕉布各二十疋。久米島綿百把。縮緬五十巻。羅紗二十間。青貝大卓二脚。堆錦硯屏一対。青貝飯籠一。泡盛酒二壺。（中略）宜野湾王子の献物は寿帯香一箱。大官香十把。大平布三十反。島織り芭蕉布二十反。泡盛酒二壺なり。五日琉球人の音楽聞しめされ。かつ御暇賜はり。中山王へ銀五百枚。綿五百把。宜野湾王子に時服十。銀二百枚。其他従者楽人どもに銀。時服たまひ。松平豊後守斉宜はじめ。琉球人及び同じ家士等菓子賜ふ。下官へは強飯下さる。又其事によて溜詰。譜第の輩。奏者番謁見参府の節に同じ。（「文恭院殿御実紀」『続徳川実紀第一篇』）

二日には、譜代大名ほかが正装して陪席する中で、将軍より島津藩主松平豊後守斉宜への慰労のことばが告げられ、琉球国王の王位継承を祝賀することが行われている。琉球国王より将軍に対して太刀一腰、馬一疋ほか、宜野湾王子より寿帯香一箱、大官香十把ほか多くの献上品が贈られた。五日には同じく将軍の出座があり、琉球人による奏楽が行われた。また、将軍より国王、宜野湾王子ほかに対して銀、時服、菓子などの賜物があり、また使節の帰国を認めることが告げられている。

玄白は寛政年間に行われた前後二回の江戸参府について、「日録」に次のように記録している。

寛政二年十一月二十一日「朝地震。琉球人着。直」
同　十二月二日「琉球人登城。水野屋敷へ見物参り。夕本丁辺病用」
寛政八年十一月二十五日「月池御客付出。少北風。琉球人着」
同　十二月六日「琉球人登城」
同　十二月九日「琉球人見物、上杉藩参」

寛政二年十一月、琉球使節が江戸に到着した日には朝方地震があったようである。玄白はこの日、小浜藩邸に当直勤務のこともあった。十二月二日、使節の江戸登城を見物するために「水野屋敷」に赴いたという。その後、夕刻には本町辺の往診に出向いている。この時の琉球使節登城の際の道筋が前掲の『町触集成』九六二三のうちに、「琉球人登城道筋」として次のように示されている。

芝松平豊後守屋鋪より増上寺門前、夫より通り芝口橋際より左江幸橋御門江入、豊後守屋敷江立寄、夫より松平肥後守屋敷脇松平大膳太夫屋敷脇通、日比谷御門八代洲河岸辰之口水野出羽守屋鋪脇通り大手御門登城、退出之節も右道筋之通り

松平豊後守は薩摩藩主島津斉宣である。使節は芝の同藩上屋敷を発ち増上寺門前、芝口橋を経て、幸橋御門を入り同門近くの薩摩藩邸に立ち寄り、日比谷門、八代洲河岸を通過して、辰之口の水野出羽守屋敷脇を経て大手門を入っている。水野出羽守は沼津藩主（三万石）、忠友である。天明元年九月老中に就任、同八年三月罷免、寛政八年十一月再任されている。「水野」の名は「日録」に次の九件記録されている。

天明八年三月二十四日「此頃水野左近将監殿納戸へ盗入大小弁小晒七十本取」云々
同　　三月二十七日「水野出羽守様御役御免雁間詰被仰付」
寛政元年一月十六日「今日水野出羽守殿用人□□□蔵家内年礼に出けるが」云々
同　　三月二十七日「水野侯にて後園賜宴席□□」
寛政二年三月二十八日「水野若狭守殿御勘定奉行［　　　］奉行如故」
同　　十二月二日「琉球人登城、水野屋敷へ見物参り」
享和元年一月十五日「浄瑠璃坂水野診」
文化元年四月十一日「赤坂水野公病用」

同　四月十三日「浄瑠璃坂水野氏火」

玄白が琉球使節見物のためにに出向いた「水野屋敷」は使節が大手門を入る直前の水野出羽守屋敷であったかと思われる。寛政八年の琉球人見物に「上杉藩参」とあるのは桜田門外のお濠に面してあった米沢藩上屋敷のことであろう。

(3) クナシリ・メナシのアイヌ蜂起

寛政元年閏六月八日、同二十八日、九月十九日の「日録」一連の記事は、蝦夷地に起きたアイヌ蜂起事件について伝えている。

この年の五月七日夜、クナシリ島南端のトマリ付近のアイヌが一斉に蜂起してトマリ運上屋や周辺の番屋を襲撃し、松前藩の目付(荷物改足軽)竹田勘平のほか場所請負商人飛騨屋武川久兵衛の雇人(支配人・通詞・番人・船頭)ら二十二名を殺害し、さらに十三日の夜明け頃にはこれが対岸のメナシ地方(現、目梨郡羅臼町、標津町辺)にも波及して飛騨屋雇人ら四十九人を殺害するという騒動が起きた。蜂起の直接の契機となったのはクナシリの「長人」(首長層)サンキチが運上屋から届けられた薬と酒を飲んだ後に死亡し、毒殺されたのではないかという疑いにあったが、背景には、クナシリ、ノッカマップ(現、根室)、アッケシにおける場所請負商人としての飛騨屋の経営の実態があった。鮭、鱒を大釜で煮て魚油を絞る〆粕生産のためのアイヌに対する過酷な強制労働が行われていたのである。労働の対価に見合う報酬が支払われず、しかも自分働きの時間も確保できない。〆粕生産の副次産物である魚油の配分もない。支配人、番人の管理下に置かれて折檻・殴打、女性への暴行、毒殺・皆殺しの脅しなどが日常的に行われ不満、遺恨が蓄積されていた。蜂起の参加者はクナシリで四十一人、メナシで八十九人であった。

場所請負制は松前藩において、運上金の上納を条件に蝦夷地経営を商人に請負わせた制度で、飛驒屋はすでに元禄年間には蝦夷地に進出していたが、明和六（一七六九）年に東蝦夷地のエトモ（室蘭）、アッケシ、キイタップ（霧多布）、クナシリの場所請負人となり、その後にクスリ（釧路）、シラヌカの権利も取得し、安永四（一七七五）年にはさらにソウヤ（宗谷）の請負人ともなっていた。

事件の通報を受けて松前藩が派遣した新井田孫三郎以下二一〇人余の鎮圧隊が七月八日にキイタッフ場所の運上屋があったノッカマップに到着した。鎮圧隊はクナシリのツキノエ、ノッカマップのションコ、アッケシのイコトイらアイヌの長人たちの協力を取り付け、その結果クナシリアイヌ一三一人、メナシアイヌ一八三人の投降者（蜂起に加わった者、クナシリアイヌ四十一人、メナシアイヌ八十九人）があった。取り調べが進められ、七月二十一日、和人を殺害したとしてクナシリアイヌ十四人、メナシアイヌ二十三人が死罪となった。新井田隊はアイヌ勢の武器として、砂の中に隠された弓一〇二張、矢筒七十八、槍五十七本、刀六十八腰などを発見し、また戦闘に備えたチャシ（砦）の造営のことなどを伝えているが、実際には帰順により武力衝突にはいたらなかった。新井田以下の鎮圧隊は処刑した三十七人の首級を携え、四十七人のアイヌ投降者を伴い松前に帰着し、九月五日には城下に入って藩主の謁見を果たしている（新井田孫三郎「寛政蝦夷乱取調日記」『日本庶民生活史料集成』第四巻、菊池勇夫「寛政アイヌ蜂起と「異国境」」）。

ところで、玄白はこの蝦夷地に起きた事件について、次のように「日録」の寛政元年「閏六月八日」に最初の記録をしている。

当五月十八日、飛驒商人武川［　　］幷松前役人竹田勘之丞等都合七八十人蝦夷□□□□クナジリと云所の夷、月のゐと云もの大将にて□人□□を害と云ふ。別に記あり。

判読できない箇所があって細部は明確でないが、飛驒商人武川（飛驒屋久兵衛）および松前藩役人竹田以下数十人が「月のゐ」の率いるクナシリの蝦夷により殺害されたというのである。五月八日あるいは十三日に起きた事件の発生を「五月十八日」とし飛驒屋久兵衛の名を「飛驒商人武川」、松前藩士の名を竹田勘平ではなく竹田「勘之丞」とする誤伝があるが、アイヌの首長層の一人である「月のゐ」（ツキノエ）の名を伝え、また「別に記あり」とするなどかなり詳しい情報を得ていたらしいことが推測できる。クナシリのツキノエは事件当時にエトロフ島に出かけていて不在であり事件の首謀者であったとはいえないが、日本とロシアの間にあってラッコ猟に関わるなど松前藩や飛驒屋の統制がきかない自立的な活動をしていたツキノエが引き起こした蜂起であるとの風聞があったことは事実であり、玄白のもとにもそうした情報の一端が届いていたのである。北辺の地に起きたこの事件の情報はさまざまなルートで広がり伝えられている。例えば幕閣がこの事件を知ったのは最上徳内の報告を受けた普請役見習青島俊蔵が「閏六月十四日」に勘定奉行久世丹後守広民へ訴え出たことが最初であった。徳内は天明五年、六年の幕府による蝦夷地調査に師である本多利明に代わって参加し、俊蔵の下で竿取りを勤め、寛政元年当時は盛岡藩領の野辺地で算術指南をしていた。徳内は青島に対して、自分は赤人（ロシア人）と蝦夷が一両年のうちに必ず蜂起するであろうと推察し、蝦夷の乱が起きたならば御注進申上げようと、かねて本多利明とも相談の上、野辺地に滞留していたところ、推察に違わず蜂起があったと述べている。この青島の久世への報告直後、同月十九日に松前藩、二十日に秋田藩、二十二日に盛岡藩、二十三日に弘前藩が相次いで幕府へ事件についての届け出をしている。玄白が事件の情報をどこから入手していたのか定かではないが、勘定奉行よりも早く「閏六月八日」にはこのことを知っていたことは注目される（浅倉有子「寛政改革期における北方情報と政策決定」『北方史と近世社会』、山田哲嗣「くなしり・めなし騒動―研究の課題と史料紹介―」）。

閏六月二十五日に幕府は弘前、盛岡、八戸三藩に対して松前藩への加勢出兵の準備を命じている。「日録」は同月二十八日の記事として「一昨日津軽大小南部公蝦夷乱□付、御手当被仰付」と書き留めている。前述したように、事件は九月に入って鎮圧隊の松前帰還により決着したが、このことについても「日録」は、九月十九日の記事に「蝦夷一件、宝を納降参し月の井、松前へ来云」として事件の収束を記録している。幕府の動きあるいは事態の推移についてほぼ遅滞なく掌握していることが分かる。ここで、「宝」を納めてとあるのは、刀剣や漆器などの財宝の授受によって武力衝突を避けて紛争を解決するいわゆる「ツグナイ」慣行のことである（菊池勇夫、前掲）。この場合、玄白が具体的にどのような事実をさして記述しているのかは不明であるが、アイヌ社会の習俗の一端をも伝えていることになる。なお、松前藩主へのツキノエほかのアイヌの長人たちのお目見えはこのときではなく翌年に予定されたようである（新井田孫三郎、前掲）。

（4）異国船情報

その一　寛政三年異国船取扱令

寛政三年八月晦日の「日録」の末尾に記された三項目ほどの記事のうちに、

異国三度、紀州二度、西国へ一度来。諸大名御手当被仰付。

という一項がある。先頃、異国船が紀州へ二度、西国へ一度現れており、諸大名に相応の対応をするよう幕府から命ぜられたという。また、同月二十三日の記事に、

蛮船、肥後・豊前・石見・加賀［　　　　］とも云。

とあるのも、同様の情報であろう。

諸大名に触れ出されたという命令の要点は次の通りである。まず冒頭に、「先頃筑前、長門、石見之沖ニ異国船一艘漂流之様子ニて、程遠く乗離れ候儀も有之、又地先近く寄来候儀も候て、彼是日数八日程之内右之趣ニ候処、当時は帆影も不相見趣に候」とある。九州から中国筋（西国）の日本海側の沖合に異国船一艘が現れ、海岸線に近

づきあるいは離れることを繰り返し八日ほどして立ち去ったという。そして、異国船を発見した際の対応はまず筆談役あるいは見分の者を差し向け様子を調べ、これを拒まなければなるべく穏便に扱い船を係留し船具を取り上げ、乗員は上陸させた上で幕府に措置を伺う。異国の者は宗門のことも不明なので番人をつけ見物等を禁止する。見分を拒否した場合には打ち払い、あるいは乗船して切り捨てまたは捕らえてもよい。来航が一、二艘ならこの通りでよいが、もし数艘に及ぶかあるいははじめから厳重に扱わねばならない様子であればその時は時宜次第で、このような場合には近隣の領地へも素早く通達し人数や船を動員すべきである。もとよりこれらの措置は「大概の心得」として適宜判断して、臨機応変に処置すべきであるという指示であった（『御触書天保集成』六五二五）。『徳川実紀』には、寛政三年九月二日の記事として、「これよりさき筑前、長門、石見の海上に異国船漂ひありしにより、かさねて異国船渡来のおりの所置諭さるゝ旨あり」（「文恭院殿御実紀・巻十二」『続徳川実紀第一篇』）とあって、この異国船取扱令の発令日が九月二日であったことが分かる。玄白が取扱令の内容そのものをどこまで承知していたのかは定かでないが、少なくとも異国船の接近と幕府の対応についての情報をきわめて早くに把握していたことになる。

西国へ現れたという異国船はイギリスの私貿易船アルゴノート号（ジェームズ・コルネット船長）であった。同号は寛政三年六月二十六日に、ラッコなどの毛皮の売り込みを図るべく、マカオを発ち東シナ海を北上して日本と朝鮮に向かっていたものであるが、この時期の日本周辺に毛皮交易船が現れるようになったのには次のような背景があった。

一七七六年に始まるジェイムス・クックの率いる探検隊の第三次の航海は、クック自身がハワイで先住民との紛争に巻き込まれ命を落とし、また、ベーリング海峡から大西洋への北西航路を発見するという目標は果たせなかったものの、アメリカ北西海岸、アラスカ、アリューシャン列島、さらにカムチャッカや日本、中国についての測量記録や、地理学、民族学、生物学上の豊富な調査記録を残し、一次、二次の航海と合わせて太平洋のほぼ全容を明らかにした。また、一七八四年に刊行された第三次航海記はとくに北太平洋産のラッコの毛皮を中国市場に持ち込み巨大な利潤をもたらすことを広く知らしめ、アジアに居住するイギリス人の間に毛皮獲得の動きが盛り上がっていた。アメリカ独立戦争の終結後、貿易船長に転じた多くのイギリス海軍軍人のひとりであるジョン・ミアズは、一七八六年三月に船長としてベンガルを発ちマラッカを経てバシー海峡を通過し、八月にアリューシャン・アラスカに到着、越冬して翌八七年マカオに帰った。八八年には二艘を仕立てて再び北米西海岸ヌートカ（現、バンクーバー付近）に向かった。同年暮れにマカオに戻ったミアズは旧海軍士官コルネットを船長としてヌートカに派遣し、同地に他の越冬船とともに恒久的な交易基地を建設することを計画した。これは現地においてイギリスの進出を嫌うスペインとの対立を引き起こし拘束される結果となったが、のち解放されふたたび多くの毛皮を手に入れて九一年五月にマカオに帰還する。しかし、アメリカ西海岸から持ち込んだ毛皮の販売はこの頃から強まった中国政府による規制によって不振をきわめた。そこであらたなラッコ皮の市場として朝鮮、日本が浮上したのである。

九一年七月二六日（寛政三年六月二六日）マカオを発ったアルゴノート号は東シナ海を北上し対馬海峡、玄界灘に進んだ。壱岐の南側を通過して博多湾に入ったのは八月十二日（七月十三日）である。小舟を下ろし上陸を試みたが警備の和船に阻まれ、緯度経度観測などを行うのみで湾を出て北上し小倉に向かった。小倉では港に入ると多数の小舟と二艘の武装船が現れ退去せよとの示威行動があり、水の供給を受けたのみで三ポンド砲も使用することなく軍事衝突を避け朝鮮半島に向けて出航した。半島でも交易を成立させられずマカオに帰着した。結局、毛皮貿易の目的は果たせなかったが、日本近海の航行と測量の記録はイギリスによるアジア海図作成の先駆けとなる大きな意義をもつものであった。シーボルトはその著『日本』の第四章「ヨーロッパ人による日本とその近隣諸国・保護国の海域における発見の歴史的概観」の中で、「コルネットが本州の西端を周航し、この島の北西端を航海したことは、この沿岸区間の地理的位置を確証する上で非常に重要であった。この区間の南の部分は、彼より先にも後にも、ヨーロッパ人の船乗りが訪問し観測したことはまったくないからである。日本沿岸でとったコルネットの航路と、彼の停泊した地の地理的位置および彼が観測した陸地と島の概要を高橋作左衛門の観測やその地図と比較してみると、その双方にとってよい成果が生まれる。（中略）われわれは日本の西北海岸の重要な概略を本書に再録し、日本語の地名を付けて説明しておいた」と述べている（『日本』第一巻）。

アルゴノート号の来航より一足早く、寛政三年三月二十七日にはアメリカ船のレデイ・ワシントン号（ジョン・ケンドリック船長）とグレイス号（ウィリアム・ダグラス船長）が紀州串本対岸の大島沖合に現れている。当時、アメリカ東海岸の商人たちは独立戦争で使用した小型船を転用して中国貿易への参入を図っていた。喜望峰を経てインド洋各地や蘭領インドで交易しながら中国向け商品を集めて広州に向かう東回りと、南アメリカ最南端のホーン岬から太平洋に出て北上し、北米西海岸で毛皮を仕入れて広州に向かう西回り二つのルートがあり、西回り航路はコロンビア号とレデイ・ワシントン号の一七八七〜九〇年の航海により開拓された。ボストンを出発しホーン岬を経由して北米西海岸ヌートカに八八年九月に到着した二艘はラッコの毛皮を満載して太平洋を横断し中国に向った。コロンビア号は九〇年一月にマカオに到着して毛皮を売却し、茶などの中国商品を買い付け西回りで帰航した。コロンビア号より遅れてマカオに着いたレデイ・ワシントン号は広州当局の毛皮取引規制による売れ残りを抱えて一年以上の長期滞在を強いられた後、未処分のラッコ毛皮を積んで同伴船とともにマカオを出航し日本に向かった。

紀州古座組大庄屋中西理左衛門は、木本組大庄屋西川松蔵に宛てて次のような異国船発見の第一報を送っている。「浦組」は紀州藩の海防組織で異国船の来航の際に沿岸浦々の動員態勢をとるための組織であった。

唐船躰の船弐艘、今廿七日朝、当組樫野浦沖へ相見え候段、浦方より只今注進参り候ニ付、拙者儀先ず出張す

べく候。尚跡より申し進めるべく候。これによって御心得の為御意を得申し候。以上。（『串本町史』通史篇）

中国船かとみえる船二艘が今二十七日今朝、大島東側の樫野浦沖に現れたというのである。続く翌日の第二報では、今朝はやや海上が凪いだので漁稼ぎに仕立てた見届けの船を出したところ、二艘は古座浦沖の黒島沖あたりへ移動し日和り待ちの様子であるといい、さらに、昨夕は異国船から五人が乗り組んだ艀が下ろされ大島西側の金山下あたりに漕ぎ着け、一人が上陸し様子を窺っていたがすぐに本船に戻ったと伝えている。このあと二艘は大島近辺に十日余止まったが四月六日に出帆し日本を去っている。この間、厳しい警戒態勢がしかれた様子はみえない。また、毛皮の交易を試みたのかについても確認できない。異国船来航の報告が藩庁に届いたのは四月四日、即日、御目付岸和田伊兵衛以下が派遣されたが、串本到着は八日であって、十二日まで滞留して和歌山に戻っている。

信州高遠藩士の砲術家坂本天山が寛政十年に紀州太地浦の捕鯨を見物し、また、翌年伊勢神宮に詣でた折の紀行『紀南遊囊』を残している。同書で坂本は寛政三年の南紀大島近海に現れた異国船について次のように述べている。この異国船のことはすでに郷里にいた時に聞き及んでいたが、これは異国船に直接筆談に出た高芝村（現那智勝浦町下里）の医者伊達李俊からの聞き書きであるという。十三段に帆をかけた船から、二、三人の乗り込んだ伝馬船が下ろされ重りをつけた縄を下げて水深を測りながらやがて大島の内海に入って来たので、驚いた村人が文字を知る者がいないとして李俊を迎えに来た。差し迫ったことなのでとりあえず筆紙を持って迎えの舟で五里ばかりのところを行き、くだんの船をみた。船中の人は「長六尺余ニテ鼻ノ先尖リテ高ク、眼ノ内赤ク、手足共ニ恰好スルニ長キ方ニ」思われたという。釣り船で見物に出た村人が異国船に招き入れられ酒食の饗応を受け興じている。自分も乗り移ろうとしたが、歓迎しない様子にみえ、船中の村人一人が下りてきた梯子の中段まで上り覗いてみると、猛犬が出てきて村人の袖を食いちぎったので怖ろしくなり引き下がり筆談を試みた。すると本船は「亜墨利加舶」であって、「東風」を待っているとのことであった。なおその他のことを書いて出したが、受け取らず速やかに立ち去れというそぶりであった。その後、藩命で一医生が筆談に来たので自分は退いた。その後の筆談も受け付けられなかったが、船中には多くの「治工」がいて鉄を鍛える音がしたという。藩の役人が着くまでの間には、大島に上陸し材木を切り薪として積み込むことがあって村人が制止したが、鉄砲を足下に撃つなどの狼藉があった。毎夜響く砲声は十里四方に及んだという（『串本町史』史料篇）。

大槻玄沢『捕影問答』は、大島浦樫野の崎に漂着した「蛮船」から指し出されたという「短書」の写しを引いている。玄沢はこのことを木村兼葭堂を通じて知ったようである。兼葭堂は大坂の酒造家、本草学を学び書画骨董、東西の文物を熱心に収集した文人である。大名、学者などとも広く交流し、玄沢は天明五年十月に長崎遊学の途次立ち寄って以来、親交があった。『捕影問答』前編は文化四（一八〇七）年、後編は同五年の執筆である。ワシントン号、グレイス号の来航から十五年ほど後のことになる。フランス革命に端を発したヨーロッパ情勢の変動は東アジアにも波及し、オランダの勢力が後退し日本近海にもイギリスやアメリカの船が頻繁に現れるようになっていた。玄沢はイギリスについての警戒を具体例をあげながら問答体によって論じ、後編ではとくに長崎に起きたフエートン号事件を取り上げている。『捕影問答』の引用する「短書」は次のような漢文体の覚え書きである。文意は必ずしも明解ではない。本船は銅、鉄、および火砲を積載している。たまたま風浪に遭い漂流して貴地に数日を過ごしたが好風を得ればすぐに立ち去る。乗員はおおむね百人、貨物は銅と鉄のみであると述べている。毛皮については触れていない。在中華国云々とあるのはよく分からない。

本船乃是紅毛船、地名花其、載貨物、乃是銅銕〔鉄〕及火炮五十員、在中華国、赴皮草国而去、無経貴地、偶遭風浪漂流至此、在貴地不過三五日之間、不好風而在此、好風即日去此、本船人率百口、貨物実是銅銕、並無別物、

船主堅徳力記

玄沢は「花其」はオランダの王都「ハーガ」（ハーグ）であろうとして、本船が「紅毛船」というのは疑問であ

るという。日本思想大系64『洋学・上』に翻刻された『捕影問答』の底本は、国立国会図書館寄託箕作家旧蔵「婆心秘稿」であるが、その欄外注に「花其」は「花旗」に同じ、「弥利堅合衆国」のことなりとあるが、『捕影問答』執筆の当時にあってはアメリカの独立は知られていなかったのである。また、玄沢はこの「短書」と同時に示された「蛮文」の書き付けについてもあわせて検討して、横文字の短文は「伊祇利須文」であるとし、「イギリス文解スベカラズ」とするも、おそらく本船は「亜墨利加」のうちの「新諳厄利亜」の「ボストン」へ行く官船であろうと判読している。また、横文字の内から「船師イヨアン・ヘンデリキ」の名を読み取って、これは「堅徳力」のことであろうと述べている。ワシントン号船長ケンドリックのことである（横山伊徳「異国船打ち払いの時代―「海防」のアウトサイド・ヒストリー―」、同『開国前夜の世界』、佐山和夫『わが名はケンドリック―来日米人第一号の謎―』、木村和夫『北太平洋の「発見」―毛皮交易とアメリカ太平洋岸の分割―』）。

ところで、寛政四年六月四日の「日録」に次のような記事がある。

> 当春頃、朽木□□守殿留守居役ノ者異説を唱出候付、公儀より御役被召解其一件
>
> 一此度ムスコビヤ大王朝鮮国を随へ□□度々軍使を以申遣候。□□朝鮮国王随ひ不申ニ付、ムスコビヤより大軍を起し「　　　」□蘭軒と申者両人は二百万騎「　」差越候処「　　　」軍中々「　　　」□□田道責破「　　　」築き大川をせき入申候「　　　」相成候。朝鮮王逃渡可被成「　　　」事ラル由。大将ハ五郎□と申者ニて越谷と申所ニ出張致大勢ニて城を築、其勢十万騎余、後詰ニは二三里隔て山城ニ数万騎控へ、其勢甚盛也。蝦夷之方へも兵船五百艘余も差向通船無之由風聞ニ御座候。追々御訴可申上候と□書を作り人を惑し候ニ付、御咎被仰付。

朽木は『泰西輿地図説』などの著書のある蘭癖大名として知られる福知山藩主朽木隠岐守昌綱のことであろう。

その留守居役の者が「異説」を唱え、人を惑したとのことで任務を解かれたというのである。留守居役が処罰されたということについてふれる他の史料をみることができず事情は分からない。また、「日録」の記事にも判読できない箇所が多く「異説」の具体的な内容が明確ではないが、「ムスコビヤ」（ロシア）大王が「朝鮮国」を制圧しようとたびたび軍使を派遣したが朝鮮王が従わず、ムスコビヤより「二百万騎」という大軍が攻め込んできたという。「蝦夷の方」へも「兵船五百艘余」を差し向けたという風聞もあるとしているのである。

ムスコビアの朝鮮への侵攻という噂話については、この頃ある広がりがあったらしい。松平定信の側近水野為長が、定信の施政上の参考に供すべく江戸城内外の世態巷説を収集記録した『よしの冊子』「巻十七」（「百四十冊」）に、前掲の「日録」記載記事の前年のことであるが次のような記事がある。寛政三年九月五日以後、九月廿八日以前に記録された箇所である。朽木藩留守居が「異説」を唱えたという数か月前の風聞ということになるが、おそらくは「日録」の伝える風聞と同根の噂話であった。

一孫（むすこ）ビヤと申候国より軍を起し、朝鮮迄攻来り候由。押付日本へもくるそふなとさた仕候よし。

一むすこべや朝鮮を攻候ニ付、朝鮮より救の兵を日本へ乞候よし。且ハ朝鮮より直ニ日本を攻候共さた仕候よし。甚の虚説とハ乍申、此節一統に申合ひ、先達中の盗賊のさた同様のよし。

一朝鮮騒動、宗対州より追々注進御座候ニ付、此節万一朝鮮へ可参事もしれぬ抔と申し、具足抔調候ものも御座候よしのさた。

一朝鮮むすこびやのさた、諸家より宗対馬屋敷へ問合参候由。一向存不申事と挨拶有之ニ付、皆あきれ候由。小倉辺へ見え候シャムの漂着船、朝鮮辺へも見え候よし。右をバむすこびやより責［攻］候と風聞を起し候よしのさた。ムスコビヤ朝鮮を攻候と申事専評判ニ付、立花左近殿より留守居を以て宗家へ使者を立られ、か様〳〵のさた専仕候、弥左様ニ候や、左候ハヾ、宗家とハ隣国之事ニ付、用意も仕候まゝ御内々被仰聞候様ニ申送候所、宗家用人罷出一向左様之義存不候。成程風聞は承候義も御ざ候へ共、国元より何之沙汰も無之、決して虚説ニ可有之旨、致挨拶候ニ付、夫ハきめう〔奇妙〕と申てかへり候よしのさた。

（「よしの冊子」『随筆百花苑』第九巻）

ロシアが朝鮮に攻め込み日本をも狙っているらしい。朝鮮が日本に援軍を求めているという。対馬藩からの追々の情報で具足などを用意する者もあるようだ。朝鮮騒動について対馬藩邸へ問い合わせたところが全く知らないという。先頃、小倉辺にみえたシャムの漂着船が朝鮮辺にも現れたことからロシアからの侵略という風聞が生まれたらしい。立花家からも宗家藩邸に尋ねたところ国元から何の沙汰もない、全くの虚説であろうとの挨拶であった等々のさまざまなうわさ話が飛び交っていたのである。なお、第二項の結びに「甚の虚説とハ乍申、此節一統に申合ひ、先達中の盗賊のさた同様のよし」とあるのは、寛政三年の三月から四月にかけて五十数箇所に押し込み強盗を働いた盗賊大松五郎のことで、捕縛されるまでしばらくの間は実態もわからず「巷説喧々として人情も安からざりしは希有の事なり」（松平定信『宇下人言』）として江戸市中を不安に陥れたことをいう。

小倉辺に漂着したというシャムの船については、『よしの冊子』「巻十七」の前掲記事の二項目前にも次のような記事がある。

一九州小倉近辺へシャムの船漂着仕り、水に渇し候哉、柄杓にて水を汲候真似を致て見せ候所、小倉にて漂着をいとひ、内一人を岡へ引あげ、首を切候まねをいたし、其上大海の方を指さし見せ候へバ、死をまぬがれ候を悦び、一統ニ拝し候て船を沖へ出候よし。全躰小倉甚衰微ニて、右の手当も行届不申、領内の商船をも借あげ、久留米よりも船をかり、領内の酒屋の米をもかり候て支度致候所、幸右之通ニ致候て着岸不致仕廻候由。せめて水をバ呉候てやれバよい。此已後日本人がシャムへ漂着したならバ、又そふであろふ。且ハ日本の恥だとさた仕候よし。

シャムの漂着船は水不足の様子であったが、小倉での着岸を嫌っている。一人を上陸させ首を切る真似をし海の方を指さして見せたところ、船は沖へ出て行ったという。そもそも小倉藩は弱体化していて、漂着船への対応も不十分で領内の商船を動員するなどでしのいだ。幸い着岸せずにすんだけれどもせめて水の補給だけでもしてやればよかった。この先、日本人がシャムに漂着しても望まれることだろうにこれでは日本の恥だと話題になったというのである。寛政三年八月以降の小倉辺での異国船騒ぎといえば、実はイギリス船アルゴノート号の一件にほかならない。小倉辺でこれまでにあまり見かけない、中国やオランダの船ではない異国船だというのでこれはシャムの船だという風聞になったらしいのであるが、この船が朝鮮周辺にも近づいたことから、さらにシャムならぬムスコビア（ロシア）の朝鮮侵略という噂に変質してしまったということのようである。

『異国船渡来雑記』収録の久留米藩医牧野始（京都在住）による寛政三年十月二十一日付の書状もロシアの朝鮮攻略の話題について次のように伝えている。『異国船渡来雑記』は、久留米藩御馬廻役、また講談所（修道館）肝煎役を務めた禄高百七十石の中級藩士、吉田半之助秀文が明和八年より文化九年までの対外関係情報を収集、編纂したものである。

一紀州熊野之浦江異国船七八拾艘相見へ候由、紀州ニハ御手当有之段、安藤帯刀殿より西洞院正三位様江一昨日書翰参申候。将亦、昨日紀州町人川口屋十郎兵衛と申者上京仕、師匠左衛門尉方江参候。同人噂仕候は、最早紀州様御人数ハ熊野浦ニ出張之由、従江府早飛脚廿四時限り、両度参候由ニ御座候。

一ムスコフヒヤと申国より、其勢数拾万、朝鮮国を水牧[攻]致候由、対州大ニ騒動之由、宗対馬守様より松平伊豆守様江之註進書之写、一覧仕候。松前之方けしからぬ御用心之由、右ニ付、京中も殊之外物騒ケ敷御座候。

一当月九日之夜、風雨雷鳴氷降申候。右之中ニも地震も有之、同十六日、又々雷鳴風雨烈敷氷降申候。掛目七八分計りニ御座候。扨々不静世の中に相なり申候。

（『異国船渡来雑記』）

十月廿一日　　牧野　始

数十万のロシア軍勢による朝鮮の水攻めで、対馬が大騒動となっているとの対馬藩主から老中松平伊豆守への「註進書」の写しを牧野が一覧したというのである。またこのことで松前藩では大変に用心をしており、京中もことのほか騒がしくなっているとも伝えている。さらに、紀州熊野浦に異国船七、八十艘が現れていることを伝える紀伊田辺藩主安藤帯刀から西洞院信庸への書翰のこと、地震や雷鳴風雨など近頃の京の荒れ模様などについても報じている。朝鮮情勢についての宗対馬守の老中への「註進書」なるものについては、股野玉川（才助）の日記「幽蘭堂年譜」にもこの「書付」は小西純達（惟沖）より送られてきたとして次のように引用されている。玉川は播州龍野藩の儒者である。純達は龍野藩医小西啓迪の子、この頃大坂の懐徳堂で中井竹山に学んでいた。

朝鮮乱兵の事

此度英斯盆大王、朝鮮国を随ひ可申旨軍使を遣候得共、朝鮮国随ひ不申候ニ付、ムスコヒヤより大軍を起し、大将元達、副将観蘭鮮と申者両人へ三四万騎之軍勢を差添、朝鮮国へ渡し候処、朝鮮国ニも大軍中々防かたく、大唐へ加勢を相頼候由、此節咸境・江原之両道を攻破り、王城を致水攻候迚八方へ土手を築キ、急に大川を堰入れ申候由、本朝へ加勢之事不申来候得とも、急ニ相成候ハヽ、朝鮮国、本朝へ逃渡り可申哉と対州之騒敷、以之外之事ニ御座候、且又ムスコヒヤ総大将ハガワト申者ニて、越大口と申所へ致出張、大城を築、其勢十万余騎後詰有之、二三里隔て山城へ数十万騎之勢見へ、其勢甚盛ニ御座候、ゑぞの方へも兵船五万余艘差向ひ、通船有之候風聞有之候由風聞有之候、尚近々訴之段可申達候　　宗　対馬守

右之通之書付、小西純達、大坂懐徳堂より宿へ申越候由

（『播州龍野藩儒家日記（「幽蘭堂年譜」）』上巻、岡宏三「林子平処罰事件と風聞」）

朝鮮攻略のロシアの武将三人の名を伝え、王城を水攻めしようと八方に土手を築き大川を堰き入れ、また大城を

築き十万余の大軍で守備をしているなどといい、また、朝鮮が「大唐」（中国）へ援軍を求めたらしいこと、日本への加勢の要請はないらしいが事態の急な展開で朝鮮から逃げこんでくるようなことになるのではとの騒ぎが対馬にあること、さらには蝦夷地へも五万余艘の兵船を差し向けているらしいなどと述べている。鍋島藩支藩小城鍋島家の「小城鍋島家日記」の寛政四年二月十一日条にも、「今度ムスコビヤ大将、朝鮮国を随い申すべきため大軍を越し、大将元達、副将観欄翰六万騎をさしそへ朝鮮国へ押し渡り候由、専ら風聞あり」という記事がある（松尾晋一『江戸幕府と国防』）。ロシア武将の名の文字に若干の違いがあるが、これも「註進書」情報であろう。寛政四年二月の時点になっても「註進書」による噂話の広がりが収束しなかったようである。朝鮮へのロシアの軍勢が「数十万」あるいは「数万騎」、また、紀州熊野に異国船が「七、八十艘」現れたとあるのは、噂が拡散するにつれて誇大な数字が踊る結果になったということであろう。

『よしの冊子』「巻十七」（「百四十二冊」）の寛政三年十月十四日以後、十月二十九日以前に記録された個所にはつぎのような記事がある。ロシアの朝鮮攻略という風聞について二つの出所を伝えているものである。

一ムスベヤ〔ムスコベヤ〕朝鮮を攻候と申風聞の起りハ、古へ天草陣、由井正雪の節も松伊豆侯御月番ニ、家中ニて先年もか様〱の事有之故、とかく此方の御月番にハ何か有、どふかこんどが何年めだから慥に今月の御月番にハ変が有と申去候処へ、対州より宿次にて到来之由、封状一通家来持参、伊豆侯御月番へ差出候付、ソリヤこそ大変が有ハと、右の封状ハ見も不致騒立候由。それを聞伝へニ少々物知顔を致し、こざかしきもの聞伝へ、色々文をこしらへ偽説をなし候由。対州よりの封状ハ中々左様の事ニハ無之、対州一国ハ米無之、肥前米をのミ一国にて調ひ、朝夕を暮し候所、当秋肥前洪水、米一向出来不申候ニ付、食物の手当無之、餓死にも可及と相恐、右を訴候封状のよしのさた。

一ムスコビヤ朝鮮を攻候事を偽作仕候書面は、牧備家中八丁堀辺まり〔ママ〕の会所へ持来候由。右之者御吟味ニ相成候処、私亡父親の事相好ミしたゝめ置候義、古キ反古の内より見出し風與持参いたし候由申披いたし候由。右体の詰らぬ申取ニては立申間敷由のさた。（「よしの冊子」『随筆百花苑』第九巻）

ひとつは、松平伊豆守の家中では、かつて伊豆守信綱（武州忍藩主）の時代に島原の乱や由井正雪らの慶安事件が起きているように、たまたま老中職にあって月番に当たっている時に大事件に遭遇していることがあり、伊豆守信明（三河吉田藩主）が月番老中に当たっている今回も何かあるのではといわれていた折に、対馬藩国元から宿継ぎで「封状一通」が伊豆守のもとに届けられた。「ソリヤこそ大変」と、「こざかしきもの」が騒ぎ立て「ムスコベヤ朝鮮を攻候事」という「偽説」を作り騒ぎたてたことによるというものである。事実は対馬の米の供給地としての肥前が洪水のため不作で対馬に餓死者が出かねないという窮状を訴える封状であったらしい。他のひとつは、「牧備」家中の者が亡父の書き残した反古の中からみつけだした書面を八丁堀辺りの会所へ持ち出したことから広まったというものである。「牧備」は当時寺社奉行であった牧野備前守忠精（越後長岡藩主）のことかと考えられる。

その二　寛政九年異国船取扱令

「日録」の寛政八年九月十一日に次のような記事がある。

先月十五日蝦夷地クナジリへエンゲレス船百十人乗漂着御届出。

また、同月三十日には、

去月十五日エンゲレス漂流船百十人乗合、内一人ミンホ□と云夫人あり、蝦夷地クナジリへ着、無程帰帆。松前侯差控被仰付。

とも記されている。玄白がこの情報をどこから得たのか不明であるが、寛政八年八月十五日に、蝦夷地クナシリへ女性一人を含む一一〇人を乗せたイギリス船が漂着し、ほどなく帰帆したという。「御届出」とあるのはこの経緯が幕閣へ報告されたことというのであろう。このことのためか松前藩主が幕府への出仕を止められたともいうが、他に関連する史料が求められず事情は詳らかではない。「クナシリ」は後述のように「虻田」もしくは「絵鞆」（現、室蘭）の誤りかも知れない。いずれにせよ、これはイギリス海軍の士官ウィリアム・ロバート・ブロートン（William Robert Broughton）の率いるプロビデンス号（Providence）が、日本近海測量調査のため蝦夷地周辺で活動していることの一端を伝えるものである。プロビデンス号は全長約三十三メートル、幅九メートル、三本マスト、四〇六トンで砲門全二十六門を備えたイギリス海軍の帆走軍艦である。ブロートンの調査は寛政八年、九年の両度に及び、その探検航海の記録は一八〇四年に刊行されフランス語版、ドイツ語版も相次いで翻訳出版されている。（横山伊徳「一九世紀日本近海測量について」『地図と絵図の政治文化史』）。

プロビデンス号はイギリス出航後、大西洋から南米ホーン岬を回りカナダのバンクーバーに到着しハワイを経て、寛政八年八月十四日に虻田沖に現れ、十五日に絵鞆に投錨している。松前藩家老松前左膳が東蝦夷地厚岸まで巡見の帰途、絵鞆においてこの報に接し家臣を同船に派遣したが言語通ぜず状況を城下に急報した。同十八日には英船渡来の報が福山城下に到達、先年ロシア使節ラクスマン応接御用を務めた藩士工藤平右衛門、米田右衛門七および藩医加藤肩吾が通弁見届として派遣された。また前藩主松前道広が鷹狩りと称して出陣し一時指揮をとった。二十五日、工藤平右衛門らが虻田に到着しプロビデンス号に赴き船内を見分し、北日本の島々の海図の模写を許す。二十六日プロビデンス号の晩餐に招かれて海図を贈り、返礼としてキャプテン・クックの世界大地図を得ている。ブロートンの航海記は工藤、加藤らがプロビデンス号を訪れた折の様子について次のように記している。

その朝、これまで見てきた者より衣服の点で優れて上位の、そして行儀作法の振舞についても同等に優れた日本人の新しい一行の訪問を受けた。彼らとの交友関係を通じて面白く愉快であったばかりでなく、新たな情報もまた引き出すことができた。彼らは我々に世界の海図を見せてくれた。その海図はロシアで作成されたもののようであった。また彼らは色々な国々の武器が描かれている書物を持参して、即座に大英帝国の武器を指摘した。我々がイギリスという国に属していると推察したからであろう。ロシア語アルファベットで書かれた本を持っていたので、私は彼らの一人がペテルブルグにいたことがあるということを理解することができた。我が船にはロシア人の船乗りがいたから、彼の母国語であるロシア語を通じて、彼らと親しく談話することができた。彼らは、日本の北方の島々に関する大きな地図を、私に対して書写することを許した上、さらに彼らが模写したものを翌日持参すると約束した。相互の交歓で、お互いに礼儀をとり交わした後、彼らは海岸に向かって帰って行った。

さらにまた、

日本人の友達は、晩餐のパーティに出席してくれた。そして、彼らの模写した海図を私への贈り物とした。私は、そのお返しとしてキャプテン・クックの世界大地図を贈ったところ、彼らは感謝感激して極まった喜びようであった。彼らは眼に見えるものすべてに詮索好きで好奇な眼を持って、批評した所見を述べたがった。理解できなかった事柄については、早速墨による筆記で、明らかに書き残した。彼らは、我々が近く出航する予定であることを聞いて非常に満足気に見えた。

とも記している（岩下哲典「英艦プロビデンス号『北太平洋探検航海記』（一八〇四年刊）から見た日本および日本人について―特に蝦夷地絵鞆・琉球宮古島での交流を中心に―」、上白石実『幕末の海防戦略―異国船を隔離せよ―』）。「日本の北方の島々に関する大きな地図」とは、加藤肩吾により寛政四年以前に完成していた国後島や択捉島を含む「松前図」であり、アダム・ラクスマンも書き写していたものであった。

九月二十八日プロビデンス号は絵鞆方面に移動、十月一日には死亡した水夫を絵鞆近くの大黒島に埋葬し、恵山岬に向けて出帆、さらに転じて千島方面に向かった。ブロートンは二週間あまり滞在したこの内浦湾を噴火湾と名付けている。九月七日、松前藩はプロビデンス号渡来一件につき工藤平右衛門および加藤肩吾に江戸出府を命じ、両人は十月九日に勘定奉行久世丹後守邸において尋問を受け、その後桂川甫周にも報告をしている。十二月十四日には幕府勘定金子助三郎、徒目付古屋平左衛門らがブロートン号一件調査のため福山を訪れている。

蝦夷地を去ったプロビデンス号は千島列島などの北方探検に従事した後、年末には越冬のためマカオに帰港した。翌年再び北太平洋を目指して、あらたに僚船としてスクーナー船プリンス・ウィリアム・ヘンリー（Prince William Henry）号を購入しマカオを出港するが、宮古島沖でプロビデンス号が座礁し沈没した。ブロートンはいったんマカオに戻りヘンリー号で太平洋を北上して探検調査を再開した。房総沖で江戸湾を確認し、再び絵鞆を訪れたのは寛政九年七月十九日であった。通弁として工藤平右衛門、加藤肩吾が派遣された。閏七月二日、ブロートン率いるスクーナー船は噴火湾を出て函館沖に現れ、同月九日福山城下に接近、松前藩内は大騒動となり城下の警備を強化した。その後同船は利尻、礼文を経て樺太西岸を北緯五十二度まで北上し引き返した。松前藩は幕府に対して、船長「ブラツン」（ブロートン）率いる三十四名乗り組みの英国船が漂着したこと、同船は米、茶、煙草、砂糖を積み込み広東へ交易に向かうところで、水、木を補給すべく来航したとしていること、警備の藩兵三百名を出したこと、今後一切の来航を禁止すると伝えたこと、異国船は七月二十九日に絵鞆を出発し、閏七月十日には津軽海峡を通過したことなどを逐次報告している。同船は絵鞆出港から約二か月後の八月二十四日には朝鮮の釜山に現れ、二十六日には給水のため上陸しまた水深の測量を行った。九月二日には出港し、十四日、十五日には対馬の廻村沖で目撃されている（「新北海道史年表」『新北海道史』第九巻、上白石実、前掲、同「寛政期対馬藩の海防体制」、「通航一覧・巻二五四・諳厄利亜国部三」『通航一覧』第六）。

ところで、寛政九年の「日録」には、次の四件の異国船情報が記録されている。玄白がこれらの情報をどのようにして入手したのか、またそれぞれの事情をどこまで明確に認識していたのかは不明であるが、いずれもブロートン率いる英国船に関わる情報であった。

①先月廿一日銚子沖へ異国船着、別ニ洋中六艘見るのよし、何ノ船と云ふ事不知、松□〔前カ〕右京公より御届出。
（閏七月十一日）

七月二十一日、銚子沖に異国船が出現し、ほかにも六艘みえるとの届け出が幕府にあったという。「通航一覧・巻二五四」には上州高崎藩主松平右京亮輝和が老中松平伊豆守信明に宛てた「注進状」が収められている。下総国海上郡のうちにある銚子その他の高崎藩領からの報告で、七月九日の沖合に「怪敷（あやしき）船」が見えたというものである。それは「異国船」と見受けられ、黒塗りで、長さ二十間、胴の間六、七間、帆柱二本建て、三段に木綿帆九つ引き、およそ三十人ほどが乗り組んでいるという。乗組員の風貌については、髪は惣髪で後の方に下げて巻き付け、笠はよくわからない冠り物を付け、眼は赤く、沓をはき、衣類は生地はなにか分からないがこはぜ懸けで袖がないと伝えている。商船かと思われるが、船内の荷物などは下積みになっているのかみえないとも述べている。房総沖を北上中のブロートンのスクーナー船を含む異国船の姿がかなり具体的に捉えられたのである。玄白がこの情報を高崎藩主からの届出として承知していたことが分かる。

②当月九日昼、異国船松前城下着ノ所、□より軍事御備有之処、巳の方へ驚て逃去となり。（閏七月二十九日）

異国船が松前城下に現れたが厳しい警備で「巳（東南）の方」に去ったという。閏七月九日、福山にブロートンの船が現れ城下が混乱し警備が強化されたことが把握されているが、このことが一月足らずのうちに江戸に届き、玄白もそれを知り「日録」に書きとめたのである。

③先月廿四日異国船朝鮮釜山浦へ着、当月朔日まで未出帆由御届、対州公より七日出来由。（九月二十九日）

④当月十五日対州沖地方十里程ニ、異国船数艘大船も交三ケ所漂ヒ廻り、浦ト云アタリニて夜中石火矢四ツ程打候所、山谷へ響キ、翌十六日朝迄霞ノ内ニ見へ候所、其後大雨雷風之所、其より行方不知と御届、国君より

出。（十月三十日）

八月二十四日に朝鮮の釜山に現れた異国船が、九月一日まで出航せず止まっているという届出が対馬藩主から九月七日になされたことが「日録」の九月二十九日に記載されている。また、十月十五日には対馬沖十里ほどの海上三個所に大船も交じった異国船数艘が発見され、夜間、「石火矢」の砲声が四回ほど山谷に響いた。翌十六日の朝方まではその姿が霞の中に見えたが、その後いずれかに去ったという対馬藩主からの届出があったという。このことについても「日録」は十月三十日の記事として記録している。玄白が異国船情報について常に眼を向けていたことが分かる。

釜山と対馬沖に異国船が現れた事件について、対馬藩は釜山倭館（釜山に置かれた対馬藩による日朝間の外交、貿易の場）に大筒を送り、藩士を派遣することを決定し、十月二日には九名に藩士が釜山に到着した。しかし、すでに異国船は出航していたので帰藩している。また、廻村沖に異国船が現れたさい、宗氏城下の厳原から派遣される藩士が間に合わなかったことから海防策の見直しが行われ、農兵を在地の郷士が指揮するという軍団を各郷で組織し、それを異国船来航時には厳原から派遣される侍大将が指揮するという新たな体制で臨むこととなった。

対馬藩は一連の経緯について幕府に対して前後四回の報告をしているが、対馬沖に異国船が出現したという九月十六日付の報告は十月七日に江戸藩邸から老中と勘定奉行石河忠房に届けられている。これに対して幕府はいち早く対応して十月九日に平戸藩と大村藩に対して対馬藩の要請があり次第派兵に応じること、また十一日には北九州と山陰地方の大名に海岸警備の強化を命じている（上白石実、前掲『幕末の海防戦略』）。

これより先の閏七月に、幕府は閏七月に、

異国船見掛候節之儀取計方、寛政三亥年相触候趣、弥無油断申付有之様可被致候、近来漁船等邂逅沖合ニて、異国船見掛候類之沙汰も有之候間、相違候事ニ候条、可被得其意候。

右之通、万石以上之面々え可被相触候。

閏七月

（『御触書天保集成』六五三三）

との触れを出している。近頃、沖合で漁船などが異国船に出くわすということがあるというが、その取り扱い方についてはすでに寛政三年に出されている触れに従い油断なく処置せよと諸大名にたいして指示したものである。また、十二月にはあらためて諸大名に対して、

異国船漂着之節之取計、寛政三亥年委細相達置候趣勿論ニ候得共、若心得違候て、此方より事を好、手荒成働仕出し候ては不宜候。先方より重々不法之次第相決、不得止事節は格別之儀、先は可成丈計策を以成とも繋留、注進可有之候。惣て異国船ハ漂着候ても、海上え向候ては石火矢打候ならはし之趣ニ相聞候得は、無事故ニ右ニ乗し、率爾成取計、従来此方仕出候儀無之様ニ可被入念候。且又全く海辺之所領は無之面々迚も、近領助力之次第ハ先頃相達候通ニ候間、人数等差越之儀ハ、猶又心掛可被置候。

右之趣、先達て触置候面々え可被達候。

十二月

（『御触書天保集成』六五三四）

と発令している。異国船が漂着したさいの取り計らいについて、ことを好んでこちらから手荒な手段に訴えてはならず、あくまでも先方の重大な不法行為に対するやむを得ない措置として対応すべきで、まずは「計策」をもってでも漂着船を繋ぎとめ、ことの次第を報告すべきである。異国船は漂着時にも海上に向かって大砲を撃つ習わしであるようである。そのような事態であっても軽率に行動してはならない。近隣の諸領主は海沿いに領地をもたない者も含めて互いに助力しなければならないというのである。あくまでも、寛政三年令を踏襲する海防策であった。

（5）林子平処罰

寛政四（一七九二）年五月二十七日の「日録」に次のような記事が書き留められている。

> 海国兵談并三国通覧一件ニ付、松平陸奥守様御家来林嘉膳同居弟林子平、松平越中守殿御指図蟄居被仰付御談。
> 其方儀仮［縦］令利欲ニ［に］不致候とも一己之名聞ニ拘り取留候義ニも無之、風聞又ハ推察を以、異国より日本を襲候事可有之候趣、奇怪異説等取交［交せ］著述いたし［致］、右之内［には］□御要害之義等□［も］相認［認入］、其外地理相違の［之］絵図相添書本［写］又ハ［は］板行いたし［に致候］、室町二丁目権八店市兵衛方へ相送遣候始末、不憚［公儀］仕方不届之至ニ付、兄嘉膳［善］へ引渡於嘉膳［村在所蟄居］申付［申付］候。尤板行物并［并に］板木ともに［共ニ］取上［召上可申］候。

仙台藩士林嘉善の弟林子平が『海国兵談』と『三国通覧図説』の二著作を刊行したことについて、確たる根拠もなく日本が異国に襲われることがあるやも知れぬという「奇怪異説」を取り混ぜた著述を発表して、「要害」のことつまりは幕府の外寇への防備の実情などを示し、あるいは実際とはことなる事実を記した地図を添えて須原屋市兵衛方から出版したとして、老中松平定信の指図により版木・板行物の没収と兄嘉善のもとでの蟄居の処分を受けたというのである。「其方儀」以下は判決申渡書を筆写したものであろう。処分の申渡しは「五月十六日」のことであった。玄白がきわめて短時日のうちに状況を把握していたことが分かる。なお、『前哲六無斎遺草』（仙台叢書出版協会、明治二十八年。国立国会図書館デジタルコレクション）に引用された申渡書と対校しその異同を［　］内に注記した。若干の字句の相違があるが「日録」には申渡書がほぼ誤りなく写されているとみてよい。玄白が子平の処罰のことについてどのような経緯で知ったのか詳らかではないけれども、ひとつの可能性として大槻玄沢、桂川甫周など玄白周辺の蘭学者間の情報であったことが推定される。

「寛政里正日誌二」（『東京市史稿』産業篇、第三十八所収）に、「寛政四年壬子五月、三国通覧板行ニ付罪科申渡」として、「五月十六日」付で子平への前掲とほぼ同文の申渡書が写され、さらに関係者の処分申渡書がつづくが版元の須原屋については次の通りである。

室町二丁目権八店

市　兵　衛

其方義、林子平より差越候三国通覧と申書ハ奇怪異説等相認候本にて、右ニ添へ候日本并外国之絵図は、地理相違等も有之、一体不軽義ニ候処、行事之改を受け候ハヽ、既ニ其方も其の砌ハ行事乍相勤不心付、右体成書物并画図等致板行、売出候段不埒ニ付、板木并所持之三国通覧取上ケ、身上ニ応シ、重キ過料三十貫申付之。

版元および本屋行事としての責任を問われ、『三国通覧図説』の板木と版本の没収、および過料三十貫文の処分であった。本屋行事の本石町三丁目新平衛店金三郎事・道記、本石町四丁目源助店・甚四郎、通壱丁目小兵衛地借・茂兵衛紀州住宅付店支配人庄助、通三丁目佐右衛門店・次郎兵衛については、

其方共儀、先達て本屋行事相勤候節、林子平著述之三国通覧、右へ添候絵図、市兵衛より改メ請度旨申聞候ハヽ、念入改可申之処、無其儀、既ニ庄助ハ十七部買請売払候始末、書物類之儀ニ付ては前々より厳重之儀も有之候処、行事相勤候身分ニて等閑ニ相心得、改方不行届之談不埒ニ付、過料十貫文宛申付之。

とあって過料十貫文の処罰を受けている。なかでも庄助はすでに「三国通覧図説」を十七部も買い受け、売り払っていたという。また、室町三丁目次兵佐右衛門店・次郎兵衛ほか二十七人について、

其方共儀、右一件ニ付口書申付候処、不念之筋も無之候間、構無之。

と告げられている。文助ほか二十七人もの人物が関連して取り調べを受けて供述調書を提出しているが、不行届きのことがなかったとして構いなしとなっている。かなり大がかりな事件となっていたのである。子平処罰のことについて、玄白は「日録」で『海国兵談』『三国通覧図説』の両書に関わるものとしているが、実際はここに見るように『三国通覧図説』のみを問題とする処分であった。なぜ『海国兵談』については取り上げずに、四年も前の天明六（一七八六）年刊行された『三国通覧図説』についての措置となったのか必ずしも理由は明確ではない。

林子平は旗本岡村源五兵衛良通の次男として元文三（一七三八）年江戸に生まれている。父が同僚を傷つけた罪により除籍され、叔父の医師林従吾に養われた。姉奈保が仙台藩主伊達宗村の側室となり、兄嘉善が仙台藩士に取り立てられて宝暦七（一七五七）年兄とともに仙台に移った。明和四（一七六七）年、子平は学問修行のため向こう五年間の暇を乞い江戸に出ているが、以後、天明八（一七八八）年までの間に断続的に江戸滞在の機会を得ている。さらにこの間、安永四（一七七五）年、同六（一七七七）年には長崎を遊歴し、また安永元（一七七二）年には蝦夷地にも赴いていると伝えられている。江戸では仙台藩医工藤平助に兄事し、また桂川甫周、大槻玄沢などの蘭学者との交流によって新知識を学んだ。長崎ではオランダ通詞本木栄之進所蔵の「輿地国名訳」を写し、またオランダ商館長アーレント・ウエルレ・ヘイト Arend Willem Feith の知遇を受け各種の地図を書写し、ロシアの南進政策など海外地理情報を得ている（平重道『林子平　その人と思想』）。

『三国通覧図説』は、天明五年九月に稿が成り、翌六年夏に江戸須原屋から刊行された。幕府奥医師の桂川甫周が序文を寄せている。日本に隣接する朝鮮、琉球、蝦夷地の三国と無人島（小笠原諸島）それぞれの地図、さらに日本とそれらの地域を総合した「数国接壌形勢ヲ見ル為之小図」のあわせて五葉の地図とこれらの地域の地理や風俗について解説した著述である。とくに国事を与る者が地理を知らないことは治乱に臨んで失うものがあるとして、地理の知識が政治上また軍事上不可欠であることを強調している。平素から三国の地理的事情を熟知していれば治乱いずれに関しても不安を感ずる必要はないと述べる。なかでも蝦夷地についての自然環境、風俗、交易などが詳細に論じられ、さらに北方シベリアやカムチャッカ半島にまで記述が及び、ロシアの東進、南下の形勢に警鐘を鳴らしている。カムチャッカより東にはさらに経略すべき地なく西に転じて千島に及び、すでにラッコ島を取りエトロフを手なずけ蝦夷の東北部に迫っている。日本と蝦夷とは「唇歯ノ国」であること、すなわち互いにきわめて近い密接な関係にあることを察すべきであるという。そこでロシアが蝦夷地に支配の手を伸ばす前に、松前藩の場所請負制などによる蝦夷地の収奪的支配ではなく、鉱物資源、水産・森林資源などの開発を進め、狩猟漁業の自然経済の状態で生活を立てている蝦夷人の教化を図りソウヤ、シラヌシ（カラフト南端部）を以て日本の風土の限りとすべきであると論じている（『新編林子平全集』Ⅱ・地理）。

『海国兵談』は、天明六年五月に全十六巻が脱稿した。出版費用が調わず同八年に第一巻のみが少部数刊行された。序文は『赤蝦夷風説考』を執筆しロシアの南下を警告し蝦夷地の開拓と開港交易を進めることを説いた工藤平助が筆を執っている。子平は『海国兵談』「自序」の冒頭に、

　海国とハ何の謂ぞ、曰く、地続きの隣国無して四方皆海ニ沿ル国を謂也。然ルに海国にハ海国相当の武備有て、唐山（から）の軍書及ヒ日本にて古今伝授する諸流の説ト品替れる也。此わけを知ざれば、日本の武術とハ云かたし。

と述べている。さらに、海国は軍艦に乗り順風を得れば二三百里の遠海からも一日二日で到着できるのだから、「外冦」の「来リ易キわけ」があるが、一方で四方大海に守られていて「来リ難キわけ」がある。いずれにしても「日本の武備は外冦を防ぐ術を知ルこと」がさしあたっての急務である。その「外冦を防ぐ術」は「水戦」にあり、「水戦」の要は「大砲（おおづつ）」にある。この二つをよく調えることが「日本の武備の正味」であって、「唐山韃（からだつ）たん等の山国」と「軍政」の殊なる所なのである。しかるに大江匡房、楠木正成などをはじめとして世にいう「軍の名人」もその根源は「唐山（から）の軍書を宗トして稽古ありし人々」なのであって、「唐山流の軍理のみ伝授して海国の議に及べる人なし」と強調している。本文第一巻（水戦）の冒頭では、当世一般には、異国船が長崎以外に入津することはないと思われているようであるがこれは太平の世の思いこみに過ぎず、かつては薩摩の坊の津、筑前の博多、肥前の平戸、摂州の兵庫、泉州の堺、越前の敦賀等々、異国船が来航して交易をしてきている。海国なるが故にどこにでも異国船は入津しうるのであり、東国であるからと油断はできない。「長崎の港口に石火矢台を設て備を張が如ク、日本国中東西南北を不論、悉く長崎の港の如クに備置度事、海国武備の大主意なるべし」と述べている。そし

てさらに次のように論じている。

> 窃に憶へば当時長崎に厳重に石火矢の備有て、却て安房、相模の海港に其備なし。此事甚不審。細カに思へば江戸の日本橋より唐、阿蘭陀迄境なしの水路也。然ルを此に不備して長崎にのミ備ルは何ぞや。小子か見を以てせば安房、相模の両国に諸侯を置て、入海の瀬戸に厳重の備を設ケ度事也。日本の惣海岸に備ル事ハ、先此港口を以て始ト為べし。是海国武備の中の又肝要なる所也。然ト云とも忌諱を不顧して有の儘に言フハ不敬也。不言は亦不忠也。此故に独夫、罪を、不憚して以て書ス。

江戸の日本橋より中国、オランダ迄境なしの水路であるのに、長崎にのみ石火矢の厳重な備えがあって安房、相模の海港にそれがないのは甚だ不審である。まずここにしかるべき諸侯を配し砲台を築いて江戸の入口の守りを固め、しかるのちに「日本の惣海岸」に備えることが肝要であるという。そして、自身の立場を顧みずにこのように事実をありのままに発言するのは「不敬」であるが、黙しているのもまた「不忠」であって、あえて罪を憚ることなく書くのだと『海国兵談』執筆の決意が表明されている。

ところで、『海国兵談』第一巻の巻末に「口上之覚」と題する一文があり、『海国兵談』の出版事情が記されている。冒頭に全十六巻（紙数三百五十枚、八冊）千部の刊行費用見積りとして、彫賃―紙一枚四匁五分、三百五十枚分二十六両壱分、紙―一帖八分五厘、一冊八帖千部八千帖百十三両一分ト銀五匁、表紙―一枚二分五厘、八千枚三十三両一分ト銀五匁、綴糸―一部六分五厘、千部十両三分ト銀五匁、摺賃―一部四分、千部六両二分ト銀十匁、仕立賃―一部一分、千部十六両二分ト銀十匁、外題料―全部八冊一分、千部一両二分ト銀十匁、総計銀十二貫五百二十五匁、金二百八両三分とある。次いで、資力なく自力での刊行はなしがたく、この度の「版刻ノ証」として「水戦ノ巻」（第一巻）数冊を仕立ててご覧に入れることとした。ついては今後の刊行の費用として「金二百匹」（金二分）を入金願えれば版刻を急ぎ右兵談二部を進呈すると述べ、さらに子平自身は「遠鄙」（仙台）にあるので、「東都ノ心友」として手塚市郎左衛門、柿沼寛三郎、森嶋次郎、工藤平助、藤田祐甫の名をあげ入金の取り次ぎを依頼してあるとしている。また版木の彫刻には、紙一枚を工人一人で二日半を必要とし、全巻三百五十枚の彫刻所要日数は九百日となる。工人を多くすれば短縮できるが「人の性［生］命難計か故に其功ヲ急候事、胸に火の煽か如にて御座候故に辱を不顧して奉告候、林子平謹言」として覚書を結んでいる。天明二年に子平は長崎版画「阿蘭陀船図説」、「阿蘭陀人宴会図」（子平自画自刻）を刊行しているが、寛政三年に「阿蘭陀船図説」を仙台において再刊し一枚銀三匁で遠近の知人、同志に頒布し刊行費用の補足としたという。予約入金を募ったことを含めてどれほどの金額を調達できたのか詳らかではないが、同年四月に『海国兵談』全巻の刊行が工藤平助の序文を付して実現している（『新編林子平全集』Ⅰ・兵学）。五月二日付で子平が友人の塩竈神社神官藤塚知明に宛てた書簡によれば、当初の見積もり「九百日」を早くに過ぎて「千六十日」目にしてにようやく完成して一安心しているとしてさらに、

可相成者、当歳まて金十切借用被仰付被下度存候。此度此方にて仕立候処、わずか三十八部出来申候。此三十四人の入銀の人々へ、三十四部は贈り物に仕候。左候へば、あとの三四部はなんの役にも立不申候。役に立ねば、当暮れまて摺可申様無御座候。仍而せめて又々三十部もすり立候而、うりに遣申度候得共、此方にて小子に金子なとかす者は無御座候。可相成は、十切恩借被仰付被下度、偏に奉願候。

と述べている。今回は三十八部を製作し、うち予約入金者三十四人に配布したが、できればなお三十部を摺りたてたいので是非とも十切（一分小判十枚）か三両の借用を願うというのである。

松平定信の側近水野為長が定信の閲覧に供するために、寛政改革時代の江戸城内外の世態、巷説、風評などを収集した『よしの冊子』という記録があるが、その「巻十七」（「百四十冊」）に次のような記事がある。寛政三年九月五日以後、九月二十八日以前に記録された個所である。

一海国兵談と申候書物ハ、近頃仙台の者拵候て、板行ニ致候由。右之始ニ此書物認候ニ付てハ、死罪ニ被行候

ても聊か厭不申趣を相認め、夫より異国の事抔を相認申候由。当時の様子ニてハ、中々日本ニてハ軍ハ起こり申まじく候へ共、異国之処あやぶミ候由。然る所、異国の軍ハ長崎の方より起り候事とのミ存じ、石火矢台抔長崎にのミ有之、外々ニは無之候へ共、奥州、常陸抔にも右之御用意有度旨、且又孫（むすこ）ビヤ抔と申候て裡切いたし参問敷き物にも無之抔認候由のさた。すべて此節異国船漂着後めつたに異国より軍が起ルと申沙汰専仕候よし。

（「よしの冊子」『随筆百花苑』第九巻）

寛政三年四月に仙台でごく少部数に限って刊行された『海国兵談』について、同年九月の江戸でその内容にかなり具体的にふれて記録されていることになる。なお、「此節異国船漂着後」云々とあることについては次節に取り上げることとする。

この年十二月、子平は江戸に召喚され、寛政四年二月には板木召し上げとなった。閏二月五日付の藤塚宛書簡では、「小子未だ出不申候得共、板木を取揃へ指出候様被仰渡候。被滅候にも候や。十五年来の心力も一時に消候やと、此処残念千万に奉存候」と、板木が没収され「十五年来の心力」の成果も消滅してしまうのかと訴えている。また閏二月十五日には、おなじく郷里の友人小川只七に宛てた書簡では二月晦日、閏二月八日両度の呼び出しにも病気のため出頭できなかったと述べさらに、「小子ハ病死ニなるか刑死ニなるかにて可有之候。どの道にも小子が死を御聞被成候は丶、此の書状三人の猶子共の内へ御届可被下候」といい、「再会難期奉存候。御閨中様、勝盛子、宜く被仰達可被下候。呉々も世間で小子が死ださたのない内は、何方へも御知せ被下間敷候」として覚悟の程を記している。五月十六日には前述の通り国元の兄嘉善のもとに「蟄居」の申渡し受けた。五月十八日江戸を立ち、二十六日仙台に着いている。藤塚に宛てた書簡には次のように記している。

拝呈候。暑中愈御壮健に被起居候哉。先頃も預尊書、辱奉存候。然者小子儀過る五月十六日、兄嘉膳へ引渡し、於在所蟄居申付ルト相済み、同十八日、江戸罷下り、二十六日、仙着仕候。先日福田町の者共へ、若も便あらば御届致くれ候へとて、一書奉呈候き。相届候や。片便故、無覚束候間、又以て今日右の談鳥渡申達候。存の外軽き疱瘡にて大慶仕候。

「存の外軽き疱瘡にて大慶仕候」と述べる。いったんは死をも覚悟していたところに思いの外軽い処分であったとの述懐であるが、翌寛政五年六月二十一日、子平は幽囚の内に没している（藤塚宛書簡、小川宛書簡『林子平全集』V・記録、長田権次郎『林子平』）。

（6）ラクスマン、レザノフの来航——光太夫、津太夫の帰国——

林子平処罰のことがあった同じ年の寛政四年九月三日には、ロシアから開国通商を求めてアダム・キリーロヴィチ・ラクスマンの率いるエカテリナ号が、伊勢神昌丸漂流民大黒屋光太夫（船頭、四十二歳）、小市（賄、四十六歳）、磯吉（水主、二十九歳）の三人を伴い蝦夷地パラサン海岸（現北海道野付郡別海町）沖合に投錨碇泊した。一行は同五日根室に上陸している。玄白は、このことについて二か月半あまり後の十一月二十四日の「日録」に次のように書きとめている。

此節ロシア国より日本人漂流者召連蝦夷地参候由、交易ヲ兼願とて松前侯急ニ帰国被仰付并津軽侯御手当被仰付、御目付石川将監、村上大学御用懸被仰付、来廿九日発足之由、黄金二十枚ツヽ、御手当金弐百両御借金五百両ツヽ、被下、御小人目付□早立候由。

ロシアからの使節が「交易」を望み、「日本人漂流者」をつれ蝦夷地にやってきたこと、さらにそれに伴う幕府の対応について記している。ここで「松前侯」に急遽帰国の指示が出されたというのは、前藩主松前志摩守道広の隠居により、新藩主松前章広が跡目相続言上のため江戸出府中であったことによる。『徳川実紀』には「十一月十一日」の記事として、「松前勇之助章広家を継しを謝し奉り、また初て就封の暇を給ひ、叙爵して但馬守と改む」

と記されている（「文恭院殿御実紀・巻十三」）。目付石川将監、西丸目付村上大学両名が松前表御用に、その下役として徒目付、小人目付十数人が任ぜられたのは十一月二日、さらに津軽藩および南部藩に対して蝦夷地警備の任が与えられたのが十一月三日のことであった。玄白はこれらのことをごく短時日のうちに把握していたことが分かる。十二月十八日、石川、村上両名はロシア人との応接の際には六位の衣冠着用と「宣諭使」を名乗ることが命ぜられている。通商を求めるロシア側の国書を正式には受理せずに日本側の外交の基本姿勢を専ら教え諭すという任務を負うものであった。「日録」は石川将監、村上大学らの江戸出立を「来廿九日之由」と記しているが、実際の出立は翌寛政五年一月二十二日のことであった。

「神昌丸」が紀州藩御用米五百石のほか荷物木綿、薬種、紙、什器などの白子浦廻船問屋一見屋勘右衛門（江戸店、白子屋清右衛門）の荷物等を積んで、江戸に向け伊勢国奄芸郡白子浦（現三重県鈴鹿市白子）を出帆したのは天明二（一七八二）年十二月十三日であった。十四日深夜、駿河湾沖合で遭難、半年以上となる長い漂流を続けて翌年の七月二十日にアリューシャン列島西端のアムチトカ島に漂着し上陸した。それまでに出帆時十七人のうち一人が病死しており、上陸を果たしたのは十六人であった。島には原住民族の他にラッコやオットセイなどの毛皮集めのロシア人出稼集団十一人がいた。やがて現住民族との交流も生まれ、ロシア人との共同労役作業も始まり周辺の島へ出向くようにもなった。在島生活四年後の一七八七（天明七）年七月十八日（ロシア暦）、ロシア人二十五人の帰郷に同行してアムチトカ島を出帆し、カムチャッカ半島東岸のニジネカムチャーツクに八月二十三日到着した。この間、日本人の病死者が相次ぎ帰郷船に同乗できたのは九人になっていた。同地滞在十ヶ月余りのうちにさらに三名が病死して残る六名がイルクーツクに向け出発したのは一七八八年六月十五日であった。翌年一七八九（寛政元）年二月七日イルクーツク着、翌々年の一七九一年一月十五日同地を立った。出発直前に一人が病死している。二月十九日ペテルブルグ着、六月二十八日にはエカテリナ二世に拝謁し帰国の嘆願を果たした。九月十三日イルクーツク総督ビーリに対して、キリスト教に帰依した日本人（新蔵、庄蔵）を除く三人（光太夫、小市、磯吉）の帰国ための送還船一艘を準備し、日本との通商樹立交渉を行うアダム・キリーロヴィッチ・ラクスマンを使節として日本に派遣することなどが記された勅令が出されている。十一月二十五日、日本へ向う一行がペテルブルグを出発した。イルクーツ到着は一七九二年一月二十三日であった。五月二十日同地を出発、八月三日オホーツク着。一七九二年九月十三日（寛政四年八月九日）ラクスマン以下三十九人の乗組員と光太夫、小市、磯吉を乗せたエカテリナ号はオホーツク港を出帆し、十月七日（寛政四年九月三日）蝦夷地パラサン海岸沖合に碇泊した。光太夫以下三人のほぼ十年に及ぶ国外生活はここに終わったのである。

根室を含む霧多布（きりたっぷ）場所を請負っていたのは阿部屋村山伝兵衛であった。エカテリナ号のパラサン沖投錨の翌四日には、光太夫を含む乗組員十人余がパラサンの南四キロほどの西別に上陸した。西別の番屋では標津番人勘四郎、阿部屋の手代らと会い光太夫は漂流の状況を語った。五日、エカテリナ号は西別からさらに二十五キロほど離れた根室に移動し入港した。八日にはラクスマンが光太夫、小市、磯吉ほかを伴って上陸、根室の運上屋で霧多布場所支配人熊谷留太郎（松前藩下目付足軽）と会談し、来航目的を伝えさらに松前藩主への書簡を托した。熊谷の手配した早飛脚は十月六日に松前に到着しロシア船の来航を伝えた。幕府への届書、ラクスマンの書簡と訳文を届ける使者が翌々八日に松前を発ち、同月十九日に江戸に到着、直ちに月番老中松平和泉守乗完に届けられた。同日、江戸藩邸の松前藩士尾見蔵多は神昌丸が紀州藩の蔵米を積む白子の廻船であったことから、光太夫、小市、磯吉が難船漂流後、このほど帰国していることを紀州藩江戸屋敷に出向いて知らせている。紀州藩では直に松阪の奉行所に通告、さらに状況は白子の廻船問屋一見諫右衛門にも伝えられた。一見から光太夫の出身地若松村（現鈴鹿市）に連絡があったのが十一月七日のことであったという。尾見蔵多の行動は越権行為であるとして老中松平定信の不興をかったことを知った松前藩は尾見を謹慎処分としたが、のち定信は処分の解除を命じている（「神昌丸漂流事件関係年譜」『大黒屋光太夫史料集』第四巻、木崎良平『光太夫とラクスマン―幕末日露交渉史の一側面―』)。

ところで光太夫らの根室上陸後の状況について、玄白は三件の情報を得て、それぞれ「日録」に煩を厭わず記録している。三件の情報はいずれもその文言を「日録」の紙面各行に追い込んでびっしりと書込まれているが、ここでは読みやすさを考慮して書状、届書の一般的な書式を想定して示した。

まず第一は寛政四年十二月六日の「日録」に記された次のような松前藩主から幕閣への「伺書」である。（　）内の注記は「歴国記」（京都大学文学部史学科図書館蔵写本、前掲『大黒屋光太夫史料集』第四巻）所載の「伺書」と対校して主な異同を示している。地名、人名表記など細部に異同があるが、玄白は「伺書」をほぼ誤り無く伝えているといえよう。「歴国記」は、光太夫の実家亀屋の菩提寺緑芳寺住職智蔵が光太夫の親族の編んだ一書を転写したもので、原写本は現在失われている。

（寛政四壬子年　松前志摩守様より江戸え御届）

此度、東蝦夷キイタツプ領之内コモロ（ネムロフ）と申所へ差置候私家来方より、一昨日申越候は紀州米（城米）塩積候舟、伊勢国白子村神昌丸船主彦兵衛、船頭幸太夫并紀州上乗作二郎、水主拾五人都合十七人乗、去ル寅年十二月中駿河沖ニテ楫を傷メ、夫より段々漂流、翌年卯年七月□□（廿日）アシシイカ（アミシイツカ）と申す嶋へ漂着、同所に四年罷在、夫よりカンナツケ（カミツカ）と申所ニ渡り、同所城下ヲロシヤ（ヲロシイヤ）船ニて当子八月七日ニ神昌丸乗合之内船頭幸太夫賄小市、水主豊吉（磯吉）と申者共ヲロシヤ（ヲロシイヤ）船ニ乗合、役人アタクロツマン（アタムラツタシイシ）、船頭フシレイロフショウ「つしれイロフシヨウ」通詞トコロノウ（トロコウ）、道先シヤハクヌン（シツタハタヌシ）、商人二人、水主三十五人都合四十一人、右船ハ五百石積位と相見候船ニて漂着せし者共送り参り、則、九月五日ニキイタツプ領之内コモロ（コムロシ）と申所着岸仕、同所ニ差置候家来相尋候所、神昌丸船頭幸太夫口上ニハ、寅年十一（正）月三日浦賀御番所切手申請、今ニ所持仕候由、猶又、残りの人数相尋候所、正蔵、新蔵と申両人ハ病気ニてヲホツカ（ヲロツカ）と申す所ニ残置候由、外十二人ハ病死致候由、幸太夫申候。

一異国人通詞申候ハヲロシヤン（ヲロシヤ）□□（より）申付、江戸表へ右三人之者直ニ相渡へき旨申候。殊ニ□□（書状）并献上物等持参仕候由、然上ハ江戸へ罷出申候様申候得とも、先差留置申候所、然ハ明年四五月頃迄相待、江戸表より御沙汰無之候はゝ、其節是非江戸へ直ニ訴可仕由返答御座候。尤私方へ異国人より書状を以申越候ニ付、早速御届申上候。依て私家来共彼地差遣、差図有之迄差留置候様申付置候得とも、異国人之儀御座候得ハ如何の趣意ニ可有候哉、心底難斗被存候得共、可成丈ハ穏便取なし候様申付置候。依之前書之始末如何可仕哉、奉伺候。

十一月三日　　　　松前志摩守

右之向御用番松平和泉守様へ差出候所、御訴札（付札）を以左之通ヲロシヤ漂流之者共召連罷越候付、追而、江戸表より御沙汰可有之候間、夫迄ハ決て出帆不致候様取斗可申候。尤右取斗手荒ニ不致、失礼等無之、手当丁寧ニ致、酒食衣類迄心付差出へく并右之者［　　］（アッケシ）ニて上乗致候とも、蝦夷人ノ外松前之者共ニても、其役之外応対等為致申間鋪候。

子十一月

「伺書」本文の前段では、光太夫らの難船漂流、帰国の経緯のあらましが述べられている。アダム・キリーロヴィチ・ラクスマンが「日録」ではアタクロツマン、「歴国記」ではアタムラツタシイシと記されていることなど、ロシア語の人名、地名の表記が困難であったことが窺われる。「浦賀御番所切手」云々とあるのは、浦賀番所が発行した神昌丸の江戸入港許可の通船手形を帰国時まで光太夫が所持していたことを示す。帰国に際して重要な身元確認の公文書となったわけである。発行日を「歴国記」が「正月」としているのは誤写であろう。本文の後半では、松前藩がとった当面の措置について述べ幕府の指示を仰いでいる。ロシア側は「書状」と「献上物」とともに光太夫ら三人を直ちに江戸表へ渡したいと望んでいるが藩としては留め置いている。さらに明年四五月頃まで待って江戸からの指示がないときには是非とも江戸に直に訴えたいとの書状が出されておりそれを幕府にお届け申し上げる。私どもの家臣を根室に派遣し、指図あるまで留め置くように命じているけれども、「異国人」のこととて本心を計りかねており、なるべく穏便に取りなすよう申しつけてあるがいかがなものであろうかというのである。奥書には、これらの趣旨を月番老中松平和泉守に差し出したところ、追って指示あるまで、ロシア使節、漂流民一行が出帆しないよう取りはからうこと、酒食、衣類など差し出し失礼のない扱いをすること、一行が厚岸で乗船するような場合にはその任に当たっている者以外には応対をさせてはならないとの指示が「付札」に記されたとある。前述の通り、松前藩の「伺書」は十月十九日に提出されているはずで、ここで「十一月三日」とあるのは伺いに対する回答が「付札」で示された日付を記したと推定される。

玄白の記録した第二の情報は、白子浦役人（廻船問屋）倉田太左エ門らから荷主である江戸大伝馬町木綿太物問屋長谷川家にあてて、送られた書状で、「日録」の寛政四年十二月九日に次のように記されている。（　）内の注記は『赤人一件』（国会図書館所蔵写本、前掲『大黒屋光太夫史料集』第四巻）に収録された同書状の文面と対校し「日録」との異同や不明箇所を補うなどしたものである。

（江戸問屋え勢州白子浦役人より差越し候書面写）

十一年巳前寅年、駿河沖ニて乗沈候と相聞得候大黒屋光太夫船之義、其節梶（楫）を痛漂流仕居、半年も過漸島へ取付、其後又々異国□（に）乗組申候。此節、東蝦夷地へ着仕候由。尤乗組之内、多分病死仕候て、船頭光太夫、賄幸市、水主豊吉三人助命仕罷在、依之、松前志摩守様より右之談紀州様へ御届□（これあり）之候ニ付、則、作□（此の日）船主被召出、右之談被仰渡候。早速［（加入方）］問屋とも御沙汰御座候ニ付承知仕、誠ニ希代御義被存候。右船之義、御町□（内）様茂先達て格段之御芳志御座候義、此度右三人助命仕候段者全御蔭故と一統猶更難有［（存じ奉り候）］。御届書之写一通差上申候。御披見可被下候。依之、近々貴地へ帰着可仕と被存候。先は御案内申上度、如此御座候。恐懼致候。

十一月六日

倉田太左ヱ門
河合　仁兵衛
白子　兵太夫　連名也

御役事頭
長谷川次郎兵衛　様
同　　源ヱ門　様

「御町内様茂先達て格段之御芳志御座候」とあるのは、長谷川家によって寛政三年に江戸両国の回向院に海難供養碑が建てられたことを指していると推定される。松前藩から「御届」を受けた紀州藩の通告によって、光太夫等が帰国を果たしたことを知った白子の浦役人が、「三人助命」、つまりは命を落とさず帰国しえたことは「希代御義」であり、これも供養碑を建てるなどして心に懸けてくれた長谷川家の「御蔭」であるとして「御届書」の写しをそえて謝辞を述べ、近々三人が江戸へ帰着するはずであると伝えているのである。なお、この碑は寛政元年十一月に伊豆七島の大島で遭難した三河平坂の彦兵衛船の死者七名の三回忌の供養に合わせて、天明二年二月に遠州灘で遭難した三河高浜の弥兵衛船の犠牲者、さらに同年十二月の光太夫等神昌丸乗組員を合祀する船型碑として現存する。

第三の情報は第二の情報と同じ十二月九日の「日録」に前記の書面の文言にすぐ続けて次のように記されている。白子の浦役人から長谷川家への書面中にいう「御届書」に同じと見てよいであろう。（　）内の注記は第一の情報と同じく「歴国記」所載の書面の文言と対校し、「日録」との異同および「日録」の判読不能個所を補充したことを示している。「日録」が日付を「十月九日」としているのは誤写かと考えられる。

（江戸にて紀州御屋敷え松前様よりお知らせの御使者の事）

去寅年此御許様御城米積舟之義、伊勢白子村船主彦兵衛、上乗并船頭、水主十七人乗組、同年十二月駿河沖ニて梶（楫）を痛吹流シ、翌卯七月廿日アレシイカ（アミシイツカ）と申す嶋に漂着、同所ニ四年も罷在、其後、異国船乗組、志摩守領東蝦夷地之ネムロと申所へ□（参）着仕候ニ付、依て御用番様御届書差越候間、此談申上候。

十月九日（十九）　松前志摩守使者

尾見　蔵多

上乗［（作次郎）］、船頭光太夫、水主十五人、此之内多分病死□□申候。此度［（蝦夷地参）］着仕候者、船頭光太夫、賄幸市、□（水）主豊吉［（と申す者参）］着仕候［（儀に御座候。以上）］

玄白がこれら三件の情報を丹念に書き写しながら、光太夫等の難船、漂流、長期間におよぶロシア滞在という希有の体験についてどのような感想を持ったのか、「日録」には触れるところがなく、この時点では具体的には窺い知れないが、文化四年に脱稿した『野叟独語』にはロシア問題について興味深い議論を展開している（後述、Ⅳ—二参照）。

またこの間、寛政五年三月二日に石川将監、村上大学らの松前表御用一行が松前に到着したこと、四月二日に帰国漂流民の一人である小市が壊血病により死去したこと、同年五月七日にエカテリナ号が根室を出帆し、六月九日の箱館入港を経て光太夫等を含むロシア側一行が同月二十日に松前に到着したこと、二十四日には光太夫、磯吉がロシア側から引き渡され、二十七日にはロシア側に外国との通信通商は長崎で行う慣例が通告され、長崎入港許可の信牌が授与されたこと、三十日にはロシア使節団が松前を発ち帰国の途に就いたこと等々の光太夫等をめぐるさまざまな動静についても「日録」への記録はない。しかし、「日録」の寛政五年八月十八日には、「ムスコヒヤ漂流人近頃帰府□」と書き留められている。前年七月十六日に江戸に向けて蝦夷地を出立した光太夫、磯吉が、奥州街道を辿り江戸入りの最終地千住宿に到着したのは八月十七日であった。その翌日にはこのことが記録されたことになる。玄白が光太夫等の動静を注視していたであろうことが分かる。

八月十七日に千住に到着した光太夫、磯吉の二人は同夜雉子橋門外御厩の明き長屋に収容され、九月十八日には将軍家斉の謁見があった。二人の身なりは長髪、正装のロシア服姿であった。同二十四日より桂川甫周、森島中良によるロシア事情の聞き取りが開始されている。その結果がまとめられた『北槎聞略』が将軍家斉に献呈されたのは寛政六年八月のことであった。同年六月十一日には光太夫、磯吉の処遇について、両名に三十両を下付し、故郷へは帰さず番町御薬園内に家屋を新築し住まわせ、毎月光太夫に三両、磯吉に二両を給付することの決定がなされている。閏十一月十一日、大槻玄沢の主宰する芝蘭堂で開かれたオランダ正月を祝う新元会に出席し光太夫はロシア文字を書き、磯吉はロシア服姿を披露している（前掲、「神昌丸漂流事件関係年譜」）。

ところで、松前において六月二十七日にロシア側へ示して読み聞かせたという「国法書」の内容を抄記すれば次の通りである（「通航一覧」巻二七四・魯西亜国部二『通航一覧』第七）。

①兼て通信なき異国の船、日本の地に来る時は或は召捕又は海上にて打払ふ事、いにしへより国法にして、今も其掟にたかふことなし。仮令我国より漂流したる人を送り来るといふとも、長崎の外の湊にしては上陸のことゆるさす。（中略）しかれとも遥に我国の人を送り来る所の労をもおもひ、且は我国の法をいまた不弁（わきまえざる）によりて、此度は其儘かへす事をゆるさゝるの間、重てはこの所にも来るましきなり。

②国書持来る事ありとも、かねて通信なき国王の称呼もわかりかたく、其国の言語と文章も不通、貴賤の等差もわかち難けれは、おのつから其礼のたたしき所を備かたし。我国においては敬したることも、其国においては、疎慢にあたらむもはかるへからされは、国書往復はゆるしかたきなり。（以下略）

③江戸へ直に来ることも亦ゆるしかたし。其所以は古より通信通商といふとも、定めあるの外は猥不許之、仮

令押て来るとも皆厳にあつかひて、いつれの湊にても、すへて言の通る趣はあらすして、却而事をそこなふへきなり。（以下略）

④爰に江戸官府の人来りて、我国の法を告しらするは、漂流の人を遥に送来る労をねぎらひ、且は其国の人々をして、ことの趣をあやまたせじとなり。送来る所のひとは、もとより江戸官府の人にわたすへしとの旨をうけし由なれは、ここにてわたさんも其子細あるよし。されは我国法によりて、其所望をゆるさゝれは、また送り来る人もわたさじといはむか、さらば強てうけとるへきにもあらす。我国の人を憐さるにはあらすといへとも、それか為に国法をみたるへからさるかゆゑなり。（以下略）

⑤長崎湊に来るとも、一船一紙の信牌なくしては通ることかたかるへし。また通信通商の事定置たる外、猥にゆるしかたき事なれとも、猶も望むことあらは、長崎にいたりて、其所の沙汰にまかすへし。こまかに言さとす。ことの旨趣をくはしく了知ありて帰帆すへきなり。

⑥てがみ　　おろしやもじ

此たび贈来るところの書翰、一つは横文字にして、我国の人しらさる所なり。一つは我国の仮名文に似たりといへとも、其語通しかたき所も多く、文字もまたわかり難きによつて、一つの失意を生せんもまた憚かるへきを以て、詳しき答に及ひ難し。よつて皆返しあたふ。この旨よく〳〵可心得もの也。

⑦六月廿四日、幸太夫、磯吉請取引替差遣す。今度送り来る漂流人、幸太夫、磯吉、松前地において請取処の証、件のことし。

寛政五癸丑年六月

石川将監　印

村上大学　印

これまでに通信のなかった異国、つまりは信を通じるもしくは誠意を結ぶ関係になかった外国の船が来航したときには打ち払うという国法に変わりはない。国書の往来も許されない。たとえ我が国の漂流民を送還するということであっても、長崎以外の地に上陸することは許されないが、我が国法を十分に理解していなかった事情を考慮して今回はそのまま返すということはしない。江戸へ直接に来るということも許されない。今回江戸から幕府役人が松前まで出向したのは漂流民送還の労をねぎらいかつ我が国法への理解を求めるためである。ここで漂流民を幕府役人にわたすということも許されない。あらたに通信、通商を認めることはできないが、なおも強いて望むのであれば今回交付した信牌を携行して長崎に行き「其の所の沙汰」にまかすがよく、このことをよく理解して帰国すべきである。今回提示されたロシア側の書簡は通じ難いところも多く、したがって詳しい回答にも及びがたいので返却する。幸太夫、磯吉両名は確かに請取ったことを証明する。

およそ以上のように述べる国法書は和文体である。、幕府の外交の基本姿勢についてことばを尽くして丁寧に説き示すという「宣諭使」としての石川、村上の使命に応じた文体となっているということができよう。

使節アダム・キリーロヴィチ・ラクスマンおよびエカテリナ号船長ワシーリイ・フョードロヴィチ・ロフツォフ（あしれいろくちう）に対して交付された信牌の文言は次の通りであった（「通航一覧」巻二七四・魯西亜国部二）。

おろしや国の船一艘、長崎に至るためのしるしの事
爾等に喩す旨を承諾し、長崎にいたらんとす、抑切支丹の教は我国の大禁なり、其像および器物書冊等をも持渡る事なかれ、必害せらるゝ事あらん、此旨よく恪遵して長崎に至り、此子細を告訴すへし、猶研究して上陸をゆるすへきなり、夫か為に此一張を与ふる事しかり、
石川将監　書判　　此度政府之指揮を奉してたまふ
村上大学　同
寛政五年丑六月廿七日

あだむらつくすまん　江
あしれいろくちう

先の国法書では、ロシアとのあらたな通信、通商は認められないけれども強いて望むのであれば今回交付した信牌を携行して長崎に至り「其の所の沙汰」によれとしていた。「其の所の沙汰」とは具体的には長崎奉行の判断によるということであろう。信牌では、キリスト教禁止の国是を遵守して長崎に至り、ことの子細を詳らかに訴えれば、事情をよく「研究」して上陸が認められるであろうという。国法書と信牌はきわめて間接的表現ながらロシアの求める通商が許されることを述べているとみることができよう。

太田南畝が外国事情を収集筆写した『沿海異聞』に収められた「蝦夷魯西亜関係文書」中に、「甚だ秘するものゝ由なれども、密かに承り大略書写せる也」と注記した「御目付石川将監公、村上大学公異国人え申渡す事」とする、ほかならぬ石川、村上によって国法書が示された事実に対応する一文が記されている。具体的な内容は実際の国法書をそのまま写したものではなくほとんど重ならないが、その一節に次のような記述がある（「蝦夷魯西亜関係文書」『大黒屋光太夫史料集』第一巻）。

此の切手を相渡し、たとへ此の切手持ちたりとも、決して他の浜辺へも近寄るべからず。国法ならば、其の方の船と知りながらも打砕き申すべく候。切手を見せたりとも、拙者共の姓名、又印形など知る人これ無き由。只長崎にても申渡し置き候間、先づ一年、試みの為に交易致すべくとの切手なれば、長崎商人不勝手、又は其の方等の不勝手も計り難く存じられ候へば、先づ試みの為め一度交易致すべしとの切手とは申渡し候へば、甚だ感心の由。

ロシア使節に対して、「切手」（信牌）を携行して長崎に入港し、交易を試みることを許可すると申渡したというのである。「寛政乙卯孟夏」（寛政七年四月）に筆写したとの南畝の付記がある。ロシアとの交渉が行われて一両年を経ている時点で、交渉の機微に触れる情報の一端がこのようなかたちで記録されたことになる（「蝦夷魯西亜関係文書」『大黒屋光太夫史料集』第一巻）。

エカテリナ号が松前を発って帰国してから十年後、文化元年九月六日にロシアの世界周航船ナデジュダ号が、仙台藩領石巻の廻船若宮丸漁民、津太夫、儀平、太十郎、左平を伴って長崎に来航した。遣日使節ニコライ・ペトロヴィッチ・レザノフはアレクサンドル一世の国書とラクスマンが持ち帰った長崎入港許可の信牌を携えていた。

若宮丸は寛政五年十二月二日、磐城の広野沖で暴風雨のため遭難、翌年五月十日にアレウト（アリューシャン）列島アンドレヤノフスキエ諸島のアツカ島に漂着した。津太夫等はロシア人に保護されオホーツク、ヤクーツクを経てイルクーツクに到着し足かけ八年滞在した。その後、アレクサンドル一世により特許植民会社露米会社に世界周航船派遣と日露通商関係樹立が許可され、遣日使節団が組織されて津太夫等はクルーゼンシュテルンを船長とするナデジュダ号で帰国することになった。同船はペテルブルグ外港クロンシュタットを発ち、コペンハーゲン、イギリス南部のファルマス、ブラジルのサンタ・カタリナ島を経て、南米大陸の南端をまわりマルケサス諸島のヌクヒヴァ島、ハワイ諸島を通過してカムチャッカのペトロパブロスクに至り、さらに長崎に到達している。大西洋から太平洋を回る一年余の航海であった。若宮丸漂流民は日本人初の世界一周を果たしたことになる（加藤九祚『初めて世界一周した日本人』）。信牌の所持を確認して長崎奉行はロシア船の長崎碇泊を許可した。

ロシア船の長崎滞在は文化二年三月まで七か月に及んだ。この間、ロシア船の修復、レザノフの日本医師による療治の要請、漂流民太十郎の自殺未遂のことなどがあり、かなりの日時を費やす結果となっている。太十郎の自殺については、文化二年十二月二十七日付で長崎奉行から老中土井大炊頭に宛てた届書に次のように記されている。

（前略）太十［太十郎］と申者去る十六日為自分剃刀を以て口中江突込怪我仕候趣申出候に付、早速検使之者差遣、様子為紥候処、当月初旬より折々狂気之様子に相見、其比に至不快之由にて、打臥罷在候所、不図声を立候に付、外漂流人共、幷オロシヤ人共駈付候処、彼方に而相用候剃刀を口中に突込居候に付、もき取り致介抱、子細相尋候得共、相分り不申、全乱心可有之段、オロシヤ人幷外漂流人共申立候に付、猶得と子細為相紥候処、乱心之様子に而、外に疑敷儀も相聞え不申候。依之医師共差遣療養為仕候処、此節次第に疵所快方に御座候。此段御届申上候。以上。

このところ不快で臥せっていた太十郎が突然剃刀を口中に突っ込み怪我をするという事件があった。乱心狂気の様子だがほかに疑わしいところはなく、幸い疵も快方に向かっているというのである。これより先、レザノフより長崎奉行所に変事の状況が報告されているが、オランダ通詞による翻訳文によれば、漂流民たちを遠海危難の波濤をこえて連れ帰ったにもかかわらず、御奉行への面会も叶わず、いまだに江戸からの下知もない。やむを得ず私の手元に置かれたまま数か月を過ぎ、この末どのようなことになるのか日夜苦悩し、一途に案じ煩い、乱心狂気の状態にあるなかで事が起きたと述べている。このままでは太十郎以外の者達も数日のうちに不慮の事故を起こしかねない。彼らが生国へ帰り親族の安否も確かめられるよう四人の引取りを願うものであると述べている（『通航一覧』巻二八〇・魯西亜国部八『通航一覧』第七）。

文化二年二月晦日、江戸より長崎御用として御目付遠山金四郎が「教諭書」を携え到着した。三月七日、ロシア側へ示して読み聞かせ申渡したという「教諭書」の内容は次の通りである（『通航一覧』巻二八二・魯西亜国部十『通航一覧』第七、大正二）。

我国昔より海外に通問する諸国不少といへとも、事便宜にあらさるか故に、厳禁を設く。我国の商戸外国に往事をとゝめ、外国の賈船もまたもやすく我国に来る事を許さす。強て来る海船ありといへとも、固く退けていれす。唯唐山、朝鮮、琉球、紅毛の往来することは、互市の利を必とするにあらす。来ることの久しき素より其謂れあるを以てなり。

其国の如きは、昔よりいまた曾て信を通せし事なし。計らさるに、前年我国漂流の人をいさなひて、松前に来りて通商を乞ふ。今又長崎に到り好みを通し、交易を開かん由を計る。既に其事再におよんて、深く我国に望む所あるも又切なるをしれり。然りといへとも望み乞所の通信商の事は、重く爰に議すへからさるもの也。我国海外の諸国と通問せさること既に久し。隣誼を外国に修むる事をしらさるにあらす。其風土異にして、事情における も又懽心を結ふにたらす。徒に行李煩らはしむる故を以て通せす、是我国歴世封疆を守るの常法なり。争か其国一价の故をもつ、朝廷歴世の法を変すへけんや。

礼は往来を尚ふ。今其国之礼物を請て答へすんは、礼を知らさるの国ならん。答へんとすれは、海外万里何れの国か然るへからさらむ。容さるの勝れるにしかす。互市の如きは、其国の有所を以て我無所に更へ、各其理あるに似たりといへとも、通して是を論すれは、海外無価の物を得て、我国有用の貨を失はん。要するに国計の善なるものにあらす。況やまた軽剽の民、奸猾の商物を競ひ、価を争ひ唯利是を謀て、やゝもすれは風を壊り俗を乱る。我民を養ふに害ありて、深くとらさる所なり。互市交易の事なくして、唯信を通し新に好を結ふ。素よりまた我国の禁ゆるかせになしかたし。爰を以て通する事をせす、朝廷の意かくの如し。再来る事を費すことなかれ。

続いて長崎奉行成瀬因幡守による申渡しの読み聞かせが次の通り行われた。

先年、松前へ来りし節、都て通信通商は成難き事をも一通り申諭し、国書と唱ふるもの、我国の仮名に似たる書も解しかたき間、持来事を許さす。第一松前の地は、異国の事を官府へ申次所にあらす、若此上其の国に残りし漂流人を連来る歟、或は又願ひ申旨なとありとも、松前にては決して事通せさる間、右の旨あらは、長崎に参るへし。長崎は異国の事に預り候地なる故に、其議する事もあるへしとて、長崎に至るための信牌を与へしなり。然るを今又国王の書を持参る事は、松前において申諭したる旨弁へかたきやにあらん。是偏に域を異にし、風土の等しからぬ故に、通し難き事しかり。此度改めて政府の旨を請けて申諭す事件の如し。時に船中薪水の料を与ふ。然る上は我国に近き島島抔にも決して船繫すへからす。品々地方を離れ速に帰帆すへし。

二つの申渡しはラクスマンに示した国法書に同じく和文体である。ラクスマンへの対応を振返りつつ、外国と好を通ずることを知らぬわけではないが、風土のちがいは相互の理解を妨げいたずらに交渉の使者を煩わせるだけであり、古来我が国は「唐山、朝鮮、琉球、紅毛」に限って交渉をしてきたと述べ、これは変わることのない「我国歴世封疆を守るの常法」であり、「朝廷歴世の法」であるとして、あらためてロシア側の通商要求を全面的に拒否することを告知している。

ラクスマンへの通告については、『藤岡屋日記』に言及がある。文化二年五月の記事として「亜魯斎答章」と題して「教諭書」の文面が全文引かれている。「右、司馬野彦助が所持を写也」とある。『藤岡屋日記』は神田御成道で古本屋を営んでいた藤岡屋由蔵が、文化年間から幕末に至る江戸での日々の見聞を丹念に収集記録したもので、「教諭書」の文面をいち早く幕府儒官柴野栗山から得ていたわけで外交情報が短時日のうちにかなり広範に広まっていたことが分かる。「日録」にはこのロシアへの通告についての記事はみえない。

ロシア側への通告後、三月十日には漂流民四人の引渡しが行われ受取検使の役人が次のように申渡している。すなわち、今後日本人がロシアの地に漂流した場合にはオランダ本国、あるいはジャカルタへ送り届けられたい。そうすれば日本へはオランダ人が送還するはずである。また、ロシア船が日本に漂着した場合にはいずれの浦であっても船の修復など必要な手当をする。修復ができないときは乗組みの人々を長崎へ送り、オランダの帰国船に托してジャカルタへ送る。もっともロシアに限らずいずれの国の船であってもその難を救い扶助するということは、兼て浦触等も出されていることなので改めて書付を渡すことはしないというのである。この申渡しはオランダ通詞を介して伝えられた。ロシア側は帰国後に証拠として「ケイズル」（皇帝）に申渡しの趣旨を伝えるための蘭語文を求めたが、申渡しの本書はなくあくまでも「口達」であるとして認められなかった。三月十九日、四人の漂流民を引き渡してレザノフ一行は帰国の途に着いた。

文化三年二月、津太夫ら四人は江戸を経て帰郷したが、この間、大槻玄沢と仙台藩儒者志村弘強が津太夫らの聞き取り調査にあたり、『北槎聞略』に次ぐ第二のロシア見聞録ともいうべき『環海異聞』を編纂している。レザノフの長崎来航について、玄白は「日録」に三件の記録を残している。第一は文化元年九月二十九日の記事で、「当月七日魯西亜八十六人乗船長崎着、内四人ハ仙台人と云」とある。ナデジュダ号の長崎着は九月六日であった。乗船の員数はロシア人八十一人、日本人四人の計八十五人であり、若干のズレがあるがほぼ正確に事実が掌握されているといえよう。第二は同元年十月三十日の記事で、「当月魯西亜未決定、長崎在留」とある。使節の取り扱いが定まらず、長崎に止まったままであることが記録されている。この二件ともそれぞれの月末に「当月」の出来事として書きとめられたものである。第三は同元年十二月十四日の記事で、「遠山金四郎殿長崎御用被仰付」とある。遠山がロシア使節の処遇に関する江戸での決定を長崎へ伝達し、かつ現地において指揮する任についたことが記されている。光太夫一件の記録に比して、たとえば津太夫の名やレザノフの名を伝えることなどもなく個々の事実についての具体的記述には乏しいが、玄白が事態の推移全般について注視していたとみてよいであろう（前掲、「神昌丸漂流事件関係年譜」、「通航一覧」）。

（7）海難事故情報

江戸時代の日本の周辺海域では海難事故がしばしば発生していた。伊勢白子村の神昌丸船頭光太夫や仙台藩領石巻の廻船若宮丸漁民津太夫が海難事故に遭遇し、それぞれ長期間の漂流、国外滞在生活を経てロシアから帰国を果たしたことについてはすでに見たとおりであるが、「日録」にはなお一件、寛政九年九月の月末の記事として次のような海難事故についての記録が見られる。

当月、八丈沖六十里程先無人島へ、十四年前土佐船漂着、三人之内一人残、不火食五年、其後大坂船、薩摩船着、作船、都合十四人十三四年ニて帰。

これは、天明七（一七八七）年十二月に大坂北堀江の亀次郎船が犬吠埼沖で激しい北風に水路を失い二百日余り漂流した後に無人島（鳥島）に辿り着き、十二年後に他の難船漂流者とともにようやく帰還したという事件であった。

このことについては出雲国三保関出身の水主、清蔵が帰国後に、松江藩の儒者桃西河（世明）に語ったところが「坐臥記」のうちに残されており、かなり詳しい事情が分かる。「坐臥記」は桃西河による天明四年から寛政十一年までの十六年間、全一八三条におよぶ筆録で、前代や同時代の人物の数多くの逸事、逸話を伝えている。亀次郎船は備前屋儀三郎の廻船で、肥前出身の船頭儀三郎以下、水主伊豆の久七、江戸の吉蔵、加賀の市之丞、同長兵衛、大坂の松兵衛、南部の三之助、越後の由蔵、肥前の五兵衛、仙台の忠八に清蔵をあわせて総勢十一人が乗り組んだ八百五十石積みの大船で、大坂を出帆後新潟で米を積み江戸に着船し、再び廻米を積み込むべく水戸へ向かう途中での事故であった。鳥島では三年前に漂着していた土佐船のただ一人の生存者長平に出会う。「身には鳥の羽簑を着け、頭は蓬の如く乱れ、色黒く眼光り、天狗か鬼神かと恐れ疑うて、一言も出す者」もない状態であったという。長平は儀三郎、清蔵らの飢えた様子をみて、すぐに走って行き大鳥（信天翁）五羽を打ち殺し、「船釘に刃を磨ぎ付けた小刀」で鳥肉を割いて食わせてくれた。長平は、「我れ火食せざること三年なり、今幸に火打ありと聞けば、是より火食すべし」と大に喜んだという。鳥島での滞在は十一年に及んだ。島内のある洞窟に鍋、釜が覆せ置かれ、板二枚があり、それぞれに「江戸塩丁善八船十七人乗組」、「遠州荒井筒山五兵衛十二人乗」とあるのを見出し、「存命にて帰りたる者」の残した「吉瑞」として、そこをひとつの生活の場とすることになった。その後、新たに六人の乗った薩摩船が漂着し、総勢十八人の生活が始まった。やがて流木を集め、薩摩船中の細工道具を使うなどして、長さ「六尋ばかり、広さ七八尺の小舟」を完成させ、寛政九年六月十五日に鳥島を脱出し、青ヶ島を経て九月一日に八丈島に至り、十一月四日に同島を出帆する御用船によって十一月二十二日に江戸に帰着する。鳥島滞在中に四人（大坂船二人、薩摩船二人）が病死しており、無事に帰還したのは十四名であった。一行は勘定奉行根岸肥前守により大川端廻船問屋村沢善三郎に渡されそれぞれの国元へ向かったが、清蔵は十二月十八日に三保関に帰り父母との再会を果たした。桃西河が清蔵と面談してその体験を聞き出したのは寛政十年正月のことであった（「坐臥記」『日本漂流漂着史料』、「坐臥記」『続日本随筆大成』一）。

なお、「日録」の通常の記載は、月末最終日の記事のあとに罫紙二行分を空欄として翌月の記事に移っている。寛政九年九月の月末の場合は、その二行分に「当月」云々として無人島から十四人が帰ったことと他の一件をあわせて細字で書き留めたあとに、余白なく十月の記事が書き始められており、後日知り得たことを誤ってこの位置に挿入したと考えられる。いずれにせよ、玄白は無人島に漂着して長期間滞在した、土佐船、大坂船、薩摩船の関係者十四人が帰国したことについて、どのようにしてこの情報を得たのかは不明であるが、その大筋をほぼ正確に「日録」に書き留めているとみてよいであろう。寛政十年二月三十日の「日録」には次のような記述がある。

曇。在宿。大南風夜雨。道恕宴。無人島漂流人松兵衛同。

「松兵衛同」とある「同」は、「宴」と解される。前年帰国した無人島漂流人十四人のうちに大坂の「松兵衛」の名がある。他に具体的な記述がなく断定できないがおそらくは亀次郎船の無人島（鳥島）漂流譚が披露されたと推定される。

「日録」には外国船に関わる次の五件の難船、漂流の記事が残されている。

①　寛政十年二月二十五日「去廿二日銚子へ琉球人四十人余漂流申」
②　寛政十年十二月十一日「肥前唐人瀬と云所にて、先頃和蘭船破損事と云」
③　寛政十二年十二月十五日「□頃、遠州□州か辺異国漂着と云。（以下略）」
④　享和元年一月十八日「横須賀返翰（以下略）」
⑤　享和元年十月、月末「当月、肥前五嶋へ異国船漂流沙汰あり。未聞詳」

①の記事は、寛政十年一月二十二日に、事情は詳らかではないが、房州銚子へ琉球人四十人余が漂着したことを記録している。

②の記事は、寛政十年十月十七日に帰国のため銅、樟脳などを積載し出帆した和蘭船が、長崎湾入口に浮かぶ高鉾島近くの唐人瀬と呼ばれる辺りで座礁する事故を起こしたことを伝えるものである。「阿蘭陀船浮方一件」「長崎志続編」を引いた「通航一覧」によれば、和蘭船はにわかに起こった風浪に翻弄され船底を損傷し船中満水となって泥海に沈んだという。寛政十一年正月、周防国都濃郡串ヶ浜の船頭村井喜右衛門が自分入用による引上げを請負い、同月十七日に着手して二十九日に成功させ、さらに修復をして和蘭側に引渡した。修復なった和蘭船は五月二十三日にジャガタラに向かって出帆した。喜右衛門は永代帯刀が許され長崎奉行より褒美銀三十枚を受け、和蘭側からは砂糖二十俵の謝礼が約束された。喜右衛門は「乾鰯」の「網元入」として肥前領香焼島に旅宿を構え、毎年八月頃から翌年五月頃まで滞在し、「網子」に仕入銀を前借りさせ「乾鰯」で清算をした。網船の船頭は肥前のうちに二十一人おり、それぞれ七艘ずつ所持していた。和蘭船の引上げにはこの網船七十五艘を動員したという（「通航一覧」巻二五一）。

③④は、寛政十二年十二月四日朝、遠州城東郡横須賀城南の今沢浦に中国船萬勝号が漂着した事件に関わる記事である。萬勝号は十一月初旬に中国浙江省寧波を出帆し長崎に向う途中で海難事故に遭い、日本の太平洋沿岸を漂

流して十二月四日未明、遠州灘に到達した。同号は、中国側の荷主官商王日桂の派遣した貿易船で、全長四十間、帆柱は船の中央に大一本、前後に小二本を備えた比較的大型の船で、乗員は船主劉然乙、汪晴川ほか総勢八十五人であった。船主劉然乙は寛政十年、十二年、文化元年にも長崎に来航しており、寛政十年の際は広東省に漂着した日本人を送還している。同じく汪晴川は文化元年、同二年の来航が知られている。

異国船漂着の知らせを受けた横須賀藩（現掛川市域、藩主西尾隠岐守忠移）では、「若大清(モロコシ)ヨリ、大日本(ワガテウ)ヲ攻来ル兵船ナランモ量リガタシ、陸ノ固第一ナランカ」（「寧波商船漂着雑記」）と、掛川藩（藩主太田備中守資愛）、浜松藩（藩主井上河内守正甫）、旗本花房仙次郎家中代官小野田家等へ事態を知らせる飛脚を走らせた。早速、横須賀藩では張弓三十張、鉄砲四十挺、藩士四百人が太郎助村に、掛川藩からは張弓三十張、鉄砲四十挺、藩士三百人が大嶋村に、浜松藩からは張弓十五張、鉄砲二十五挺、藩士二百余人が小嶋村に出陣した。小船を出して様子を探ろうとしたが風波穏やかならず無理なので、中国船の方から見てもらうこととし、横須賀藩は「欲各船問不能小船出」、掛川藩は「各船従何国来問之」、浜松藩は「各船従来哉是大日本国」と大文字で書き記した立て札を立てた。またそれぞれに筆談役もしくは文談役が用意された。やがて風浪激しくともあまりに先延ばしにすることは出来ないとして、使船を出して萬勝号に近づき、かねて用意の文書を竹の先につけて差し出したところ、ややあってその竹に返翰をつけて戻された。「日録」は寛政十二年十二月十五日の記事として、花房仙次郎宛の返翰文を次のように書き留めている。横須賀藩から月番老中戸田采女正への中国船漂着の第一報は十二月四日、同じく中国船からの返翰書面の報告は十二月七日のことであったから、玄白はかなりはやくに情報を入手していたことになる。（　）内の傍書は、「寧波商船漂着雑記」に引用された同文と対校しその異同を示したものである。

本船干十一月初九日、由乍開駕(驚)十四日、遇難斫去止(欲)碇(正)(椗)十二月初四日［（寄椗）］貴処、夜間又遇風浪、大篷損壊、不能行走、欲借鉄錨二門□(並)柴米水□(菜)等倶無、務祈即速度(交)来、本船牌照寧波鄭朗伯通船(人、脱)八十六人、

［　　　］（未知貴）処、送長崎有多少路、本船所装白糖二千色（包）、薬材等雑貨並無別物、［　　　］（船主劉）然乙、務祈速着令小船、（擺）進貴港、寧波船主劉然乙。

文意が読み取りにくいが、信牌名（長崎来航の中国船にあらかじめ交付された貿易許可書）は寧波港鄭朗伯、白糖二千包を積み八十六名を乗せて十一月九日に寧波を出帆したが、暴風雨に遭い船が損壊して航行不能となり当地に漂着した。鉄錨二門を借用し柴、米、水、菜などの補給を望んでいるといった意であろうか。「寧波商船漂着雑記」によれば、これは「大日本国王臣、花房仙次良正興家士、村松武太夫氏庸」の名で、「漂着之船客、不知何国人、願聞国所姓名之詳、惟我日本国、与貴国言互難通、待来報書写行之」と問いかけた文書に対する返書であった。玄白はこのことを記した一か月後の享和元年一月十八日には、「横須賀返翰」と特に朱書して横須賀藩宛の返書を写し、また花房家宛の返書を再度書き留めている。この情報について何も論評を加えてはいないがかなり強い関心を向けていたことが知られる。萬勝号一行は十二月九日、十日の両日に半数ずつが上陸し、船主汪晴川ほかの横須賀藩グループは太郎助村新福寺と同庄屋善右衛門方、劉然乙ほかの掛川藩グループは大島村大安寺を宿舎とした。十一日には強風波浪のため萬勝号は破船し、織物、砂糖、薬種、書籍などの多数の積荷が流出した。連日数百人の人足が動員され流出荷物の回収が行われている。翌年の享和元年三月十九日に一行は回収された積荷とともに川船で太郎助村を出発し福田湊に向かい、漁船で沖合に出た上で神楽丸ほか五艘に乗り組み出帆した。掛川、横須賀藩役人、幕府代官手代が同行した。伊豆下田を経て、三月二十三日に志摩鳥羽到着、同地で公儀廻船御用達苫屋久右衛門の手配した一二〇〇石船住一丸ほか三艘に乗り換え四月十二日に出帆した。紀州周参見、淡路、瀬戸内海を経て豊後水道を通り五月十一日に長崎に到着した。同行の横須賀藩役人は六月二十三日に横須賀に帰着している（「寧波商船漂着雑記」、松浦章「中国商船萬勝号の運営形態」、「解題」『寛政十二年遠州漂着唐船萬勝号資料―江戸時代漂着唐船資料集六―』、藪田貫「寛政十二年遠州漂着唐船萬勝号について」『浙江と日本』）。

⑤の享和元年十月の月末記事に、「当月、肥前五嶋へ異国船漂流沙汰あり。未聞詳」とある。実際には九月に起きた事件であった。「嘆詠余話」を引いた「通航一覧」には、

享和元辛酉年九月、安閎、地閎、カナリインの島人及びしょう州人、安南人乗組の船、肥前国五島、（松浦郡に属す）に漂着す、嘆詠余話によれは、（はしめ呂宋人も乗組しか、既に洋中にて死せり）よて長崎に挽入れ、糾問ありて、漳州人、安南人は唐船、安閎等のものは阿蘭陀人に渡され、各本所に送るへき旨命せらる

とある。モルッカ諸島の貿易都市アンボン（安閎）、小スンダ列島のチモール（地閎）島、カナリイン島の者七名、安南および福建省南部の貿易都市漳州人各一名をあわせて九名が肥前松浦郡五島に漂着したのである。乗り組み総勢四十人余のうちの生存者であった。長崎にて取り調べの結果、鉄、薬種、焼物、帆、船は払い下げられ、代金は船主、親族の者に渡すこと、また安南、漳州人は中国船に、その他はオランダ人に渡されそれぞれの生国に送り届けるよう命ぜられたという事件であった（「通航一覧」三二二）。

V　玄白をめぐる人々

一、人物詠としての玄白の詩作

玄白は漢詩、和歌、俳句など数多くの作品を残している（I—表2参照）。それらは文学作品として必ずしも完成度の高いものとはいえないであろうが、玄白の生活圏の四季折々の風景を詠んだもののほか、とくに人物詠が多いことが特徴であるように思われる。その場合、多くは題目あるいは詞書があり、それらを手がかりとしながら玄白周辺にどのような人々がいたのかを知ることができる。また玄白の人となりを考える上での貴重な資料ともなっている。またそれぞれの人物について、名前だけは玄白の作品の中に残されたけれども、その事績あるいは具体的な人物像は必ずしも明らかでないものも多数ある。人名をここに摘記しておくことによって今後の探求の手がかりともしたいと考えるところである。

二、家族・親族

杉田家の家系については「杉田家略系並由緒書」及び「杉田家記」などによった諸先学の研究によってかなり詳しく判明している。今ここに玄白の周辺に限ってそのあらましを記してみると次の通りである（「杉田玄白の家系」、

緒方富雄「杉田玄白の女『八百』」、片桐一男『杉田玄白』）。

まず両親及び兄弟についてであるが、父甫仙は医家としての杉田家第二代である。若狭小浜藩医として、享保二年に二十七歳で跡式相続ののち、明和六年九月十日に七十九歳で病没するまで、酒井家五代（酒井忠音—忠存—忠用—忠與—忠貫）に仕え奥医師も勤めている。主として江戸詰であったが、小浜に勤仕したこともあり、また大坂城代に任じた忠用に従って大坂詰の期間もあった。

母は蓬田玄孝の女と伝えられている。享保十八年九月十三日、玄白を江戸牛込の小浜藩邸内で難産ののちそのまま世を去った。法名を伝えるのみで年令その他詳らかではない。玄白はこの母の末子であって、二兄一姉があった。長兄は元文六年玄白九歳の折に没し、次兄仙右衛門は他家を継いだ。姉は嫁してのち宝暦三年玄白二十一歳の年に没している。幼児を残されたためか父甫仙は後添いを迎え、玄白にとっては義母妹となる一女さえを得たが、この母も寛保三年玄白十一歳の時に他界している。またさらに迎えられた義母も宝暦六年玄白二十四歳の時に没している。

玄白は宝暦三年、二十一歳で藩主酒井忠用に召出され、明和二年、三十三歳で奥医師に昇進し、同六年には父の跡を継いで藩主の侍医となった。安永二年夏五月、四十一歳にして妻を得た。安東登恵である。登恵は喜連川藩士の家に生まれ、幼くして肉親を失ったので藩家老を勤める叔父生沼氏に養われた。江戸に生まれ江戸に育ったようであるが、十九歳の時から伊予国大洲藩々邸に藩主の母に仕えること十年に及んだのち、玄白のもとに嫁したのである。一方この年の春正月には『解体約図』刊行のことがあった。『解体新書』刊行に先立つこの画期的な事業に表立って責任を明かにして尽力したのが信州の人であり、おそらくは玄白の最初の門人である有阪其馨（東渓）、そしてのちの伊予松山医官安東其馨その人であった。安東登恵との縁戚関係など、事情はいま一つ詳かでないが玄白周辺の人間関係の一端をみることができる。「日録」には、天明七年二月一日に「生沼母義来」という記事があり、登恵の養家との交渉が知られる。

なお、有阪其馨（東渓）と同一人であるか否かは不明であるが「日録」の天明七年二月から三月にかけて次のような記事が見られる。二月九日「作夜盗賊入金子三百七十五両脇差□腰盗れしよし、東渓より知せ来、右に付談合参夜帰」、二月十日「昨夜東渓一件に付、早朝吉田忠蔵□□夫ノ東渓へ参帰」、三月四日「東渓へ参談」、三月十一日「今日東渓御暇被下、差控伺候所、不及談被仰付」、三月十九日「東渓□□□済」。さらに天明八年六月十四日には「東渓方男子出産」とある。

玄白と登恵との間には一男二女があった。長子（春了童子）は天明四年に夭折した。安永三年には長女扇が生まれている。扇と養嗣子伯元との間には三男二女があった。玄白にとっては、恭卿、白玄、露散童子（文化七年没）、鶴、竹という五人の孫である。次女八曾はのちに宇田川玄真と結ばれたが年を経ずして離縁し、万延元年に没している。登恵は天明八年に病没したが、玄白は後妻いよとの間にも一男三女を儲けている。いよは吉田氏、宝暦十三年浅草に生まれ、文政十三年八月十三日に病没している。その子は立卿、藤、そめ、八百であり、立卿のもとには成卿及び玄端（のち白玄の養子）という孫を得ている。また、田中氏に嫁した八百のもとには三男二女の孫（淳禎、遊、淳貞、淳良、烈）が誕生している（片桐、前掲書、鶴田勢湖「若狭医官杉田甫仙、杉田玄白先生旧墓域（廃滅）の墓碑文」）。

「日録」によれば、玄白にはなお「道」という女子とそのもとに生まれた一男一女の孫があった。文化八年に藩に提出された「由緒書」や杉田玄端（弘化三年没）によってまとめられた「杉田家記」になぜ記載されなかったのか、なお検討の余地を残しているが、これまでの諸氏の研究でも言及されていない存在なので後に紹介をしておきたい。

表1はこれら玄白の係累についてまとめたものである。晩年の玄白は自ら九幸と号して子孫の多きを九つの幸い

の一つとして数えあげたが、一方では近親者を次々に失い、とりわけ生まれながらにして母を知らず養母にも次々に死別し、また兄姉とも早くに別れなければならなかった。そうした境涯に符合するかのように「日録」の中に、父甫仙、姉、妹さえ、妻登恵、養嗣子伯元、孫恭卿、白玄、鶴、また前述の道のもとに生まれた二児についての詩作が残されているのも興味深い事実である。以下、それらの作品及び伯父何仏にちなむ作品を手がかりとして、玄白とそれぞれの人びととの関わりについてみてみよう。

なお、「九幸」号の由来については、大槻如電『新撰洋学年表』文化八年閏三月条に「杉田玄白病愈を祝て寿餅を頒つ」とあって、この年七十九歳となる玄白の正月以来の病が漸く癒えたので、「寿餅」に添えて「辱知の諸君子」に「九幸老人田翼拝」と署名した一文を贈ったがその文中に次のように説明されている。「九幸者、一生泰平、二長都下、三交貴賤、四保長寿、五食有禄、六未全貧　七名四海　八多子孫　九老益壮、故取以自号、併告」という。すなわち、「九幸」とは玄白が泰平の世に生きたこと、都下に長じたこと、貴賤に交わったこと、長寿を得たこと、有禄を食んだこと、未だ全く貧せざること、四海に名を知られたこと、子孫の多きこと、老いてますます壮なることという幸いに恵まれたというのである。

〔父〕

享和三年九月十四日、「日録」の記事は次のように記されている。

牛込御機嫌伺。父上牛込の山荘におはしける時、其起ふしを問ひ奉る路にいつも目当てとなしける日影ありけり。其高時はけふハ早かりしと喜給ひ、又低きときハ何とてしかりしと不興し給へり。其事思ひ出せハ、四十年に近かるへし。今日其所を過て光陰の早ニ感す。

影法師のはやくも延し冬日かな

表１　杉田玄白の家族・親族

			生年　　没年
玄　白		翼、九幸院仁誉義真居士	○享保18. 9 .13(1733)—文化14. 4 .17(1817)
甫　仙	父	伯元、定信。松雲院閑山道仙居士	元禄 3　(1690)—明和 6 . 9 .10(1764)
某	母	蓬田玄孝女、光雲院桂室妙仙大姉	—享保18. 9 .13(1733)
某	継母	戒光為禅大姉	—寛保 3 . 6 .27(1743)
某	〃	宝池院乗誉蓮清信女	—宝暦 6 . 4 . 4 (1756)
某	長兄	覚林了幻童子	—元文 6 . 2 .10(1741)
仙右ヱ門	次兄	釈教善信士	
某	姉	智光院夏月恵照信女	—宝暦 3 . 6 .11(1753)
さ　え	妹　(異母)		—寛政 8 .11.29(1796)
登　恵	妻	安東氏、浄心院清誉光願大姉	延享 3　(1746)—天明 8 正 .20(1788)
い　よ	後妻	吉田氏、信受院教誉貞念信女	宝暦13　(1763)—文政13. 8 .13(1830)
某	長男　(登恵の子)	春了童子	—天明4. 正11(1784)
扇	長女　(　〃　)	五明院涼誉清境大姉	安永 3　(1744)—弘化 2 . 6 . 2 (1845)
八　曾	次女　(　〃　)	延寿院長誉知貞大姉	—万延元 . 7 . 5 (1860)
(伯　元)	養嗣子，扇の夫	瑤池院円誉浄照居士	宝暦13. 8 . 7 (1763)—天保 4 . 5 .21(1833)
(玄　真)	養子，八曾の夫，のち離縁	安岡氏、璘、宇田川榛斎	明和 6　(1769)—天保 5 .12. 4 (1834)
(　某　)		天含童女、酒井候の女、故あり入籍	—寛政10.10. 2 (1798)
△　道	(　?　)	神戸氏に嫁す	
立　卿	(いよの子)	△甫太郎、豫、義兼、甫仙、錦腸、寿泉院得誉無彊楽道居士	天明 6 .11.15(1386)—弘化 2 .11. 2 (1845)
藤	(　〃　)		○寛政元 . 7 .18(1789)—
そ　め	(　〃　)	信敬院妙浄日心法尼	○寛政 3 . 6 .17(1791)—弘化元 .12.17(1844)
八　百	(　〃　)	栄寿院松岩知貞大姉	△享和元 .5.24 (1801)—嘉永 6 . 4 . 6 (1853)
恭　卿	孫　(伯元の子)	靖、松鶴、蘭園、鶴林院威徳松山居士	寛政 6　(1794)—文化11. 8 .14(1814)
白　玄	〃　(　〃　)	玄、梅庵、梅園、棋園、棋園院	○享和 2 . 6 .14 (1802)—明治 7 . 9 .19(1874)
某	〃　(　〃　)	露散童子	7 .11.25(1810)
鶴	〃　(　〃　)	鶴章院仙誉延寿妙等大姉	△寛政10.12.25(1798)—元治 2 . 2 . 6 (1865)
竹	〃　(　〃　)	円明院寂室自照大姉	○文化 2 . 2 . 3 (1805)—天保10. 6 .22(1839)
成　卿	孫　(立卿の子)	信、梅里、梅里院園誉秀香現奇居士	文化14.11.11(1817)—安政 6 . 2 .19(1859)
△怡太郎	孫　(道 の 子)		△享和 2 . 正 .19(1802)—
△（女）	〃　(　〃　)		△寛政10.10. 4 (1798)—

〈参考資料〉○印「鷧斎日録」に記録のあるもの、△印「鷧斎日録」により補ったもの

1. 「杉田玄白の家系」（『日本の医史学雑誌』8–3・4合併号）
2. 緒方富雄「杉田玄白の女『八百』」（『日本の医史学雑誌』13–4）
3. 片桐一男『杉田玄白』（第1章、第5章6）

当年七十一歳の玄白の生活パターンは年来のそれを全く崩していない。行動半径こそやや狭まったようには思われるが、諸所の往診にあけくれ、病論会、軍会、歌会といった会合や、菊見の宴への出席、また芝居見物などに相変らず多忙であった。そうしてこの九月はとりわけゆかりの人々を思い起す月でもあった。十日には亡父の、十三日には亡母のそれぞれの命日の墓参を例年のように欠かしていない。結局九月の一か月間で在宅の日は終日の雨天であった十五日の一日のみであった。さらにこの月は、十日に牛込の藩邸内に不幸があり、そのためか玄白は三日と八日の両日に牛込へ出かけている。十四日の「御機嫌伺」というのもおそらくはこのことに関連することであったと思われる。

こうして常にもまして思い出の人々を心に浮かべる機会か多かったというべきか、四十年の昔、牛込の藩下屋敷内に居住してあるいは病床にあった父甫仙を、日本橋近辺の居宅から訪れた日々を鮮やかに思い出したのである。明和四年十月、七十七歳の甫仙は老衰の故をもって上屋敷への九節句そのほか軽き吉凶の節の出仕を免ぜられており、その二年後に亡くなっている。おそらくはこの頃のことを伝えるエピソードなのであろう。甫仙の人となりについては、大槻玄沢による杉田家三代の略譜の中に、信仰心の厚い質朴なそしてまた学に志した玄白の申し出に対して、「余汝がその言の出づるを待てり」として、西玄哲及び宮瀬龍門というしかるべき師につかしめた篤実な人物としての父親像が語られるが、ここに何気なく書きとめられたエピソードを通じては、むしろ前途有為な壮年の我が子に心を許した老父の我が儘とでもいった心情が読みとれる（「杉田玄白を中心とする杉田家の系譜」『蘭学事始』）。そしてまたそれを理解する年令に到達した玄白の心の動きと、そうした思い出に重ねあわせて、九月とはいえこの年は閏正月がありすでに冬の近い今日の「影法師」の長さに、確実に季節が移り時間が経過している事実をひしと感じとっている玄白の心情をみることかできるように思う。

父甫仙については関連の作品がなお二篇ある。一篇は享和元年九月九日に「三十三回忌追悼」として残された、

二ツあまり三十一文字の年にあひてしたう涙ハやるかたそなし

とあるものである。他の一篇については次項でみることにしたい。

なお玄白の母は前述のように蓬田玄孝女と伝えられる。玄白誕生とともに死別して「日録」の中にはその姿をみることはないが、天明七年九月二十二日に、「墓参、蓬田へ見廻」、享和元年十月二十三日に「蓬田玄好[孝]母死」という二件の記事をみることができる。

〔姉〕

姉については「日録」寛政九年七月二十八日に次のような記事がある。

寺は何所ともしらす、別傳長老立セ給へり。其所より如何して移り行けん。先々長安精舎の丈室に至り、監察大和尚に参禅し侍れハ、傍に姉君おわしましけり。吹風いと寒く衣ほしと思へハ、父上の命蒙りて旅の空ニ出立用意に心いそかしく、手足達者に振舞へハ夢は覚めたり。指折数れハ其人々ハ黄泉に帰して三十四十の年を経ぬ。健なるも夢の夢にて百骸故のことし。

前月十一日に姉の墓参を済ませてから暫くして、玄白は夢の中に牛込の藩邸内にあった長安寺の方丈に参禅した自身の傍に、父甫仙の旅立ちをかいがいしく手伝う姉の姿を見たのである。おそらくは母親代りの役割りを担っていたであろう姉の姿をそのままに伝えるようなエピソードである。そうして誰を相手としたのであろうか、その夢物語がひとしきり話題となったのであろう。

見し夢の世語し長し種茄子

という一句で当日の記録は結ばれている。

【妹】

さえは玄白にとって異母妹である。酒井家本の「後見草」の序文によれば、「妹さゑ女に筆とらせ宝暦の末つかたよりの事ども、そのあらましを読み聞かされ」とあって、玄白の著作の手伝いをしていた様子がみえる（片桐、前掲書）。寛政八年十一月の「日録」に、「廿九日、おさへ□□□勝在宿、夕申刻不幸、今日より忌中引」、「卅日おさへ送葬」という記事に続いて、十二月四日の「日録」には、「同［晴］。寺詣。夜玄徳□」とあって、

おさへ□悼
残り居て鶺鴒啼や枯野原

という追悼句が書きとめられている。簡潔な記録の中にも、妻登恵をもすでに数年前に失っており、子、孫を除いては近親者をほとんど見送って残った玄白の感懐と過去の人々への追慕の念が読みとれるように思われる。

なお「日録」には天明七年六月十二日に「おさへ帰」、同年八月二十四日に「おさへ帰」、同八年三月二十七日に「夜おさへ来」、寛政元年七月十七日に「夜おさへ不勝」とあって、わずかながらその動静を伝えている。

【妻】

妻登恵の亡くなったのは天明八年一月十九日であった。当日の記録は、「晴大風。小川丁病用並本郷辺迄年礼」とあり、続いて次のように残されている。

> 今夜六時頃帰宅□□如常家内一統食事候所、とゑ事五つ時頃雪隠□□□悪寒気分悪□下女を呼、松と代参りで承連出つ、其由蘭知セ候故、部屋より見候所、詠も閉はっといたし気分ニ成□□候間、褥へ連参り色々薬等用候得共、次第ニ痰咳強、夜半頃少開口候所、又暁に至□甚百薬しるしなく六ツ時頃落命。歳四十三歳也。

冷静な臨床医として、妻の病状の急変と死に全る経過を簡潔に書きとめた記録といってよいだろう。しかし、

「日録」の記述が全体に短いメモのつみ重ねのような記録であり、玄白自身の感情表現の語句の入ることはほとんどないといってよい中で、「はっといたし」などとあるのは偽りのない玄白の心情が自ずとあらわれたものという事ができる。また「日録」の中には残された亡妻を偲ぶ漢詩二篇、和歌二首という数は他にくらべて多く、玄白の思いを語っていることになろう。以下、それらの記された当日の記事をそのままに抄出してみよう。

　悼内作　　　　　　　　内を悼みての作
噫吁汝是糟糠妻　　　　噫吁(ああ)汝は是れ糟糠の妻
事我挙案与眉斉　　　　我に事(つか)えるに案を挙げて眉と斉し
初来謹慎終不改　　　　初め来たるより謹慎し終に改めず
十有六年能双栖　　　　十有六年能く双(ふた)りにて栖(す)めり
何事一朝作沈痾　　　　何事ぞ一朝沈痾(ちんあ)作(おこ)り
千百余日伏枕過　　　　千百余日枕に伏して過せるや
可憐半死歓娯少　　　　憐むべし半死歓娯少く
可憐一身憂苦多　　　　憐むべし一身憂苦多し
大姉少妹持几杖　　　　大姉少妹几杖を持ち
相慰相助聊為養　　　　相い慰め相い助け聊か養うことを為せり
時対前庭看花開　　　　時には前庭に対して花の開くを看る

纔出後園望月朗　　　　纔(わずか)に後園に出でて月の朗(あか)るきを望む
前庭後園風雨侵　　　　前庭後園風雨に侵り

忽帰夜台長粛森
匣中書草余手跡
牀頭針線思容音
大姉解情呑声哭
小妹覚眠誤探衾
老夫対之両難忍
相哀相悲涙不禁
起向空房慨無事
強唱当日白頭吟

忽ち夜台の長く粛森たるに帰せり
匣中の書草は手跡を余し
牀頭の針線に容音を思う
大姉は情を解し声を呑みて哭し
小妹は眠りより覚めて誤りて衾を探る
老夫これに対し両つながらに忍び難く
相い哀しみ相い悲しみて涙に禁えず
起きて空房に向うに事無きを慨き
強いて唱う当日の白頭吟

（天明八年二月十三日　美日。直。）

亡妻一周忌

空房設牌照青灯
語尽往事涙泫然
女児近来漸解事
学人今夜供清饌

亡妻一周忌

空房に牌を設け青灯に照らさる
往事を語り尽くして涙泫然
女児近来漸く事を解し
人を学ねて今夜清饌を供す

（寛政元年正月廿日　晴。牛込参。王子火。夜蔵前病用。）

亡妻十三回忌懐旧

在し世に手馴し琴の糸の数［（虫損）　］る歳月

（寛政十二年正月十九日　雨。墓参。）

浄心院十七回［忌、脱カ］手向

十年余り又七とせの今日までもおくれて残る花の身そうき

（文化元年正月十九日　雨。本石町、丸内病用。墓参。）

登恵の亡くなった日の翌日の「日録」には、「廿日　曇。忌中引。取納金三両拝借。夜大雨。おさる・山崎母・十蔵宿」、さらに続いて「廿一日　朝五ッ時頃より晴。四ッ時出棺、葬送無滞済。八半頃供人帰。夜より雨。廿四、廿五両日之内若殿様御官位、御酒被下廻状廻□」といった記事があり、さらに二月に入って、一月二十九日の京都の大火の状況や相州筋の打ちこわしについての情報などをはさみ、玄白周辺の事態がきわめて淡々と記録されて行く中で、同年二月十三日に記された「悼内作」と題する長篇の漢詩は玄白の亡妻登恵への心情と、その登恵が三年余りも病床にあったことなどを伝える貴重な史料ともなっている。十数年来、労苦を共にし慎み深かった人柄と、必ずしも報われることの多くなく病床に就いて逝った姿を思い、また後に残された幼い姉妹の何気ない立ち居振舞いをみるにつけても、亡妻の占めていた位置の大きさを感じている玄白の姿をそのままに浮かびあがらせている。また、それに続く詩篇には幼子の成長に心を打たれ、時日の経過につれて多くの人々を見送り、またそれらの人々の思い出の中に人生を達観して行く玄白の心情の移り行きをみることができよう。

なお登恵の死を伝える「日録」天明八年一月十九日の記事の中にみえる「蘭」については、次の記事をみることができる。寛政元年九月四日「蘭牛込参る」、享和三年三月十二日「今日蘭鉄漿付初（かねつけはじめ）並翁去年病気全快祝」、文化元年五月七日「蘭霊岸島出」、同年八月二十三日「奥様御成、蘭御供」、同年一月二十三日「御蘭下谷へ上ル」、同月二十八日「蘭下谷へ上ル」という六件である。玄白のかなり身近にあった人物であるが詳細について不明である。

前述のように玄白は後妻いよを得たが、「日録」の中には以下の記事がみられる。寛政七年六月十三日「いよ父死」、同八年九月十四日「いよ田舎へ行」、同月二十一日「いよ帰宅」、享和元年五月二十四日「いよ安産女子」、同三年四月四日「以代書［江ノ島カ］嶋発足」とある五件である。女子出産とあるのは「八百」のことであると思われる。

〔子〕

養嗣子の伯元については「日録」の寛政八年正月十三日に、「伯元とふへ落けれは」という詞書きに続いて、

世の中の穢泥にしはし染るとも光は増ん新玉の春

と詠んだ歌がある。この年は寒さも厳しかったようで、元日の夜と十日に降雪があり、連日のように「寒甚」という文字がみえる後に記されているものであるが、歌の伝える情景はことのほか伸びやかなそしてユーモラスな雰囲気に包まれている。それは病弱で夭折した長子に代って、杉田家を継ぐべき者としての伯元への玄白の大きな期待が玄白自身の周到な用意とも相まって、着実に充されていくことが予期されていたこの頃の事情を伝えているようである。なお、「日録」の「伯元とふへ落けれは」について、原田謙太郎「杉田玄白の『鷧斎日録』」では「伯元と婦人落ちければ」と読んでいる。原本写真複製版によれば文字そのものはそのように読むことも不可能ではないがいささか不自然である。

伯元は天明二年に養子として杉田家に入ったのち、同四年に三人扶持を得、同七年に小石元俊に、また同八年には柴野栗山について修学し、寛政元年に玄白の長女扇と結婚、同二年には大手詰弁奥向病用勤務、同四年に内科兼任七人扶持というように着々とその地位を固めていた（片桐、前掲書）。そしてまたこの頃、伯元を中心とした玄白の高弟たちの協力で、建部清庵と玄白とを結んだ往復書翰が『和蘭医事問答』として刊行される計画が進行してい

た。伯元による同書の跋文に「近時、先生の業、隆んにに行はれ、従遊の徒、笈を負ひて、日々に至る、先生輙ち示すにこの書を以てし、それをしてまずわが業の由って入る所を知らしむるなり」とあり、続いて「勤[伯元]さきごろ、しばしば謄写を経るの舛訛(せんか)を恐るるや、太子煥[大槻玄沢]と謀り棗梨(そうり)に上せて以て家塾に貯へ、門人謄写の労を省かんことを冀ふ」とある。すなわち、当時、蘭学入門者のよき手引きとなっていた玄白・清庵の往復書翰が筆写が重ねられるにつれて誤りの多くなることをおそれて、伯元と玄沢とが図り出版に至ったというのである。同書の刊行がなったのも寛政七年のことだったのである。「日録」には伯元についての記事が玄白周辺の他のどの人にもまして多い。家学を継ぐべき者として門弟の大槻玄沢とならんで玄白の期待の大きさをそこにみることができる。

伯元の妻となった長女の扇については「日録」には次の記事がある。寛政十年十二月二十五日「午初刻、お扇安産女子出生」、享和二年六月十四日「□扇安産男子出生」、文化二年二月三日「扇安産、夜丑刻過女子誕生」、同月九日「お扇七夜出生名お竹」とある三件である。いずれも玄白にとっては孫となる鶴、白玄、竹という三人の子どもたちの誕生を伝える記事とともにその名を残している。

また玄白の後添いであるいよのもとに生まれた立卿（甫太郎、甫仙）についても関連の詩歌こそ伝えられていないが、以下にみるような多数の記録がある。天明七年八月二十五日「甫太郎誕生祝」、同八年七月二十三日「甫太郎不快」とある。同七年二月十九日「□太郎喰初」とあるのも甫太郎のことと思われる。寛政年間では、二年正月二十三日「甫太即痘［　　］」、同年十一月二十三日「甫太郎祝、今日より甫仙改名」、四年六月二十一日「甫仙牛込一宿」とある。享和三年では、三月十七日「甫仙願出即日済」、同十八日「甫仙発足」、同二十四日「甫仙便あり」、四月二十二日「甫仙着」とある。文化元年には、三月三日「甫仙川崎行」、同五日「甫仙帰宅」、四月七日「観臓甫仙参」、八月十三日「甫仙様[ママ]採薬出立」、同二十二日「甫仙便あり」、十月十三日「甫仙帰着」、同十六日「甫仙修行扶持三人□被下」とある。詳細は不明であるけれども、採薬旅行などの動静の記録は貴重である。

［孫］

玄白はその晩年に多くの孫たちに恵まれた。その中でも、伯元のもとに生まれた孫のうち、長子靖（恭卿）、二男梅松（白玄）、長女鶴の三人、そして道のもとに生まれた二人についての作品を残している。

まず寛政十一年正月元日はちょうど立春にあたっていたが、前年の暮に生まれた孫のお七夜であり、伯元らに請われた玄白は名付親となって「鶴」と名を贈り歌を詠んだ。その折りの「日録」の記録は次のようである。

去年の冬産れし孫の七夜なりけれハ、翁に其名給へと父母の申給へハ、幼子とも膝下に集て如何に名けんと戯れけれハ、六ツと五の孫や子の、鶴とこそ申給へとあれハ、直々其言葉を取て名るとて、

雛鶴のけふ立初る春の日に呼かはしたる声の長閑き

歳旦

いつわれとけふを初音や雛の声

ここに書かれた六歳の孫というのは、おそらく長子「靖」のことであろう。玄白はこの初孫にも、享和元年正月二十一日、たまたま玄白の藩医としての五十年の勤仕を祝う人々が集う中で、改めて「松鶴」という名を贈って、

けふよりハ千年の松ニ宿りして行末長く遊へ友鶴

という一首を残している。松鶴は寛政六年生まれである。今は伝わらない「日録」の第五冊目の中には、この嫡孫出生についての作品が残されていたのではなかろうか。

伯元二男の出生については「日録」の享和二年六月二十二日条に、「伯元二男七夜、名梅松、発句」という詞書きがあって、

土用芽のことに繁れや梅と松

という一句が記されている。この年の春には玄白は流行の感冒を患い、一時は危篤状態に陥入りながら回復してい

た。そうして、六月には盟友中川淳庵の追善年忌があり、また九月には自らの七十歳と、良沢の八十歳を祝う合同の宴が開かれていたりするような合い間にあって、次の世代への期待を広げながら好々爺ぶりを発揮している玄白の姿をみることができる。

ところで、前述のようにその系譜上の位置についてなお検討の余地を残しているけれども、「日録」には以下のように「道」の名がみえる。天明七年八月十五日「昼、深川八幡へ道召連参詣」、同八年正月二十四日「お道本郷へ参」、寛政二年十一月十五日「道御殿へ上ル」、同三年七月十六日「昨日より道不快にて下ル」、同月十七日「道不快」、二十四日「道今日より宜」、同五年正月二十二日「道宿下リ」、同七年九月十八日「道下ル」、同八年十二月三十日「お道忌御免」、同九年三月十五日「お道下ル」、同年四月二十三日「道牛込お供」、というように続いている。御殿へ上るというのは藩邸へ出仕していることを示すものであろうか。忌とあるのは同年十一月二十九日に玄白の妹さえが没していることと関連することのようである。さらに寛政十年十月四日には「道安産女子出生」とあり、つづいて十日には

道七夜出生ニ名を贈とて

十かへりの千年の数に契るてふ二葉の松のすかたうれしき

と記されている。また享和二年正月十九日には「道安産男子五ツ半時」とあり、同じく二十五日には、

今年正月十九日外孫をもふけ侍りぬ。此春の歳旦に、

かとあけぬ御人あれや日の太郎

と云ふ発句し侍りたり。極て男子なるべしと意に占置しかはたして丈夫なる男子なりけり。翁に幼名つけよと父母の申こひ給ふにより、彼是と考ふるに怡文字ハ神戸氏の代〳〵に伝へて怡日の音は近く左氏に怡然として理順ふと云ふことの侍れは、直ニ怡太郎と名参らすなり。行末、君につかへ父母につかへて逆事なく、理順ふ

時ハ家栄へ其身の幸ひかきりなく目出たかるへし。是そ翁か名乗らする意なりけり。生長の後も穴賢此事忘れ給ふへからす。

とある。いずれも老玄白が子、孫へ寄せる愛情を伝えているエピソードということができよう。また文化元年十一月二十二日には「昼、御道方祝」という記事がある。なお神戸氏とは、寛政元年五月八日に「夜神戸周悦方病論会」とあるような記事をはじめとして、「日録」全巻にわたって病論会場を提供して前後十数回その名のみえる人物、また寛政十年七月八日に「神戸休昌不幸」とある人物などに重なるものと思われ興味深い存在である。なお「日録」の中に、ここに紹介した「道」の場合と類似の記録のされ方をしている人物がほかに数名ある。

「おさる」——天明七年二月廿二十六日おさる来、同月計二十八日おさる帰、同年四月二十日おさる来宿、同年十一月二十九日おさる来、同年十二月二日おさる帰、天明八年正月二十日おさる山崎母十蔵宿、同年五月二十五日さる帰、寛政元年九月四日おさる不快に付本郷一宿、同月七日おさる不快本郷一宿、同二年二月二日さる見廻に参る

「おかな」——天明七年四月二日おかな来、同年八月廿一日おかな来、同年十一月二十八日おかな来、同年十二月二日おかな帰、天明八年正月十五日おかな宿、同年三月二十九日日おかな来、寛政元年正月八日おか南安産男子出生

「お芳」——天明七年四月九日お芳来、寛政十年四月八日お芳高崎発足

「おかよ」——寛政元年九月十九日おかよ帰、同年十一月二十六日おかよ殿帰、寛政十一年六月二十日おかよ殿不幸

「おかふ」——寛政十年四月三日おかふ死今日より忌中引

などである。いずれも玄白宅に往来して玄白にかなり身近な存在と考えられるが、詳しくは分からない。

〔伯父〕

玄白には何仏という伯父がいた。杉田家系図のどこに位置するのかなど詳かにしないが、俳諧を嗜む人であった。「日録」の寛政元年二月九日条にその一周忌に因んで、

雨ふりて春の衣雫哉

という句を残している。また、その十年あまり後の享和元年十一月十五日条には、「同〔晴〕風昼後止。浅草地内火。夜三河町辺四丁程焼。近所・本町辺病用。赤見豪介新地五十石三人扶持被下」とあって、いわば普段通りともいうべき日記記述のあとに、

余伯父何仏といへるハ、世にもてはやす俳諧と云ふものを好ミ、享保元文の頃、其道にたけたる人々ニ交り、是を学ひて生涯の楽となせり。其身罷りし後、遺物さま〳〵あり。其内ニ昔しめきたる東市隠、坐花酔月といへる二ツの石印あり。如何成物なる事をしらす。此頃、故山夕か点せし俳諧の紅仙といへるものを得て、其奥にものせしはケの二ツの章なり。夫と是と較へ見るに露たかへることなし。さあれハ彼人の所持の物なること疑いなし。伯父身まかりて年月を経ぬれば伝へし故ハしられす。余に在てハ長物ニして今の山夕師ニありてハ、伝道の衣鉢ニ似たるへし。因て贈り参候とて読る片歌

雪の山夕に残る枝折かな

というやや長文の記事がある。何仏のもとより遺品として玄白に伝えられた「東市隠」「坐花酔月」という二顆の印章が、近ごろ玄白が別に手に入れた故山夕の書に押されたものに符合したことから、故山夕のものであることを知り、当代の山夕にそれを贈ったという。伯父何仏と玄白との間にはかなり密接な交渉のあったであろうことが窺われる。また山夕についてはなお「日録」の享和元年三月十日に「山夕万句ニ遣す」とあって、

今年より開き初也江戸の花

風の留守見てはやしけり土手の花

という二句が記録されており、山夕の主催する月並万句合に応じていることが知られる。また山夕は天保九年版の『俳家大系図』に貞門派の石田未得の門人としてその名をみることのできる人物である（『近世人名録集成』第三巻）。何仏と交渉があったかと思われる前代の山夕については、「俳諧古選」に「行く水に口すすぎけり白椿」という一句が残されているという（高浜二郎「杉田玄白の手記」）。

三、門人・知友

多くの門人、知友に恵まれ、また長寿を得た玄白はそれらの人々に因むたくさんの詩歌を残している。今かりにその主な内容によってみると、

①故人を偲ぶ追悼、追想のかたちで十六人、十七篇
②門人の帰郷などの折りに詠んだ送別賦が二十三人、二十篇
③友人、知己の長寿などを祝うもの八人、十四篇
④その他十七人、十九篇
⑤藩主及びその世子、そして数名の諸侯との関わりで詠まれたもの二十七篇

となる。ここでは①および②について検討をしてみよう。

［桐生］

「日録」の寛政四年三月十四日条に、「直。去八日藤阪道恕宅集」とあって、続いて二篇の漢詩が記録されている。

藩邸での当直勤務の日であった。去る八日に道恕宅で開かれた病論会のおりに披露されたか、あるいは着想を得た作品をこの日に記録したということのようである。もっとも虫食いが甚だしく、二編ともにごく一部しか判読できないが、幸いに「鶚斎遺稿」によってその内の一編が次のようなものであることが分かる。

　哭桐生長生　　桐生長生〔逝〕を哭す
人生雖有涯　　人生涯(かぎり)有ると雖も
死別故堪悲　　死別は故(ことさら)に悲しむに堪う
曾多離旧友　　曾(かつ)て多く旧友に離るるに
又忽失新知　　又忽(たちまち)ち新知を失えり
浮雲無定処　　浮雲は定処無く
逝水転関思　　逝水は転(うた)た思いに関わる
何事余衰老　　何事ぞ余衰老せるに
相看涙数垂　　相看て涙数(しばしば)垂る

「桐生長生を哭す」とある「桐生」について、大鳥蘭三郎氏は「桐山正哲」かと推測されている。弘前藩医桐山氏は、代々正哲を名乗っており「解体新書」翻訳グループの一人である桐山正哲永世の忌日は文化十二年七月十日である。また永世は桐山家四代で、前代の正哲忠英は明和七年五月七日に没しているので、この追悼詩に詠まれた「桐生」は別人を考えなければならない。「又忽(たちまち)ち新知を失えり」という第四句からは玄白にとって比較的新しい友人であったと解釈すべきであろう（大鳥蘭三郎「「鶚斎遺稿」について（二）」、松木明知「桐山正哲と『解体新書』」）。

［梅田氏］

「日録」の寛政七年十一月三十日条に、「梅田故大八三回忌被招」という詞書に続いて、

三めくりて手向摘や冬の草

という追悼句が記されている。「日録」にはこのほかに梅田氏の名がいくつか残されている。天明八年十一月二十三日「夜、梅田氏八十八祝参」、寛政元年三月十九日「若州へ当夏御供の人□被仰付、梅田平八御次被仰付」、同二年八月二十五日「梅田半平八百姫様御付被仰付」、同九年正月十三日「梅田彦蔵妻不幸」、享和三年四月十五日「梅田老母六十賀参ル」とあるものである。梅田氏は小浜藩士とみてよい。追悼句の対象者もこれらの梅田氏の縁者であると考えられる。なお、玄白は「梅田氏八十八祝参」の際には「升尽し」のつらねを贈っているが、祝宴の翌々日（二十五日）にその寿詞を贈ったことについて次のように書きとめている。

一昨日梅田氏八十八寿宴、升に米蔓頭入を贈る。升尽しのつらねを添たり。抑〳〵年賀の御祝、四十のとしを初とし、十とし〳〵にいはふのは、唐も大和も同事。又六十一の年、本卦がへりをいはふのは、産れ出たる心地にて、童部にかへる意とや。扨又八十八の年、よねの祝を催を、升掛とも申なり。米は五穀の長にして、上は天皇下万民、命をつなぐ宝ゆへ、此□の文□にあたればとて祝ひ申はことわり也。上から読ても八十八、下から読ても八十八、中より読は十八のおよねにかへる御袋様、わかやき給ふ御祝ひ、孫は子□まけ□□□□今日御出の御客連、上戸は呑ます、下戸は喰ます、若い御衆は噪きます、御女中□笑ます、躍りもします、唄ます、益〳〵尽ぬ御目出たさ、寸志斗りに候へども、御祝ひ申上ますで御ざりまするて〳〵るとホー敬て申上ます。

玄白が自在に筆を走らせた戯文であるが、「上から読ても八十八、下から読ても八十八、中より読は十八のおよねにかへる御袋様、わかやき給ふ御祝ひ」云々とあることによれば、米寿を迎えたのは梅田家の老夫人ということ

であろう。いずれにしても玄白と梅田氏との親密な関係が窺えるところである。

［福井氏］

寛政十年三月三日の「日録」の記事は次のようである。

晴美日。牛込診。福井氏の房ハ予幼時住居しあたりなり。今日罷りしに昔しの人々ハ皆黄泉に帰し、せんすいのさまもかわり垣根ニ生ひし杉の木立の雲間にも届きぬるよふ見へ侍るなと見る付〔ニ脱か〕ても様〻の事思ひ出て

あさましの老をや笑ふ山屋敷

玄白は牛込の小浜藩下屋敷内に生まれている。父甫仙が小浜詰となった八歳から十三歳までの間を除いて、幼少年期にはその酒井屋敷内に居住していた。福井氏とは、「日録」の寛政二年十一月二十八日の記事に、「今日福井□助殿被召出、御蔵米二百俵ニ候御寄合医被仰付」、また同三年二月二十五日に「過福井□助君」とある人物かと思われる。同じ屋敷内に居住していた同僚ということになる。寛政十年、玄白は六十六歳であった。この年の正月十七日及び二月十一日に「牛込診」という記録があるが、三月にはこの日をはじめとして、十四日「牛込御用」、十七日「牛込宿」、十八日「牛込より引」、十九日「昼より牛込へ出」、二十日「牛込より引」、二十二日「牛込出」、二十三日「夕牛込より引」、二十五日「牛込出、眼病故引」、二十七日「牛込診」、二十九日「牛込詰」とあって頻繁に藩邸に出入りしている。同月二十八日に「温姫様御卒去、三日鳴物停止」とある。藩主家の姫君の病気に関わることであろう。もっとも、藩医としてのこうした務めの合い問にも諸所に患家を訪ね、また五日「夜川村諧〔俳諧〕」、八日「墨水行、花已過」、十八日「夕百川宴」、二十八日「羅漢亀戸舟行」といった記録を残す日常があった。そうした中にふと昔日の自身の住まいのあたりの情景の変化に心を動かされることがあり、旧知の人福井氏を思い起こし一句を詠んだのである。

【藤川良節・佐々木担蔵・樋口道泉・目黒道琢】

寛政十年九月十四日の「日録」の記事は次のようである。

十四日、晴。近所、本町、下谷病用。

故友陸続上鬼簿有感　　故友陸続(りくぞく)と鬼簿(きぼ)に上がる感あり
得寿長愁一病夫　　寿を得て長く愁う一病夫
近来何事意殊孤　　近来何事(こと)ぞ意殊に孤なる
世間風俗年々変　　世間の風俗年々変り
多少親朋次第無　　多少(おおく)の親朋次第になし

夜若殿様御会読。藤川良節、佐々木担蔵、樋口道泉、目黒道琢近来病逝。

「故友」とは藤川良節ほか近ごろ逝った四人の人々をいうのであろう。患家訪問という常に変わらぬ生活の中にふと着想を得て詠んだ作品であると思われる。相次いで先立った旧友を偲び、残された我が身を複雑な思いでみつめた玄白の心情が詠まれている。これらの人々はこの日も開かれた若殿様を囲む会読の席にこれまでも顔をみせていた人だったのではなかろうか。若殿様とは藩主酒井忠貫の養嗣子忠進であると考えられるが、会読の具体的な内容は定かではない。

良節については、天明七年正月四日「良節来飲」、同月二十五日「良節来」、二月十二日「良節来」、九月二十三日「藤川良節母不幸」、天明八年三月「藤川来飲」といった記事が「日録」にみられる。また寛政十年四月十四日に「藤川良節死」とあってその忌日が伝えられている。

佐々木担蔵については「日録」にもこの日の他に記事をみることができず詳細は不明である。

樋口道泉は、産科を得意とした医者であったことが知られているが、また江戸定府の弘前藩医であり、寛政九年十二月、上原元永、桐山正哲とともに医学師範を命ぜられ、江戸屋敷内の弘道館において上原の「素問」、桐山の「本草綱目」と並んで「尚論篇」を講じている学医であった（森銑三「村尾元融伝の研究」（『森銑三著作集』第七巻、松木、前掲論文）。「日録」では、寛政元年閏六月十八日に「晴且雷雨。採薬。直。道泉来話」、同二年十一月十四日に「昼御前へ召。夕越前様道泉宅参」という記事がみられる。また玄白半生の医学研鑽の成果を集大成した『形影夜話』の中にも道泉の名がみられる。臨床医たるものは、同一の医薬の効能が土地の寒暖・気候の違いによって同じには現れないことに留意する必要あると論じた件りで、その具体的事例を玄白宅に集った諸藩医たちの医話に求めているが、その中に松前藩医米田元丹、玄白門人で日向高鍋藩医福崎大順、荻原立章とならんで樋口道泉の名が記されている。寛政元年閏六月十八日の「来話」というのもあるいはこういった話題であったかと推測される。

目黒道琢については、「日録」の天明七年正月十六日、同八年十一月八日、寛政元年閏六月八日、同二年十二月八日、同三年九月十五日にいずれも道琢方で病論会あるいは病論会であったと推定される会合のもたれた記録が残されている。また寛政十年九月四日には「此頃目黒道琢死」という記事があるが、多紀元簡による「飯渓目黒先生碑銘」によれば八月晦日に七十五歳で病没していることが知られる。さらに同碑銘によれば、諱は尚忠、字は恕公また道琢、飯渓と号し、奥州会津の人であった。二十歳にして江戸に出て、典薬頭今大路西岡に師事し医術を修得した。はじめ大番頭青山氏に従ったが、まもなく辞去し諸方に遊学して医術を究めた。施療をもとめる者が日ましに増え、のちに松平定信に仕えたが、寛改三年に致仕、同年に多紀藍渓の推挙によって医学館の教授となり医経を講じた（『事実文編』四十二）。寛政十年六月一日には将軍家斉に拝謁している（「文恭院殿御実紀」『続徳川実紀』第一篇国史大系48）。「素霊」、「難経」、「傷寒」、「金匱」などの医学書の註解の仕事がある。また『古今墨蹟鑑定便覧・画家書家医家之部』（弘化五年刊）にも、「会津ノ人医学ニ精シクシテ既ニ大府医学館ノ助教ニ命ゼラル」という簡単な紹介とともに道琢の名をみることができる（『近世人名録集成』第四巻）。

［山崎氏］

「日録」には小浜藩士山崎氏に関する記事が十四件ほどみられる。

天明七年正月二十七日「十蔵来宿」、同月十八日「山崎母儀六阿弥陀参り」、同年三月九日「昨日十蔵差扣被仰付」、同月十三日「十蔵□免」、同年八月廿五日「甫太良誕生祝、山崎母儀来」、同月二十六日「山崎母儀帰」、同年十一月四日「山崎母儀来」、天明八年正月二十日「おさる、山崎母、十蔵宿」、寛政元年正月十五日「山崎出生、竹松と名付」、同四年十二月十六日「伯元被召出七人扶持被下、本道兼帯被仰付、山崎十蔵御徒頭転役」、同九年八月十九日「夜山崎宴」、同年十二月二十四日「山崎母義不幸、夜山崎参ル」、同十年八月二十八日「山崎登再婚、夜山崎参ル」というものである。

とくに十蔵とその母と思われる人物の玄白宅の訪問、とりわけ玄白の孫甫太郎（立卿）の誕生祝の日や、玄白の妻とえの病没の翌日の宿泊のことなどは山崎氏と玄白とのかなり緊密な間柄を窺わしめる。こうした関係からであろう。寛政十年十一月二十三日には「雪。在宿。夜山崎氏の仏事に罷て」とあって、

けふの雪つもる咄を手向哉

という追悼句が書きとめられている。

［平賀源内］

「日録」の中に源内の名がみえる唯一の事例が寛政十二年一月十四日条である。虫食いが甚しく判読できない部分が多いが次の通りである。

曇［　　］寒。蔵前、本所、深川病用。［　　］を迎へて門人大［　　］新玉を祝し［　　］を過き故の［　　］□□〔多紀カ〕法眼の旧□を経［　　］法眼世におハ［　　］見の宴に招れ侍りし□横川渡り□君を初め

［　　］平賀源内［　　］時の□者寄集り歌ひ舞、献酬時を移し侍り、故主人の饗応数尽せし内に［　　］りと罵り合しも指を屈すれハ三十四十の年月を経、其坐の人々ハ□黄泉の客となり、生残たるもの一人もなくかの法眼の棲給へる家だに移り替り感慨いと余りあり。昔名和伯耆守長年といへる人馬に打誇り大路を過き侍りしかハ［　　］天皇の御供せし人ハ尽く死に果しに長年一人生残れりと京童のものわらひニ腹立て其日の戦に打死せりとなり。彼是思ひ合すれハ心に恥る所ありて、

苦行して喰残されし草□［薛カ］かな

文意がやや取りにくいが、門人たちに囲まれた新年の宴を過ごすうちに、後醍醐天皇を支えた名和長年が長寿を恥じて死を急いだという故事に重ね合わせて、三十年あるいは四十年の昔に招かれた宴の席を想起し、そこでともに賑やかに過ごした平賀源内を初めとする人々がすでに皆この世を去り、自分一人がここにあることに感慨を覚えるというのである。「□□法眼」を「多紀」と読んで誤りがないとすれば玄白がここで振り返っているのは、幕府奥医師で躋寿館を創設し、明和三（一七六六）年に没した多紀元孝であると考えられる。新年の宴といえば大槻玄沢が、西洋暦の一七九五年一月一日にあたる寛政六年閏十一月十一日に家塾芝蘭堂に蘭学者を集め「新元会」として祝宴を開き、以後毎年の恒例となったオランダ正月が知られるが、「日録」にはこのことについての記事はみられない。

［篠崎三伯・村山仲忍］

寛政十二年十一月九日の「日録」は次のように記されている。

九日　大雨。今年村山篠崎両君を失ひて、

打連て立ニしあとの淋しさに友なく千鳥独鳴也

千花源会。近所病用。

なおさかのぼって七日には、「同[晴]。丸内、下谷病用。篠崎君送葬」とあり、さらに八日には「疎雨。吉原病用。篠崎君墓ニ詣ル」とあって、

手向せし水より凍る涙かな

という追悼句が書きとめられている。また四月五日に「村山君遠行」、九月二日に「篠崎君遠行」とあってそれぞれの忌日を伝えている。「日録」の中で、玄白は知人の命日を多くの場合、「誰某死」あるいは「誰某不幸」というかたちで記しており「遠行」という他に例をみない表現は注目してよいように思う。

篠崎三伯（朴庵）は小児科にすぐれた幕府の医官であった。また村山仲忍（勗斎）も同じく幕府の医官の家に生れたが、学を久保盅斎に受け、さらに武技百般を学んで、のちに一橋家の御用人に進んだ。またともに柴野栗山との交渉も深かった人物である（高浜二郎「和歌の玄白」二、森銑三「柴野栗山」『森銑三著作集』第八巻）。天明七年の篠崎宅における二回、村山宅での四回におよぶ「講釈」への玄白の参加は、おそらく病論会などに類する学問研鑽の場であったと思われる。しかし玄白と三伯、仲忍両者との密接な結びつきは、むしろ歌の道を通じたものが中心であったようである。「日録」全巻にわたって「歌会」ないし「和歌会」と明記された会合に玄白が出席した事例が、文化二年の村田春海方での三回を除くと、寛政七年・五回、同八年・一回、同九年・二回、同十一年・六回あって、いずれも篠崎あるいは村山方で行われたものなのである。そこで詠まれた作品も「日録」に多数記録されているが、一方では天明七年正月二十八日「夜村山振舞」、同年八月二十八日「篠崎夜饗」、天明八年十月計二十三日「夜篠崎宴」といった饗応や会合の記録も相当数残る。また天明元年九月四日、寛政元年八月十一日、同九年七月二十五日、同十一年十一月十日などにみられる篠崎方での「子待」、またあるいは天明七年正月十一日や寛政三年正月六日の篠崎方での「福引」といった行事もあった。柴野栗山の撰した墓碑銘に「翼、人を閲ること衆し矣。

未だ嘗て虚心無我なること君の如き者を見ず。吉人と謂ふべし」という玄白の言が引かれている事情を理解しうる記事の数々である（森銑三「谷文晁伝の研究」『森銑三著作集』第三巻）。

［中川淳庵］

水無月ニのこる氷の手向かな

「日録」の享和二年六月六日に「故中川淳庵追善年忌ニ」とあって記されているものである。この日、藤阪道恕方で軍談の会が開かれている。その折りの話題からであろうか、「道三君松永弾正へ被贈し歌のよし、長命ハ粗食正直ひニだらり折〳〵御屁屁可被成候」とあり、また「澤山和尚歌に、楽は後に□前に酒気の合し友すり鉢の音」と記された後に続いて書きとめられている。道恕宅では三日にも源氏会がもたれている。この間、従前よりはるかに少くなっているけれども、四日には飯田町、下谷、近所、そして五日には本所方面の病用外出があり、また四日に「鳥居小弥太急病死」、五日に「松田氏小浜発足」といったニュースが書きとめられ、また七日には「人身の養ふ道を思へ只水無月かけに残る氷を」という歌が記されている。

前出の追悼句をどのようにみるべきであろうか。淳庵は天明六年六月七日に没している（和田信二郎『中川淳庵先生』）。小浜藩医として有能な同僚であり、あの『解体新書』の翻訳と出版にともに力を合わせた玄白にとっては心に残る人物であったはずである。「日録」の天明八年六月六日ではただ「淳庵三回忌」とあるのみであるが、十七回忌のこの日、懐旧の情は一入であったと思われる。四十八歳で逝った淳庵に比してこの年すでに七十歳となってはるかに長命を得た自身は、人生を達観し悠々と日々を送っているわけであるが、一人残された懐いもまた日々につのる。水無月の氷という得がたく珍しいものを手向け亡き人を思うという。あるいは仮構であるかもしれない。また、六月一日に氷室を開き、霰餅や炒り豆を食うという氷の朔日なる宮中行事あるいはそれにもとづいた民間習俗をふまえたものか。しかしまたこの氷とは思いかけずも長寿を得て残った自身を意味するようにも思われる（『図説俳句大歳時記・夏』）。この日前後のそれぞれの記事は個々別々のものではあるが、こうした玄白の懐いをこめた作品を生むべく相互に繫がりを持っているように思われるのである。

［山本未白］

　未白君□後読る
中〳〵ニ薬師の身こそかなしけり君かなこりをかねて知るれば
（享和二年十二月十九日）

　山本未白翁□□悼
風をいたみ残りて鳴くや友千鳥
　又
ふけど〳〵埋火を消す涙かな
（享和二年十二月二十日）

　道怒亭未白追福悼句
廻り来て御近く鳴や友千鳥
（享和三年十二月十六日）

山本未白の名は寛政十一年八月十八日に初めて現れる。「未白出源氏会」とあるものである。「日録」にみる限り玄白、未白の交渉の期間は長いものではないが、ここにみる追悼句は両者の親密な間柄を窺わしめる。同年十月二十九日、翌十二年に入って二月二十八日、五月三日、九月十八日、十二月三日いずれも未白邸での「源氏会」「源氏講」への出席がある。源氏会とはどのようなものなのか詳らかではない。高浜氏は源氏物語の講義、岡本氏は源氏節の会といわれているが確証はないように思われる（高浜二郎「和歌の玄白（2）」、岡本隆一「杉田玄白翁のお正月」）。また源氏会なるものへの出席がこの年の年間七回に始って、寛政十二年に二十一回、享和元年に十四回、同二年に三回、同三年に五回、文化元年に十一回とかなりな頻度で連続するようになっているのも興味深い。また山本未白の名は玄白の参加したさまざまな会合の中で、「源氏会」と「軍書会」にのみに見え、他の「病論会」「歌会」「俳会」などの場合には現れないということも注目してよい事実であろう。

享和元年三月八日には未白亭で花見の宴が催されている。当日の「日録」の記事は次のようである。

八日　同（曇）。月池〔築地〕病用。未白亭花見。

一日遊佳境一日之神仙とあれハ

仙人の仲間入して花見かな

盛りなる花の木陰にまといして雪と降とも宿ハからなん

春風得意馬蹄疾　　春風意を得て馬蹄疾し
一日看尽長安花　　一日にて長安の花を看尽くす
此意由来誰得解　　此の意の由来誰か解し得ん
想像風流主人家　　想像す風流なる主人家ならん

夕少雷雨。

さらにつづいて同年八月七日と十月計二十九日には同じく未白方での軍談の会、十月二十一日と享和二年二月三日に源氏の会のことがあり、先の追悼句が記録されているのである。未白について他に知られるところがなく人物像が明瞭でないが興味深い存在である。

［秋香院］

「日録」の文化元年十月二十一日に秋香院の命日に墓参をして詠んだという次のような長歌及びその反歌が記されている、秋香院については他に知られるところがない。玄白によって長歌の詠まれたことも珍しくとりあえず全文を紹介しておきたい。

　秋香院のはての日にそのおくつきにまうて来て懐□を述る長歌、

信説

くれないの塵の浮世を白糸のいとひてなとや長月の千年をかけて咲匂ふ籬の菊のかひなくてその下露もいたつらに淵なすはかりたれしかもをしむ袂をふり捨て空蟬の世のうつつとも夢ともいかて白雲の天飛雁のかりの世を涼しき池の蓮葉や花の台にのりの道今ハひたすらはるかにも栄行松の十かへりの緑の久しき萬代をやすかれとのみことはにもる甲斐有しより実にすくよかにます君を天かけりつついやまもりませ

反歌

めくりこし秋の千草の数々に思そわたる夢の浮橋

今は只天かけりつつくれ竹の千代の行末いやまもりませ

　折しも雁の鳴わたりければ

かり〳〵ときくさえうしと旧年の秋かこちし鳥は又も来にけり

紅葉に□の伊達する心かな

［岡部丈衛門］

名残ある秋にも尽ぬ涙かな

「日録」享和二年九月三十日条に、「岡部丈衛門死悼句」とあって記録されているものである。岡部氏についてはこの他に記録が全くなくその人物像は明らかでない。

［三井氏］

文化元年十二月二十四日、「日録」には次のような記事がある。

三井の主五つつの御年いささか物教へ参らせし事あり、其後遠き若狭の国に移り住給ふニより常に行通事も無くうと〳〵しかりしか、四十年余り過て吾妻に下り移折〳〵の交に我師なりなと戯給ひしニ、今年十二月十四日俄に身罷り給ふによりかく、

楽しさも憂も語ハみしかくて別れハなとて長く成ぬる

思ひきや長き命のあたなとりて先達君の別れ見んとハ

十二月十四日の「三井宇ヱ門急死」という記事に対応するものである。三井氏については、他に寛政八年十二月十九日「三井介之□二十石御加増江戸引越」、享和元年七月十六日「三井女不幸」、同二年五月二十八日「三井錠之介御次被仰付」といった記事があり、小浜藩士であることが分かる。

玄白をめぐる多くの門人・知友のうち追悼の詩篇の残されたもの十六人について取りあげてきた。出自や経歴等の明らかでない者五名を除く十一人のうち、小浜藩関係者が藩医二名を含んで五名である。また官医三名、小浜藩医二名、弘前藩医一名というように所属は異なるけれども医師六名と類別できる。玄白の交際のおよその範囲を推

量しうるところであろう。

玄白の漢詩作品のうち、門人、知友に関する送別賦もかなり多い。それらを大別すると、修業を終えた門弟のそれぞれの故郷へ帰る日に因んで創られたもの九名について十一篇、またその他の知人（門弟を含むかもしれない）の旅発ちにさいして贈られたもの九名について九篇という二つの作品群に分けられる。まず送別賦その一として前者についてみてみよう。

［木公幹］

「日録」の享和二（一八〇二）年四月十三日条に次のような長篇の作品が記されている。

　送木公幹帰勢州　　　木公幹の勢州に帰るを送る
行路難兮行路難　　　行路は難し行路は難し
天下何物最為難　　　天下に何物か最も難しと為す
行路難可馬可船　　　行路の難は馬す可く船す可くも
人情難難於上天　　　人情の難きは天に上るよりも難し
天猶可上才難得　　　天は猶お上る可きも才は得難し
子曰才難其不然　　　子曰く才難しと、其れ然らざるや
孔門子弟三千士　　　孔門の子弟三千士
就中撰去七十賢　　　就中撰び去れる七十賢
距今星霜三千歳　　　今を距つこと星霜三千歳

挫名微存竹帛伝　名は挫じけ微かに竹帛の存して伝わる
悉星夫子親教授　星を悉くして夫子親しく教授し
風化不衰礼楽全　風化衰えず礼楽全し
難哉人物実難得　難き哉人物は実に得難し
徳行文学誰翩々　徳行文学は誰か翩々たる
愚老門下二三百　愚老の門下二、三百
何幸僅得一二客　何ぞ幸いにして僅かに一二の客を得
勢州木貞字公幹　勢州の木貞、字は公幹
所為風浦称三益　為す所風流にして三益と称さる
従遊三年日問奇　従遊三年日ごとに奇を問い
奇字問尽欲何之　奇の字問い尽くし何(いずこ)にか之(ゆ)かんと欲す
吾道今日向西去　吾が道今日西に向いて去(ゆ)く
多少道人拭目知　多少の道人目を拭いて知らん

勢州の木貞、字は公幹という。漢詩中の表現でフルネームが示されておらず、「日録」中に他に関連の記事もないので具体的な人物像がよく分からない。白居易の太行路の名句「行路難、水に在らず山に在らず、只だ人情反覆の間に在り」をふまえて、三年の修業を終えて故郷勢州に帰る門弟を得がたい才子であったと讃えている（『白居易　上』）。孔門の子弟三千士、愚老の門下二三百という。その優劣は比すべくもないが、しかし秘かに秀れた門弟の多きことを誇り自らを孔子に擬えている。その中でも交わって益となる正直であり、誠実であり、物事を聞き知っている人、すなわち三益友と称された逸材公幹を介して吾が道が西方に拡がることを期待して餞の詩篇としているわけである。文学的表現ではあれ孔子に比しているのはいささか僭越との誹りを免れないであろうが、かえって玄白の自信とまた邪気のなさをも感じさせよう。

ところで、大槻玄沢のもとで寛政六年閏十一月十一日（一七九五年一月一日）に初めて開かれた「新元会」（オランダ正月）の模様を描いた「芝蘭堂新元会図」に書き込まれた、玄沢による題言「蘭学会盟引」に添えるかたちで、享和元年十一月二十八日の新元会の折りに加筆された一文の筆者として「木邨貞公幹文」の名がある。玄白の漢詩中の「木貞、字は公幹」とは若干食い違いがあるが、おそらく同一人物とみてよいであろう。三つの机を連ねその周囲を二十九人の人びとが囲み酒肴を楽しんでいる図柄の余白には、玄沢の題言のほかに森島中良、宇田川玄随、江馬元恭、杉田伯元がそれぞれに賛を添えている。さらに稲村三伯、「新元会図」を描いた市川岳山も余白に署名をしている。これらの人物に並んでここに名を残した木邨は芝蘭堂に集まった人々の中でも相応の位置を占めていたことになる。

文化二年に著わされた玄白の随筆「玉味噌」（慶應義塾大学北里記念医学図書館蔵。芳賀徹校注「『玉味噌』と『耄耋独語』」）には、

> かゝる事ともありしにより、虚名なからもしたひにひろこり、東海道にては伊勢、尾張、三河、遠江、甲斐、相模、上総、常陸、武蔵、安房十ケ国の間にも、名をしたひ門に入もの廿六人有。東山道にてハ美濃、信濃、上野、下野、陸奥、出羽六ケ国の内にて二十五人あり。北陸道にてハ若狭、越前、越後、加賀、佐渡六〔ママ〕ケ国の内にて十八人あり。山陰道にては丹波、丹後、石見三ケ国にて六人あり。山陽道にてハ美作、備前、備後三ケ国の内にて六人あり。南海道にては紀伊、阿波、讃岐、伊予四ケ国の内にて拾人あり。西海道にてハ豊前、豊後、肥前、肥後、日向五ケ国にて十二人まてあり。さすか貴内〔ママ〕の土地は名医多きゆへなるにや、山城国平安

城より山中又玄といへる男只壱人入門せり。此外に不幸にして早く死し、折あしく其名を除棄たるもの此かすにハ入す。

と記されている。文体からしてかなり綿密に門弟数を数え上げた文章とみることができるように思われる。全三十六箇国、百三人に及ぶ門弟たちがほぼ全国に散在していることが分かる。また西に薄く東に分布の密度が濃いことも特徴的である。公幹に与えた詩篇はこの記事に重ね合わせてみるべき内容をもつものといえるであろう。

〔大槻玄沢〕

玄白の数ある門弟の内でも、大槻玄沢は文字通り名実ともに第一人者といえるであろう。名は茂質、字は子煥、磐水と号した。玄沢は通称である。宝暦七（一七五七）年九月陸奥国磐井郡中里に生まれ、父は一関藩医であった。十三歳の時に同藩医建部清庵についた。安永七（一七七八）年、江戸に出て杉田玄白の門に入り、さらに前野良沢にも師事した。天明五（一七八五）年長崎遊学、同六年仙台藩医に抱えられて江戸詰となり、やがて学塾芝蘭堂を開いた。『蘭学階梯』、『瘍医新書』、『重訂解体新書』をはじめ多くの著訳書をまとめ、文政十（一八二七）年三月、七十一歳で没した。「日録」には記載されていないが、「遺稿」に玄沢の帰省に際して贈られた次のような漢詩が残されている。

　送大子煥帰省一関　　大子煥の一関に帰省するを送る
奥羽両州半天下　　奥羽両州は天下に半ばす
嶮峻之山千里野　　嶮峻の山千里の野
河海無処不相通　　河海処（ところ）として相通ぜざる無く
城邑豪族連大廈　　城邑の豪族大廈（たいか）を連らぬ

聞道人物出於茲
就中卓犖知是誰
磐井河辺大子煥
過我従遊年幾移
日居月諸将五歳
朝論太玄夕問奇
奇字伝得出藍器
英名早成聞一時
諸侯邸第縉紳宅
相迎相逢日追随
問汝何為故郷帰
汝云桑梓不敢違
高堂雙親今已老
帰省欲裁五彩衣
正知彩衣兼昼錦
昼錦人称古来稀
此日臨別我何説
大夫処世須雄飛
自今但待趨庭後

聞道(きくならく)人物は茲に出ずと
就中卓犖(なかんずくたくろう)たるは知んぬ是れ誰
磐井河辺の大子煥
我れを過ぎりて従遊すること年幾たびか移る
日居(や)月諸(や)将に五歳ならんとし
朝に太玄を論じ夕に奇を問う
奇字伝い得たり出藍の器
英名早(つと)に成りて一時に聞こゆ
諸侯の邸第縉紳(しんしん)の宅
相迎え相逢いて日に追随す
汝に問う何為(なんすれぞ)故郷に帰るや
汝は云う桑梓(そうし)敢えて違えず
高堂の双親今已に老いたり
帰省して五彩の衣を裁せんと欲すと
正に知る彩衣は昼錦を兼ぬるを
昼錦は人古来稀と称す
此の日別れに臨んで我れ何を説かん
大夫世に処して須(すべか)らく雄飛すべし
今よりは但だ待つ趨庭の後

再遊東都倍光輝　　再び東都に遊んで光輝を倍するを

奥州碧井の逸材が私のもとで研讃を積むこと五年、才を発揮して文字通り出藍の器となった。諸侯、縉紳の招きは引きも切らない中で郷里へ帰ることを望んでいる。聞けば老いたる両親への孝養の機会を得たいということである。よし故郷に錦をかざり孝を尽せ。そして再び東都に戻り光輝の旧に倍するを待つこととしようという意である。周代の隠者、楚の人、老莱子が七十歳になっても老いた親の前で児衣を着て舞い赤子の真似をして喜ばせたという故事、また、孔子の子、鯉が庭先で孔子の前を小走りに通ったとき、詩や礼を学ぶべきことを教え諭したという故事をもふまえて、老親に孝をつくしそして再び東都に戻れと心を込めて餞のことばを与えている。

大子煥すなわち大槻玄沢の帰省を送るというこの詩は、「日録」には記載されておらずその年次が確定できないが、「遺稿」の第十六番目にあり、前後の作品との関係からすれば天明八年の作品かと考えられる位置にある。

ここで、玄沢の江戸修学時の閲歴をやや詳しくみると、安永七年三月に修学二年の約束で江戸に出たあと、同九年に更に二年の延長を許されている。天明二年五月に帰郷して結婚、八月には江戸屋敷勤番を命ぜられた。天明四年六月に父の病のため再び郷里へ帰り、七月父を見送って八月に家督を継いだ。翌五年二月、藩主に従って江戸屋敷に到り、十月には長崎遊学に出立した。六年五月、江戸に帰り本藩仙台藩に抱えられ芝蘭堂を開いた。翌七年九月、再び帰郷して母と妻子を伴い十二月には江戸に帰っている。すなわち、安永七年の出郷後、郷里へ帰ったのは天明二年、四年、七年の三回である。このうちのいずれをとるか。ここで、詩に詠まれた事項で文学的潤色の余地がないと思われる「玄白のもとでの修業五年」、「両親に逢う」という事実に注目すれば、出郷後足かけ五年経過し、父親の病没前である「天明二年」が符合することになる。広く各界に英名を馳せたということを文字通りに解釈すれば後年を考えるべきかもしれないが、この点はむしろ文飾表現ともみることができるように思う。「遺稿」の記載位置に疑問が残るが、ともあれ、玄沢が玄白の期待を大きく背負っていた存在であることがよく分かる作品であ

る（大槻如電「磐水事略」「年譜」『磐水存響』下）。

玄沢について「日録」にはなお数件の記載がある。

天明七年一月から二月にかけての記事を抄出してみると、玄沢眼痛急□□□□温酒ニテ用ヨト幸叔云」（一月二十三日）、「玄沢持薬幸叔金□子丸進」（同二十四日）、「夕玄沢へ参、湿毒眼上膞アル□小キ穴へ灸シテ良、又［　　］枝葉分チなく煎し与て良、又裏白茎上皮ヲ茹テ［　　］し与フ」（二月五日）と記されている。玄沢の眼病を記録して「日録」の記事としては珍しく具体性のあるものとなっている。同年三月十五日には、「元俊来、清女来、伯元暇乞のため也。夕近所病用。夜玄沢宅へ行、元俊へ別」とある。この時、伯元は小石元俊について修学のため京に上ろうとしている時であった。そのための往来の中に玄沢の名がみえる。同年九月より年末までの記事は、「大槻玄沢発足」（九月二十一日）、「玄沢書状」（十一月二十二日）、「玄沢着」（十二月五日）、「夜玄沢宴」（同十九日）とあって、前述した帰郷のことが記録されている。天明八年になると、「夜栗山着之由にて玄沢宅□」（一月七日）「玄沢方御番医被仰付由」（同月十一日）、「玄沢御側医被仰付」（四月二十八日）とあって仙台藩医としての玄沢の昇進を記録している。栗山は柴野栗山である。玄白とは後々まで親交があったが、幕府の招きで江戸に山た栗山を玄沢宅で歓迎したものであろうか。

玄沢についての「日録」の記録は、以後、しばらく絶えて、寛政七（一七九五）年十月十五日に次のように記されている。

大槻の主し既に福録［禄］を望の日に妻むかへ給ひてんと定め、翁か孫□の栄へをあやからんと迎える妻の名改て□んと望れ侍れ［　　］より名ハ高砂の主なれは外に足らさることも侍らす、只相老の久しきにこそあらまほしけれはお久と名乗給へと申送るとて□□□り狂歌して、

世中の神なし月に末栄ふ宿住吉□□□□かみさま

玄沢は配偶者に恵まれなかった。天明二年、初めに娶った斎氏とは寛政三年に死別している。結婚生活九年であった。次の平田氏とも寛政四年から同七年までで死別しなければならなかった。三人目の妻は若狭藩士市瀬氏の娘であって、牛込藩邸内に生まれた者というから玄白にとっても無縁の人ではなかった。おそらくは寛政八年三月の結婚を前にして、多くの孫子に恵まれた玄白の幸いにあやかって妻たるべき人の改名の名付を依頼したものであろう。こうした背景を考えれば、「日録」に記された一見すると奇異な依頼事情ものみこめるというべきであろう。しかしこの市瀬氏とも六年後に死別し、玄沢は四人目の妻吉田氏を迎えたのである（山口稠「玄沢先生とその後（一）～（三）」）。

「日録」中の玄沢に関する記事はこれですべてである。その取りあげられかたは恣意的にもみえるけれども、玄沢の身辺に起った重要事についてほぼ洩らさず記録されているように思う。このことは、我々の知っている玄白周辺のいわゆる蘭学史上の多くの著名人物とそれに関する個々の事績について「日録」中の記録がそれぞれあまり多くはない中で注目してよいことであろう。

〔高野玄斎〕

「日録」の文化二（一八〇五）年正月八日条に高野玄斎の帰郷を詠んだ次のような作品がある。同じ日の記事として「鏡開来客如例、土佐座見物」とも記されている。

　餞別高野玄斎帰郷　　高野玄斎の帰郷を餞別す

遊子迎春還水沢　　遊子春を迎えて水沢に還り

烟霞行映客中顔　　烟霞行き映ず客中の顔

業成歳月帰家嘆　　業成るの歳月家に帰りて嘆かん

白駒頻過白駒山　　白駒は頻りに白駒山を過ぎるを

玄斎は奥州水沢の留守家に医をもって仕えた高野元瑞の長子として生まれ、文政十（一八二七）年七月に五十三歳で没している。あの高野長英の伯父でありのちに養父となる人物である。江戸に出て玄白に師事したが、その正確な時日は「高野長英伝」などに明記されていない。その点で「日録」のこの記録は一つの手がかりを与えることとなる。白駒が白駒山を過ぎるを嘆くということで文学的表現ではあれ短い時間の経過を示しており、江戸へ出たのがこの時点より数年以前であったことを示唆するものであろう。

また、『高野長英伝』によればこの詩篇は玄白の筆になる紙幅として高野家に伝えられたこと、さらに「享和甲子馬日作」（享和四年＝文化元年）という玄白の別の詩軸も同家に伝えられたことが知られる。その詩軸は、

人生三万六千日　　人生三万六千日
已過二万七千余　　已に二万七千余を過したり
山花水月倶無改　　山花水月倶（とも）に改まる無きに
親友年々多不如　　親友年々多くは如（し）かず

というものであるが、この作品については、「日録」文化元（一八〇四）年正月五日にもそのまま記録されている。前年の大晦日に「明日ありと思へハ嬉し大晦日」と詠み、続いて元日に「去年の雪花の春咲今年かな」、そして二日には「かくれなき大果報者出迎へハ福の神〳〵」と記したのちの作品である。この月はまた亡妻とえの十七回忌を迎える時でもあった。十九日は、「十年余り又七とせの今日までもおくれて残る花の身そうき」と詠んでいる。これらの詩作を通して、思いがけずも長寿を保った幸いを思い、一日〳〵を大切に生き、そしてまた間もなく亡妻のもとへ赴くことになるであろう自らの姿を静かにみつめているこの時期の玄白の心情を汲み取ることができるように思う。

この人生何日と数えあげる筆法は、玄斎を送り出した翌文化二年正月二日にもあり、玄白の同様の心境を伝えている。すなわち、「翁享保十八年九月十三日出生至今日七十二年六ケ月十六日、此日数二万六千十六日」とあって三篇の漢詩を記しているが、そのうちの一篇は次の通りである、

自遣
二万六千十六日
生来経過至今日
多少是非無人知
自知万事一難必

自ら遣る
二万六千十六日
生来経過して今日に至る
多少の是非人の知る無きも
自ら知る万事は一難必ずなるを

ともあれ、高野玄斎との離別の折りに、前途有為な青年へのひとつの戒めの意味を込めて先の詩篇が書き与えられたものであろう。

なお、離別後二年近く経過しようという、文化三年と思われる年の十一月十九日付の玄白から玄斎に宛てた書簡が残されている。玄斎から贈られた硯（この時、玄斎は大槻玄沢にも硯を贈っている）についての謝意を伝えるものであるが、併せておそらくは玄斎からの問合せに応えた近況報告の書状である。当春、三度目の類焼であるが普請もなったので心配はいらないこと、年老いたこと故、治療の仕事も多くは伯元と立卿にまかせて「静に性を養事」を第一に日を消しているが、あえて老人の診察を受けようという人もあって、よんどころなく勤めることもあるが、まず相応に勤めているので心配しないようにという。そして、その後どのように過ごされているだろうか、「御治業不相替行れて御生産も相応に相立申候哉」と門弟の仕事を心にかけてその様子を尋ねている。玄白、玄斎両者の間柄の緊密であったことが窺える。なお高野長英も文政十三年に江戸へ上り、翌年、吉田長叔につくまでの暫くの間、杉田伯元の門に入っている。この時、長英としては寄宿を求めたようであるが謝絶されたようである（高野長

運『高野長英伝』)。

［内村覚端・堀内林哲・高橋玄勝］

内村覚端・堀内林哲・高橋玄勝はいずれも米沢藩医である。小川鼎三、片桐一男、酒井シヅ氏らによる堀内家文書の研究があり、米沢藩医堀内家とその周辺についての状況がかなり明らかにされている。それらを参照しながらまとめてみたい。

玄白と米沢藩および高鍋藩との関係はかなり密接なものがあったといってよい。

その接触がいつどのようにして始まったのかは定かでないが、「日録」の記事によれば、すでに天明七(一七八七)年に、「長者久保秋月様召」(五月四日)、「長者丸秋月様病用。米沢老侯拝謁」(八月二十七日)ということがあった。玄白は、米沢藩主上杉鷹山(治憲)の実父である日向高鍋藩前藩主秋月種美を長者丸の高鍋藩下屋敷に診察し、また鷹山に拝謁しているのである。

この後にもなお相当数の関係記事がみられる。「秋月」「米沢」などの名を摘出してみると、「秋月様夜河内様召」(寛政二年七月二十四日)、「秋月様出」(同十一月二十日)、「秋月様御病用」(同十二月二十七日)、「秋月様出」(寛政三年四月十二日)、「米沢公出」(寛政十年六月二十四日)、「長者丸診」(同年八月二十五日)、「秋月侯藩医館元正□死」(同年十二月二日)、「米沢公召」(寛政十一年四月二日)、「米沢侯二本松出」(同年同月十六日)、「青山長者丸へ出」(同年五月十日)ということになる。天明七年八月の場合、鷹山は秋月種美の看病のために八月十七日に国元を出立しており、江戸到着早々にしての玄白との面会ということになる。種美の病気は年来の顔面の腫物が増大して悪化したというもので、九月二十五日には没しているが、はじめに江戸の医師西良仲、のちに米沢から派遣された藩医堀内易庵(忠智)が治療にあたり、玄白も相診を要請されたものであった。六月十二日にも玄白は診察を求められている。

鷹山はすでに天明五年二月、三十五歳の若さで治広に家督を譲っていたが、その後も藩政に多くの事蹟を残しており、とくに医学の振興については、寛政四（一七九二）年八月、江戸から本草家佐藤平三郎を米沢に招いて薬草園を開き、寛政五年十一月には好生堂と名づけた医学館を開き、藩財政悪化の中にもオランダ製の外科器械を購入するなどの尽力をしている。また侍医その他優秀な医師を江戸に派遣して修業させるということも行っている。

寛政元年四月、易庵の子である堀内林哲（忠明、忠意）は江戸詰となり七月二十七日に大槻玄沢の芝蘭堂に入門し、またこの前後に玄白にも師事したと考えられる。同年四月、内村洞翁（覚端）も杉田玄白方に寄宿入門し、翌年帰郷している。やや遅れて同じく藩医の桑嶋雲白（貞白）も寛政五年に玄白方に入門している。「日録」の寛政十年八月朔日条には、刊本によれば「桑島員伯帰郷」とある。写貞復製版をみると不鮮明で判読しがたいが、「貞伯」とも読みうるのでここに記しておきたい。高橋玄勝（桂山）は寛政八年二十二歳の時、杉田玄白に師事し、同十三年京都の竹中文卿につき、さらに長崎に出て吉雄献作に師事して、享和二年江戸に帰って十一代藩主治広の侍医となった。彼等の江戸における就学の実状はよく分からないが、「日録」には次にみるようにそれぞれの帰郷に際して作られた詩篇が残されており、玄白との関係を垣間みることができる（「大槻家門人帳」、板沢武雄『日蘭文化交渉史の研究』、酒井シヅ「堀内文書関係年譜」、片桐一男「堀内文書の研究四」、片桐一男「堀内文書の研究十」、堀内淳一「米沢藩々医堀内家とその周辺」、安彦孝次郎『上杉鷹山の人間と生涯』）。

内村覚端については二篇ある。まず、寛政元年九月二十四日に「覚端発足」と記されたあとに、

覚端帰郷省視大人病　　覚端の帰郷して大人の病を省視するを送る

思親千里白雲端　　親を思う千里白雲の端

此去何論行路難　　此の去、何ぞ行路の難を論ぜん

聞道郷関氷雪早　　　聞くならく郷関は氷雪早しと
帰時応作王祥看　　　帰りし時応に王祥と作りて看るべし

とある。冬、母のために鯉を取らんとする時に、氷が自ら割れて鯉を得たという晋の孝子王祥の故事をふまえて覚端の帰郷を送りだしたものである。また寛政十年四月八日にも林甫俊、高橋玄勝への餞別の詩篇とならんで、

送覚端帰米沢　　　覚端の米沢に帰るを送る
帰鞍東去白河関　　　帰鞍東のかた白河の関に去らば
関外郷雲一解顔　　　関外の郷雲一に顔を解かん
拭目親朋迎汝処　　　目を拭いて親朋汝を迎うる処
交情応似不忘山　　　交情は応に不忘山に似るべし

とある。業なって帰郷した覚端を故郷の山河同朋が喜んで迎えるであろうとして門弟の出立を送っているものである。なお覚端の嫡子内村元智（直高）も文化三年八月に玄白のもとに入門し、さらに翌年には土生玄碩について眼科を修業している（前掲「大槻家門人帳」）。

堀内林哲については、「日録」の寛政三年四月十九日に、

送林哲帰郷　　　林哲の帰郷を送る
玄都三歳煉金丹　　　玄都に三歳金丹を煉り
丹熟携帰鳥海端　　　丹熟し携え帰る鳥海の端
正識天涯披嚢処　　　正に識る天涯嚢を披く処
親朋拭目為相看　　　親朋目を拭いて為に相看んことを

とある。滞京三年の医術修業の成果を故郷の人々に大いに評価してもらおうというものであろう。林哲の生年は不

明であるが、文化八年閏二月十八日に没している。なお堀内文書として伝えられる多くの書状があり、米沢と江戸、玄白と米沢藩医とを結ぶ興味深い事実を見ることができる（堀内淳一、前掲論文）。

寛政五年十二月二十五日の伯元筆と思われる伯元、玄白連名の書状は、同年十月二十五日の江戸大火による玄白宅類焼の見舞いに対して林哲、洞翁両人が白銀一枚を贈ったことに対する礼状である（小川鼎三「堀内文書にみる蘭学者の生活と思想」）。

寛政九年十二月十一日付の玄白から林哲に宛てた書状がある。前月十五日付の林哲からの書状を受けて、まず互いの安否を確かめ合い、江戸、米沢ともに痘瘡流行の中で林哲の子女も罹患し全快したことを知って安堵したことを伝え、そして野鴨を贈られたことに礼を述べる。ついで、患者の尿血の原因を究めるために、林哲が猿の解剖を試みたことを賞し、「兎角医者は医者臭程に、平日好て心頭に不忘は自然と古人未発之所も出来申事御座候、未春秋に富候御身分、折角御心懸可被成候」と激励をしている。さらに寛政九年十一月二十二日の玄白宅の類焼を伝え、「箸一方無之と申候類焼に候得共、幸に蘭書之分は土蔵納候故無恙候」と知らせ、最後に「小詩仙堂罹災因賦」と題して漢詩二篇を書き留めている（小川、前掲、堀内亮一『堀内素堂』）。

文化元年八月二十二日付の玄白から林哲に宛てた書状は、七十年来の天候不順を心配し、また近年の諸所の天変地異を次のように数えあげる。

○酒田の大変（文化元年六月四日の羽前羽後の大地震とそれに伴う洪水）
○浅間抜（天明三年の浅間山爆発）
○薩州霧島の焼（安永八年の桜島爆発か）
○肥州天草の焼（寛政四年一月から四月にかけての島原領温泉岳の噴火と地震、盾山の崩壊による大水害）

そして、これらのことはその地にあってみれば驚くことかもしれないが、百年の内には一度か二度はあることなのであって、天より見れば驚くにあたらないことなのだ。木曾山中や美濃国より貝類の化石（石蛤、石螺）が掘り出されたことからみるとこの辺りも昔は海だったことになる。天変地異による大地の変貌は誠に恐ろしいものだ。ただ不朽なのは名と徳であって、あなたも油断なく出精なさるべきだと訓戒を述べている（小川、前掲）。

文化五年八月二十八日付の玄白から林哲に宛てた書状は、林哲よりの「本月十五早便」に対する返書で、米沢藩主上杉治広と後見者上杉鷹山の病状についての問合せに応えたものである。まず江戸滞在中の治広の足の親指の根元の腫物を診た玄白の判断が報告される。そして米沢にある鷹山の膝の病状に関する侍医である林哲の報告についての玄白の見解を述べている。そして「十思一見の仮如（たとえ）の通り直に拝診申さず候上、愚老の義、度々拝診候ても真実の所は相分らず候義、殊に御容体書ばかりにては猶更の事に御座候。去りながら御尋ねにつき愚案申し述べざるも如何ゆえ御懇意に任せ申し入れ候」と書き添える。「御懇意に任せ」とあることに注目してよいだろう。この他に蘭の植え方を伝授し、またこの年会津藩将兵が蝦夷地に派遣されたことを話題とするきわめて興味深い内容の書状である（片桐一男「堀内文書の研究一・第一八号文書」）。

文化七年四月十六日付の玄白から林哲に宛てられた書状は、当年七十八歳に達した玄白の近況報告ともいうべきものである。「世事共ハ伯元立卿両人ニ仕懸、療治も心ニ向次第ニ致シ余年を楽居申候。（中略）今年際りくと存、花紅葉を老人二、三輩懇意之方申合、無油断見歩行申候」と書き伝えている（小川、前掲、堀内亮一、前掲）。

高橋玄勝については「日録」の寛政十年四月八日に次の詩篇がある。内村覚端、林甫俊への餞別の詩を贈った同日に記されたものである。

製芙蓉図餞高玄勝　　芙蓉図を製し高玄勝に餞す
都門送別難成詩　　都門の送別詩を成し難し
空対離筵恥才拙　　空しく離筵（りえん）に対し才の拙きを恥ず

開絹漫払芙蓉峰　絹を開き漫（みだり）に芙蓉峰を払えば
白頭翻似絶頂雪　白頭は翻って絶頂の雪に似たり

なお、林哲の嗣子素堂（忠竜、忠寛）は、文化八年に父死亡のあとをうけ十一歳で遺跡相続し、文化十三年には高橋玄勝のもとに預けられて医学修業をしている。また後年、玄勝の娘を娶り、玄勝の後援もあって文政三年二十歳の若さで江戸詰となり、杉田立卿門下に入り、さらに青池林宗や古賀穀堂にも師事して修業をしている事実がある（小川、前掲、堀内亮一、前掲）。

［萩原立章］

萩原立章は高鍋藩医である。前項に抄出した「日録」の記事の中に高鍋藩医である館氏の名があるが、さらに玄白の『形影夜話』を見ると、薬効を考える上で気候風土との関連をよく吟味しなければならないとする議論を展開する件りで、玄白の下に集った松前藩医米田元丹（まいた）（工藤兵助門人）、津軽藩医樋口道泉と並んで「余が門人日向高鍋の医官」として福崎大順、萩原立章らがそれぞれの体験を語ったことが紹介されている。この立章については、「日録」の寛政十一（一七九九）年五月二十日に次の漢詩が記されている。

送萩立章従高鍋侯還日返州　萩立章の高鍋侯に従いて日州に還るを送る
使君向封域　使君封域に向い
才子好追陪　才子追陪するに好し
近帯青雲色　近くに青雲の色を帯び
遥帰紫海隈　遥かに紫海の隈に帰る
金丹従日熟　金丹は日に従いて熟し

彩筆畳年開　　彩筆は年を畳(かさ)ねて開けり
襴衣趨庭去　　襴衣にて庭に趨り去らば
豈唯勝老萊　　豈(あ)に唯だ老萊に勝るのみならん

経験を重ねて医学、文学に長じた萩原立章が主君に随従して藩地に赴くについて、先に記した大槻玄沢の一関帰省に際して贈った詩篇と同様の故事をふまえて、あの老親に孝を尽くした老萊子にも勝ると詠じている。

［小林令助］

小林令助は美作国勝南郡岡村の医者小林新太郎景治の三男として明和六年に生まれている。天明六年、十八歳で江戸に出て山本北山につき儒学を学び、また玄白のもとで医学を修めた。寛政二年、郷里に帰り開業した。寛政十一年三月には京都において古医方家吉益南涯に学んでいる。文政二年十一月には出石藩医に登用された。また、美作東部を束ねる普化宗宗役をも務めていた。嘉永四年五月、八十三歳で没している。

「日録」には、修業を終えて郷里への旅に発とうという門弟令助の前途を期待する意を込めた送別賦二篇が記録されている。一篇は寛政二（一七九〇）年二月十七日に、

送令助之作州　　令助の作州に之(ゆ)くを送る
春満東都十万家　　春は東都十万家に満ち
烟霞深処競繁華　　烟霞深き処繁華を競う
故人何事報離別　　故人何事ぞ離別を報じ
忽向天涯旧里花　　忽ち天涯旧里の花に向う

とあるものである。他の一篇は同年三月四日に書きとめられた次の作品である。

業成才子作州帰　　業成り才子作州に帰す
花散千山映落暉　　花は千山に散りて落暉に映ゆ
折得一枝持贈意　　一枝を折り得て持って意を贈らば
行前応見作雲飛　　行前応に雲と作りて飛ぶを見るべし

帰郷後の令助に宛てた玄白の書状が九通伝えられている。なかでも享和三（一八〇三）年十二月十一日付のものは興味深い。「蘭学は久廃、只長生を心懸候計ニ御座候」、すなわち、自分はすでに老境に至り、蘭学も久しく廃してただ長生きを心がけているといい、「本科之事ハ伯元専一ニ心懸、外治之事ハ、門人大槻玄沢訳申候、解体之事ハ宇田川今之玄真致吟味、格別委事ニ相成候」と述べている。すなわち内科のことは杉田伯元が、外科のことは大槻玄沢がそして解剖のことは宇田川玄真が研究を続けており、この三人に後事を託しおいて彼等の大成を楽しみにしているのだとして、七十一歳の老境にある玄白の心境を伝えている。そしてさらに玄白半生の医学研鑽の成果を集大成した医学論「直宿物語」（のちの『形影夜話』）の刊行の近いこと、出来次第これを贈呈することを約束している。そもそもは令助より痔疾の治療方法についての問合せがあり、それに応える返書として書かれたものであったようであるが、このほかの書状も令助からの医術、医薬、医書についての質問に懇切、丁寧にことばを尽くし、ときには図解を添えて応えている。文化二年閏八月十三日の書状では、津山あるいは出石藩に「仕官」を望む令助に、玄白遠縁にあたる出石藩の「四郎太夫」という役人によきついでがあれば「御噂」をしようと約束している。玄白にとって、小林令助は心にとまる弟子の一人であった（片桐一男「杉田玄白と作州の門弟小林令助」、津山洋学資料館『杉田玄白門人小林令助とその時代』）。

【井秀輔】
「日録」の寛政十（一七九八）年九月二十二日に次の詩がある。

送井秀輔帰郷　　井秀輔の帰郷を送る
仙子三年従鷴冠　　仙子三年鷴冠に従い
黄金常煉竈中丹　　黄金もて常に竈中（そうちゅう）の丹を煉る
業成雲外帰郷日　　業成りて雲外に帰郷の日
拭目親朋迎羽翰　　目を拭いて親朋羽翰を迎えん

玄白の下での医術修業三年、業なって帰郷の日、郷里の親しい友人たちはその報に注目していることだろうという。「日録」中にはこの他に関連の記事はなくフルネームも不明で、その人物像は明らかではない。

送別賦その二として取り上げる作品は、諸藩の医師でそれぞれの藩主に随行しての出立に際して詩を贈るというもの二名、二篇、その他七名、七篇である。これらのうち、とくに後者の七名の中には、あるいは玄白の門人も含まれている場合もあるかも知れないが、詩の内容そのものからは不明であり、他に関連記事もみえず暫くはこのようにしておくこととする。

【樋口道泉】
「日録」の寛政四（一七九二）年四月二十三日に次の詩篇がある。

送樋道泉従津軽侯之国　　樋道泉の津軽侯に従いて国に之くを送る
荒天万里望悠々　　荒天万里望み悠々たり

従駕辺疆幾日休　駕に従いて辺疆にゆくこと幾の日にか休まん
海接毛夷多異俗　海は毛夷に接して多く俗を異にし
地通羽塞早知秋　地は羽塞に通じて早く秋を知る
樽前惜別難分手　樽前に別れを惜しみて分手し難く
席上論心暫解愁　席上に心を論じて暫らく愁を解く
却憶陪遊臨合浦　却って憶うに陪遊合浦に臨み
明珠探得向誰投　明珠を探り得て誰に向いて投ぜん

樋口道泉は江戸定府の津軽藩医で産科に長じていた。津軽という蝦夷地に接した遠い地に赴く友人との別れを惜しみ、また貪官汚吏多く明珠を産出しなくなった合浦に、漢の孟嘗が善政を施したので再び明珠の産出をみるようになったという故事をふまえて、国元での善き仕事を期待して餞とした作品である。先に取り上げたように、樋口道泉が玄白にとって親しい存在であったことは、寛政十年九月十四日に「故友陸続上鬼簿」として、藤川良節、佐々木担蔵、目黒道琢とともに追悼の詩を残していることでも知られる（松木明知「桐山正哲と『解体新書』」、森銑三「村尾元融伝の研究」『森銑三著作集』第七巻）。

【木昌碩】

「日録」の寛政十二（一八〇〇）年閏四月十七日に次の詩篇がある。

送木昌碩従君侯駕暫帰故郷　木昌碩の君侯の駕に従いて暫し故郷に帰るを送る
使君千騎向神州　使君千騎神州に向う
才子従陪難歩留　才子従陪して歩留め難し

来往寸陰好須惜　　来往の寸陰好(よみ)しく須(すべか)らく惜しむべし
未聞日月與人遊　　未だ日月の人と遊ぶを聞かず

主君に随従して「神州」（伊勢）に向った木昌碩なる人物であるが、フルネームは分からない。さらに「日録」の文化元（一八〇四）年四月八日には、

送木氏之郷　　木氏の郷に之(ゆ)くを送る
君採陽泉茶　　君は陽泉の茶を採り
帰郷幾度煎　　郷に帰りて幾度か煎ず
清風生習々　　清風生じて習々
七椀至神仙　　七椀にて神仙に至らん

とある。この「木氏」と「木昌碩」はおそらく同一人物かと思われる。陽泉茶は中国の名茶陽羨茶のことを指す。唐の盧仝の詩「走筆謝猛諫言議寄新茶」に、「七椀喫不得也、唯覚両腋習習清風生」とあることをふまえている。帰郷して木氏はそれを煎じ医事に従ったということであろう。

また、「日録」の享和元（一八〇一）年十二月二十一日に、「昌碩代作」とあって次の漢詩が記されている。この「昌碩」も前二者と同一人物であると推定される。この年玄白は六十九歳であった。相次いで友人を見送った年であったが、とりわけ墨水（隅田川）に臨み共に月を賞で花を訪ねた墨河なる人物を追想して心が高揚し、哭詩を作らんとして作れず昌碩が代作をしたというのである。昌碩は玄白の身近にいた存在であった。

哭墨河　　墨河を哭す
六十九秋残夢裏　　六十九秋残夢の裏(うち)
視朋帰土比年頻　　朋の土に帰るを視ること比(この)年頻りなり

送君又滅纔留友　君を送りて又纔(わず)かに留まりし友を減じ
使我徒慳未了因　我をして徒(いたず)らに未了の因を慳(お)しましむ
墨水影寒同賞月　墨水影寒くしては同(とも)に月を賞(め)で
花堤色動共尋春　花堤に色動きては共に春を尋(たず)ねり
老来感事偏深切　老来事に感ずること偏(ひとえ)に深切
欲作哭詞先愴神　哭詩(こくし)を作らんとして先(ま)ず神(こころ)を愴(おし)む

［秋春龍］

秋春龍は忍藩医である。フルネームは未詳である。「日録」刊本では「春蔵」と読んでいるが原本の写真版によれば誤読と思われる。「遺稿」では「春龍」と読めるのでやや疑問も残るがしばらくは「遺稿」に従うこととする。「日録」の文化元（一八〇四）年四月二十日に、君侯に随従して大坂へ向う「秋氏」を送る詩篇が書きとめられている。

送秋春龍之浪華　秋春龍の浪華に之くを送る

不朽文兮不昧心　不朽の文と不昧の心
文章変態有古今　文章の変態に古今あり
斯心何物同與異　斯の心は何物ぞ同と異とありや
人々所志或浅深　人々志ざす所或いは浅深あればなり
丈夫落々宜有為　丈夫は落々として宜しく為す有るべく
不為良相為良医　良き相たらざれば良き医たれ

良医断々無他枝　　良医は断々他枝無し
預知順逆不用疑　　預め順逆を知りて疑いを用いず
欲吐吐兮欲下下　　吐かんと欲せば吐かしめ下らんと欲せば下す
従症調薬治患者　　症に従いて調薬し患者を治す
其道由来概如此　　其の道由来概して此の如きも
廃者多成者少也　　廃する者は多く成る者は少き也
忍藩秋子才翩々　　忍藩の秋子は才翩々（へんぺん）たり
更陪侯駕万里天　　更に侯駕の万里の天にゆくに陪す
好向浪華対病客　　好（よみ）しく浪華に向（あ）りて病客に対し
施治日無違自然　　治を施すに日々自然に違う無かれ

丈夫たるもの小事にこだわらず良相たれ、さもなくば良医たるべきであるとして、さらに良医の条件を述べる。それは症に従いて調薬し、また治を施すに日々自然に違うことなしということである。このような心がけで浪華の地で病客に対せと餞けの言葉を贈っている。晩年の杉田玄白の医学観を率直に述べた送別賦である。この時の忍藩主は阿部播磨守正由である（『行田市史』下巻、八八ページ）。寛政八（一七九六）年二月、養父政識の跡を襲ったのち、奏者番、寺社奉行を経て、文化元年正月に大坂城代に任じている。この年の四月、「秋氏」は主君に随行したわけである。この後、正由は文化三年に京都所司代となり、同五年任地で没している。

［糟子梁］

「日録」の寛政元（一七八九）年八月三十日に次のような作品が記されている。

送糟子梁奉使勢南兼之故郷

神州一望気殊雄
使者乗秋発海東
自愧老聃臨別語
人称王式誦詩風
興来好宿明星店
奉命遙朝天照宮
行矣回軺向郷里
親朋応説買臣回

糟子梁の使を勢南に奉じ兼ねて故郷に之(ゆ)くを送る

神州一望すれば気は殊に雄たり
使者秋に乗じて海東を発す
自ら老聃(たん)の別れに臨みての語に愧じ
人は王式の詩を誦するの風を称す
興来たらば明星店に宿るに好く
命を奉じて遥かに朝す天照宮
行きて軺(くるま)を回らし郷里に向わば
親朋応に買臣回ると説(い)うべし

主命により伊勢に使いする糟氏はかねて郷里へも向うという。別れに臨んで老子が孔子に与えた如く適切な言葉を選べないのを愧じるばかりだが、「漢の玉式が博士に召された時、同僚の歓迎宴で唱う詩の題について講釈し驪(り)駒(く)（送別の歌）を歌うのはまだ早いと述べたように、別れを惜しむのは早いとも思う」。郷里では、若くして貧なるものちに高貴に達し故郷に錦を飾った朱買臣の如く糟氏を迎えるであろうと詠じている。

この糟氏については「日録」中になお二篇の作品がある。また「日録」にはみえないが、「遺稿」にも「慰糟子梁悼男」と題する一篇がある。これは「遺稿」の第六十七番目に記載されており、寛政三年四月十九日の作品と、同年八月三十日の作品の間に位置しているものである。順を追って次に掲げる。

蒼松篇　賀糟子梁六十

蒼松千尺古

蒼松篇　糟子梁の六十を賀す

蒼松千尺古く

庭際緑盈々
勁節凌霜固
秀姿含気清
歳寒無改色
風過有余声
席寿君看取
偏依雨露盛

答糟子梁
親朋有贈詩
句々成感傷
反顧少壮時
同舎且並牀
焚魚勧醴酒
説心一尽觴
中似胡與越
官跡召殊方
日月漸代謝

庭の際に緑盈々たり
勁(つよ)き節は霜を凌いで固く
秀でたる姿は気を含みて清し
歳寒うして色を改むる無く
風過ぎて余声有り
席寿君看取せよ
偏(ひとえ)に雨露の盛んなるに依るを

（天明七年十一月二十五日）

糟子梁に答う
親朋に贈詩有り
句々感傷を成す
少壮の時を反顧すれば
舎を同じうし且つ牀(しょう)を並べたり
魚を焚きて醴酒を勧め
心を説きて一に觴(さかずき)を尽くす
中ごろ胡と越に似て
官跡は殊方(しゅほう)に召さるる
日月は漸く代謝するも

復幸非参商
交情雖無異
互驚双鬢霜
年命元已定
豈結憂中腸
名利終可廃
富貴難為常
君遂采薇志
相随隠首陽

慰糟子梁悼男
憐君深座対黄昏
何処将招冥漠魂
掌上明珠光已失
腰間ヒ首今猶存
衰顔聊慰清秋色
双鬢新看白雲繁
遮莫当今無子日
不如縦酒学東門

復た幸いに参商に非ず
交情異なる無しと雖も
互いに双鬢(そうびん)の霜に驚く
年命は元より已に定まれば
豈に憂中の腸を結ばんや
名利は終に廃す可し
富貴は常たり難し
君采薇(さいび)の志を遂げなば
相随いて首陽に隠れん

糟子梁の男を悼むを慰む
憐む君の深座して黄昏に対し
何処よりか将(まさ)に冥漠の魂を招かんとするを
掌上の明珠光已に失せるも
腰間(ようかん)のヒ首今猶お存す
衰顔聊(いささ)か慰む清秋の色
双鬢新たに看る白実の繁きを
遮莫(さもあらばあれ) 莫当今子無きの日
酒を縦(ほしい)ままにして東門に学ぶに如(し)かず

（天明八年四月十六日）

第一は、緑を失わない松の老木になぞらえて糟氏の還暦を祝い、これひとえに君恩の篤きによるとのべる。第二は、両者の少壮の時を回顧して「舎を同じうし且つ牀を並べた」間柄であったといっている。また心の通い合う友人であったが互いに異なる官途についたために永らく通うこともなかった。近年漸く昔日の交情を取り戻せるようになったが、すでに互いに双鬢の霜に驚くようになっている。富貴を忌み名利を追う年令ではない。君が隠棲を望むならば、伯夷・叔斉にならって共に首陽山に隠れようと詠んでいる。第三の作品では子を失って悲しむ糟氏を「酒をほしいままにして其子死して憂えることのなかった東門呉に学べ」と慰めている。

ところで、この「糟子梁」なる人物は「日録」中に別に数件の記事がある「糟谷伴二郎」のことであると考えられる。その関係記事を抄出してみると、「糟谷伴二郎振舞席上、末遠く岩根松かね三冬かな」（天明七年十一月二十三日）、「墨山先生、糟谷・太田・山口三氏同道、日暮上野の方へ郊行」（同八年十月二十五日）、「夜糟谷宴。墨山先生談。肥後国に先年渡辺群兵衛と云者、日本国中諸名山に登り富士人穴に入と云」（同年十二月四日）、「糟谷伴二郎三十石加増」（寛政二年七月九日）、「夜糟谷宴」（同年十一月二十四日）、「糟谷小八郎死」（寛政三年八月十五日）、「糟谷伴二郎死」（同年十二月二十四日）とあるものである。前述の事項に重ね合わせてみると、天明七年十二月二十三日の「糟谷伴二節振舞」とあるのは還暦の祝宴であり、これに因む作品が同月二十五日に記録されたものであると考えられる。また寛政三年八月十五日の「糟谷小八郎死」というのも「慰糟子梁悼男」なる作品に対応する事実と考えられる。

ここに抄出した「日録」の記事に関連して登場する「墨山」とは小浜藩に仕えた西依墨山かと考えられる。天保三年版『続諸家人物志』（『近世人名録集成』第三巻）に、

名は景翼、字は翼天、丹右衛門と称す。京ノ人成斎ノ子ナリ。、若州侯ニ仕フ。家学ニ於テ大ニ性理ノ説ヲ発

明スル事多シ。寛政十年五十八ニシテ歿ス。講学日知録、墨山文集ヲアラワス。

とある人物である。「日録」にはなお二件の記事がみられる。寛政元年四月二十四日「雨大風昼後晴。在宿。墨山来飲」とあり、また同二年十二月十九日「同々。[曇暖也] 深川、日本橋病用。墨山先生来話。直」とあるものである。また松平定信の側近水野為長の『よしの冊子』（『随筆百花苑』第八巻）に、

酒井修理殿、国元ニ抱置れ候儒者[山崎学]西寄丹右衛門と申すもの、此節勤番被申付出府いたし居り候由。雑説ニ越中守様、修理殿御逢被成候節、右丹右衛門事御尋被遊候ニ付、若公儀へ被召出もする歟と修理殿ニて疑を起し、来夏迄勤番申付、江戸へ呼寄置候と申すさたも御座候よし。

として、天明八年十二月頃の墨山にまつわる風聞を伝えている。柴野柴山らが儒者として幕府に抱えられるようになったことの周辺にある一挿話として注目すべきところである。墨山の江戸出府がもしこうした特殊事情の下でのことであるとすれば、この前後に四回ほどあった玄白との接触の機会に何が話題となったか大へん興味深いものがある。

墨山の父西依成斎についても「日録」に記録がある。天明八年四月十四日に「正月晦京師大火因賦成斎先生」とあって、同年正月の京都大火の際に成斎に寄せた漢詩が書きとめられている（一八一ページ参照）。また、寛政二年九月朔日には次のような成斎の長寿を祝す作品を記録している。

賀西京成斎先生九十春　　西京の成斎先生の九十の春を賀す
天寵鴻儒借以年　　天鴻儒（こうじゅ）を寵して借すに年を以てす
逢迎矍鑠対群賢　　逢迎矍鑠（かくしゃく）として群賢に対す
高堂旧盛風流会　　高堂旧より盛んなり風流の会
佳宴新開日月辺　　佳宴新たに開く日月の辺
黄髪授経長不改　　黄髪経（こうはっけい）を授くるを長（とこしえ）に改めず

朱顔作頌酔陶然　　朱顔(しゅがん)頌を作りて酔いは陶然
時依千里京城隔　　時に千里京城隔たるに依って
遥呈南山称寿篇　　遥かに呈す南山称寿の篇

成斎は「続諸国人物志」（『近世人名録集成』第三巻）によれば、

若狭ノ人、京ニ遊テ若林強斎ニ学テ業ヲ大坂に講ス。又、京ニ移ル。蓋シ明和中ヨリ山崎氏ノ学ヲ奉スル人相継テ没故シテ其説ヲ講スル者少シ。故コレヲ奉崇スル者皆斯人ニヨル。称テ垂加ノ学統トス。程朱ノ旨ヲ闡発スル事頗ル多、近世性理ヲ談スル者関西ニテハ久米訂斎及ヒ成斎ヲ推シ、関東ニテ東斎玉水ヲ推スト云フ。寛政中九十六ニシテ歿ス。

と評価されている人物である。

［文仲・玄深］

「日録」の寛政元（一七八九）年六月二十七日に二篇の送別賦が記されている。

送文仲　　文仲を送る
芙蓉天半色　　芙蓉天半の色
摘得贈郎君　　摘み得て郎君に贈る
帰国能須見　　帰国して能(よ)く須(すべか)らく見るべし
其如鬼嶽雲　　其れ鬼嶽の雲の如(ごと)からん

同送玄深　　同、玄深を送る

岐蘇十三駅　　岐蘇（きそ）の十三駅
行々山気清　　行き行きて山気清し
此中何所在　　此の中に何の在る所ぞ
白雲似我情　　白雲は我が情に似たり

文仲は丹波福知山藩の医官で、大槻玄沢の門人であった有馬文仲元晃であると考えられる。有馬文仲は大槻玄沢の口述を筆記して『蘭説弁惑』を纏めた人物である。芝蘭堂入門帳によれば玄沢方への入門は享和三（一八〇三）年八月十五日であった（『蘭説弁惑』八坂書房刊『生活の古典双書』、板沢、前掲）。

玄深については未詳である。木曾出身で玄白の下に学んだ人であろうか。

［林甫俊］

「日録」の寛政十（一七九八）年四月八日に次の作品が記されている。

送林甫俊帰信州　　林甫俊の信州に帰るを送る
江城花尽子規啼　　江城に花尽きて子規啼き
有客将帰欝翠西　　客有りて将に欝翠の西に帰らんとす
到日天涯若相望　　到るの日天涯若し相望まば
浅間煙霧使人迷　　浅間の煙霧人をして迷わしめん

碓氷（欝翠）、浅間と故地に由縁の地名を詠み込んで送別の言葉としている。他に関連の記事がなく、林甫俊の人物像は明らかにならないが、前述した米沢藩医の高橋玄勝及び内村覚端への送別賦と併記されており医業修業を終えた弟子であったように思われる。

【月仙】

送月仙帰郷　月仙の郷に帰るを送る
双涙凄然下　双涙凄然と下り
如何此別離　如何んせん此の別離
縦為再会約　縦え再会の約を為すも
衰老真難期　衰老真に期し難し

月仙の帰郷を送るという。「日録」の享和三（一八〇三）年五月三十日に記された詩編であるが、月仙の人物像については未詳である。老境にある玄白にとっては、再会を約束したとしてもおそらくそれは叶わぬことと別離の悲哀を述べている。

【李井公子】

「日録」の享和三（一八〇三）年九月七日に次の詩篇が収められている。

戯代阿鶴奉送李井公子之洛陽　戯れに阿鶴に代りて李井公子の洛陽に之くを奉送す
有鳥有鳥生仙家　鳥有り鳥有り仙家に生まる
瑶池水兮珠樹花　瑶池の水に珠樹の花
縦横翔舞飲且啄　縦横に翔び舞い飲み且つ啄む
常伴羽客酔紫霞　常に羽客に伴いて紫霞に酔う
幸所得君賜恩殊　幸いに得る所の君恩を賜ること殊なり

入居帳内出乗軒　入りては帳内に居り出でては軒（くるま）に乗る
芝田生雛凡鳥異　芝田に雛を生むに凡鳥と異なり
素羽丹頂喜相呼　素羽丹頂喜びで相呼べり
金衣菊裳他所羨　金衣菊裳は他の羨む所
自安長此共歓娯　自ら長く此れ歓娯を共にせんと安んぜしに
何図更逢沙苑射　何ぞ図らん更に沙苑の射に逢う
一飛千里宿無舎　一たび千里を飛んで宿るに舎なし
飛揚飛降鳴九皐　飛び揚り飛び降りて九皐に鳴き
哀鳴聞天昼與夜　哀鳴天に聞こゆ昼と夜
哀離惆惕得人憐　離るるを哀しみ惆惕人の憐むを得
籠中受養独凄然　籠中に養を受けて独り凄然
徒思当時緱山駕　徒らに思う当時緱山の駕
翻翰連声翩日々　翰（はね）を翻し声を連ねて日々に翩々（へんぺん）たるを
聞君今宵欲向洛　君が今宵洛に向わんとするを聞く
洛陽雖美交情薄　洛陽美なりといえども交情薄し
清響飛容無労思　清響飛容思いを労するなかれ
天下何有楊州鶴　天下に何ぞ揚州の鶴有らん

李井公子とは如何なる人物なのか詳ではないが、この長詩の詞書きには、

李井公子ハ布衣の交りをもなし給ふにより、傾蓋如故御恵をうけ参らすこと四の春秋を重ぬ、年を以て期する

の身にてハ人よりも猶御名残りおしく老の涙を拭ふ。

梅に恥ひとめてん吾妻菊

とある。身分や地位を問題としない交わりをして旧知の間柄のように親しむこと四年の歳月を重ねたという。また詩に詠まれたところによれば、李井公子はやはり人も羨む境涯にあったが、いったんは不遇のことに逢い（この時に江戸へ下ったのではなかろうか）このたび京へ帰ることになった。そこは必ずしも公子にとっては心安まるところではないかも知れないがこの世によいことばかりはあまり期待できないものである。いたずらに心労を重ねることのないようにしてほしいという。高貴の公子を鶴にたとえたためか孫女の鶴（伯元の子）に代って送別の詩を詠んだというかたちをとっている。

またこの送別のことのあった前月、八月十四日には「日録」によれば李井公子をはじめとする数人とともに両国遊行のことがあったという。待宵の月をみようと李井公子をはじめ「風流のしれもの」三、四人を語らって墨田川を遡り、昼は両岸の月を眺め夜は飛鳥の山に上って「虫撰み」をしようと約していたが、あいにくの激しい風雨で纜も解き得なかった。しかしそのまに止めるのは口惜しいとて、「手を引、腰を押し青柳か二階に」登った。「伊丹池田の醇醪を盛り数を尽して廻せハ、或ハ山の幸海の幸に意地きたなきあらはす新声一曲酔を勧れハ、附嚢の他人の髪なる入歯我物かほなる共ニ老の将に至るをしる」とあって、最後に「待宵や月はともあれ名にめてん」という句が書きとめられている。ともあれ、李井公子なる人物は玄白周辺の人々のうちではとくにその出自の点においてやや珍しい存在であるといえよう。

玄白がその晩年に詠じた数々の送別賦を通して、玄白ゆかりの人々を追ってみた。都合十八人のうち、門弟九人、その他の知人九人である。知人九人のうちには門弟を含むかも知れない。門弟の九人のうち六人は仙台、水沢、米沢、高鍋の各藩医であった。知人九人の中にも津軽、忍の藩医と医者と思われる者が三名あり、多くは医者であったということになる。個々の人物伝が必ずしも明きらかではなく不十分ではあるけれども、その門弟達の広がり、あるいは米沢藩その他の特定の藩との繫がり、またこれらの人々との交流の中に生まれた玄白晩年の心豊かな教養人としての日常などを垣間みることができるであろう。

VI　晩年における諸著作の執筆と刊行

一、医学・医術論の集大成

表1は玄白が残した主要な著訳書についてまとめたものである。『解体約図』『解体新書』の公刊は生涯のちょうどなかばの所産であったということになる。

これより以前の玄白二十七歳頃の編著として、『瘍科（家）大成』および『広瘡総論』の存在が知られている。いずれも未刊本で伝写のみで伝えられた。前者は、十数部の漢方外科書より病名別に編集したもので、『解体新書』以前の玄白の医学を知るに貴重な資料とされる。後者は、黴毒の治療法について、水銀剤の処方など主に漢籍の所論をとってまとめている。広瘡とは広東から伝播した瘡の意で黴毒のことである。

『的里亜加纂稿』は玄白四十四歳頃の著述と推定される。「的里亜加（てりあか）」は解毒に効ある万能薬として古来著名で、玄白は『解体新書』の完成ののちにオランダ医書からその処方を調べ、最も有効と思われる数方を詳しく紹介している。玄白の臨床医家としての研究姿勢を知る好資料といわれる。未刊であるが伝本は比較的多い。『大西瘍科書』は、玄白四十七歳頃の未刊の著述で、ヘイステル外科書 *Heelkundige Onderwijngen* の抄訳である。『解体新書』の翻訳完成後、吉雄耕牛から借覧してその価値を知っていた玄白が、外科書翻訳の着手第一に行った草稿の転写本であると推定される。ヘイステル外科書は大部のもので、玄白は一部分を抄訳したに過ぎない。

表１

宝暦９	1759	27歳頃	『瘍家大成』	漢方外科書
			『広瘡総論』	黴毒治療法
安永２	1773	41歳	『解体約図』（正月刊）	
安永３	1774	42歳	『解体新書』（８月刊）	
安永４	1775	43歳	『狂医之言』（10月稿）	寛政７、近刊予告
安永５	1776	44歳頃	『的里亜加纂稿』（編）	テリアカ（解毒剤）調製法
安永８	1779	47歳頃	『大西瘍医書』	ヘイステル外科書抄訳
天明７	1787	55歳	『後見草』稿（７月以降）	
寛政７	1795	63歳	『和蘭医事問答』（初秋、刊）	
享和元	1801	69歳	『養生七不可』	
享和２	1802	70歳	『形影夜話』（11月稿、文化７刊）	
文化２	1805	73歳	『玉味噌』（稿）	
文化３	1806	74歳	『野叟独語』（稿、この頃）	
文化５	1808	76歳	『犬解嘲』	
文化12	1815	83歳	『蘭学事始』（４月稿）	
文化13	1816	84歳	『耄耋独語』	

「杉田玄白史料解題」（『日本医史学雑誌』８－３・４合併号、杉田玄白140年忌特集、昭和33年５月）

寛政七（一七九五）年『和蘭医事問答』が刊行されている。同じ頃これは実現しなかったらしいが、『狂医之言』の刊行も予定されたようである。『鷧齋日録』が書き続けられている頃である。享和二（一八〇二）年執筆の『形影夜話』が文化七（一八一〇）年に刊行されていることをあわせて、この頃に玄白の医学・医術論を集大成し、玄白によって切り開かれた蘭学の基盤をさらに確かなものとしようという機運があったことが分かる。以下、これら三書の概要についてみてみよう（「杉田玄白史料解題」、『洋学・上』、解説）。

（1）『和蘭医事問答』

寛政七年秋に刊行された『和蘭医事問答』は建部清庵と杉田玄白の間に交わされた次の両度の往復書簡を収めている。

①建部清庵問書　明和七年閏六月十八日
　杉田玄白答書　安永二年正月
②建部清庵問書　安永二年四月九日

杉田玄白答書　安永二年十月十五日

建部清庵は仙台藩の支藩一関藩田村氏の侍医であった。清庵の第一信は、オランダ医学に関わる積年の疑問について書きつづり、しかるべき諸名家を訪ねて回答を得てきて欲しいとして、遊学のため江戸に向かう門弟衣関甫軒に託したものである。明和七（一七七〇）年閏六月の清庵の発信から玄白の返書が書かれた安永二（一七七三）年正月までに二年半余の時間が経過している。『ターヘルアナトミア』の翻訳が始まったのは明和八年三月のことであり、翻訳が終って安永二年正月に『解体約図』、翌年八月に『解体新書』が刊行されている。衣関甫軒が杉田玄白の存在を知るまでにはしばらくの時間が必要であったことになる。

清庵の疑問のあらましは次のようなことであった。

①オランダ人は年々日本に来ているのに外科医はみえるが内科医はみかけない。オランダには内科の医者はいないのだろうか。

②オランダといっても風寒暑湿などによる病気、婦人・小児の病気など色々あるはずで、日本でオランダ流と称するものはみな膏薬・油薬の類で腫れ物一通りの療治をするだけなのは不審である。長崎奉行に従う槍持の「八蔵」、挟箱の「六助」が一年彼の地にいて帰れば「八安」「六斎」などと名乗りオランダ直伝の外科と称しているのは心得がたい。長崎へさえ行けば可能なことなのだろうか。

③オランダ本草の書物があることは聞いているが、こんな片田舎にあっては手にすることができない。これをみれば『本草綱目』などのように草木の形態、効能について知ることができるのだろうか。

④オランダの医書も沢山日本に伝来しているのだろうか。

⑤今日本ではオランダ外科伝書といってさまざまな書物があるが、これらはオランダ医の著述ではなく　日本人

とオランダ人の体質や土地の寒暖の違い、衣食の異なることなどの考慮もなく、オランダ通詞を頼んでオランダ医から色々と聞き出したことをもとに唐の医書の外科の部から抜き集め病論を集合したものであって、正真のオランダ流とはいえないだろう。

⑥オランダ文字は日本の「いろは」と同じく、「音」を表すだけで「字義」はないものとみえる。たとえオランダ医書を読めたとしても、ことばの意味、彼の地の風俗・世情を知らなければ十分に理解できない。雅言、俗語、時々の流行語、草木の名の国々村里による違いもあるだろう。病名も医者と民間の呼び方、古今の称呼の違いもあるはずである。それを日本のオランダ流外科ではそのようなことを考慮せず、それぞれ家伝と称して他と比べて吟味することもないのは不審である。

オランダ伝書というものを十四、五部取り集めて見たところ、たとえば「白蠟」という同じ薬の名を一つ取ってみても書物によって区々である。家伝の秘書として博く吟味されずにきた結果である。鳩摩羅什が仏経を翻訳したように、日本にも学識ある人が出てオランダの医書を翻訳して漢字にしたならば、正真のオランダ流ができ、唐の書をかりずに外科の一科が立ち、そのほか婦人、小児科などの妙術も出るはずと考える。これまでオランダ流を名乗る外科医は外科として独り立ちできず、膏薬ばかり貼り廻し内科の指図を受け、加持祈禱をして悪霊を追い払う「解魔法師」同前の姿であるのは口惜しいことである。江戸表にはすでにオランダ書を翻訳した人がいるかもしれない。このような大業は都会の地にて「豪傑の人」が出て唱導しなければ成就しないものだ。そうした医書の翻訳が実現しているのであれば早速みたいと思うが、辺鄙の地に居てはそれも知りがたく無念である。

自分はオランダ医書をみたことはない。たとえみたとしても翻訳がなくては理解できない。それでオランダ流は止めにして唐流を立てたいと考えたけれども、自我作古（自ら始めよう）というほどの器量もなく鬱々として日月を送ってきた。そこで嫡子三省（建部由己）に江戸表に高識の人を訪ね、このことについて教えを請うよう命じたが短命にて先立ってしまった。私は最早齢傾き気力が衰えている。残る子ども達は若年で如何ともしがたいが、弟子共にも自分の死後であっても何卒此の志を継ぎ一家をなせと教えているところである。

⑦俗に「馬奴船脚（うまかたせんどう）」などといい、馬方や船頭が人の弱みにつけこみ無理難題をふっかける者だというたとえがある。オランダ船でやってくる船頭、水主、舵取り、商人共に雇われ船中一通りの療治をして渡世する医者が「馬奴船脚」の類といわないまでも上手・名人ではないはずで、彼の地にて流行らざる下手医者に違いない。それが持参した膏薬・油薬の効能を口任せにいったことを聞書きにしてオランダ伝書などとして秘蔵するのは文盲至極無念の次第ではなかろうか。自分もすでに二十五、六年も江戸へ出ていない。知音の人々もみなこの世を去って問い求むべきところもない。若年の子ども達が成長の後江戸へ出ることになれば、私の志を継いで学問に励み出精するようよろしく教導頂きたい。色々取集め長咄しとなってしまったので、失念のないように悪筆をもって認めたけれども落字多く書き直させた次第である。

以上要約した清庵の第一信は「此趣にて御世話有之候へば遺恨なく候。依之遺言も同様に存、印章いたし進候。以上」との文言で結ばれ、宛書はなく、「明和七年閏六月十八日」の日付と「奥州一関　建部清庵（印）」の署名が添えられている。日本におけるオランダ流外科についての清庵の疑問のあれこれは、それぞれにかなり素朴ではあっても問題の核心をついたものであったといってよいだろう。

安永二年正月発信の玄白の返書の冒頭には、

清庵建部先生、和蘭外科者流之儀、御不審逐一拝見仕、誠以奉感心候。天涯相隔、御一面識にも無御座候得共、実に吾党之知己、千載之奇遇と奉存候故、存候趣応御不審左に相認申候。

と書かれている。「吾党之知己」「千載の奇遇」という。僻遠の地にある一面識もない人物の問いかけに、苦心をして『解体新書』の翻訳作業を推進し、細心の注意を払って出版の準備を進めていた玄白の心が大きく動かされたことを示している。『解体新書』の刊行は安永三年八月のことであった。玄白は十二歳年長の清庵の問いの一々について、次のように懇切丁寧に応えている。

①オランダには内科がないのかという不審について。これはたまたま初めて来日したオランダ船で外科の巧者があったことが根源となりオランダ医は外治のみするといわれるようになったに過ぎない。外科専業の人でも内科を兼帯する者もあり、内科専門の人も来日している。内科を「ヘネースヘール」、外科を「ヘールメーステル」という。

②オランダといっても風寒暑湿色々あり、病気の原因もさまざまであろうという不審について。無論、膏薬・油薬ばかりでなく内服薬もさかんに用いている。煎湯、丸薬、散薬のほか製薬方法も唐・日本よりはるかに多様である。ご希望であれば追って書き付けをご覧に入れたい。治療の仕方についても唐・日本流にくらべて簡便で優れた奇法・異術が多くある。「八蔵」「六助」の類は所詮薬売り同様の者で我々の関与するところではない。

③オランダの本草書について。「ドヽニュース」という人の「コロイトブック」という大きな書物がある。また「アブラハムムュンチンク」の「アヽルドゲゥワッセン」、「ウエインマン」という人の本草書に彩色の写生図をのせたものもある。いずれも産出する土地、種々の名称、形状、効能など詳説している。禽獣・魚介・虫について解説した「ヨンストンス」の大著、金石について解説した「スエイステマタ」という書物がある。これらの書物は自国の産物のみでなく、通商している四方万国の産物までも集めておりその説の精密なことは『本草綱目』などの及ぶところではない。

④オランダ医書も多く渡来しているかとのことについて。人体の構造を説いた書物として、「コルムス」(『解体新書』の原本著者)、「ブランカールツ」、「カスパリュス」、「コイテル」、「パルヘイン」、「ハルヘイン」(いずれも人

の名）これら諸士の著作がこれまでにみたもので数十部ある。治療の方法を説いた書物として、「マタローストロスト」の内外医書、「ボイセン」、「ブカン」の内科の書、「アンブルシスパーレ」の医家に関わることの集成の書、「アポテーキ」の内外方彙（内服薬、外用薬の処方集）の書、「ウヲイトシカットカームル」、「ショメールホイスホウデーキ」の内外医方法集成の書、「ヘーストル」の内外医書二通り、「ホウチュルン」、「ワアペンホイス」の外科書など右の類は医者に関わる書物だけでも夥しい数がある。これらは著者名だけで書名は記さなかったので、ご希望であれば追って書き付けをご覧に入れたい。

⑤オランダ外科伝書なるものは正真のオランダ流とはいえないのではないかという不審について。近年、楢林流の伊良子氏が刊行した『外科訓蒙図彙』は、右に記した「アンブルシスパーレ」の集成書から「金瘡」の部を少しばかり翻訳したものであるが、いくらかましというまでで、一般に楢林流を称している人々の治療の書は世間並みのオランダ流であなたのいう正真のオランダ流ではない。

⑥オランダ文字は日本の「いろは」と同じく云々といわれていることについて。おっしゃる通りで、オランダ文字は文字数二十六、数字は九つであわせて三十五、書体に「メルク」（活字体）、「ドリュク」（太字体）、「テレッキ」（筆写体）など数体ある。文字を並べ一語を認めることを「スペルド」という。文字だけ覚えてもことばに通じなければならないわけで、これは「和蘭訳家」（オランダ通詞）について日用の説話を覚えなければならない。「マーリン」、「ハルマ」、「ハンノット」、「ロケース」などの著した「ウヲールデンブック」（辞書）という書物が沢山あり、これによって一語ずつ工夫を巡らし、筆を尽くして書きしるすうちに年月を重ねれば言葉数も増え、風俗や社会事情までも分かるようになる。ことばに雅語、俗語の違いあるいは方言の差があるだろうとのご不審もその通りで、例えば亜細亜に属する日本・唐・朝鮮・琉球などことばはそれぞれだが文字は同じで、漢文に書けばこれらの国々には通じる。オランダ、フランスなどの欧羅巴州中に通じることばを羅甸といい、この地域の雅言というべきもの

で、これは「ホールラテンウヲールデンブック」（蘭羅辞典）を穿鑿すればよくわかる。この「ラテイン」というのはヨーロッパ諸国の「語源」だから、医書などにも、まず「ラテイン」にて本名を書きその下に各国語でその訳をつけるので雅俗ともによく分かる。

オランダ流外科伝書にみる薬名が一様でないとのご不審ももっともなことである。「ラテイン」も国語も区別なく、聞くに任せて日本の仮名にて書いているので、「転音」も少なくない。日本のほかはいずれの国も二字、三字を合わせて発音したり、半濁音も多い。それぞれのことばのいい方、したため方によって、「犬の糞」も「焼味噌」も一つになってしまう。例えば、焼酎のことをオランダ語で「ブランドウエイン」という。「ウエ」の二字を一つに寄せてかけば自然と音韻に適う。薪のことを「ブランドホウト」、火事のことを「ブランドホイス」という。「ブランド」とは焼けること、「ウエイン」とは酒のこと、「ホウト」は材のこと、「ホイス」とは家のこと、このような具合で推量して彼の国のことばの意味をご照察くださるとよい。

当世のオランダ外科者流が不学文盲故に内科医の指図を受け自然とその手下のようになっているのは残念に思うとのこと、ごもっとも至極である。私なども年来同じように考えていたが、自分にはオランダ学はできそうになくせめて唐流の外科と思い、あれこれと唐の外科書をみたけれどもどれも見所が少なく、かえって外からする療治の方法はオランダ外科者流の方が勝れていると思った。周の頃には医学の道もきちんとしていて、疾医（内科）・瘍医（外科）と分かれていたが、戦国の時代を経て志ある人は一国の主ともなろうとし、医者になるのは弱者か多病の者でとどのつまりは道教の祈禱師と区別がつかず内外医道は衰微してしまった。とくに外科はきたない仕事でなおさらなり手がなく、唐の外科は絶えたも同様であった。また唐人の癖として、滅多無性に名を増やし病門を分けたので治療上の基準が立たなくなったように思う。しかしそうではあっても、内科のことは唐より精しいものはない。日本にはオランダの膏薬・油薬の類、手術法も少しは伝来しているのでそれを主とし、さらに各家に伝来して自分が覚えた分は公開して、内科は唐の書によるとしても日本伝来の妙薬も加え、それらを全部漢文によってまとめ「日本一流の外科」を打ち立てようと若年の頃より心懸けてきた。すでに草稿七、八巻（『瘍科大成』もしくは『広瘡総論』か）もできあがっている。

このようにして古人のことばはたとえ一言半句でも心に徹して理解できたものだけを抜き集め治療法を書き加え、また病の変化に従い手術の仕方も付け加えてきた。ところが五十年にして四十九年の非を知るというが、二、三年以前にたまたま「コルムス」という人の著した「内景（人体の内部構造）の書」を入手し挿図を見ると、蔵腑の形、脊椎の数などかねて承知していたところと違い不審に思った。処刑後の屍体を解剖するという人があり同伴して見学したが「漢人之所説」は大違いであって、「和蘭図」に合わせてみると「鏡」に写したように寸分の違いもなかった。そこで大いに心動かされ、中津藩医前野良沢を盟主とし、私と同藩の内科医中川淳庵とともに「クルムス」の書物をよむことになったのだが、字引一冊をたよりに六経を読み進んだ人があると聞くけれども、まさにその覚悟のほどに学んで吟味を続けるうちに次第に分かるようになった。その結果、人体内部については漢人が精しいと思っていたのは大違いで、かえって甚だ疎いことが分かった。例えば漢人は「天に日月あり、人に両目あり」などといい、理は高遠に聞こえるけれども物をみる理を窮めたことにはならない。一方、オランダ人の説くところでは、目というものにはまず「水」（房水）があり、その次に「玉」（水晶体）あり、またその次に「鶏卵の白身のような水」（硝子体）がありこの水に万物の影が映るという。はじめの水より三段階に映っていくのは千里鏡（望遠鏡）と同じ原理によると思われる。このようにオランダの学説の精密なことは三千年来いまだだれも説いたことがないほどで、そこで仏典の漢訳をした鳩摩羅什のように、私どもの見解により翻訳を進め、『解体新書』五冊を完成させた。まだ校合が済んでおらず上木していないが近々刊行の予定である。これに先だって「解体約図」はできているのでご覧に入れたい。これによって『解体新書』のあらましをご推察いただきたい。

唐でも上代にあっては身体の構造について委しく調べたところもみられ、『黄帝内経』などには余程すぐれた箇所もある。たとえば「横骨は神気の使うところにして舌を発かすを主どるなり」といった類で、蘭書の記述とかれこれ符合するところもある。しかしながら後世になると疎漏のことばかりで、明の張景岳などは魚骨から背骨を推定し、横骨についても、「横骨は喉のうえにある軟骨であって、下の方で心肺とつながっている。したがって神気によって使われ、上は舌の根元に連なり舌機を上げ発かすのを主どっている」などと自己の見解で註をつけている。漢人の説は人々思い思いにこのような説を立てることが多い。いずれの国にあっても人身の智愚賢不肖の差別なく一体同じようでなくてはならないはずなのに、我先にと新奇の説を唱え、いずれが是か否か「形体」（身体の構造）についてだけでも千古定まらないというのは不可解なことである。そのようなわけで「日本一流の外科」を取り立てることは止め、ぜひとも「和蘭正流の医道」を建立しようと決意した。人体内部の構造は医道の根元であり、まず「コルムス」の書の翻訳を始めた。この上さらに同志の人々と申し合わせ翻訳を一書ずつでも進めることとし、「ヘーステル」外科書（大槻玄沢訳『瘍医新書』、寛政二年刊）に取りかかっている。そのほか治療法、薬物などについても段々と手がけて行きたいと願っているが、わたしも当年四十一歳となり、ことに近年眼病を患い、なかなか生涯のうちに大業を成し遂げるのは覚束ない。しかし、同志のうち将軍侍医桂川法眼の御令息（桂川甫周）や、先に申した淳庵など若い人たちもおり、数年の後には「和蘭流医術」は成就するものと考えている。

⑦オランダ船でやってくる医者は彼の地で流行らない下手医者なのではなかという不審はもっともである。しかし、彼の国の風習で外国と通商することを第一と考えるところがあって国王が資金を出して商船を仕立てており、来日の「カピタン」（オランダ商館長）などは「交易総官」（東インド会社）の官人であってその中には「貴人・公子」も含まれていると聞いている。正保の頃、来日した「カスパル」という医者は上手と見え彼の国の書物に評判が記されている。

このようにして清庵の問いに応え縷々書き綴られた玄白の長文の返書の末尾は、次のような文言で結ばれている。

前件数条、老先生之御不審、拗々御深切之段、奉驚入候故、不佞従来の存念、自負の事迄も不顧思召申上候。誠に書不尽言とやら、何卒御面会仕度と同志之者共御噂仕候。此趣宜敷被仰達可被下候。以上。

安永二年正月

清庵の医学・医術に対する真摯な姿勢と深い洞察に感じ入った玄白は、逐一、「老先生之御不審」に応えたもののそれだけではなお言い尽くせぬもどかしさを残し、是非とも面会の機会を持ちたいと同志の人々と噂をしあったというのである。

玄白の心の込もった返書を受け取った清庵はほとんど時をおかずに第二信を認めている。安永二年四月九日の発信である。冒頭には、

未得貴意候得共、奉呈一柬候。弥御勇健被成御座、奉恭喜候。然ば兼而衣関甫軒え付属仕候多年之疑難之一冊子、幸に瀆大先生之電矚候所、毎条款密御教誨被下、殊に御翻訳解体新書之内約図傾恩賜、始而拝見奉驚入候。至愚老耄之情、深御憐察被下、御盛業孜々寸陰御競被成候中、御丁寧成御示教に而、年来空壕に御座候所、披浮雲望青天候如く、誠以御礼筆頭難尽辱奉存候。

と記している。「解体約図」を贈られ、また多年抱えていた疑問の一々に丁寧な教示を得たことによって、これまでの靄が立ちこめているかのようにぼんやりとした清庵の「空壕」の状況がたちまち晴れ渡ったと謝意を述べている。続く本文では、自らのこれまでの体験をあらためて振り返りつつ玄白の個々の教示に感想を記し、また新たな問いをも重ねている。

オランダ文字のこと、ラテン語のこと、漢土の医道の特質など玄白の説明に得心がいったと述べている。また、

清庵は享保年間には江戸に出て、桂川家の所有するオランダ医書をみることを望んで同家に入門を願っていたが叶わなかった。そして「他には絶えて無之もの」、つまり桂川家以外にはないものと考えていた書物を玄白がすでに調べていたことを承知して、世上にそれほど多くのオランダ医書のあることを今日まで知らずにきた「真之田舎翁」であったと悟ったという。江戸と一関のいわば都鄙の文化格差の存在を痛感した清庵の心情は、自らの医術を「解魔法師」の域を抜け出せないものともいわせている。この「文言」は第一信においてもみえるが、第二信では三度もくりかえしている。

さらにまた、清庵自身も壮年の頃から諸家に秘匿されていたオランダ流伝書を十四、五部を歴覧したが、多くは膏薬、油薬のことばかりで納得できず、四十余歳の頃から「唐流」を打ち建てようと試みたものの不才ゆえ埒が明かなかったとも述べている。また、玄白が日本一流の外科を打ち立てようとの試みで七、八巻まで草稿をまとめた著述についてそれを是非拝見したいと望んでいる。そして、『解体約図』を贈られたことを悦び、

他流は不存和蘭流においては、古今無双真之大豪傑、不待文王しておこると申候は、先生の事を申べからんと奉存候。御恵与被下候約図拝見、不覚狂呼、口開而不合、舌挙而不下、瞠若たる老眸頻に感泣仕候。

と述べている。またこの「御盛挙」によって「正真和蘭流外科の一家」が立ち、まさに「本尊有り宗旨あり、先生は即開闢唱導之大祖師」であるといい、これによって、釈尊の教えが漢土はいうまでもなく日本までも行われ仏道が今に盛んであるように、オランダ医術も漢文通ずる国々には行われその恩沢を蒙る者は数知れず「億兆不尽無窮之御仁恵、天下の大幸」となるであろうと玄白の仕事について最大級の讃辞を連ねて賞揚している。さらに、「御年令当四十一歳に御成被成候由、鄙俗之諺に、四十は人の三、四月とさへ申候得ば、扨々御頼母敷奉存候。殊に御同志之御方様、御霊恵過人、春秋に御富被成候上は、御大業近年に御成就可被成、為生民至祝仕候」と述べ激励をしている。

そしてまた次のような新たな質問を投げかけている。例えば、荻野元凱の著述という「刺絡編」について、オランダ針法の要術としているが、「蛮名」を書きその上に振仮名をつけ、さらに「漢名」を注記しているので煩わしく要領がつかめない。むしろ「漢名」ばかりを示して「蛮名」はみな巻末にまとめて翻訳名義集のようにしてくれたらよほど便利であったと思う。同書のなかで「シカッテカンムルブック」というのをただ「西書」としているけれども、訳し方は分からないがいかにも落ち着かない書名かと考えられる。また、「漢土」の古法が絶えてしまって、「蛮夷」にのみ伝わり残ったなどとしているのは牽強付会の説ではないかと述べている。さらに、清庵家蔵の「金瘡跌撲之書」一巻について、これはなにかオランダ書の図を写しそれに口伝えの療法を聞き書きにしたもののようで、オランダ医書の翻訳ではないと思う。この書には、人身に「セイヌン」という経七十四あり、さらに数千万に枝分かれしているとある。これは「漢名」では何というものに相当するのだろうか。ご覧いただきたく当の書物を御地宛にお届けするので、ご面倒ながらじかにこの書に書き入れていただきたい。薬名のかなの誤り、漢名の間違いなどお直し下されたくお頼みするとしている。

山脇東洋先生が刑屍体を解剖して『蔵志』を著されると、これを誹議した佐野安貞が偏僻なる論を出して衆人みなこれを喜んだが、近頃、香川修徳の『薬選』が出れば『非薬選』が、吉益東洞の『医断』が出れば『斥医断』が出されるなど、これは天下の公論ではなく私説を主張せんがために先輩を誹謗しているのであって、我意闘争の論議が止まないのは「医道の乱」と考える。まして先生は日本は勿論のこと周代以来廃絶している「医道」を復興し一家を立てようとなさっているのだから、衆愚は口やかましく騒ぎ立て、金をも溶かし骨をも消す勢いで非難するであろう。さしでがましいことであるが、その辺りを十分にご考慮下さりご用心なさいますようお願いすると述べ、さらにぜひ一度お目に懸かり僅かなお言葉だけでも拝聴したいが年齢を思えば叶わぬことで口惜しいと言い添えている。そして、

解体新書は近々御開板被成候由、拝見可仕、折角相待大悦仕候。ヘーストル外科書御成就迄は存命難計候。御出来次第、四五枚成共、存命中拝見仕度念願仕候。申上度事千万に御座候得共、兼而悪筆不文、老年に罷成、冗長成造語作字に堪不申、他筆を以申上候。宜敷御察可被下候。恐惶謹言。

四月九日

猶々老拙儀、多年世間並和蘭流仕居、不学文盲に御座候故、仮名交りに相認申上候。以来共に右之段御容恕可被下候。以上。

と結んでいる。清庵の存命中にその一部分なりとも手にすることができるのだろうか、『解体新書』の出版を心待ちにしているというのである。

清庵の第二信を受けて玄白は再び長文の返書を認めている。冒頭には、玄白に対する清庵のことばは過褒であり、また汗顔の至りであって、古来士君子の望むところは千歳の後にても知己を得ることにあると述べて、自分が生涯のうちに清庵のようなまさに「鐘子期」に出会えたのは世にも稀な大幸と躍り上がらんばかりであると記している。鐘子期は春秋時代の楚の人、琴の名手伯牙の演奏を聴きその力量を評価しえた唯一の人物であって、その没後、伯牙は弦を絶って二度と演奏することはなかったという。玄白は自分をよく理解してくれる人として清庵を鐘子期になぞらえたのである。

本文では、前便にもまして懇切丁寧に清庵の疑問に応えているが、まず、かつて玄白が手がけた外科書の草稿を清庵がみたいと望んだことについては、未定の著述であり出版せず反古としたものでご容赦願うとしている。続いて、荻野元凱の『刺絡編』に関する清庵の疑問はいずれもその通りだとし、書名の「シカッテカンムルブック」は「シカットカームルブック」であり、「西書」ではなく「シカット」は「宝」のこと、「カームル」は「室」、「ブック」は「書物」のことであるから「宝蔵書」とでも訳すべきものだと指摘している。また、「翻訳名義集」云々については玄白自身も実は類似の趣向として、『解体新書』の第三編で蘭名を漢字の音で書き表しそれに片仮名をつけるという試みを考えているとしている。この翻訳書が中国に渡るようなことがあれば「漢音表記」が役立つだろうというのである。さらに、『解体新書』の翻訳作業の実際を説明して、日本語に対応する訳語のある場合（「対訳」）、あらたに訳語を創出する場合（「義訳」）、訳語が工夫できずオランダ語の音をそのまま漢字の音で表記する場合（「直訳」）の三通りであったといい、また、「刺絡」のことはこの書物の原本の四百十二番目に書かれているが、オランダ針法の要術として荻野氏が書いていることとは違い、荻野の書が原書を翻訳したものとは思われないと述べている。

次いで、清庵家蔵の「金瘡跌撲之書」については、これは「アンブルシスパアレ」という蘭書の一部をかいつまんで翻訳したものにすぎず、あまり取るべきところがないと考えるが、ここで「セイヌン」（「セイニュウ」）を大切なことといっているのはこれまでほかの書物には見当たらない注目すべき指摘だとしている。また本書の薬名の仮名の誤り、漢名の間違いなど正してほしいという清庵の依頼についてはすべてが解明できているわけではないので、追々吟味をして分かり次第お知らせしたいといっている。さらに、人体の経脈について「和蘭人」の説くところは実物を直接にみた上で論じているので、「漢人」の立論とは大きく異なり、十二経、十四経などということはなく、昨年お目にかけた『解体約図』に示したとおり「動脈」「血脈（静脈）」「筋」「神経」の四通りしかない。このうち「神経」と新訳したのは清庵家蔵書に「セイヌン」とあるところで、オランダ語で正しくは「セイニュウ」という。これらは漢人がこれまで論じたことのないもので、動脈と血脈のふたつの脈の血が頭に上って脳内で変化して霊液となりそれが体中に巡り分布したものであるとしている。

そして、このことは最初から順を追って説明しないと分かりにくいことであろうといい事細かに解説を進めている。例えば、動脈についてこれはオランダ語でスラクアーデルといい、心臓から出て体中に分かれ走り循環して養分を送っている血道である。この末端で動脈の血を受け継いで心臓に戻している血道がありこれをオランダ語でホルレアーデルという。血脈（静脈）と訳したところである。この二つの脈が運行往還する大小の経路は体中に錯綜して織るが如くであってまさに糸瓜の糸のようである。アーデルは「脈」のことであり、スラクとは「打つ」の意で「動脈」と訳した。動血二脈の大幹は腹の底に根を下ろし、背骨と並んで上って心臓に連なっている。その大幹から左右に分かれて左右の腎臓に通じている管があり、この管を通して両腎に血を送るとその血は水の中に含まれた塩分を腎臓で分離して濾過し小水として体外に排泄する。残った血は心臓に戻り新しくできた血と一緒になって体中を巡ると述べている。血の中にはもともと水も混じってめぐっており、その水は体内の所々で必要とされるので、そういった部分には機里児（キリール）（腺）というものがあって、血液中の水分を分離し各部分の用に立てる。この機里児は淡黄色で、形状は覆盆子（いちご）のようにあるいは蜜柑の皮を剥いだようにぶつぶつしている。中国医学ではまだ説かれていないもので、オランダ人の説ではスポンヂウスアクチフといい、海綿状のものということである。これが体中に分布していて水分と血の分離をつかさどっている。たとえば皮膚の下にあるものは汗を分離し、食道にあるものは飲食したものを伝送する液を製し、胃にあるものはこれを混和させるなどの働きをして体内の処々でそれぞれの役割を果たしている。痛果機里児は頭脳の真ん中にあって動脈、血脈の精血よりセイニュウホクトという霊液を分泌させる働きをする。中国医学でいう髄液にあたる。また脳を九つの部分に分けたうちの泥丸宮というのがこの痛果機里児かと考えられる。これはたくさんの神経がここから発して分かれていく分岐点にあたる脳髄であって、一身を主宰統御する根源となっている。ここから分かれて行く大神経は鼻に連なるもの二つ、眼に連なるもの六つ、頭面の各部分に連なるもの二つ、以下両手、耳、臓腑、舌、皮膚に連なるものそれぞれ二つ、下っていって背骨に入り両足や腹部、背部に連なるものが六十あって、総数合わせて八十になる。清庵家蔵書の翻訳では七十四とあるが私どもの訳した『タブラアナトミカ』（『解体新書』）では八十となっている。オランダでも昔は医学が開けていなかったので少しずつ異同があるのであろうという。この八十の神経は四十ずつ左右に分かれている大神経であってそこからさらに細かく分かれて全身にくまなく分布し、動脈、血脈の微細な支脈と複雑に錯綜しているとしている。神経が脳から発していることは生命あるものなら動物でも皆おなじことで、試しにネズミでも解剖してみてほしい。中国の医学では心臓は神気を蔵しているかのようにいっているが、オランダの説では心臓は血液流通の大本であり、脳は神気の根元であると考えられているとも述べている。また、未刊の『解体新書』から、「世奴（セーニュー）（これを神経と訳す）」は、色が白くて強く、その根元は脳と背から出ている。視覚、聴覚、言語、動作を司り、痛み、寒さ、痒さ、熱さを感じるのはこれである。それ自体動くことができない身体各部が自在に働いているのもこの神経があるためである（『解体新書』第三篇格致篇第二章）」、あるいは、「世奴和孤都（セーニューホクト）（神経汁と訳す）」は、脳の中で生じる。四肢または身体中の骨や筋肉など、神経の通っているところはみなこの神経汁があってはじめて動き、完全なものとなる。それゆえこれを名付けて地爾礼其牙私天（ジイルレイキゲーステント）（この語は生気と訳す）という（同書、同篇第二十章）」などと関連の箇条を引用して、オランダ医学が神経や血管について説くところのあらましを説明している。

玄白の第二信は、およそこのように述べているが、さらに、『解体新書』出版の暁には衆愚は騒ぎ立てて非難讒言を浴びせるかも知れず、大いに用心されたいとのご忠告は有り難く感泣した。「按剣の人」（刃の柄に手をかけて待ち受けている人）は多くあると思うけれども、「一番鑓」を入れるには鑓玉に上がる覚悟がなくてはならない。一人なりとも鑓を付けることができれば本望の至りと考える。私どもの医学についても一度着実な実証にもとづく説を唱えておけばいずれ千年来の誤りも改められる時節が来るに違いないと思う。申し上げたいことはなお「林」の如くあり、筆紙に尽くしがたい気持ちではあるが、まずはお手紙へのお返事かたがたこれまでと致しますと結んでいる。

擱筆の日付は「十月十五日」となっている。清庵の書信が「四月九日」発であったことからすると玄白の返信はやや手間取りすぎている感がある。この年の三月に玄白は前野良沢とともに吉雄幸左衛門を長崎屋に訪ね稿成った『解体新書』の序文の執筆を依頼している。幸左衛門はオランダ商館長アルメノー一行に随行して出府してきていた。また、五月某日には玄白は安東登恵を夫人として迎えており、公私ともに多忙であったことが影響しているかと思われる。

玄白・清庵の往復書簡が『和蘭医事問答』として刊行されたのは寛政七年初秋のことであった。書簡交換のことがあってからは二十年余りが経過していることになる。同書刊行の経緯については、同書の冒頭および末尾に付された大槻玄沢・序文（寛政七年三月）、宇田川玄随・序文（寛政六年秋）、杉田伯元・附言（寛政七年六月）、杉田伯元・跋文（寛政六年三月）に詳しい。

伯元の跋文よれば、同書は玄白、清庵の塾中で門人らが「蘭学問答」あるいは「瘍医問答」と呼んで往復書簡を輯録したものであるが、その大意が「医流ノ宗源」に関わるものとして改めて『和蘭医事問答』として公刊した。従来、門人や書肆がこの書冊の上木を望んでいたが、玄白、清庵両先生は「瑣々タル小言豈何ゾ不朽トスルニ足ンヤ」としてこれを許さなかったという。その後、清庵が彼の地に没した。玄白の家塾には「従遊之徒」が引きも切らず千里笈を負って集まってきた。先進の塾長は必ずこの書を後進の徒弟に示しこの学の来由を知らしめた。また、この書のあるを知り請う者も多く伝播転写が重ねられ、ただ謄写に労するのみでなく、紙葉散逸しまた原本を失うことも数回に及んだ。また、伝写の際の誤謬も少なしとせず、永らくこのことを憂えた伯元は上梓のことをしばしば請うたが玄白は許さなかった。近頃、伯元はひそかにこれを家兄建部清庵（建部由水）に諮ったところ喜んで賛同してくれた。そこで二人で協力して本文を校訂し刊行して家塾に備えることとしたというのである。

公刊本の奥付は次の通りである。

陸奥一関侍医清庵建部先生問答
若狭小浜侍医鷧斎杉田先生
男　若狭小浜医官　杉田勤士業校正
　　陸奥一関医官　衣関敬鱗伯龍
門人　伊予松山医官　安東其馨子蘭輯録
　　陸奥仙台医官　大槻茂質子煥

杉田勤士業は杉田伯元である。建部清庵の五男由甫で玄白に請われて天明二年に養嗣子となり、寛政元年に玄白の娘扇と結婚している。衣関敬鱗伯龍は清庵の書簡への回答を求めて再度江戸に上った衣関甫軒である。安東其馨子蘭は有阪其馨（東渓）である。有阪は玄白初期の門人、信濃の出身である。『解体約図』出版に際しては、その包紙に内容宣伝の一文を執筆している。玄白夫人「安東登恵」はその縁戚にあたると推測される。大槻茂質子煥は安永七年に玄白に入門、天明六年には仙台藩医として江戸詰めとなっている大槻玄沢である。

なお、寛政七年初秋刊行の『和蘭医事問答』下巻巻末に「紫石斎（杉田伯元）蔵刻目録」として近刊予告が付されている。その末尾に「和蘭医事問答　後編　続編」とあって、「嗣出」と注記されている。刊本以後にも玄白・清庵間の書簡のやり取りがなおありそれらの公刊が企画されたようであるが確認できない。

（2）『狂医之言』

『狂医之言』は安永四年十月に執筆されている。『解体新書』刊行後一年余を経た頃であった。『解体新書』に同じく「漢文体」により書き進められている。同書の冒頭に、玄白が友人から聞かされた話として次のようことが記されている。

近頃、ある会合で酒間に当代の人物を論評するということとなって、玄白の医術を話題にする者があった。一人の医師が、「諸君は当代の君子を論ずるなり。請ふ、碌々たる小人、医家の賊を談ずるなかれ」と述べた。一座のなかにはあえて口を開いて彼がなぜそう述べるのかを質す人はいなかったが、私は玄白の友人としてぜひとも「医家の賊」といわれる理由を聞き、玄白がみずからそれを改めるようにさせたいといった。彼は、そもそも中華は聖賢の国であってわが医のごときは炎帝神農氏がその基礎を築いて以来大家が相次ぎ深く究められてなに不足なく、数千年にわたり民衆の疾病を癒やしてきたのだ。それなのにあの杉田という小人はみずから奇を好み聖賢の書を疑い蛮夷の書を信じて、その所伝の法を乱そうとしている。これ医家の賊でなくて何であろうか。その玄白の学ぶところは世界の西北の一隅にして中華を去ること九万里、実に「鴃舌侏離（げきぜつしゅり）」、もずのさえずりのような音声が聞えるばかりで意味の通じないことばの国のことである。生まれてこのかた聖人の道を聞かず、蛮夷中の最も僻遠にしてその俗大いに異なるものであり、その医術もまた知るべしというのである。玄白の友人は、医を学んでいない自分にこのことの是非について判断できないが、自分なりに考えてみれば「聖人」は物にこだわることなく世の移ろいとともに推移して、いたずらに奇を衒うようなことはしないものだと思う。あなたの学んでいることはどこか間違っているのではないか。このことを熟考してほしいと述べている。以下、この友人の問いかけに応じるかたちをとって玄白の反論が次のように詳細に展開されている。

①友人の忠告について。……あなたの教えに敢えて従わぬわけではない。私とて父祖の業を承けて三代、その医書も読んで疑い、学んで覚り、久しくしてその非を知ってこれを改めようと考えるにいたったのだ。あなたは医を学ばれたわけではないが試みに私の説を聞いてほしい。シナの聖人とは四目両口あるわけではなく、ただ聡明にして民を安んじて欺かず、民を導くに法を立て、華を貴び夷を卑しむことを教えたのである。衣冠文物の諸制度は尊

卑上下の区別をあきらかにするためのもので必ずしもシナの其れを唯一普遍のものとすることはできず、それぞれの風土に適応したものこそよい。また道というものもシナの聖人達が作りだしたわけではなく天地に本来そなわったものが道であって、日月の照らすところどこにでも国があり、人がおり、道がある。日本の腐れ儒者、藪医者たちがシナこそ世界の中心だなどというのは論外で、元来この大地とは大きな一個の球体であって、万国がその上に散らばっておりそれぞれの国の居場所がみな中心といえば中心であり、シナにしても東海の一隅の小国に過ぎない。

私のような身分の賤しい者は天地の道にしたがい、国家の法令を守りよくその職をつとめることが自分の分際と承知し、医をもってその職と心得ている。医なるものは救民の一手段であってその術は容易に熟練できるものではない。私も幼い頃から学んできたがいまだその術を明らかにできないでいる。何となればいまだ医学上の聖人なるものに出会ったことがないからである。神農が医の道を立て、黄帝がその教えを広めたという。『神農本草経』なるものに上等の薬種百二十種をあげていてどれでもみな久しく服用すれば身体が軽くなり長生きできると説いているが、いまだ一人としてこれを服してその効ある者を聞かない。神農は聖人のはずだがこれでは『神農本草経』は人を欺く書ということになる。『黄帝内経』には、五運六気のことから、経脈、骨度、臓腑、関節、疾病、鍼灸などのことまであらゆることが論じられているが、刑死体を解剖して観察すると臓器の位置や形状が本書の説くところとは異なっている。実物に即してそれと異なっていればすなわち人を欺く書物だといわざるを得ない。千古以来、人を欺くの聖人あるを聞かない。本書が聖人の書いたのでないことは明白である。人を欺くということのないのはひとり張仲景の『傷寒論』で、これを服用すれば下痢をするとある薬を使えばたしかに下痢をするし、汗が出るとあるものはたしかに発汗する。しかしこの書も病を論ずることになると後人の手が入り、錯簡も多く典拠とならない。根本が乱れればその末端は治まるはずはなく、すなわち、わたしがシナの書を廃してオランダの医書を取るに至った理由である。

②オランダ人は人を欺くということはないのだろうか。……私は医家に生まれ他に学ぶところはない。学ぶところのものはただ医家の書のみであった。人を医するものは人を知らねばならない。そこで初めにこれを究めようと刑屍体を実見してみた。古来、肺は六葉・両耳といわれ、かたちは人の肩に似て二つの肺葉といくつかの小葉に分かれ、その中には二十四の孔があると説かれていた。しかしこれを実際にあたってみれば、左右の肺はそれぞれ二、三の肺葉で五葉をこえることはない。心臓は七つの孔と三本の毛があり、かたちはまだ開かない蓮華のようで、なかに九つの空洞があるといわれているが、実際をみれば四本の血管がここでつながりあっているのである。また、脾臓のかたちは馬蹄に似ていてその中に胃袋が包み込まれているといわれているが、実際に調べてみるとかたちは牛舌のごとく、胃の左後にあることなど、古来説かれてきた多くのことが事実とは異なっている。かつこれまで説かれていないものとして大きなものでは、大機里爾（きりーる）・奇縷管（げーる）（膵臓・乳糜管）、下隔膜（腹膜）などがあるが、その他小さなものまでみれば数えきれない。これらをオランダ医書にあわせてみればひとつとして落ちているものがなく、医書の方を実物に照らしてみれば一点の違うところがない。オランダ人は人を欺くことがないのである。

③人死して気が絶える。気が絶えてしまったらおそらく臓腑もその位置がずれ、形と色もかわってしまうのではないか。……いやそれは実際に解剖をみたことのない人の疑問であって、臓器の位置などは筋や膜で連なっていて簡単に動くものではない。内臓の色などは生きている鳥獣を解剖してみると、死んだものと生きているものに変わりはなくただ活動しているかいないだけである。人が死んでも変化するはずのないのは骨で、古来、大椎から尾てい骨まで二十一節あるといわれてきたが、実際は二十二節ある。また小椎（頸椎）は二、三個といわれていたが、実際に調べてみると大椎の上に七個ある。このように臓腑・骨節についてこれまでいわれてきたことは実際と異なっている。私がシナの医書を廃する所以である。

④あなたの説くところは当たっている。しかし中華の医方が起こって以来、病んで薬を服用し鍼灸を施す者が幾

万人、すでに数千年の時を経て人々の治療を誤らなかったというのはどういわけだろうか。……それはちょうど鳥を飼うときのようなもので、鳥の性質にしたがって何を食べるかを調べてそれを与える。虫を食べるものは常にこれを用意できないので、代わりに米粉を焦がしたもの、川魚の乾し肉、生の唐菜などをすり合わせ泥状にして与えるとよく食べる。この餌をはじめて作った人がまず虫を食べその味を知らなければということはない。虫の味など知らなくともこの餌が作れるというのが人間の才能というもので、いやしくも医をなす者はこれくらいの意を用い、よく頭を働かせなければ人も治療したりすることはできない。意を用いればままそれが法則にかなってうまく当たることもある。人が薬を飲んで間違いなく治療できるのがなぜかわかるだろう。鳥でなくとも虫の味が分かりその代わりの餌が作れると同じようなものなのだ。

⑤あなたの説く通りならば、中華の先賢たちが代々集積してきた経験上の治療法を学べばそれで足りることで、なぜそれを廃する必要があるのだろうか。……シナの医書には「方」（医術）があっても「法」（根本原理）がないのだ。法が全くないというわけでもないが、法とされているものの根拠が明らかでなく、人々の好むところにしたがって説をたて論をなし、それを法と呼んでいるので、十書十説、いまだ一定していない。例えば銅器を隔てて熱を察するようなもので、中にあるものが炭火か柴火か、熱湯かはたまた熱飯かを推察しているようなものだ。ただ熱いことを知ってこれを論じている。今ここに、脈が遅く、臍の右上になにか塊があって、時々疼痛、微熱のある一人の女性があるとして、これをシナの学に通ずる三人の医者に診せたとすると、一人は食積（消化不良）といい、一人は悪血（血液の循環障害）といい、一人は飲癖（水分の代謝障害）というだろう。また、治療をさせてみると、はじめ五日間は消化のための投薬をし、治癒しなければ次の十日間は破血の薬を与え、さらに十日間は体内の水分調節の投薬をする。幸いにこれで治癒すれば医者はさすがに自分はよく病気を知っていたと思い、病者も良医に巡り逢えたと思う。不幸にして治癒しなければ医者も病人も呆然としてなぜ死んだのかを知らない、つまり病気の根

本が明らかでなく、医学の根本原理が正しくなかったからにほかならない。だいたい、切り傷とか腫れ物といった類いであれば、患部が外にみえているので藪医者でもあまり治療を誤ることはない。食積、痰飲（胃内の滞水）のごときは患部が体内にあるので良医であっても時に見立てを誤る。世間では書物をよく読んで明らかになれば、治療があやしくなくなるというが、どうしてそのようなことがあろうか。これはつまり医学を学ぶべき当の書物そのものが明きらかでないためにほかならないのだ。

⑥あなたはしきりにオランダの医者はその基本が明らかであって、その根本原理が正しいと説く。その点をなお説明してほしい。……例えば冬の寒いときに食あたりをした者がいるとする。その人の腹は引きつって吐いたり下したりすることもできず脈がふれなくなり手足の血液循環が不良となって冷える。シナの医学に通ずる者に診断させると、天の風寒にあたったため、寒気の毒が体内に入り経脈が働かなくなって飲食物が消化されず、脈がふれずこの症状となったというであろう。これは目にみえる表側から目にみえぬ裏側を論じたものである。これに対してオランダ医学では寒気の毒が体内に入って胃腸の運動のリズムが狂い、さらに心臓、肺臓の鼓動の狂いが生じたからだと診る。一般に人体の基本が明らかになっていてこそ病気の原因とそれが直る理由も明確になる。病気の根本原因を明らかにするのが「法」であり、その病気を治すのが「方」なのであって、「法」と「方」のいずれにも通じていなければ「医」と称することはできないのだ。

⑦あなたの説くところの通りならば、オランダの医者は医書を一冊読めばそれでよいことになり上手下手の違いもないのであろうか。……いやその違いはある。右手に筆を採り、眼でよくみ、心を働かせながら書く。それは書の上手下手なくみな同じで、基本が同じでありながら差が出てくるのは結局才と不才、熟練と不熟の違いによる。才能があるのでなければ、いかによい書をみたことがある者でも書が上手になれるはずもない。医者になるのもこれと同じことである。ここに巨石があってこれを移動するのに馬を使うか、車を使うか、才あって術に熟すればい

ずれをとるかよくその是非を判断できる。明らかにその何病たるかを知って医術を施すのが良医であり、その何病かをしらずみだりに手当をする者は藪医者なのであって、オランダの医者といえども博く学ばねば良医にはなれるはずもない。

⑧国には南北の違いがあり、人には強弱の差がある。南方の人にはおそらく北方の人の薬は強すぎるのではないか。……まま一方にあって他方にないという病気もあるが、多くは此彼同じであってその場合は薬も同じである。「澹渓倒倉方」（黄牛の肉と四蹄を煮詰めて抽出した成分を重症の胃腸病に投薬する法）、「五宝散」（鍾乳石、琥珀、辰砂を主剤とする黴毒の薬）の類はみな海外から伝来したものであり、「乳香」「没薬」「盧会」「麝香」なども西洋諸国に産するもので、数百年来使われていて奇験を得ること少なしとしない。また、「泊夫藍」、「帝里亜伽」の類はもと西洋に産し、西洋で製造された薬で、シナの人はその製法を知らず、その形状から判断して効能を確かな根拠なしに説いている。今の日本の医者もこれに習ってみだりに投薬しているのは人をだますものだ。オランダの医者は製法、効能を心得て薬を用いている。このようにすれば、どうして南北のちがいなど問題にする必要があろうか。シナでも天文学や暦学、各種の技術については自国に伝来するものの非を知って、明末以来多くの西洋の技術を学んでおり、『西洋暦』『暦産全書』『奇器図説』『霊台儀象』『大西水法』のような書物も出されている。そのため現在使われている渾天儀（天球儀）は昔のものとは仕組みが異なっている。これこそ、その善を択んでこれに従うということであって、ひとり我が医のごときは旧法を守って改めようとしない。悲しむべきではないか。

⑨あなたの説くことはまことにそのとおりだ。しかし人々は数千年来、中華の学に染まってきている。あなた一人で改めようとしてもおそらく服従しようとしないだろう。衆寡敵せず、自ら改めるにしかずではないか。……周が殷にとって代わったとき、ひとり伯夷と叔斉の兄弟だけが従わなかったのは彼らの良心にそれを潔しとしないものがあったからで、この私も不敏な者ではあるがどうして世の医者と同様に人を欺く医方を学ぶことなどできよう

か。

玄白のこのような答えに友人は愕然として、あなたの過激な性癖は抜きがたいものだといい、二度と私に同じことをいおうとしなかったと書き添え、さらに「安永乙未冬十月、三叉邸の官舎に於いてこれを著す」と記して本書を結んでいる（「友人愕然曰、甚哉、子之性癖也、終去不言。」）。玄白が『蘭学事始』に、「かれはじめて『解体新書』を読みて千古の説に差ひしところを疑ひ、みづからしばしば観臓してこの書の着実なるに感じ、爾来深くこれを喜び、翁へ書信を通じて、猶その解しがたきところを尋問せり」と書き記した小石元俊、またあるいは建部清庵のように、『解体新書』の翻訳刊行の当初その意義を評価する者は多くはなかった。あえて「狂医」と自称しこのように世評に逐一反論を展開したのである。寛政七年刊行の『和蘭医事問答』下巻巻末に「紫石斎蔵刻目録として近刊予告があり、そのうちの一つに「和漢古今ノ医説ヲ看破シ西医ノ説ニヨッテ医道弁正ス鷧斎先生著・近刻」とあって、「狂医之言」の名がみえるが、それが実現したのかどうかは確認できない。

（3）『形影夜話』

『形影夜話』はすでにII―一（三六ページ）で述べたように、享和二（一八〇二）年十一月、中津藩中屋敷において藩主養嗣子酒井忠進の女官に姫君、北の御方に若君が相次いで誕生するということがあり、藩医達が伺候を命ぜられ、玄白もそのうちの一人として藩邸内に当直した際のつれづれに筆を執ってなったという著述であった。鏡の中の影法師の問いかけに玄白が答えるという趣向の十三の問答はおよそ次の通りである。

①影法師が問う。あなたは代々医をもって業としている。その医を学ぶ要諦はどこにあるのか。……玄白が答える。そもそも医は医術、占い、神仙術など「方技」のひとつとして数えられてきた。他の技芸には上手名人がいる

のに医者には稀のようである。それは、他の技芸が直接目にみ、心に欲するところを手をもってそのままなしえるのに、医術には皮膚の表面から人体の内部を推量し、病に応ずべき薬を与えて回復させるというような難しさがある故である。それにしても幼い頃から常に目にしているはずの牛や馬を描くことすら実際はそれを学ばねば困難なことである。ましてや医事についてはいっそうその必要がある。描くことを学んだとしても、人の才不才により巧拙はあり、またその道に切ならざれば上手名人にはなりえない。連歌の上達法を問われた宗祇法師は「只好き給へ〳〵」と答えたという。諺に「好くこそ物の上手なれ」というのもこのことであろう。医は人命に係わる病を療する業であるからひたすら心を用いて学ぶことが求められるのである。

②あなたの語るところには得心がいく。なお説があるか。……深切に己が道を好き学ぶ者が片時も怠ることなく修行することによって妙手のところを得ることができると考える。新井白石や荻生徂徠は博学高識の人として世に知られているが、それは、例えば白石が人の話を聞いて反古を綴じ合わせた裏に書きとめ備忘録とすることを常とするなど、人の話を聞くことを疎かにしないという日頃の姿勢から生み出されたのである。このように「大才明達の人」ですら片時も無益に過ごさないのだから、ましてや「常人」がそうしないでは済まされないだろう。

③医の道について、英才、非常ならざる者が妙所に至るには何にもとづいて学んだらよいだろうか。……まず身体内外の実際の構造を知ることを第一とすべきである。これまで、数多の医書中に説かれるところは確実なものが少なく、甚だしいのは飲食は先ず肝に受け、肝より脾に伝え脾より胃に送るなどという無稽の妄説が唱えられることすらある。背骨の椎骨の繋がりかたについて元の滑氏と明の張氏の説くところは全く違う。しかもそれぞれに勝手な証拠をあげているが、どちらがいい、どちらがわるいということのないのはおかしなことだ。人は同じであるのにこのように違っていては人を医するの業は成り立たないと疑問を抱くのが当然ではないか。我が国では後藤艮山が中国最古の医書『黄帝内経』の欠点を見破って、怪しげな説を論駁し、気血が人体をめぐり流れるという「経

路」は無用なものだと断言した。なるほど千古の卓説というべきであろう。これに続いて香川修徳が師を継ぎ一家をなした。さらに山脇東洋が自ら観臓して従来の旧説を改め『臓志』を著したが、確実というところにまではいたっていない。実物についてその本を明らかにするということの端緒についたというまでのことである。吉益東洞は近来の豪傑だが、後漢の張仲景による医書『傷寒論』一書に精力を尽くした。しかし取るところが多くないとして自ら納得できる説のみ採用して「脈」などは用のないもので、大切なのは「腹候」（腹部の症候）であると門人に教えたという。

私の家も代々医をもって主君に仕える身で、これは逃れても逃れられぬ業であり、自分としても好まぬ仕事ではない。幼い時より和漢の医書の端々を見てきたが生来の不才でどの書を読んでもその是非が理解できず、人はよくも分かるものだとただ我が不才を恥じてきた。たまたま二十二歳の時、遊学先の京都から戻った同僚の小杉玄適から、彼の地では経験と実証を重視する中国古代医学の精神を拠り所とする「古方家」の人々が現れていること、なかでも山脇東洋などはもっぱらこのことを主張して自ら観臓し、内臓の構造が古来説かれているところとは異なることを知った。その諸論説を聞き得て羨ましく思ったことである。「疾医家」（内科医）にあっては関西に豪傑が立ちその旗印を鮮明にしたが、その驥尾に付すのも潔しとしない。幸いに「瘍医」（外科医）の家に生まれた身であるからこの業を以て一家を起こすべしと、勃然と志を立てた。しかし何を目当てに事を謀るべきか苦慮し日月を過ごすうちに、たまたま荻生徂徠の『鈐録外書(けんろくがいしょ)』を見た。そこでは、真の戦というものは今の軍学者流の説くようなものではない。地に嶮易があり兵に強弱がある。常に同じように備えをし、予め勝敗を決めて論ずるものでもない。雨天に鉄砲は役立たない。太平の世の如く何時でも硫黄、焔硝・鉛の類が市町で買えるというわけでもない。結局、常に軍理を学んで、大将の器量に従い、勝敗は時に臨んで定まるものだと説かれていた。確かにその通りであり、我医も旧態を改め面目を一新しなければ大事業はできないものだと悟った。このことがあってから、はじめて真の医理はオランダにあると知った。オランダでは「医術の本源は人身平素の形体、内外の機会を精細に知り究るを以て大要となす」といわれているのである。およそ病を治療するに当たってこのことを精しく知っていなければ的確な処置はできないということである。

世上の医者は脈を診て、その「浮沈遅数」（強弱、脈拍数）が指の下で分かることは知っているけれども、皮下にあって何が働いているのか、血なのか空気なのかも理解していない。ただそれが「脈」というものだと覚えているに過ぎないようである。また、「三部九候」（手首にある三箇所の脈どころと、それぞれに現れる浮、中、沈の状態）、「臍下一寸腎間の動」（臍下で触知される動悸）、「四時胃気の脈」（四季により現れる脈の変化、食物を消化して生ずる胃の精気による）などという。いずれも同じ一身の中の血のまわる「脈管」の反応である。それを種々の名目をつけてつまらぬことに精神を費やしひたすらそのことを信用して、生涯を何の弁えもなく終わる医者がいる。「脈」とは血の通う管である。そのはじまりは心臓であって、その心臓に連なる大管から血液が流れ出し身体諸部へ循環しているのである。吉益東洞が「脈」を診るのは無駄だと教えたというのは疎漏の至りといえる。古来の書の何をみてもこのことを的確に説いたものはなく、やむを得ず「脈」は用なきものだとしたのは豪傑の一決断であった。強いて非難すべきことでもないだろう。世の医家にはまた脈は「一息四至」（一呼吸の間に四回の脈動）などという者もいる。これまた「内景」（身体の内部構造）に暗いがためである。人により脈動はさまざまで、亡妻と同藩の宮崎甚平は三部の脈がなく、尾上菊五郎は平脈が二、三回に一回滞るがこれらは病ではない。脈管は木根の蔓延に似て定まったものではなく、その所に従って大小横斜等しからざることによるからである。脈拍の結滞もその人の生まれつきで、心臓の筋肉が縮張の度を失うことがあるからである。これらのことはみな「内景」に明かであれば察することができるのである。

④脈動に「浮沈遅数」が現れるのはなぜか。……それは「脈」が皮下を流れている血であることが分かればすぐ

に理解できる。異常な発熱のために血が沸騰して太くなり、あるいは血に粘りが出て自由に流れない。また心臓の中に故障があるときは血行が滑らかにならない。また肺の縮張の緩急によっても血行に遅数が生ずる。およそこのように脈状の変化を察するのにもそのもとは内景の理を知ることより出ているのである。

⑤近頃、「腹候」ということを主張して、病を察し治を施す者がいる。これには理があるのか。……これは人の強壮、虚弱を分別し病の根ざすところを知るに便利な診断法の一つである。最も精しく知るべきところであるが、これとても臓腑の所在、部位、連続の状況を常に精しく承知していなければ、いくら腹をさすってみても何も分からない。平常の人の腹部の状態をよく知って、今なぜこのように膨張しまた堅くなっているのか疑問を起こし、それから病人に具合の悪いところを聞きただす。そして顔つき、視力、口舌・皮膚の色などを観察し、大小便の通じ具合、発病の新旧、平生の飲食の好き嫌いなども問い尽くし、その上で病の原因を詳らかにする。それから脈に触れ、血液の運動の緩急を識別するというように万事精査しその由来を明らかにしてようやく処方を書き薬を与えることができる。「心下」は何の臓器の部位かということも知らず、「胸脇苦満」の状態があればすべて「柴胡湯」（セリ科ミシマサイコの根を主薬とする薬湯。肝機能を盛んにし、解熱、鎮痛、鎮静、利尿薬効がある）の適応症と決めてしまうのはいかがなものでろうか。「心下」には実際は肝あり、胃の腑もあり、また大腸も横廻している。肝の痞塞腫瘍も、胃の気脹滞食も腸の風邪塊燥屎もそれぞれに「苦満」の症状があるはずでそれを一律に「柴胡湯」で治療できるだろうか。左の「臍脇の動気〔動悸〕」が手に触れると病だという人がいる。これも実はそこにある動脈の大きな幹であって、その中の血液が搏動しているのであり、血液の流れが亢進すればこそ病気であるが、搏動は平生でもあるはずのものである。「腎間の動気〔動悸〕」というのはこの大きな幹が両足の方に枝分かれしている部分の搏動をいう。また「虚里の動」というのは心尖の部分の搏動である。それは左心室の血液を動脈に押し出すことが最も強いのでとくにその振動が大きいのである。心尖はちょうど左心室の底に当たっていてまがって左の方に向かい横隔膜に圧

されて表面に近くに出て、ちょうど左乳下に接して当たるからここに搏動があるのである。いずれにしても「内象」に精しからざれば腹診法もならざることを知らねばならない。みだりに「腹候」のみを主張し治を施せば大いなる誤りを生ずるであろう。吉益東洞がこの虚説を唱えると他の多くの医者達がこれを事実として伝えることになる。たとえ偶然になおる病人があったとしても私は信じがたい。

⑥古くからいわれている「経絡」についてはどのように考えるか。……これはオランダの説によれば動脈、静脈、神経の三つの区別がある。後藤艮山の説に「経絡」は旧説のようなものではなく、身体の一定の場所に糸瓜のまといつくようになっているものだといわれたのは卓見である。しかしすべてがそうだとはいえない。古人が説くように十二経、十四経などというような定まった場所で全身に糸を巻いたように順々に道をなしてまわっていくようなものではない。動脈は血液を送り、静脈は血液を受け、神経は出るところと至るところとの区別がある。これは一言では言い尽くせない。鍼灸を禁ずる経穴というものはないとは断言できない。たとえば、首の付け根にある「肩井(けんせい)」という経穴に鍼を深くさせば眩暈がして倒れるということも間々ある。卒倒した人に足裏の湧泉(ゆうせん)という経穴に小灸・芒針の類を施せばたちまち蘇生することがある。死活の術もその度を得ると得ないとにより有効ともなり有害ともなるのである。これは神経の根幹のあるところだからである。後藤艮山のいうように一概に経絡・愈穴はないと断言することはできないのである。その後山脇東洋がその実を極めようとして観臓をされたが、内臓にこれは何あれは何というように証拠だてる基本がなかったのでただぼんやりとして見分けがつかず、目撃したまま九つの臓器にあてはめられたまでのことである。わずか一人の刑屍を解いて『臓志』を著されたのは心許ないことである。疎漏なことというべきか。江戸において岡田養仙、藤本良泉の二人の医官が六人の観臓を行ったというが、旧習を改めず、これという見識も明らかにできなかったのは惜しむべきことであった。

⑦先ず医理を知り、しかる後に治術に及ぶにはいかにして可能であろうか。……良山、修庵、東洋、東洞の四先

生は近来の人物であって、陰陽五行の妄説を看破されたのは卓識であるけれども、実証的に研究する手がかりとなるものが備わっていない時であったのでその論説は臆断を免れず疎漏なことがあった。しかし、私のごとき不才の者であっても、幸いに文運開ける時節に遇い、実際に見比べて考える手がかりとなるオランダ解剖書の恩恵を受けることができるようになり、昔読んだ漢説の解しがたかったのは自己の愚鈍なるがためばかりでなかったことを悟ったのである。オランダの書物に触れたときには、文字は「曲釘蚊脚」の如く、言辞は「侏離鴃舌」の如くであったけれども、さとうきびを先の方からかじりはじめて次第に真の甘みが出て佳境に入ったというように、よく理解できるようになった。およそ医を業とする者はまず形体内景の平素を精しく究めれば治療の道は自ずと知り得る。私のような外科医の場合は「湯液内治」（薬湯投与による治療法）のみでなく、外から施す施術が種々あるので、常に身体中ここは何の脈あり、彼処は何の経あり、また骨の形はかくあり、この部位の筋はいかにあるといったことを詳らかに知らねば「金創」（切り傷）、「折傷」（骨折）、「脱臼」も治療しがたい。また腫れ物にもみだりに「鈹針」（腫れ物を破るのに使う大針）も使えない。予めそのもとを明らかにしなければ治を施すとも人を誤ることが多いであろう。「予め形体を究るは所謂兵家の孫呉と同じ事なるべし」という。孫子、呉子を知らねば軍理は立たないと同様に医も形体に詳らかでなければ医理は立たないのである。漢土の医流は「大黄」（タデ科植物の根茎）を用いればその「薬気」が直に下剤の効果を発揮し、「麻黄」（マオウの地上部）を用いればそれが汗となるように思い発汗、利尿の薬効を期待して患者に投薬しているようである。これはただ何となくそのような効果があったという体験にもとづく「場数の功」ともいうべき医術である。オランダ流はそのようなものではない。例えば、「大黄」の性質は苦みが強く、腸胃中の裏面の神経を強く刺激する。神経はこれを嫌って自ら曲がり縮んでそのところのキリール（腺）から水液を絞り出し、これをもって洗浄して下痢を起こす。また「大黄」は「胆」を扶ける薬である。かの胆汁は飲食を消化しその消化物を運ぶ機能を有している。もしこれが調和せずして腸中に注ぐ時は飲食物を消化できず身体の諸器官に滞る病が起こるが、「大黄」は停滞していたものを下す薬効があるとして投薬するのである。かの医理を学べばこのような利あることを知って薬を使う。その理を弁えずして投薬すれば何という意もなく功を覚えたということに過ぎない。今日治療をなすには漢医が熟練して自然に覚えた要領で投薬してきた処方から選択して、自身で得心した医理に参看し病に対し斟酌して、下すべきは下し、汗すべきは発汗の処置をすべきである。このようにして自身の医業に深切であれば自然と療治の巧者となるであろう。

⑧医理に詳らかであれば療治はなるのであろうか。……否。書を以て馬を御するの喩えがあるように医理ばかり知り療治のなると思うは大いなる誤りである。自身手を下し幾度も戦い、場数を経ざれば勝ちいくさはできぬと同じく、病人を数多取り扱ったその上になお骨を折り療治し、和漢の差別なく先哲の書を読み、かくあるときは「下し」、かかるときには「吐」して効を得たというような体験を心に留め、患者に対して用いること数多なるうちには、自ずと経験と医理が符合して心に徹するところができるものである。私が壮年の頃、オランダ書を読んでややその意を理解するようになって、漢土の外科書を読むと「金瘡」（腫れ物）の取り扱いなどは何の書をみても粗略であって、何の役にも立たぬとして捨て置いたが、その後、若い人々と『外科正宗』（明、陳実功撰の外科書）の会読をした際に、「実験着実」なることが多いと知った。例えば「疔瘡」（顔面などにできる腫れ物）の処置として、初め「万霊丹」（茅の木を主としほかに十五種の薬物を加え粉末にして蜜で練った丸薬）によって発汗させ、次いで「砭石」により悪血を去るとある。オランダの医術でも、瘡瘍の多くは発汗剤を与え、あるいは刺絡、すなわち静脈に針を刺して悪血を瀉出すると説く。品こそかわれ治療の理は一つなるを知った。先に、漢土には古今「瘍医」（外科医）はなきものなどと考えたのは若気の誤りと恥ずかしく思った次第である。医理ばかりに骨を折る人は、所謂「書物好き」という者であり、療治ばかりに骨を折る人は「療治好き」であって、実の「医者好き」という者ではない。医をよくせんと思う者はふたつながら廃すべきでないのである。

⑨患者を治療するに特に注意すべきことがあるか。……ある。「難治の病」を治そうと願うより、「治すべきの病」を難治になさざるよう心懸けるべきである。先師西玄哲は、療治は一段手前と思うところより治を施すべきで、初めから深く進みすぎれば後へは戻り難きものと教えられた。いかにも老練の人の言葉である。元来、医理に疎いと軽症も重症にしてしまう。それは身体の構造に疎いから治療の見当がはずれて誤るのだ。望（視診）・聞（聴診）・問（問診）・切（触診）という古来の診断法を駆使して、患者の身体の自然と異なるところを発見して処方を判断すべきである。敵を破るに先陣を伐らずして後陣を伐り勝ちを取ることがあるように、発熱、のどの渇き、頭痛などの諸症があっても下剤を与えて下痢をさせ諸症一時に平癒することがある。患者は病苦のあまり種々無益の事をいい連ねるものだが、その言に迷わされてはならない。しかしその言を尽く棄てるべきでもない。医理に明らかであれば患者の言うことのうちにも取るべき所は分かるものだ。その取るべき所と自分の疑問とを比べ考え合わせて治を施せば誤ることは少ないものである。

　四季の気候、土地の寒暖などにも注意を向ける必要がある。新井白石の「南島志」によれば、琉球国での三年の在番中に泡盛酒をよく飲めるようになった薩州人が、国元に帰ると元のように飲めなくなったとある。江戸にあっても極暑の時には焼酎がよく飲まれるという。伊勢の光太夫がロシアから松前に帰り江戸に召し返されたが、その時に護送の人数に加えられた医者の米田（まいた）元丹がわたしを訪ねてきた折の話しに、松前では人参（強壮、利尿、消化剤）、黄蓍（おうぎ）（利尿、強壮剤）の類で薬効のあがる病者は少なく、芒硝（利尿、瀉下（しゃか）剤）、大黄（緩下、健胃剤）の類で薬効のあがる者が多いといった。その座に居合わせた津軽の医者樋口道泉も津軽でもほぼ同じようだといった。門人、日向高鍋藩福崎大順・萩原立章等のいうところでは高鍋辺ではちょっとした風、寒暑、湿気などの外邪による病気に柴胡湯の類を与えるとたちまち裏症（嘔吐、下痢、腹痛など体内の病変）に変じやすいといった。このように焼酎、参蓍、硝黄、柴胡の類も人の腸、胃に入って功を立てる所の違いがあるのだから、それぞれの土地の気候風土の違いも心得なければならない。

およそ金瘡、打撲、折傷、脱臼等から腫瘍に変じたものは別として、他の外発の諸瘍は尽く内に毒あることが原因でないものはない。この故に内治が主で外治は客である。決して外治のみですむことではない。このことに気づかないと人を誤ることが多い。心を内外二科に向けることが最善である。

⑩医者は「薬方」を多く知るのがよいのだろうか。……否。薬方は「兵家軍器」の如きものである。これなければ戦うことはならない。薬方を知らざれば治療できないのは無論であるが、「医力」もなくして身の丈に合わぬ大なる「兵器」を好んで、みだりに「奇方」「異方」にむさぼり集まるのは無益のことである。処方は「献立」で、療治は「塩梅」である。来客の人品を知って用意した献立でなければよい献立ではない。患者の病症、病因に適合する療治でなければ本当の療治ではない。

香川修庵は古来の本草書に記された薬物二千余種の中から百四十五種を選んでその主治、製法、鑑定法を詳述して、単方を重視したが、構成薬物の多寡についてどちらがよいかは一概にはいえない。多種の薬種を合して功ある調合の妙を発揮する場合もあるのである。また大剤は功あり、少剤は功なしという人がある。煎じ薬のうち量の多い処方に功があるというのである。これも従いがたい。薬の性力を量り、病の軽重に従って施すべきである。病によっては鶏を割くに牛刀を用いるの誤りを犯すこともある。処方には古今なくまた多味（多種の薬種を調合する）・単味の区別もなく、功ある処方を選び取って、医理によって病症を推察し療治することを宗とすべきである。

⑪病名についてはどうであろうか。……病名などというものは実際はないといってもよい。寒に傷（やぶ）られるものを「傷寒」と名付け、食に傷られるものを「食寒」と名付ける類のものだ。名があって病があるのではなく、病があってはじめて名が設けられたものである。漢方医の習わしで病気の種類ばかりを多くするので、後世の医者がこれに惑わされて療治の方針が立たず人を誤ることが多い。「女疝」という名を本草書のなかでみつけたとか、「酸

瘡」という病名を何の書にて見出したと自負する医者があるが、これらは治療の実用には役立たず知らずともすむべきことである。名は無益のものであるけれども、名がなければ俗物に対して事が決まらないからに過ぎない。よい医者たらんと欲する者はひとえに病因を追求することにつとめなければならない。

　昔も今も人間という者は上天子から下万民に至るまで男女のほか別種はない。それを上下に分け、それぞれの位階を立て、その人々に名をつけ四民の名目を定めたもので、人なることはみな同じである。ただ貴賤尊卑の名目が分かれるだけのことである。人には性質に賢愚あり、上に立ってこれを指揮する人はその諸民の利鈍邪正を判断して悪人を排除し、善人を引き上げることを第一の務めとすべきである。医者もその通りであって、名などにこだわらず病因の善悪軽重を察し、悪いものを除き、重いものを軽くすることを専務としなければならない。しかし前述のように病名を知らなければ患者に対して気持ちを静めてやれない。気が塞いでいれば病気は治りにくい。病名は無益なことだけれどもそれを使うのはふるい習慣だから今更改めがたい。だから一通りは知るべきことである。特に幕府や諸藩に仕える医者はこれを知っていないと無学と非難されることもあるから常に心得ておくべきことのひとつである。

　⑫そのほかになお医者にとって大切なことがあるか。……ある。すべて患者を治療するさいに、その扱い方に注意すべきだということである。私が若い頃、田中俊庵という老医に都で医者として立とうとするには「羽二重摩(ず)れ」「木綿摩れ」ということに留意すべきだと教えられた。当時はおかしなことと聞き過ごしたが、年を経て多くの病者を診るに及んで、これはいい加減な教えではないと知った。これは貴賤老少その人々の平生と生まれつきの強弱を思量しそれぞれに相応する取り扱いをすべきだということである。たとえば老人、小児は痛苦に耐えられないものである。故に外症の膏薬の貼り換えに悩むことがある。内薬も辛すぎたり苦すぎるものは服しがたい。婦人はことにそうである。薬の調合と服用の仕方には注意を払わねばならない。飲食については特に注意が必要で、医

者たる者は一切の飲料、食糧ともにその製法と調理のもとを常に知りきわめるべきである。何はかくして製せられ、何はかくある物にて作られていることまで知らねばみだりに人に対し好む物を禁ずることはできないのである。

人情にも古今あり、食べ物の好みにも移り変わりがある。食べ物の調理もその時々に変化している。薬の配剤もそのようなものである。病気についても私の若い頃にはみなかった症状、また近頃多く見当たるものがある。古今人情の変態、動作食物の変化によって「新病」も発するものとみえる。痘瘡、黴毒など古書になくして後世盛んになった。最近新しくもたらされた『瘍医大全』（清、顧世澄撰、全四十巻）にも、江蘇揚州の江都、甘泉、儀徴の三県「婦女脚気門」として三県の女性の脚気について新しく一項を立てている。これは康熙帝五十年間から始まったことだそうで、これまでに聞いたことのない病気である。食物が変わり、「気」が滞って体液の循行が阻害された結果、血液が不潔となり循環、排泄が異常になるところから来るのであろう。こういうことだから医業は「必然一定」と決することはできない。一人でも多くの病者を扱い、功を積んだ上でなくては錬熟することはできない。富貴貧賤の差別なく託された患者があれば力の限り深切に療治するに及ぶものはないのである。この年月、私が権門富貴の家へも出入りする故、利達を得るためなりと卑しむ輩もあり、また妓家・俳優の家へも招き来たれば往くことある故、志操の立たぬ男と謗る族もあるようだ。しかし私は決して頓着しない。招けば至り、託すれば療治する。名利のためにするものではないので、病癒えて後は再び出入りせず、年始・暑寒等の無益なことには奔走しない。一人なりとも病人多く取り扱い療治の機会を得ようと望んでのことであった。これは父祖より受け継いだ家業に瑕をつけず、代々恩沢を受けてきた主君のことあるとき用に立たんと思うだけのことである。医者の恥は業の拙きことをいわれるよりほかにはないと知るからである。病用の外、諸侯縉紳の門に出入りしないのは、もしその方々の恩遇を受けてもそれに報いる命を二つ持っていないからである。凡夫の浅ましさはもし高貴の恵愛が厚ければそれに迷って主君に仕える自分に二心を生ずるかも知れないと恐れ慎んでいるからである。富貴の人と常に親しく交わらないのはこれも凡人の心からおのずと諂いの情も起こるのではないかと思い無用のことにみだりに関わるまいと思うからである。これらはわたしが病家の取り扱いに心懸けていることの一端なのである。

⑬すでにそのように務めてきたのなら、さぞかしその業は成し遂げられたといえるのだろうか。……否。「医は生涯の業」であって、とても上手名人には至らぬもののようである。己れ上手と思えばすでに下手になるの兆しと知らねばならない。これは「翁が懺悔物語り」として聞いて欲しい。生来の不才でなかなか医者というほどの医者にはなれないと自省して、せめて一病だけでも嚢中のものを探り取るように容易に処置ができるようになれば、主君にも祖先にも申し訳が立つであろうと思い、「何物か難治の症にして人の難ずる所ならん」とあれこれ考えた末に黴毒（梅毒）ほど世に多く難治にして人の苦悩するものはない、これをよく療する人は世の中に少ないと気づきこれを治せんことを目当てと定めた。少壮の時はこの病に巧者なりという人を聞けば必ず尋ね求めその方術を学びこれを患者に施したが納得の行く効果が挙がらなかった。とても人力のみにては得られないと思い、百日間「菅廟」に祈願したけれども、もとより菅原道真とて医事を知るはずもなくその効果はなかった。ある夜の夢想に、天蓋骨（人頭の頂骨）、紅花を等分に粉末にして与えれば奇功ありとの処方を授かり試みたけれども「寸効」もなかった。また、古今の医書を見尽くさんと奮発したが果たせず、せめては黴毒の処方論だけでもと決意して、家蔵の書はいうまでもなく、他人の秘蔵せし珍書までも力の及ぶだけは借り集めて、その理論と処方とを尽く抜粋し数百の処方を輯録した。患者に遭うごとにその処方を選び取り試してみたがこれぞ百発百中というすばらしい処方はなく、その後オランダ流の諸書にもあたって試してみたがさして変わりがなかった。

兎角する内に、「年々虚名を得て、病客は日々月々に多く、毎歳千人余りも療治するうちに七八百は梅毒家なり」ということになった。このようにして四、五十年を経ていまだに「百全」の所にいたらず若年の頃に少しも変わっていない。「一病」さえこのようなことで、医に熟するということは至り難きことと切実に思う。

少し難病とみるときは他へ譲り療治せず、治し易き症のみ療治して一日を渉り、口を糊する医者がいる。これは下等の医者である。早く難症と知り、その上には工夫もせず処方を変える努力を尽くさぬ中等の医者ともいうべき者がいる。またその上に、難治と知りながら患者の絶命するまではぜひとも救命しようと「心力」を尽くして治を施す医者がいる。こうすれば百に一つは命を救いおおせるものだ。死ぬまではこうして心残りのないように尽くしたい。これが上等の医者である。長州藩医栗山幸庵の招きに応じて同藩の患者を診たことがある。さしあたり大患ではないが「蓄毒」ある人のようで、ついには「難症」ともなろうと幸庵に告げた。幸庵は自分もそのように診たので「老兄」を招いた。自ら「難治」と察してこれをあなたに託すのは礼を失するが、治を尽くすは医の道であると考える。この後もしばしば往診していただき力添えを願いたいという。今は泉下の客となっているが、さすが関西にてはこの人といわれた程の人物であった。

私は「瘍医」の家に生まれ、またオランダ医術を学ぶに従い金瘡、折傷などの外傷のほか瘍医家の扱う病患の悉くがみな内に根ざして外に発することを知った。そこで外症を療するにつねに内薬をも兼ね与えることをしてきた。このことはいつとはなく主君にも知られ「疾医」も兼ねるように命ぜられたが固辞した。「傷寒」（急性熱性疾患）、「温疫」（流行病）の類から産婦、痘診等の疾医の業に係わる書物も読まないではないが、それらの諸症を手がけてはいないし、治療の機会もない。これでは「書を以て馬を御する」の道理であって、人を誤ることもあろう。医者なればとて己が熟せぬことを何にても引き受け、療治すべきではない。これはわたしが志を立てたことの一つである。

こうして、思いがけず長く続いた対話はやがて「燈の油も絶えけるにや、影子（かげぼうし）の姿貌も見えざれば、説話も是と共に止ぬ」として、玄白は『形影夜話』本文の筆を擱いているが、さらに、後書きともいうべき二点の付言をしている。

まず、以上の数箇条は私が常に時あれば子孫、門弟子に語ろうと思ったことどもであるが、近頃は「衰朽」して万事に懶く、閑あれば親友と交遊して妄語妄答し無事に日を消すことを楽しみとしている。偶々医事を問う人もあるが、その才に従いその力に応じ答えるので意を尽くさぬ事ばかりである。「師は鐘の如し」、「大鳴・小鳴はその撽く人の力によるまでなり」と古語にいう通りである。はじめにも述べたように此頃不意の閑を得て無為の余り我が身の上を顧みた。「七十にして事を致す」（職を辞す）といわれるのは七十ともなれば物の用に立たぬ年だからである。これをもって思えば、自分が老い惚けてしまうことはおそらくはそう遠いことではない。もし今、いわなければ又の閑暇を得ようと思っても難しいことであろう。よって自問自答し、筆に任せて書き連ねてなったのがこの一書なのである。もしわたしの死後にこれが残ることがあり読者があっても、多くはその冗長に堪え難かろうというのである。

さらに、書は言を尽くさず、言は意を尽くさずという。そして、ことばは心に思うことを言い尽くし得ない。ことに不学の私にはとても漢文では書けない。幸いに我が国はことばで物事を伝える習いがあるから、その日常語で国字をもって書きあらわしておいただけであると述べている。行く行くは子孫、門人の子弟に至って医業を立てんと思う人があって、煩わしきを堪え忍びこれを読むことがあれば、わたしがその左右にあって直に説くことを聞くの同じようになり、志業の一助となることもあろうと、眼鏡の力を借り灯火をかかげその下で記しおくと述べている。医業を志す子孫、門弟たちに対して、日常語で国字をもって書き記したことを強調している。

この後書きに続く大槻玄沢（茂質）による享和二年十二月十五日付の跋文には、

わが鷧斎先生、祖先の事を紹ぎ、箕裘の業を継ぎ、仁術に従事し、徳を積み光を重ぬ。つとに西洋の学をわが東方に唱へ、桴を提げて海内を鼓動し、一鞭の揮ふ所、天下風靡す。遂にその書を訳定し、以て天下に公にし、厳然として斯道の一大家たるなり。今春、齢まさに古稀なり。たまたま市陌の塵垢、襟袍を侵犯し、大いに薬餌に事あるに会し、小子茂質が輩、夙夜看侍し、惴々焉として、淵氷の懼れを懐き、両極の夢まさに結ぶになんなんとせしに、二竪（豎）の祟りたちまち窟を遁れ、爾後、身ますます健、志ますます壮にして、またこの書を著す。天の年を仮す所以のもの、ほとんどこれがためか。さきごろ窃かに茂質に命じて、校訂に当任せしむ。この書やけだし少壮より今に至るまで、事に触れ、手に験し、身に体し、心に得るの確説要言なり。

と記されている。

家業を継承し、西洋の学をわが東方に唱え、斯道の一大家となった玄白は、この年、古稀を迎えている。三月十三日に薩摩風邪に罹患し、玄沢が終始治療にあたった。一時は人事不省に陥り月末にいたり漸く回復している。この間、「日録」の記載も中断しているが、病魔（二竪）が去ってその後はかえって身体壮健となり、ふたたび著述のことに従った。天が時を与えてくれたのはほとんどこのためであったのかと思われた。そして玄沢は、玄白が少壮の時より今に至るまで研鑽を重ねて到達した「確説要言」の書としての『形影夜話』の校訂作業に従事することを命ぜられたというのである。

玄白が作州の門人小林令助に宛てた享和三年十二月十一日付の書簡に、

老拙ハ右申通ニ致消日、乍去医事ハ色々工夫も有之、本々咄之様ニ仮名書ニ直宿物語と申もの書申候、来春ハ致上木可申と存候、出来候ハ、進上可申候

（片桐一男「杉田玄白と作州の門弟小林令助」）

とある。「直宿物語」は『形影夜話』のことである。本書が藩邸内に当直した折のつれづれになったという成り立ちにちなむ呼称であろう。ここでも、漢文ではなく、「咄」のように仮名書きに書いたとして、執筆の姿勢が説明されていることに注目したい。そして、本書は来春にも「上木」のはずで、でき次第進呈するとのべている。執筆は享和二（一八〇二）年十一月のことであったから、すでに一年余を経過していることになる。さらに、文化二（一八〇五）年閏八月十三日付の同じく小林宛の書簡でも、「直宿物語未上木候」（片桐、前掲）としているから、実

図1　「鷧斎杉田先生肖像」（早稲田大学図書館所蔵）

際の「上木」にはかなり手間取っていることが見える。

事態が進展したのは文化六年のことであった。公刊された『形影夜話』の玄白養嗣子の伯玄による「序」に、

> 形影夜話は、家翁鷧斎先生の録するところなり。先生の門、病客群を成し、刀圭に拮据して、また余暇なし。これ昔年、君夫人分娩の日、寓直すること十数日、塊然として独処し、得るに随ひてこれを録す。ことごとくみな先生胸中の蘊蓄、目前の経験に係る。門人これを読みて、わが家医術の源委をしるべきなり。余、前後購する所、西書数十種あり。近ごろ官府命あり、中に就きて一種の地理書を上らしめ、収めて官物となし、白銀二十枚を賞賜せらる。勤深く感激し、敢へて浪用せず。因て念ふ、形影夜話のなほ伝鈔に在るを。遂に資として以て家に刻し、門人子弟をして永く筆硯の労を免るることを獲しむ。また官賜を分拝するの意なり。

と記されている。杉田家家蔵の地理書を幕府に献上したことから白銀二十枚が賞賜され、それを資としてようやく「わが家医術の源委（首尾）をしるべき」著述としての『形影夜話』の刊行にいたったのである。

この「序」に続いて石川大浪の描く「鷧斎杉田先生肖像」が挿入されている。これには、「庚午（文化七年）七月　男勤謹識」として、「先生今茲七十八齢なり。大浪石川君に請ひて、ためにその真を写さしむ。後来の子孫、末流の弟子、この像を拝して、この書を読まば、庶幾はくは親炙の意思あらん」という伯玄の識語が添えられている。玄白が『形影夜話』の序文に、藩邸の女房から借用した鏡に見たと記した「顔のさましわみ多く、老いのなみだ目をうるほし、歯も所々残りて、さもみにくげに神さびたる翁」の風貌がまさに描写されたのである。

二、経世論の展開

（1）『後見草』

『後見草』は全三巻から成っている。玄白による序に記されたところによれば、上巻は玄白の執筆ではなく、亀岡石見入道宗山による明暦大火に関する筆記を孫の伊予から借り受け筆写したもので、今なおその時をみるが如く人をして恐怖せしむるにいたらしむというべき記録であって、これを冒頭におき、さらに宝暦十年から天明七年に至るまでについて玄白自身が見聞した「天変地妖」を中、下巻として合して「後見今亦猶今見古」（後に今を見るは亦猶今に古（いにしえ）を見る）の意で「後見草」と命名したという。ただ、「明暦より下つかた宝暦に至るまでの事を記置侍る人もありぬべけれどもいまだその記を見ず」とあって、明暦以後のしかるべき記録をなお求めようとしたらしいことが窺える。

表2は『後見草』中、下巻（『後見草』『燕石十種』第一所収）に記載された主要な事項をまとめたものである。取りあげられた話題はあわせて五十件をこえている。そのあらましをみてみよう。

中巻の冒頭で玄白は、生まれてこの方二十四五年の間に、龍が天に昇ったということで重さ六、七匁もあろうかと思われる雹が降り、もとの郡上の太守金森氏の長屋を引き倒したことのほかには驚くこともなかったが、として次のように述べている。

宝暦九年の夏の頃より誰云出すといふ事もなく来年は十年の辰の年なり。三河万歳の唄へる末禄〔弥勒〕十年辰の年にあたれり。此年は災難多かるべし。此難を遁れんには正月の寿きをなすにしくことなしと申触たり、是により

表２

宝暦10	２月４日	将軍家重、家治に政務委譲、御祝、諸大名登城。夜、赤坂今井谷出火江戸市中大火。
	２月７日	御府内町人に御祝猿楽拝見。悪党一明専明、神田旅籠町五社放火、江戸市中大火。
明和１	２月20日	朝鮮国王使節帰国、宗対馬家中の者使節官戴天宗刺殺し財宝を奪う。
	閏12月	武蔵国秩父郡八幡山ほか五郡土民二十余万人蜂起、翌２年正月鎮圧。(伝馬騒動)
明和３	春	御蔵門徒邪法の沙汰、信者数多処罰。
明和４	春	山県大弐、藤井右門倒幕計画、その徒に組せし者召し捕り、処罰。(明和事件)
	６月16日	竹橋軍器蔵に落雷、焼失。
	秋	髪切り横行、飯綱の法修する者の所為か。東北の方に箒星、ふた月ばかり毎夜見える。
	８月26日	辻風俄に起こり人家夥しく吹き破る、深川洲崎三十三間堂吹き上げ微塵に砕く。
	９月	感冒流行、佐渡・越後方面まで、老人死亡多数。
明和７	夏	孛星（ほうきぼし）天中に現る。火星。諸国水不足。
	秋	天にわかに赤気立ち、日本国中見えぬ国なし。
明和８		鶴亀の毛生えたる馬献上。打ち続く旱、諸国海産物に異変。
	夏	老中板倉殿桜田屋敷に怪しきことの沙汰。下部（しもべ）の寝所に化生忍び入る。
明和９	２月29日	悪党長五郎目黒行人坂大円寺に放火、江戸市中大火。
	春〜	諸国より伊勢抜け参り。５月５日、６日の頃１日に24、５万人。
	７月26日	武蔵国茨木郡、石河郡土民孫左衛門両頭の亀を捕らえる。
	８月２日	終日風雨激しく、本所・深川床上浸水、四つ目あたり火災。大船、綱を切り永代橋を切り陸地に上がる。
	８月17日	風雨激し。８月２日・17日両日、関東筋土民の家屋四千余軒吹き潰される。
	この年	諸国土民徒党、火事、水没、大風多し。

安永1		日光宮薨。凌雲院・覚応院・信源院、東叡山を追われる。
安永2	春	諸国疫癘、幕府より人参給付。閏2月より5月晦日、棺（ひつぎ）の商い19万件。
安永3		例年より冬の寒気強、両国川氷結、駿州御城外堀氷結。
安永4		飛驒国土民徒党、高山陣屋へ強訴。信濃国木島土民徒党。鎮圧に鉄炮使用。
安永5	春末	麻疹流行三十以下の人々病まざる者稀れなり。御府内の人々、5、6月より正月の雑煮を祝うこと宝暦9年の例のごとし。
安永8	2月21日	大納言家基（天下第一の儲けの君）鷹狩中発病、24日没。
		日光山大嵐、役人山口平兵衛父子大木に打たれ中禅寺普請小屋にて没、天狗の咎めか。
	去年暮より	伊豆国大島噴火、江戸中に響く、薩摩国桜島噴火
天明1	夏	大雨続き関東大河洪水、郡代伊那殿救民のため村々に米銭数多分かち与う。
天明1	6月27日	武蔵上野両国、絹綿貫目改所設置反対一揆。領主・地頭の勢い何となくおとろへ下に権の落るに似たり。
天明2	春～	海上波荒れ覆船多し。各地洪水、伊予・土佐甚だし。
	7月14、15日	地震、小日向江戸河岸三尺許り開く。小田原、城櫓、神社、仏閣被害。
天明3	春、夏	関東国々、雨天、曇天続く。
	6月、7月	6月28・29日～7月6・7日信州浅間嶽噴火、広範囲に被害甚大、希代の天災。諸国騒動、群盗の乱暴多発。
天明4	春	米価日毎に騰貴。
	3月24日	江戸城中で佐野善左衛門、田沼意知襲う。26日没。
	4月3日	佐野善左衛門政言切腹。人々「世直大明神」とあがめ唱う。
		去年、今年の間、五畿七道にて餓死せし者何万人といふ数知れず、恐ろしかりし年なりし。
		出羽米沢、尾張中納言、熊本中将、若狭侍従、白河大守など賢君領地餓死せし人聞こえず。
		鍛冶橋御門内横須賀城主西尾隠岐守館より出火、四方に延焼、焼失家数数知れず。

天明 5	8 月	旗本藤枝外記、遊女と情死、知行四千石没収。
	9 月16日	盗賊稲葉小僧、半年あまりの間御三卿をはじめ諸侯の館に出没。9 月16日捕縛。
天明 6		丙午の年、元日も丙午にして皆既日食予測あり、諸人去年より何事かあると案じる。1 月22日湯島台より出火、大火となる。2 月 6 日小日向蓮花寺前より出火、大火となる。2 月 7 日久能山脇山より野火広がるも社殿延焼せず。2 月 9 日日光山大火、神廟無事。去月半ばより今月半ば吹き晴れて雨一滴も降らず。
	3 月23～25日	相州箱根山鳴動、地震、双子山々崩れ
	4 月～ 6 月	降雨続く。6 月12日～18日風雨激しく水災江戸府中、関八州におよぶ。春のはじめより夜な夜な空中に怪しき音、洪水引いてのち止む、人々これを「天鼓」という。
	8 月 8 日	将軍家薨去。近年、天変地妖続き今年は別して止むことなきはこのことを告げたものか。
	8 月12日	玉川、猪之頭両上水に毒を流し入れたとの風聞あり諸人騒ぐ。将軍宣下より在位二十七年、これぞ不徳と聞こえることなく、天変地妖怪たえず果報つたきなきはなにゆえか。
	8 月21日	相良の太守意次出仕留められ、8 月27日御役召し放ち、知行 2 万石減を減じ居屋敷召し上げ。いかに世の末なればとてかくまで人道の乱れ侍る事是非もなき世のならわしなり。
	8 月26日	浜松宿、龍天に昇り数多の人家破れる。8 月29日辻風夥しく吹く。西国に被害甚大。
	11月	大納言殿本丸に移る。御新政も追々出され世の風俗何となく改まる萌し。
天明 7	1 月17日	御番頭大久保玄蕃守、水上美濃守ほか芸者寄り合いの大酒宴。年来の悪習にわかには変じがたし。
	4 月15日	将軍宣下。風俗改まり万民泰平の御徳化蒙り来たるべしとの期待。打ち続く 7 年の凶作にて諸民困窮、日本国中昨年の収納おしならし三分の一。
	5 月20日	赤坂にて雑人原徒党、雑穀商う商家を打ち破る。南は品川北は千住およそ御府内四里四方打ち壊す。車一二輛に積みたる扶持米に武士四五十人の警護。御郡代伊奈半左衛門、米穀運送の惣司に任じられる。
		雨降て地かたまるといへるが如く、若し今度の騒動なくば御政事は改るまじきなど申す人も侍り。白河の太守老職に挙られ給ひて後わずか三月ばかりにして、悪風忽ちにあらたまり、逢ひがたきと思ふ世に、再びあひ奉ることのうれしさに拙き筆をここに止む。

て或は雑煮を祝ひ蓬萊をかざり都鄙一統の事とはなりぬ。

宝暦九年の夏の頃から、誰いうとなく来年は三河万歳の囃子ことばにいう「弥勒十年辰の年」にあたり、災いが多くなるだろう。これを避けるためには正月の祝いをするにこしたことはないとして都鄙一統があれこれと落ち着かなかったというのである。そして、明くる年の宝暦十年の年初については、

将軍家右大臣に任じ給ひ、御年もたけさせ給ふとて大納言殿に政務を御譲ありて、其身は二丸に移らせ給ふ。扨大納言殿新将軍の御祝を二月四日に定めらる。在江戸の大小名の御家にて此事祝し奉るとて其前夜よりさゞめきあひたり。

と記している。将軍職が九代徳川家重から十代家治へと継承され、二月四日にそれを祝うことが決まり前夜から在江戸の大名小名の動静がにぎやかであったという。このことは慶事ではあったが、一方でその夜、赤坂今井谷から出火、品川八つ山辺まで延焼する大火となり田町辺で火は止んだ。また、七日には御府内の町人へのお祝いの猿楽拝見のことがあったが、神田旅籠町の五社の神の祠に「一明専明」なる悪党が火を放ち、江戸市中千町ばかりに燃え広がる大火となった。両国川を越え、深川に飛び火して洲崎、木場など人家なきところまで焼き尽くしてようやく静まった。また、増上寺より出火した火の手が延焼して先ごろ焼け止まった田町辺に及ぶということがあった。

八代将軍家御仁愛の余り江戸市中の家居土蔵作りといふものに作り建られしより後、凡四五十年以来かゝる大火はなかりしにより四民ゆたかに侍りしが、今度の災にかゝり人々の財宝はいふに及ばずふるき文まで数を尽し失しこと実惜むべき事なりともの知れる人の大息し給ひぬるこそことわりなりけれ。何者か祝しかへて読みたりけん。

左右よりひの出をあふぐ右大将□[脱カ、不明]けるおほやけの御代ぞめでたき

将軍職の代替わりという慶事が、これまで久しく起きなかった江戸市中の大火によって、あろうことかあたかも祝福

されているかのようだという狂歌が何者かによって詠まれたと玄白は書きとめ、不安の時代の始まりを描写している。

明和元年、将軍家治の襲職を祝う朝鮮通信使一行総勢四七二名が来日した。『後見草』の記事は次の通りである。

> 新将軍を祝し奉るとて朝鮮国王より遠く我国へ使ひして吾妻迄来聘す。公の警固大方ならず。殊に火事は第一なりとて辻々小路々々に番屋を建、少しのすきもあらざりしに此時も又いかなる家より出しけん二月二十日の夜、神田あたりより火出、室町辺にて焼止ぬ。
>
> 其使帰るさ摂津国迄罷りしに、道の守護は対馬の大守宗殿なりしが其家のおとな古河大炊が下部茂市といへる者財宝を奪はんため、彼使の中官載天宗といふ者の寝所へ忍入、天宗を刺殺し其場より逃失けり。其死骸のかたはらに我国の鑓の穂にて作れる懐剣の落有しより事あらはれ、一旦遠く隠れすみしも尋ね出し、異国人の前にて首をはねられたり。是もためし少きことのよし。

通信使は二月二十七日に江戸城に登城し将軍引見のことがあった。幕府の警備はとくに江戸市中の火災を警戒して厳重であったが、この時も二十日の夜に大火が発生している。『徳川実紀』によれば、神田新白銀町より出火、幅三町、長さ十一町ほどを焼き、延焼して鍛冶橋門内の松平和泉守の屋敷に移り、幅四十間あまり長さ二町を焼いて止んだ。この時、鍛冶橋門も焼失している。

通信使の帰国途中には、大坂の旅宿で大きな事件が起きている。使節の警護に当たっていた対馬藩宗氏の下僚の茂市なる者が、財宝を奪おうと使節団の一員載天宗を殺害したのである。『徳川実紀』には、「対州の訳人鈴木伝蔵」が「朝鮮の都訓導崔天宗」を殺害したとある。また、『徳川実紀』によれば、事件の調査のために目付曲淵勝次郎景漸が四月十八日に大坂に派遣され、さらに九月二十六日には、

> 目付曲淵勝次郎景漸に金賜ひ、さきに朝鮮人のことにより大坂に赴し労を賞せらる。これは朝鮮の都訓導崔天宗を殺せし訳士鈴木伝蔵大坂にいたり其事鞫問して、木津川口にて誅せられ、韓人に観せしめし事をつかさど

りし故なり。

とあって、事件の処理に当たった目付曲淵がその労を賞されたことが記されている。この事件についての『後見草』の記述は、人名などは異なるところがあるものの大筋では符合していることが分かる。なお、この事件は並木正三の「世話料理鱸包丁」に取り入れられ大坂で上演された。すぐに上演禁止となったが、ほかに並木五瓶が「韓人漢文手管始」を書き、さらに「五大力恋緘」などが書かれており、当時かなり広く人々の関心を呼んだようである（「俊明院殿御実紀」『徳川実紀第十篇』、角田方正「朝鮮通信使と歌舞伎」、東京国立博物館『特別展観　朝鮮通信使―近世200年の日韓文化交流―』）。

明和元年閏十二月、中山道宿場筋の増助郷計画に反対して、武州の天領、私領、知行所の境界を超えた広域に蜂起した大一揆（伝馬騒動）についてその一部始終を『後見草』は次のように記している。

同年（明和元）の暮、武蔵国秩父郡八幡山の土民公に訴へごと有とて、同所の神流川といへる大河の辺りに寄集り鯨声（鯨波）を揚ければ、近郷近村はいふに及ず上野下野の土民共同じ様に徒党をなし我先にと駆集まる、五郡の人数合せて二十余万人鴻巣、大宮さして押来る。蕨の駅まで至りぬと聞えしかば、御郡代伊奈備前守殿に仰て其の党人をしづめらる。此事、大間の兵内といへる者工み出し五郡の宮寺に高札を建て、此企に組せずば村々焼払はんと書たる由、伊奈殿の徳により御府内へは入ざりしが、理非くらき関東者のならひにて、此折を能幸と常に腹あしく悪しと思ふ家毎に推入て踏こぼち、只あれにあれけるにより、此難に逢し人其数を知らず。綿貫半平、狐塚甚右衛門なんどいへる者居宅に互に折合ひ疵を蒙り、即座に命を失ひし者百人に余れるとなり。扨、此事も明る二年の正月十日あまり漸静りければ、公より仰として其張本たる者尋出し召捕へ来るべしと寄騎、同心数十人を差むけ給ふ。是によりて五郡の土民の長たる者或は十人二十人此所彼所にて召し捕れ其数何百人と云に至り一ッ獄屋に押入らる。それも猶余りて果は品川、浅草両所の溜といふ獄屋までにみち〳〵たり。凡、此度の騒動に其罪いまだ定まらざりしに、其前に獄中にて死せしもの其数を知らずとなり。

朝鮮通信使の来朝に伴う国役金の負担に加えて、明和二年四月には日光東照宮百五十回忌法要が予定され中山道の宿駅の交通量の増加と負担の増大は必至であった。明和元年暮、増助郷免除のための江戸出訴を呼びかけて武州秩父郡八幡山の神流川の辺りに蜂起した「土民」の騒動は、瞬く間に拡大して、鴻巣、大宮を経て蕨宿にまで迫った。「二十余万」という数は誇大に過ぎるようであるが、関東郡代伊奈備前守の出動と増助郷計画の撤回によって騒動は漸く明和二年正月に終息した。玄白の記述は、強訴の頭取と目され処刑された「兵内」（武州児玉郡関村名主兵内）の名、あるいは打ちこわしの目標となったという綿貫、狐塚などの名をあげてかなり具体性がある。また、「理非くらき関東者のならひにて、此折を能幸と常に腹あしく、悪しと思ふ家毎に推入て踏こぼち、只あれにあれける」とある。事態の推移を注視している様子が窺える。「理非くらき関東者のならひにて」という玄白の指摘も興味深い。

明和三年には「御蔵門徒」の取り締まりが行われている。「御蔵門徒」とは真宗系統の秘密宗教の一派で、土蔵の中に置かれた本尊に「助け給え」と一心に念じさせ催眠状態になったときに「助けたぞ」と声をかけ成仏したと錯覚させたという。狂歌師、戯作者平秩東作は、東作の隣家三河屋五郎吉内の内田佐吉という人物から勧められてこの宗門に引き入れられたが、後にその邪宗であることを知り、勘定奉行石谷備後守に訴えたことから取り締まりが行われた。近江屋権兵衛を教主として江戸市中に信徒が七千人ほどあったという（森銑三「平秩東作の生涯」『森銑三著作集』第一巻）。玄白は次のように述べている。

同（明和）三年の春頃より御蔵門徒といへる邪法の沙汰さま〳〵あり。其法の信者なる由にて家富栄える人々の隠居なんどいへる者を初として、愚知無知なる嫗かゝに至る迄、公に数多召捕れ獄屋の内につながれたり。兼て願ひし浮世安楽に引かへて大小地獄の呵責、目の前にうけ、常には錦繍にまとはれ育侍りし者、其の沙汰にのみ聞し獄卒の責めにあひ、なとやたまるべき、忽ち命を失ふ者又其数多しと也。公にはいまだ罪定まらずして死しける者のならひなれば骨ケ原、鈴ケ森なんどいへる極重悪人を切棄て給ふ所へ同じ様に棄られたり。是によりて其の屍は鳶からすつゝき喰ひ、餓たる犬、腸を引出しぬ。此事見聞人毎に目もくれ魂も消る斗（ばかり）に覚えし也。漸々秋の頃に至り其の罪定り、住なれし家居を逐払はれ或はあかぬ夫婦を引分られ、父子兄弟所を隔てむき〳〵さま〳〵の刑に行はれたり。此年月聞くも及ばぬ事なりけり。此邪法の根元は小細工次郎兵衛とやらんに初り、新吉原町の近江屋権兵衛といふ者に其法伝り斯は其徒ふへける由。

信者七千人ということが実態をどこまで伝えているのかは不分明であるが、江戸市中に相当数の信奉者があり、「邪法の沙汰」として厳しい詮議が行われ、獄屋につながれ落命し骨ヶ原（小塚原）、鈴ヶ森に信者の亡骸が放置されるなどという凄惨な事態が生じたというのである。

明和四年には、山県大弐の事件（明和事件）が起きている。

四年の春、山県大弐、藤井右門と云る者恐れ多くも斯治れる御代を乱し奉らんと上もなき事ども工み企つ由、宮崎隼雷、桜井兵馬なんど云る者、公に訴へ出ければ是やすからぬ事なりとて其徒に組せし沙汰ある者、罪あるも罪なきも時を移さず召捕給ひ様々に責問い玉ひしかはてはあとなき事なれど時を誹り上を蔑にし奉るとて、大弐は首を刎られ、右門は鈴ヶ森にて獄門にさらされたり。又其徒の罪ある輩、或は遠流に処せられ、或は住馴し所を追払はれ、上州小幡の領主織田殿も数代の領地召止られ遙東の国出羽の山県に於て領地を下し給ひたり。斯ることも由井正雪、丸橋忠弥が後は聞も及ばぬ事也。

山県大弐は甲府勤番与力村瀬氏の子、儒学、軍学を学び江戸八丁堀に家塾を開いた。門弟の上野小幡藩家老吉田玄蕃の藩内抗争による失脚の余波で、山県に謀反の企てがあると密告され捕らえられた。謀反の嫌疑は晴れたものの、その著書『柳子新論』の説くところが儒教的名分論に立つ尊王斥覇の論や放伐の肯定を特色とするところにあり、幕府の忌諱にふれ死罪となった。「時を誹り上を蔑にし奉る」、つまり時世を誹り、将軍を蔑ろにする言動とのことで断罪されたのである。こうしたことは、由井正雪、丸橋忠弥らが慶安四年に起こした倒幕的運動以来、このかた百年余の間、なかったことだと玄白は述べている。

また、同年六月十六日の夜には竹橋の軍器蔵が落雷により焼失した。秋の頃には、「髪切り」ということが流行ったという。これは男女の差別なく美しく結い上げた髪の元結い際から何者かが剃刀で切り落とし、襟元に寒気を覚えてそれと知り、それも老人には少なく若い女性に多かった。すべてこの怪しげな事は夕暮れ方に起きたので、飯綱の法を操る者の仕業かと、湯島の大善院をはじめとする名だたる修験者が幕府によって捕らえられた。しかしこれも彼らの仕業ではないということで後に赦されたという。

同じ年の夏の終わり頃、「箒星」とかいう怪しげな星が東北の空に現れ、次第に長くなって数十丈ほどとなり、ふた月ほどの間、毎晩みえた。これも古い記録には記されているものの今まで誰も実際にみたことがあるなどとは聞いたことがなかったことだ。この頃、何者かが狂歌して「天中に怪しき物ありて絵にかける屁の如しという前書きして」、「君が代はくさきもなびく箒星天下太平ぶうん長久」と詠んだという。同じく八月二十六日の未の刻、「辻風」が俄に起こり、御府内の人家が板庇を飛ばされ垣根を倒されて夥しく破壊され、深川洲崎の「三十三間堂」も地面から高く吹き上げられ微塵に砕かれた。九月に入ると感冒が流行りだし、路を往来する人も絶えるほどとなった。明和七年夏、大きさが一尺ばかりあろうかという星が天中に現れた。これは「火星」であってこのためおよそ地にあるほどの「水気」が吸い取られ、夏から秋にかけて雨が降らず四民がこれがため苦しんだ。この秋のこと、戌の刻から、天にわかに赤気立ち京では北国方の火事だといい、江戸では下総、常陸あたりの大火だといわれ、なぜかは知らぬが日本国中見えぬ国はなかったということだ。

明和八年には、鶴亀の毛が生えた馬が献上され、また打ち続く旱で海の様子が変わってしまったのか、東海の鰯が北海に生じ南海の真名鰹が東海に揚がり、およそあるべき物がその地になく、あるまじき物がその地に生じ、海魚が河に揚がりという異変が生じた。同年夏のこと、老中板倉佐渡守の桜田屋敷で下役のものたちの寝所に怪しきことが起こった。どんな化生か知らぬが忍び入って寝ている下役たちののど元を強くしめつけるので、あっと声をあげて目覚めるということが半月ほど続いた。近隣の大小名の屋敷にも夜ごとにその声が届いた。人遠き山里でもない江戸のしかも武家の屋敷に例のない不審なことであった。

明くる「明和九」年は、「迷惑」に通じ語呂が良くないとかねてから人々が話し合っていたが、二月二十九日の朝から西南の風が烈しく吹き出し、煙が天を覆い太陽の光もはっきりしなくなり、火事を起こさぬよう用心をと申し合わせた。しかし午の上刻ころ、目黒行人坂の大円寺に長五郎坊主真秀という悪党が火を放った。はじめのうちはさほどでもなかったが、ほどなく火勢さかんになり幅十町ばかりに広がりさらに四方に散じたとして、玄白は火災の広範な延焼の範囲と状況について具体的に詳述している。結局、二十日以上たってもその余塵は消えず、およそ幅一里を超え長さ六里に及び、江戸市中の三分の一以上を焼き尽くしたという。明暦三年の所謂振り袖火事の折りには市中の家居もまだまばらであったが、近頃では造作も土蔵造りになって容易には燃えないようになったはずであったのに、このような結果となったのは実に「天災」にちがいないと人々は恐れおののいたのである。春も暮れ夏も水無月に至る頃、民心も少しく穏やかとなり家作も始められるようになったが、世上のすがたなんとなくもとの如くにはならなかった。夕涼みや川の景色はいつもの年より物さびしかった。

七月二十六日、武蔵国荏原郡石河村の孫左衛門が両頭の亀を捕らえたという。これもまた「元亀」のころ以来一度も聞くこともなかったことである。八月二日、早朝から雨が降り出し、日暮れの頃には風雨烈しくなり、空暗く風を飛ばし軒をまくりその響きの荒いことは百千の雷が落ちかかるにことならないという状況であった。本所、深川などという低地では潮が押し寄せて床上まであふれ出し大騒動であった。夜半過ぎる頃、風雨ともに止んだが、夜が明けてから人伝に聞いたところでは沖に停泊していた大船が繋いであった綱が切れたため陸地に乗り上げたという。また永代橋は真一文字に切り取られ二十間ほども砕かれた。同じ八月の十七日には朝から北風が強くその勢いは先の嵐には劣るけれどもすさまじく吹き荒れた。両日の嵐で吹き潰された家屋は数知れないが、伊奈殿の支配する関東筋の士民の家は四千余にのぼるといわれている。このようなことは話には聞いていたけれども、実際に目の当たりにしたのは初めてであった。

こうして、『後見草』中巻は玄白の見聞きした主として明和年間の話題のあれこれがまとめられているが、最後に次のように結ばれている。

此年頃、目のあたりに見、たしかに聞し事毎に書き尽くすに余りあり。辺土遠境にて沙汰にのみ聞侍りし上野、下野、越前、佐渡、摂津是等の国々士民共の徒党の事、其外諸国の火事、没水、大風の類まで一ツ一ツに記しなば硯の海もかはきぬべし。中にも明和八年の春より伊勢皇大神宮の難有御利生ありと申触侍りしにより、畿内近国を先として物の弁へしらぬ女、童、八歳九歳の小児まで我一にと語り合、主、親の目を忍び抜参りといふことをなし、或は乳飲子を抱き、御めのとに至るまで其の身斗か飼馴し犬猫をも率連れておとらじまけじと詣しなり。後は七道の国々残る方なく雲霞の如く打群れて日毎日毎に参りし程に大神宮の長官より人一人に剱御祓いといふ物を一ツ宛分ちさづけ与へしが、五月五日、六日の頃は其数一日に二十四五万に及しと也。宝永年中、かかる事ありしよしは聞伝へしが、其後いまだに其沙汰を聞ず。いかなる事の御利生にや覚束なし。唯好事もなきにはしかしと申侍るは無為にこそあらまほしけれ。

玄白の耳にしあるいは実際に目に触れたことすべてをいちいち記していくとすれば切りがない。「硯の海」も乾ききってしまうだろうとしているが、その中でもとくに明和八年の春に、伊勢神宮への抜参り（お蔭参り）が起きたことが記されている。伊勢参宮の御利益が喧伝されて畿内、近国をはじめとして物のわきまえを知らぬ女、子どもまで我がちに語り合い、主人や親の目を盗んで抜参りということをした。乳飲み子を抱いた乳母までが自分一人だけでなく、飼い慣れた犬猫を引き連れ、人に後れまいと伊勢を目指したのである。五月五日、六日の頃はその数は一日に二十四、五万になったという。このような事態は宝永年間（宝永二年）にもあったというが、いったいどんなご利益があるというのだろう。好事もないに越したことはないという通り、何事もなくてありたいものだというのである。

『後見草』下巻の冒頭は次のように記されている。

きのうはけふのあだしゆめ飛鳥川の淵瀬早く、宝暦の辰の年明和の辰年にいたり既に十三年に及べり。其間見聞し事共書記して一ツの巻とはなりぬ。夫より後、今年まで又十六年を経たり。過来りし方の事共思ひ出侍れば、若かりし時とたがひ多くは忘れがち也。まいて年月も定かならず、されどそれこそ髣髴と心に留りし事ども多し。

扨、明和も九年に改元ありて安永元年とはなりぬ。今年より世中あらたまりよろづ目出度なりぬべしと申侍りぬ。然るにいまだ大火の後なる故、させる替りも見え侍らざらしにより何者かしたりけん、

年号はやすくながしとかはれども諸色高じきいまに明和九

と読出したり。是は四民の心易からざる所よりおこりぬと見えたり。

明和から安永へと改元のことがあり、世の中が改まりすべて目出度くなるであろうとの期待もあったがさしたる

こともなく、天変地妖が続き誰がいい出したのか「諸色高じきいまに明和九」なる狂歌が流布しているという。以下、天明七年までのさまざまな話題が書き綴られているが、次に抄出した①、②、③はそれぞれの話題の末尾に玄白の論評が付されていて興味深いところである。

①其年の冬より同二年の春に至り疫癘天下に行れ、就中東海道は甚しく死しける人々多しと也。抑今度の疫癘は去る明和四年に行はれし感冒と異にして、其毒の強きこと筆も言葉も尽し難し。一度此病に染る人の助るものは聞ざりき。別て遠江国日坂の宿などにては人種も尽る計に死けるよし。江戸にても余り人の死ける故、公より御救として人参といふ薬を賤しき者に給りたり。此の年閏二月より同五月晦日まで葬具商ひしいか斗りありしと棺屋の限り呼び出し、時の奉行の問せ給へば凡十九万ばかりと答へ申し侍りき、此の病、中人以上は病む人少く下賤の者のみ多かりき。（傍点、松崎。以下同）

安永元年の冬から同二年春にかけて疫病が猛威を揮い犠牲者が十九万人に及んだという。しかも「中人以上は病む人少なく下賤の者のみ多かりき」という。いわば病の階級性に言及しているのである。

②同四年のことなりし、飛驒の国の土民共公に訴へごと侍りとて数十万人徒党をなし、高山の陣屋とやらんへ押寄強訴する由聞えしにより、美濃の大垣殿、同国郡上殿、岩村殿、越中の富山殿此の四人の殿達に仰て其党人をしづめらる中にも郡上殿の御人数一番に馳付、とある森の片蔭に徒党の者共打集り、朝飯くらひ居し所へ鉄炮の筒先揃へ微ぢんになれと打ける由、此勢ひに胆をけし、徒党の奴原騒立、互に踏右往左往に逃散りて忽ち此事静りけり。され共又此の騒動に或は深手淺手を負、死せし者も多しとぞ。今の御代治りて後、鉄炮を以て土民を殺し侍る事、此時を初めと聞。

飛驒国の幕府領では、明和八（一七七一）年、安永二（一七七三）年、天明七、寛政元（一七八七、一七八九）年に代官（郡代）大原彦四郎、亀五郎父子による一連の年貢増徴政策に反対して百姓一揆がたびたび起こっていた。

総称として大原騒動といわれている。玄白が「同四年のこと」と記しているのは、安永二年の騒動のこととみてよいであろう。その発端は、飛騨国が元禄五年金森氏の出羽転封に伴い天領となった際に、実施された同国の総検地から八十年を経たので新開田畑の増石を意図しての再検地が実施されたことによる。安永二年閏三月、幕府勘定所役人により検地が行われると、百姓側の予期しない元禄以前の古田畑も検地の対象となった。新田検地のみの実施を求める訴願連判状の代官への提出、代官を越えての江戸出訴、老中松平武元への駕籠訴などが相次いで行われた。安永二年十月二十四日、代官は郡上、苗木、岩村、大垣の諸藩に出兵を要請、幕府も隣接諸藩に出兵を指示し、鉄炮、大筒の用意も命じた。十一月十五日一揆勢は藩兵の襲撃の前に壊滅した。安永三年十二月五日、磔四、獄門七、死罪二、遠島二十の厳しい判決が下された。検地は安永三年二月から再開し、飛騨国総石高は元禄検地高の二六パーセント増の五万五千五百石となった（『岐阜県史』通史編近世上／資料編近世八）。

玄白は大原騒動についてその経緯をほぼ的確に把握し、しかも「鉄炮を以て」土民を制圧した初めての容易ならざる事件であったことに注目をしているのである。

③安永も十年の春に改元有て天明元年とは成にけり。そも此年号は善事も天明、悪事も天明なれば、頑愚の人の言葉には悪き事のみ天明と覚えしなれば文字のひびき悪かりけりと申人も多かりき。実に天に口なし人をして言はしむるのならひにや。其年の秋の頃と覚たり、公よりの御沙汰として、上野国より出せる絹一匹毎に銀二分五厘目といふ運上を定めらる。一国の民是歎き、大勢打群れ徒党を結び要訴するよし聞えければ、直に其事許されたり。されども、この事召れよと何某等が申出し侍りぬと誰いふとなく触ければ、名におふ上州者のならひにて気あらき者共寄集り五百、三百打連立、此家彼家押込て土蔵をこぼち戸を破り衣類、調度の選びなく引裂ては投出し踏砕きては取てすて狼藉至極に振舞たり。後には盗人立交り物盗て其為に鬟（みずら）をかけて童となり一番に躍入、又危と見る時は引かなぐって袖にかくし、富豪の家を撰み指図してこぼちにこぼちし由。中にも

同国高崎の大黒屋何某こそ運上めせとすゝめ申せし一人なりと罵る者の有ければ逃すな者共と六七百人寄集り一度にどっと押寄たり。所の領主右京大夫輝高朝臣在江戸の留守ながら此事早く聞し召、悪き賊徒の振舞かな、唯一もみにもみつぶせと足軽大将原田宇右衛門をさし向らる。宇右衛門馬に打ち跨りむち鐙を合せつゝまっしぐらに馳せ向ひ組子共に下知をなし鉄炮をつるべ放しければ、面に立たる徒党の者即座に四五人打倒され、ひるむ所へ馬乗入竪横に駈ちらせば元より頭取人もなく寄集りし土民なれば、一足もこらえば此勢ひにおぢ恐れ互に踏合推倒し死人怪我人数しれず、唯一さんに逃出し跡方もなくなりけるよし。是にて徒党は散せしが、此度の騒動に産を破り財を失ふ者、又其数はしれずとぞ。総て近来のならはしにて上に訴訟のある時は土民必党を結び狼藉を振舞故、領主地頭の勢いは何となくおとろへて下に権の落るに似たり。実に季世のありさまと嘆息しぬるひともあり。

天明元年に起きたいわゆる上州絹一揆についての玄白の言及である。高崎、小幡、安中藩領などにまたがる広域に発生した騒動であった。上州金井村名主高山半兵衛らが上野、武蔵両国十一か所に絹織物、生糸、真綿貫目改会所を三か年を限って開設し改料（検査料）を絹一匹毎に銀二分五厘、糸目百目につき銀一分、真綿一貫目につき銀五分を徴収して、冥加金を幕府勘定所に上納することを申請し同年六月に許可された。この改会所開設にともない改会所料のしわよせは売値に転嫁されることとなり、買いたたかれることを恐れた生産者農民は改所料に反発して生産物の出荷を停止したため、七月二十日以後、絹市は開かれなくなった。生産者農民の動揺が広がり、八月初めには甘楽、碓井、多胡各郡の村々の高札場に、十日に上野原村に参集するよう、不参者は居宅など打ち毀し焼き払うむねの捨文がみられた。また八日には藤岡町で江戸に向け出訴するという動きが噂され近郷から神流川べりに数万人が集結し、これらを皮切りに西上州一帯を巻き込む大一揆となった。会所設置出願の筆頭者高山半兵衛以下、百軒前後の出願賛同者の居宅が打ちこわされた。高崎城下でも一揆に大手先まで攻め込まれ、高崎藩は発砲してようやくこれを鎮圧した。十六日には改会所の停止の触れが出され騒動は終息した（『群馬県史』資料編九、『前橋市史』三）。

上州絹一揆についての玄白の情報源がどこにあったのか定かではない。絹一匹（四丈）ごとに銀二分五厘を納めるという取り決めは、上州の民が徒党を組み打ちこわしを構えたことで取り下げられたこと、高崎の大黒屋何某等がこの取り決めの案を出したということなど誰いうとなく触れられると、気あらき上州者が打ち連れだって打ちこわしの乱暴狼藉を働いたこと、高崎藩主松平右京太夫輝高が配下の足軽大将原田宇右衛門を差し向け鉄炮の威力によって騒動を鎮圧したことなど、高崎藩関係を中心に個別にかなり具体的な記述となっていることが分かる。「上に訴訟のある時は土民必党を結び狼藉を振舞故、領主地頭の勢いは何となくおとろへて下に権の落るに似たり。実に季世のありさまと嘆息しぬるひともあり」という。昨今の状況では上に訴えごとのある時には「土民」はかならず「党」を結び乱暴狼藉を働いて要求を通そうとする。領主地頭の「勢い」は何となく衰えて「権（権力）」は「下（下々）」に落ちたように思われる。まことに世も末（「季世」）のありさまだと嘆息している人もいるというのであるが、これは玄白自身の述懐とみてもよいのではなかろうか。『後見草』下巻に記録された話題はなお数多い。以下、主要な記事を摘記したい。

［異常気象と洪水］

安永三年の冬はとりわけ寒気がきびしく、両国川（隅田川）が凍結し往来の船も途絶え、この六、七十年来、氷を見ることもなかった温暖な駿河国のお城の外堀も氷で閉ざされたとして、

同じく三年の冬、例よりは寒気強く所々の入口氷厚く船路絶て、来る正月に松はやすべき便りもなし。一と日朝巳の刻まで名にしおふ両国川も氷閉じ往来の船もとだえし事の侍りき。駿河国は暖国にて都（すべ）て氷と云物を六

七十年も見し人なし。然るに此冬御城の外堀に氷閉しと成り。此年頃聞も及ばぬ寒気なり。

と記している。安永、天明期には、夏季の長雨が続きしばしば「洪水」が起きて大きな被害が出ているが、玄白はその一々についてかなり克明に描写している。「安永九年」の状況については、

> 同九年の夏幾日ともなく大雨降り利根川、荒川、戸田川をさきとして関東の大河のかぎり水溢れ、堤崩れ武蔵下総一面に地卑の方洪水せり。誠に山を越、岡にのぼるの勢ひにて田畠共に見えわかず大海原の如くになり、人家数多おし流せり。是によりて御府内第一と聞えたる両国川の水はやく矢をつくよりも甚しく、永代橋、新大橋も一時にくだき落したり。

とある。利根川をはじめ「関東の大河のかぎり」、水が溢れ武蔵、下総両国の田畑が水没し大海原のごとくになったという。幕府はこのことを早くに掌握して郡代伊奈に命じ数十艘の船を集め米を多くの村々に配給した。水がなかなか引かずそこ此所に滞留しているので、救援にあたった人びとが、「よるべなくやうやうと漕廻り、常には高しと見なしたる大木の上枝に彼船を繋ぎとめ十日余りも過」したという状態であった。そしてこれらのことは、「其役にたづさはりし卑官共の帰り来りて語し也」とあり、玄白はこれらの情報を伊奈代官の被官から得ているようである。そして、

> 扨、斯有りし程の洪水なれば、五穀一向出来ばこそ土民の難儀大方ならず。若きは手を引老たるは腰をおし子を抱き孫を負ひ、或ひは十人二十人日毎〳〵に打むれて御府内に入来り戸毎に食をこひ求め、漸々餓を凌ぎし者其数さらに知るべからず。人々難儀の此水を忘れまいぞや子の年だんのうと童謡にも唄し也。

とあって、「五穀一向出来」ず「土民の難儀」大方ならざる状況となり、「子(ね)の年」のことを忘れてはならないというはやり唄が生まれたという。あくる「天明二年」にも「春より夏に至り雨多く降けるにより所々洪水の訴しげく、中にも伊予、土佐の地は甚しく田畠も荒れ損し人馬数多魚の腹に葬られしと也。又関東も日々に日和あしく、空曇

り暑さ強く日毎に蒸が如く」の状況で、さらにこの年は、

春よりは海上の波あらく何がしの浦、何がしの沖船とも数多破れしこと何百艘とも知れざるよし。凡此年一年の間の溺死せし人数しれず。わづか極月十七日の一日にさへ七百余人死せしとなり。六十二年前方かゝる覆船の難多かりしが、夫より後は聞伝え侍らずと老たる人の語られき。吾邦ばかりか異国まで海上の波荒かりしにや、漢土の船十三艘、紅毛船二艘づゝ長崎の湊入、兼ねて定め置れしが、紅毛船は乗来らず。漢土の船は只五艘年中に着たるよし。しかもそのうち三艘は去年の乗後れにて有けるとなり。

というのである。海上が荒れて日本近海の海難事故が多発し、来航予定のオランダ船の長崎への入港もなかったという。翌「天明三年」も、

今年もまた関東の国々に春より夏に至る迄、晴る日は稀にして雨の日勝ちに覚えたり。たまたま雨なき日は雲重り空くらく、二百十日の順[頃カ]迄に晴と曇を数れば雨の方ぞ多かりける。然るにより水無月の暑さも知らず、年老たる人々は冬の物著て過れたり。是により川々の水増り千住、浅草、小石川、小日向なんどいへる所一時に洪水押出し、軒を浸し堀を越し水災にかゝれる家何程と云数しれず、大川橋、柳橋水におされて流れ落、さて文月になりぬれば空更に晴やらず、やう〳〵四日五日の頃秋の暑さ身にこたへ五穀のみのりよかりぬべしと人々勇み申触る。

という状況で、春から夏にかけて、晴れの日は稀で年老いた人々は冬着のままで過ごすほどであった。さらに、「天明六年」も四月半ばから雨が降り続き関八州の国々の広範に「水災」が及ぶという事態となり、ことに文月十二日から降り出した雨は、「車軸を流すが如く」の勢いであったという。

卯月の半頃より同五月六月に至雨しきりに降続、時ならぬ冷気行はれ夏の衣装著る人もなし。是によりて畠物のみのり熟せずこれは恐ろし。また今年も秋納あしく侍るべしと申さぬ人もなかりしなり。同文月十二日の夜

風雨殊に烈しくして関口より小日向あたり洪水軒をひたし、夫より日々大雨止ず勢ひ車軸を流すが如く水はますく〳〵いやましてここもかしこもふれ終に十八日と云に至り、昔より聞も及ばぬ水災とはなりにけり。凡、関八州の国々此災にかゝらぬ地なく、遠所はいざしらず近きは荒川筋にあたり小梅、寺島、須田、須崎此村々に住ける者秋葉堤の上に遁れ三谷、鳥越なんどに住町家の者は二階より屋の棟へ這出て水の落るを待居たり。公にも此事早く聞し召、町御奉行、御郡代皆夫々の役に応じ窮民救へと命じ給へば、各仰を蒙りて我一にと船を仕立、逆巻水を押切て便りよき方を撰み船を漕寄〳〵て此所に十人彼処に五人救ひとりては漕戻し、両国川の岸の此方、又、馬喰町の馬場の内藁屋大に作らせて一ッに集め置かれたり。扨、堺町、葺屋町の芝居座を飯を炊く所と定め人足数多召し集め、飯を炊せ給ひけり。人足共は手に〳〵握り固めて紙に包み釣台に載せ、又は桶に盛り段々に持運べば、是を施行にひかれし事半月計に及びたり。

この「天明六年」の「昔より聞くも及ばぬ水災」に対処した幕府の指示を受けて、町奉行あるいは郡代などそれぞれの役に応じ船を仕立てて孤立した人々を救出し、また堺町や葺屋町の芝居小屋を拠点とした炊き出しも行われたようである。

抑、御府内近き所の洪水と申事、東照宮関東へ移り住せ給ひて後数多度に及ぶ内、中にも寛保二年戌の年と聞えしは殊に勝れ侍りし由、今年は大に弥増して甚し。卯月の中頃より降続たる霖雨故、大地も是にうみけるにや又は水脈とやらんの裂破れし事なるか、青山、牛込なんど云地高の方の路さけて水を四方へ吹出し、船にて通りし所も有、又、常には岩がねの如くにてはゞかり堅かりし路なりしも沼田の如く和らぎて往来とだえし日も有し、又、岸の崩れがけ落て是に圧れし人家もあり、名にしおふ山の手さへも水溢れ侍ればまして本所、深川あたり地ひくの所に至りては寛保の水勢より四尺ばかりも深しと也。しかありしより両国、永代、新大橋又も流し落されたり。見渡せし所さへ斯の如く侍れば其の先々に至りては如何計と云程しれず。さなきだに今年

> は田畑ともに不熟なりしに今はいささかの物までも残らず流れ失せしにより一日二日の野菜さへ買求むべき所もなくあくまでも人々困窮せり。然も此の水引兼ねて一、二月もたたえし故、出羽、陸奥の路絶て諸物いよ〳〵払底しぬ。実に希有の水災なりと恐怖せぬ人はなかりしなり。

従来、「御府内近き所」の水害で甚大な被害をもたらしたのは、寛保二（一七四二）年八月のそれであるといわれてきたが、天明六年の場合もそれに匹敵するか、あるいはそれを超える状況であった。降り続く霖雨に大地もこれに倦んだのか、また水脈とやらが裂れ破れてしまったのか、溢れ出た水が一面に広がり、「本所、深川あたり地ひくの所に至りては寛保の水勢より四尺ばかりも深しと也」ということになったのである。「両国、永代、新大橋又も流し落されたり。見渡せし所さへ斯の如く侍れば其の先々に至りては如何計と云程しれず」という。「見渡せし所さへ」とある。玄白の視界の範囲ということであろう。それを越えて被害がどこまで広がっているか分からない。田畑ともに不熟でしかも出羽、陸奥へのルートも途絶して物資が払底し、人々を恐怖に陥れたまことに希有の水災であった。

　こうして、「天明六年」の水災の被害の状況を一通り記した後で次のような話題を取り上げている。

> 此春の初めつかたより何の故といふ事を知らず夜な〳〵怪しき音し侍りぬ。此所にあるかと聞けばかしこに聞ゆ。大名の宿直の武士、又、病人の介抱人たしかに聞人多かりき。世の人是を天鼓と号し今度の洪水出し後、絶て其沙汰止てけり。是水災の告なるべしと申す人も侍りき。又、同月〔文月〕晦日の夜たしかに月の二つ並び出しを見し人ありと語りたり。是尤怪しき事也。また其頃、伊豆の国宇佐美、久津美の海の面、潮一時に真水となり海獵暫く絶たる由。是はさいつ頃の洪水の海へ入し故也とぞ。さも有事にや。

　この年の春の初め頃から何故かは分からないのだが、夜な夜な空から怪しき音が聞こえてきた。大名屋敷の宿直の武士や病人の介護に当たっている人のうちにそれを聞いたということが多かった。世人はこれを「天鼓」と名付けたが、今回の洪水が出てからあとは全く音が止んでしまった。これは水害の予告であったに違いないという人もいた。また、文月晦日の夜たしかに月が二つ並んで出たのをみた人があると話していた。これはまことに奇妙なことであった。また、その頃伊豆国の宇佐美、久津美の海水が一時に真水となり海鼠がしばらく絶えたという。これは先頃の洪水が海に入ったからだとのことでたしかにありうることだろうというのである。

〔火山爆発・地震・火災〕

地震、火山の爆発、火災などの災害に関わる話題もかなり丹念に書き込まれている。例えば、伊豆大島三原山が安永七（一七七八）年七月二十九日と同八年三月二十二日に噴火し、その鳴動と降灰が江戸にまで及んだことが次のように記されている。

去年の年の暮れより今年の秋に至り、伊豆国大島と云島のおのづからに焼出夜毎〳〵に西南の方鳴動し江戸中に響渡り、其筋当る所戸障子襖の類ひまで倒れし事多かりき。また一日空打曇り細き灰風につれ都下一面に降たり。日を経て後に聞ぬれば薩摩国桜島といふ所是も同じく焼出し、其の国は云に及ばず近国までも鳴響き恐れぬ者なし。

天明二（一七八二）年六月十四、十五日の地震については、次のように「どろどろと鳴出し」、「大地ゆさ〳〵」といったきわめて具体的な形容で玄白自身の体験が語られ、あわせて小田原で城の櫓を初めとして商人、農民の家蔵、神社仏閣にいたるまで大きな被害が発生したことが付記されている。

同月〔文月〕十四日の子の刻頃、どろどろと鳴出し物音強くゆり立たり。人々の寝入込みたる頃なれば驚き騒ぐ事少なからず。明くる十五日は殊に空打曇り、残る暑さもさわぎて強く、諸人日の暮るを待ちかねて涼みがてらに端居して居たる頃、又俄にゆり出踏もとまりかね壁を振ひ瓦を落し戸障子なんどを打倒し大地ゆさ〳〵動揺して、古くあやしき家どもは見る間に倒すも多かりき。翌朝見渡せば庭の面は氷のごとく開き裂け、其中にも小日向の江戸川岸三尺許も震り開きけり。程経て後に聞ぬれば相模国小田原は城の櫓を初めとして商人、農人の家蔵より神社仏閣に至るまで直に立ちけるはなかりし由、八十年前未の年の大地震と聞こえしは、殊に勝れ侍りしが夫より後かく甚しき更に覚え侍らずと百年近き老翁の昔を引て語られたり。

「八十年前未の年」とは「元禄十六年癸未の年」のことであろう。この年の十一月二十二日に、武蔵、相模、安房、上総と四箇国にまたがる大地震が起きて、江戸では三万七千余人の犠牲者が出た大災害であった。

天明三年六、七月に起きた浅間山の噴火と地震について、『後見草』にはまず次のように記されている。

［文月］六日の夜半頃西北の方鳴動し雷神かと聞ばさに非ず一声〳〵鳴渡れり。夜は已に明けれど空の色ほのぐらし。庭の面を打みれば吹来る風にさそはれて細き灰を降せたり。漸く午の刻に至る頃風も止、灰も止初めて夜の明し心地せり。又、其日の夕暮方より同様に鳴出し終夜止もせず明くる七日は猶はげしく降灰も大粒にて粟黍なんどを見る如し。手に取て能見れば灰にはあらで焼砂なり。又、是に交りて馬の尾の如き物同じ様に降来る色は白も黒も有、又其砂の積ること違はあれど深き所に至りては繁き霜かと怪しまる。同八日の早朝は其の震動の強きこと頃日よりもすさまじき也。人々の申せしは過し頃薩摩国桜島の焼ける日空曇り灰降りぬ。是は夫より多ければ遠国にてはよもあらじ近きあたり日光か筑波の山にてあるべしと口々に云触れたり。

当初は、震源が日光か筑波山方面ではないかとみられていたようである。しかしやがて、玄白はさまざまな情報を得て被害状況などかなり詳しく具体的な叙述を展開している。どのようにして、そうした情報を玄白が把握したのかについては明らかではないが、次のような『後見草』の記述にみるように、各地の村役人、宿役人などからの被害状況の報告や訴えが関東郡代伊奈氏などに集約されていく過程で、その一部始終が何らかの経緯で玄白の耳目にふれることとなったと思われる。

［文月］同十日の日、下総国金町村と云所の勘蔵といへる村長御郡代伊奈殿の裁断所へ訴えしは、昨九日未刻江戸川の水色変じ泥の如くに候故不審と詠め候うち、根ながら抜し大木を始、人家の材木調度の類皆こまごまに打砕け、又それに交りて手足切たる人馬の死骸数も限も知れざる程、川一面に流れ浮み引もきらず候ぬ。宵より夜半に至る頃、次第〳〵にまばらになり川下へ流れ行候と注進したる由。続いて幸手の宿よりも訴出たるは同日同刻権現堂中川、利根川此二ツの川筋へ家蔵の破れし材木類六七寸と覚しき柱、七八尺梁、棟、其外戸障子、桁、椽、有とあらゆる調度の数々、又は生木の大木ども四五尺計に打折て枝葉も砕け皮もむけ、本末のわかちも知れず流れ下り候。同僧俗男女の屍共手足もきれ首もなく、子を抱き蚊帳にまかれ機物腰にまとひ付、或は手に手を取りかはしからだ半分切れ放れ生々しき死骸ども水の色もしれざる程浮び来る其中に上州群馬郡川島村と書付たる小荷駄の鞍を見付し故、拾ひ取立帰り、委しく人に尋問候へば伊香保と云へる湯治場より二十里ばかり彼方なる村の名にて候由語り申候也。

下総国金町村の村長勘蔵から代官伊奈氏への七月十日の注進に、江戸川の水が泥の如くに変じやがて無数の根こそぎ倒れた大木、人家の材木調度類、手足の切れた人馬の死骸などが漂流しているとの報告がなされ、また幸手宿からも同様の異変が伝えられたのである。なかには伊香保の湯治場から二十里ほどはなれた川島村の名のある小荷駄の鞍があったという。

今年水無月二十八、九日頃浅間嶽鳴動厳しく日夜夜毎に止時なく、文月六日、七日に至、空暗くいなびかり眼を射、日中も暗夜のごとく砂石の降音は雪霰より甚しく、人々恐れ戸をさし固め往来する人も絶てたま〳〵さりがたき所用にて出行事の有時は松明、提灯にて路を照らし侍りき。同八日未の刻鳴動殊に甚しく何やらん降来る音したり。いかなる物と見侍れば是は即泥雨にて其熱きこと湯よりも熱く、また夫に交りて焼石はげしく落かゝれり。是は浅間嶽東の方鳴動の時に当り一度にさっとさけ開き、隣国上州吾妻郡吾妻渓へ熱湯を吹出せしにて侍りし也。抑、此吾妻渓と申は左右は峨々たる大山にて其真中を流れ行、谷川の名なる由、此故に此川を吾妻川とも名付けると也。扨、此大変に懸りしは此渓川に従ひし左右に続きし二十ケ村惣て此の間に立並ぶ大家小家は云うに及ばず草木人畜に至る迄、少しも形ある物は有情非情の差別なく皆熱湯に飛出す、百間五十間の焼石にはねられて微塵に砕けおし流さる其勢ひをたとへなば百千の石火矢を一度に放つに似たる由、またその熱湯の深きこと何程と計られず。

六月末に始まった浅間山の噴火は七月の初めまで日夜止むことなく続き、日中も暗夜の如くであった。吾妻川に沿う二十箇村の家々は降り注ぐ熱湯、焼石にはねられ微塵に砕けおし流され、その勢いは百千の石火矢を一度に放つに似た状況であったという。

此度の変災にかゝりし所、浅間嶽の麓より利根川のみきはに至り、凡、四十里計の内、皆泥海の如くになり人家草木一つもなく砂に埋もれし泥に推れ死亡せし牛馬限り幾程と云数しれず、老若男女僧俗まで合て二万余人也と。さればこそ元利根川、新利根川、其川下の流れ〳〵人馬の死骸充満せり。宝永四年亥年に富士山の焼けるは古今の変事と聞えしが、是はそれにも増りし由。実に希代の天災なり。凡、今度の焼砂蒙りし所十余ケ国に及ぶといへども、就中、西は信州追分、軽井沢を限り、東は上州吾妻郡は云に及ばず高崎、前橋に至る迄を第一とす。深き所は一ト坪に一石三四斗におよぶ由。是によりて田畑俄に荒地となり士民忽ち食をうしなひ、其後に至りては此所に三百、彼所に四百、或は千人、二千人、地頭、地頭の城所に詰寄、此事歎き訴えたり。

これまでは、宝永四年の富士山の爆発が「古今の変事」といわれてきたが、この天明三年の浅間山の場合はそれにもまさる「希代の天災」だったというのである。

火災については主な記事が二件ほど書きとめられている。

まず第一は天明四年十二月二十六日から二十七日におよんだ大火である。玄白はおよそ次のように描写している。

この年は辰年であって、辰の年には必ず火災が多いといわれ人々は恐れていたが、すでに師走も半ばを過ぎてもそのことがない。世のいいならわしは空言ぞと諸人は油断をしていた。ところが二十六日の夜、鍛冶橋御門内の遠州横須賀の西尾隠岐守屋敷より出火、折からの西北の風烈しく猛火炎々と立上り、忽ちにして阿波、土佐両藩の屋敷に焼け移った。さらに四方に飛散して延焼し数寄屋橋御門の外、南は新橋仙台藩屋敷を限り、北は京橋を堺にしてその間にある人家を残らず焼払い、東南をさして広がり行き、築地鉄砲洲に立ち並ぶ大小名の浜屋敷がただ一片の烟りとなり、燃え移るべき家居もなく波打ち際にて火は止んだ。凡、前夜の戌の刻より明る二十七日の午の刻迄ただ焼に焼ける程に家数何千という数しれず。その間に立っていた西本願寺を先として一つも残るものはなく空しき原となってしまった。「去年の飢饉より打続たる困窮ゆへ、大小名を初とし諸人今度の火災を見聞、あら恐ろしの年なるぞ、疾く今年を暮らしつゝ新玉の春を迎へたしと申さぬ人はなかりし也」という。

第二の記事は天明六年一月六日の大火である。この年の干支は「丙午」であって元日も「丙午」であり、また「皆既日食」も予測されていた。いったい如何なる年、いかなる椿事が生ずるのかと、人々は去年よりこれを恐れ案じていた。ところが、暦の面とはこと替わり「八分」ほどの「蝕」であって、「頑愚の者の習い」というべきか人々は実に目出度いこと、さしたることもないだろうと悦んでいた。風雨の程もよく火災の沙汰もなく静に春を迎えたのである。ところが、睦月の半頃より日毎日毎に風荒くものの乾く事火を以てあぶるようであった。同じ月二十二日に至り、朝より西北の風強く土煙り吹き立って空の色もみえないほどとなり、ちょうど昼近くと思われる頃、湯島の台より火事が起き黒煙りが巻き上った。人々がそれと騒ぐうちその風下に向い、四、五箇所飛火して一面に燃えだし、わずか二時間ほどの間に大川を東へ向かい深川八幡町まで焼けだされてしまった。吹く風はいよいよはげしく段々に幅が広がり、南は室町を限りとして山伏井戸まで燃えそこでようやく焼け止まった。睦月も過ぎて衣更着六日の昼時、また小日向の蓮華寺前より出火して同じように吹く風に乗って東南の方に向かい、次第〳〵に焼け広がり、日の暮れる頃に至って御茶の水まで焼抜けた。さらには駿河台へと焼け移ろうとしていたが、もしここで消火できなければこの先どこまでひろがるかと皆が騒ぎ出したので、幕府でも気遣しく思われたのであろうか、定められた火消役人の外に大手、桜田ほか合せて八手の大名たちに急ぎ奉書が下され、これを防げと命ぜられたので、各大名はそれぞれ配下の人数を引き連れ名誉にかけて立ち向った。こうした次第でようやく亥の刻頃に至り猛火をしずめ得て御茶の水際にて消し止められたと記している。

［田沼政権の崩壊と松平定信の登場］

天明四（一七八四）年三月二十四日、江戸城中において新番士佐野善左衛門政言が若年寄の田沼意知に刃傷に及ぶという事件が起きた。意知は他の四人の若年寄（酒井石見守忠休、太田備後守資愛、加納遠江守久堅、米倉丹後守昌晴）とともに城中の詰所から退出しようとしていたところであった。このことで意知は翌々日二十六日に没し、善左衛門はその罪切腹と決まり四月三日に揚がり座敷の庭で腹切って果てた。田沼政権没落の発端となったこの事件の経緯について玄白は次のようにかなり具体的に描写している。

此春三月二十四日の事なりき、いかなる怨や候ひけん、時の老職羽州松山の酒井殿、遠州掛川の大田殿、勢州八田の加納殿、武州金沢の米倉殿、新御番衆の詰所の前打並んで退出有り、其真中に立せ給ふ相良殿の御嫡男田沼山城守意知朝臣と申に佐野善左衛門政言と申せし人詰所よりつゝと出、粟田口一竿子忠綱がうちたりける大脇差を抜はなし真一文字に切かけたり。あまりの事に驚かせ給ふにや、立並ぶ人々を初として次の御間に控へたる芙蓉の御間に詰給ふ諸役人一度にどつと立上り思ひ〳〵に開かせ給ふ跡は意知と政言ばかり。意知其日の御脇差は貞宗の作也しが殿中を憚りて抜放しもし給はず、鞘ながら受け留給へば鍔ばきれ、ふくりん飛うしろ引に引きながら桔梗御間へ出させ給ふ。此方すかさず切込て深手二ヶ所負せ参らせ已に危く見へし所に遙隔てし所より大目付松平対馬守殿此体を見るよりも一さんにかけ寄て政言が後より両小手かけてむんずと組、政言は組れながら放せ〳〵とあせる中御目付柳生主膳殿もの陰よりつゝと出押へて脇差しを奪ひとる。一たんひらきし人々も立帰り折重り遂に政言を捕すくむ。又、意知朝臣はかたへに助け参らせて大勢いたはり集りて、御番医師天野了順を呼出し療治を加へらる。然れども了順は殿中の故なるにや果敢々々しき療治もせで血止計をあてゝてやう〳〵疵口おさめ療治せし由。

さらに、この一節に続いて、意知の父意次が八代将軍家重の時に食禄三百俵の御小納戸に任じて以来、昇進を重ねて九代家治の時には遠州相良五万八千石の大名となり老中に任じ権勢を誇ったことなどが記されている。また、「日毎夜毎に其門に出入し、膝行頓首するもの市の如く、我おとらじと殿の御旨に叶ふべしとて珍器、珍物其価をいとはず買求め贈り参らせしより、金銀珠玉は云に及ばず、ありとあらゆる異国の宝まで此家に集らざるはなし」として、意次屋敷の賑わいについて触れている。また、佐野善左衛門の刃傷事件のあとの市中の様子について次のように記している。

去年より童謡にいやさの水晶で気はさんざと云事の行はれし最中なれば、下賤の者共夜に入ば暗きにまぎれ此殿の御門前を打通り、いやさの善左で血はさんざと謡ひはやし、又、二人の乞骸人一人は七曜の紋付たる酒樽の古き筵をかぶり怪しき姿して馳出せば、一人は鍾馗大臣となり悪魔遁さじと追詰、太刀にて切殺す真似して町々小路々々を白昼に廻歩行けり。是を見聞人毎にあな心よきふるまひやと申さぬ者はなかりし也。かく侍りける人心なりしにより、政言は死して後ははからざるさいわいを得侍りぬ。去年の頃より聞くも及ばぬ飢饉にて四民あくまで困窮し侍りしに、此人果られし翌日より五穀の価少し賤しくなりしにより頑愚のもの共寄集りあなたうと有難や此人は人間にてはましまさず神にておわしましけるが、我々を救んためかりに此世に生れ来てかかる奇怪の事を仕出し神あがらせ給ひけりと云触て、其なきがらを葬りし浅草本願寺の地中徳本寺といふ寺へ毎日蟻の集る如く引も切らずつとひ詣で、ひたすらに世直し大明神とあがめ唱へ申す由。時の奉行聞し召近頃奇怪の至り也、疾是をしづめよとその卑官さしやり給ひ門の出入を止められたり。是により暫く人も聚らざりしが、其後も何事祈るらん、詣る人は絶ざりけり。是も宿世の因縁にや、ためし稀なる事なりき。

二人の乞骸人（乞丐人、物乞い）が、田沼家の七曜の紋所をつけた酒樽の筵をかぶり、一人は鍾馗大臣となり他の一人を太刀で斬り殺す真似をしながら江戸城中の事件を再現し町々を歩きまわるさまをみて人々が「あな心よきふるまいや」といったという。また、政言死して翌日から五穀の価格が下落するということがあって、政言を「世直し大明神」とあがめ唱え、徳本寺の墓所に詣でる人が引きも切らなかったというのである。

この騒ぎの後、江戸府中では五穀の価も少しく下がったけれども他国はさして変わりなく次第に食尽きて、全国的な飢饉の様相を呈していた。玄白は各地の状況について取り上げている。例えば南部、津軽では銭三百文に米一升、雑穀はこれに準じ、後には銀十二匁に犬一匹、銀五十匁に馬一匹と定められたが、貧しい者どもは生産の手立てなく、父子兄弟を見捨て他領にさまよい出て食を乞うも行先々も同じ飢饉の折から、他郷の人には目もかけず「一飯」を与える人もなく日々に千人、二千人の流民が餓死する始末であった。また他領に出ることがかなわず残りとどまった者たちは、食すべきものの限りは食し、後には尽き果て先に死したる者の屍を切り取っては食したという。またある人の語ったところでは陸奥国のある橋を渡ったところ、その下に餓えた人の死骸があり、これを切り割り股の肉を籃に盛って行く人があって、何をするのかと聞けばこれを草木の葉にまぜて犬の肉として売るのだという。またあるいは小児の首を切り頭面の皮を剥ぎ去り焼火の中で焙り焼き、頭蓋の割れ目にへらを差し入れ脳みそを引き出し、草木の根葉を混ぜ炊いて食するなど凄惨な光景も出現したようである。玄白はこうした事態について淡々と筆を進めているが、次にみるように「領内の民くさの一人にても餓死してはふかき御身の恥なり」として、とりわけ上杉治憲、徳川宗睦、細川重賢、酒井忠音、松平定信の領内では、「美政」が敷かれ犠牲者が出なかったということについて、とくに米沢藩の場合を具体的に取り上げて注意が向けられている。

かく浅ましき年なれば国々の大小名皆々心をいたましめ、餓を救はせ給えども、天災の致す所人力にて及びがたく、凡、去年今年の間、五畿七道にて餓死せし者何万人といふ数しれず。おそろしかりし年なりし。此内にも出羽国米沢の侍従治憲朝臣（米沢藩主・上杉鷹山、治憲）と申は賢君にて渡らせ給ひ、今年飢饉と申せども御領内の民くさの一人にても餓死してはふかき御身の恥なりと　いろ〳〵の物取集めかて〔糧〕にて下し給ひし上、男一人に米三合、女一人に米二合一日の食と定め、新穀の出来るまで喰ふべしと触たまひ、御身も其升目に従ひ共にきこし召れし由。御嫡孫直丸殿生れながら粥を嫌はせ給ふの由、乳母共申上奉れば、侍従殿聞し召、人に上下の差別はあれど五臓六腑は同じ事ぞ、喰はずば喰はすなと苦々敷仰せありしと也。御領内の士民伝え聞き難有感じ奉らざるはなかりし由。其外、尾張中納言家（尾張藩主・徳川宗睦）、熊本少将（熊本藩主・細川重賢）、若狭の侍従（若狭藩主・酒井忠音）、白河の太守（白河藩主・松平定信）など皆美政おはしませしにより此殿原の御領地に餓死せし人は聞えずとぞ。

天明五年の春から秋にかけて、盗賊「稲葉小僧」の騒ぎが起こっている。御三卿（田安、一橋、清水）をはじめとして大身の武家屋敷に日毎夜毎に侵入して、衣服調度あるいは千金二千金の宝物を容易に盗み取っていった。妖術を修めた悪党の仕業に相違ないといわれたが、同年九月十六日夜に一橋徳川家の屋敷に再度忍び込んだ際に捕らえられて幕府によって処刑された。武蔵国入間郡の生まれ、本名は新助といい片田舎の生まれで「田舎小僧」といわれたのが誤って「稲葉小僧」となったという。玄白は「稲葉小僧」一件の記述の末尾に次のような評言を付している。

世乱れ国に道なき折にこそ高位高官の御座の間近く盗賊は入べけれ、かかる治まれる御代といひ、殊に又大国を知しめす武家の御屋形たとひ戸ざしはなかりしとも御威勢に懼れ参らせて忍び入べき道理にあらず。然るに此新助の容易に忍入りたるは是ぞ誠に人妖とや申すべき。又、同じ年八月の事なりき日は忘れたり。藤枝外記殿と申食禄四千石しろし召れし御旗本如何に狂気やし給ひけん。新吉原に住居する大菱屋の遊女綾衣と云傾城と情死して果てられたり。公に此の事聞し召、其身にも似合ざる不義なりと知行を没収し血筋を断じ給ひたり。昔より聞も及ばぬ事也。

「高位高官の御座の間近く」に盗賊が侵入するという通常あり得ぬことが現実に起き、石高四千石の旗本が遊女と情死するというこれもまた通常では起こりえない事件が起きているという世情であった。『徳川実紀』は、藤枝外記について「寄合藤枝外記教行は年わかく行換をつつしまず、常に倡家に行通ふ事かさなりしが、いかがこころみだれけん。をのが思ひかけし遊女とともどもに自殺してうせければ、遂に采邑四千石収公せられ、教行が母と妻ははじめ家人等此事申陳じけるをもて咎蒙り一族にあづけられ、家人等此事つつみかくさんとせしをもて、それぞれ咎め蒙りたり」と記している（前掲、「俊明院殿御実紀」巻五十三）。

同[天明六]八月、将軍家此頃御不例にておはしましける由、申人も侍りき。されども外様にては知る人もなかりし也。然るに今月十五日外殿へ出御ましまさぬよし人々伝え聞奉り、扨はたしかに御病気にておはしけりと初めて驚き奉りぬ。同十八九日のころ御病気次第に重らせ給ひしよしにて日向陶庵、若林敬順といへる町医師二人俄に御城内に召れ、其日より直宿[とのい]仰渡されたり。是を聞人毎に只ならぬ御病にてぞおはしますらんとます〳〵驚き奉れり。同二十一日と申にさしも日本にて御勢ひ盛んに渡せ給ふ遠州相良の太守意次朝臣俄に出仕を留られ給へり。又是とひとしく先の日召れし二人の医師、同く外様へ逐出され無程御暇給はりぬ。是を聞人こは如何にいかなる御事の候てと唯何となく打あやしみ道行人も行逢ては互に、目と目を見合ては物の一ツもいひ兼たり。同二十七日に相良殿御役被召放、房州館山の領主稲葉越中守正明朝臣も同じく御役被召放、是は知行三千石を減ぜられ給ひたり。共に一方ならぬ御寵臣にておはしけるが何の落度や候ひけんと聞人興をさましてけり。又

> 其後に至り幾程なく相良殿も知行二万石を減ぜられ住馴給ふ居屋敷をわづか三日の間に召上げられ、築地の屋敷に移らせ給へり。実に赫々たる者は必衰ふといへる古人の言葉空言ならず。（中略）扨も相良、館山二人の殿達御役御免仰蒙らせ給ひて後わづか四五日過侍りて、此一両年の御企にて莫大の金銀を費し開かせ給ふ下総国印旛手加〔賀〕両沼の新田去し洪水に堤崩れ土手破れし故なるか、又、別にいはれ有事にや、其儘普請止られたり。其外、和州金剛山の金掘事、又、此頃触を出されて、凡、日本国中公領私領を初めとして寺社に寄付し置れたる少し斗の所迄、小間一間に銀三匁づつ運上召れ給はんと有し事、是も同く止られたり。何の御故なる事にや朝に令を出し夕にあらたむるの類ぞと申人も侍りき。

天明六年八月十八、九日頃、将軍家治の病状が思わしくなく町医師日向陶庵、若林敬順の二人が召し出され、奥医師としてその日より「直宿」（当直）することが指示された。同二十一日には「日本にて御勢ひ盛んに渡せ給ふ」という老中田沼意次がにわかに出仕を留められ、同時に「直宿」を命じられたばかりの二人の町医師もほどなく「御暇」を賜ったというのである。『徳川実紀』によれば、家治の病とは当初は「感冒」そして「水腫」であった。また、家治が将軍職に就いたこの二十六年の間、いかなる酷寒、暑熱の時も「外殿」に出て群臣の拝謁を受けることを欠かさなかったので、今回のことは容易ならざる事態と注目されたのである。また、日向と若林の登用は老中田沼の推挙によるものであった。

同二十七日には、意次は老中職を解かれた。さらに知行二万石を減ぜられ役宅も召し上げられている。館山城主の稲葉越中守とともに将軍の「一方ならぬ御寵臣」とみられた人物で、「何の落度」があったのだろうかと人々は訝しく思ったことだ。ここ一両年のうちの幕府の事業として実施されていた印旛沼、手賀沼の干拓工事なども相次いで中止され朝令暮改の類ではないかとの評判であった。

> 近年打続ける天変地妖の其中に今年は別して止時なく、いかなる事の御告にやと人々心易からず。然るに同月

八日と申に将軍家薨去し給ひし由を触られたり。扨は此程の変事共此事の御知せと始めて思ひ合たり。此御触有しより上下の歎き大かたならず、さしも繁花の御府内も暗夜に燈火消し如く鳥獣の鳴音まで常に替りし心地しぬ。又、同月十二日いかなる者が申触けん。玉川、猪の頭と云両所の上水へ毒を流し入たりと云伝へ侍りし程に、諸人一度に騒ぎ立、只一日の其間に貴戚権門の御住ひを初として町々小路小路に至るまで、此水の通る所汲貯へし其かぎり俄に傾け棄るもあり。又、此あたりは源へ程遠し毒の染る間もあるべし明日の用意になすべしと周章ふためき汲むも有。ひとへに奇怪の付説なり。扨、秋も過、冬の初の四日の日、雨いたく降ければ将軍家の御葬送御式、無子細済せ給ひ幾程なく勅使下向ましまして、俊明院殿と諡を参らせらる。凡、人の世にある貴きと賤きとの差別はあれど禍福吉凶に至りてはみな天の致す所、人力の及ぶ所あらざるにや。又、徳不徳に因ことにや。

此君御在位の内、是ぞ御不徳と聞えさせ給ふ事もあらざりしに将軍宣下有しより今年に至り二十七年の其間、外にしては天変地妖止ことなく、又内にしては御台所を始め奉り御公達御二方、御姫君御二方共に先立せ給ひ、唯御身一人此世に残り止り給ひ朝夕の御事迄下の意に任せ給ひて万事自由なる御行ひも聞え給はず一生を終はり給ひし御事、如何なる過去の因縁にや実に天下の富貴をたもち給ひし御身にして果報つたなき御事計と心あるも心なきも皆いとおしみ奉りぬ。

天明六年九月八日、十代将軍家治は没した。葬送の儀式は十月八日に行われている。「浚明院殿」と諡された。近年、天変地妖が絶えなかったのもこの事を告げるものであったのかとは玄白の述懐であろう。同月十二日には、玉川、猪之頭の両上水に何者かが毒を流し入れたとの風聞が広がったという。将軍家治の二十七年におよぶ在位の間、およそ不徳と評価されることもなかったのに「果報つたなき御事」ばかりの生涯であったと心あるも心なきも皆いとおしんだという。

同十一月には大納言殿〔家斉〕本丸に移らせ給ひ御新政も逐々に仰出させ給ひ、世の風俗も何となく改るべき御萌しあらはれ給ふにより世の人末頼もしく難有御事に申唱奉りぬ。（中略）春も過ぎ来る四月初めには大納言殿大将軍に任じ給ふべしと兼て触置き給ひしに、折節、大雨続き海道の川々水増り勅使を初め奉り堂上の御方々是にさゝへ止められ給ひ、漸く同月十日頃御下向ましませしにより同月十五日、宣下の大礼行はれ内大臣の大将軍に転じさせ給ひたり。今日よりは天下政事御手づから出ぬべき御事なれば、世の中の風俗も改り万事穏に成行て万民泰平の御徳化を蒙り奉るべしと身をそばたて歓喜せり。然れども寒去れば暑来るの習ひ、秋暑は三伏より甚しく春寒は三冬よりも猶厳しく御代既に改るとは申せども、去し子の年已来打続き七年の凶作にてあくまで諸民困窮し殊に去し午のとしは凡、日本国中おしならし三分一の収納なるよし。是によりて今年の春に至り米価次第に騰踊し、既に五月の中旬頃、浅草の御蔵庭相場と申に豊かなる年は百俵を小判十七八に商ひし年も有しに、今年はそれに引替て貴きの極りは二百十二両までに至りたり。

天明六年十一月、「大納言殿」（十一代将軍家斉）は本丸に入った。世の風俗も何となく改まるであろうとの萌しも現れ人々の期待が高まったのである。翌年の春が過ぎ四月の初めには大納言殿が大将軍に任じられるとの触が出されていたが、折から大雨が続いて東海道の川々が増水し、勅使をはじめとして堂上方の足が止められ、ようやく四月も十日頃になって江戸入りされ、十五日には将軍宣下の大礼が行われて家斉は内大臣から大将軍となった。そこでこれからは天下の政事も将軍みずからの手で下されることになるはずであったので、世の中の風俗も改まり万事穏やかになり万民泰平の世となるであろうとよろこんだのであった。しかし去る子の年（安永九年）以来打ち続く七年の凶作で諸民の困窮は著しく、ことに去る午の年（天明六年）は、およそ日本国中おしならし三分の一の収納という状態だったというのである。これにより今年（天明七年）の春にいたり米価は次第に高騰し、すでに五月中旬頃には浅草の蔵前相場は、豊作の年には百俵を小判十七、八両で取引していたのに二百十二両にまで達したのである。

しかしながら、「艱難にも馴れゝば馴れる」ということであろうか、「鄙も都もともに様々の物を貯え市町にて商い」をしたので、「過ぎし年の如く餓死する人」はなかったけれども、その日暮らしで食いつないでいる者たちは米三合が鳥目百文以上にもなっては「百計」もすでに尽き果て、時の町奉行所に救助を願い出たという。奉行もこれを聞き物価が騰踊するのは「奸商どもの所為」ではないかとして、商家の蔵々を一々改め少しでも貯え持っているものには、その錠前に封をして私に売らせず、ただ貧富の差別なく食をひとしくなすべしとして、男一人に米二合、女一人に米一合、これを一日の食と定め、伊勢町において五日分を限りとして所々の長どもの証文と引かえに売り与えよと町々へ命じた。ところがそうした措置はかえって「売買の道」をふさぐことになり、諸民は困窮し鄙賤の者たちは詮方なく、今は座して飢え死にを待つよりはとして行動を起こしたという。それは天明七年五月に起こったいわゆる江戸打ちこわし（Ⅳ—三参照）であった。その状況について玄白はさらに次のように述べている。

同[五]月二日[二十]の夜赤坂といふ所にて雑人原徒党をなし、同じ所に住居する雑穀商ふ家々を打ち破り、打こぼてり。是を騒ぎの始として、南は品川北は千住、凡、御府内四里四方の内、誰頭取といふことなく此所に三百、彼所に五百思ひ〱に集り鉦太鼓を打ならし、更に昼夜の分ちなく穀物を大道へ引出し、切破り、奪ひ取八方へ持退たり。初の程は穀物計奪ひしが、後には盗賊加りて金銀衣服の類まで同じ様に奪ひ取ぬ。斯ありし事既に三日に及びしかば公にも聞し召、安からずや思しけん、町御奉行、盗賊奉行の方々に仰せつゝ是しづめよとありければ、各組子を召連て馬に跨り鐙を合せ縦横に乗廻り厳敷召取給へども、元来烏合の雑人なればこゝかしこに逃散て捕へらるゝは数少し。かゝる騒ぎの折からなれば様々の浮説多く少しも富める輩は今や此家町打こぼちやがてあの家も破りぬべしと女童部を引連て貧者の方へ身を忍び潜り避る人も有。大名の御米を迎へ取給ふにも警固の薄かりしは、途にて奪ひ取のよし申触れ侍るにより、わづか車一二輛に積載たる扶持米に武士四五十人前後を囲ひ、いかめしげに引たりける。或は一度こぼたれし者共は重て家蔵破られては叶はじ物と寄集り、一町一町手組をなし合印の鉢巻し手に手に竹槍磨すまし、再び来ると見ならば、拍子木を合図となし、只一勢に相同急ぎ此の乱しづめよと御先手の人を撰み十組に仰渡されたり。さて窮民を御救ひには老少男女の隔なく人一人に米五合と銀三匁目余、即時に下し賜ひたり。猶、是も事足ずや思召けん、御郡代伊奈半左衛門殿生年二十四歳なりしを従五位下摂津守に任じ仮に米穀運送の惣司となしたまへり。抑、この伊奈の御家と申は世々関東の御郡代として其徳八州にしき給ひ、又、今の伊奈殿は賢才のましますによりさばかり払底せし米穀を如何して取集め給ひけん。公より下し賜ひたる二十万両と云金子を以て、時の価ひ小判一両に米二斗づヽに商ひしを其儘に買求め、一倍賤き価を以て窮民に分ちあたへ、其外、大豆、麦までも皆是に准じ買調へて分ち給へば、諸人ますくヽます此儀に感じ、此殿助け参らせんと日々四方の国々より御府内に運び入、是により五穀忽ち豊饒となる。扨、其時の有様は船の印に伊奈といふ文字、白地に赤く染出し、船毎に押立しは秋の木の葉の浮ぶが如く海河狭しと見渡りぬ。又、穀物分かち給ふ場所は芝、糀町、深川、浅草此の四ケ所に定めらる。此に集る窮民は偏に雲霞の如くにて何万といふ数しれずみな大旱に雨を得しよりいさましく目出度君の御国恩とよろこびの声巷にみつ。

右の引用の冒頭に「同月二日」とあるのは依拠した刊本テキストのままである。「二日」ではなく「二十日」とすべきところであろう。同日夜に赤坂で「雑人原（雑人輩）」（下層の人々）が徒党を組み、穀物を商う家々を襲うという打ちこわしが起きたのである。これを発端として、江戸府内一帯に騒ぎが広がり誰を頭取ということなく此所に三百人、彼処に五百人と集まり鉦、太鼓を打ち鳴らし昼夜の区別なく穀物を大道に引き出し、切り破り、奪い取り八方に持ち去っていった。やがて、略奪は穀物だけではなく盗賊も加わり金銀衣服の類にも及んだ。こうしたことが三日にも及んだので捨てては置けず町奉行などにこれを鎮めよとの命令が出された。奉行たちは配下を引き連れ馬を縦横に乗り回し取り締まったが、打ちこわしの参加者は元来烏合の衆であって、此所彼処に逃げ散って捕らえられる者の数は少なかった。このような時節であったので、さまざまな浮説が乱れ飛び、少しでも富める者たちはこの家や町が襲われるに違いないと、妻子を引き連れ貧しい者のもとに身をひそめたり、また、大名の扶持米の移送に警固が十分でないと途中で奪われるというので、わずか一、二輌の車に武士が四、五十人前後を厳重に囲んで運んでいる。あるいは一度打ちこわしを受けた家では重ねて家蔵を破られてはかなわないと、一町ごとに目印の鉢巻きをし、手に手に研ぎ澄ました竹槍を取って拍子木を合図に、一斉に暴徒を皆殺しにしようと勇んで待ち受ける者もあった。こうした事態に幕府でも対処して御先手の人を十組に選び急ぎこれを鎮めとよ命じられた。窮民の救済策としては、老少男女の区別なく一人米五合と銀三匁余を即時に下されたのである。しかもなおこれだけでは事足りないと考えられたのであろうか、郡代の伊奈半左衛門を二十四歳の若さであったが米穀運送の惣司に任じられた。

そもそもこの伊奈の御家は代々関東の郡代としてその徳は関八州に知れ渡っており、また当代の伊奈殿は賢才のほまれ高く、これほどまでに払底している米穀をどのようにして取り集められたのであろうか。幕府から下された二十万両という金子を、小判一両につき米二斗という時価そのままに買い取られそれをいっそう安価な価格で窮民に与え、ほかに大豆、麦までもこれに準じて分かち与えたので、諸人ますますこれに感じて伊奈殿を助けようと日々四方の国々から五穀を御府内に運び入れたので忽ち豊饒となったのである。

この時の様子は白地に赤く「伊奈」と染め出した船印を船ごとに掲げ秋のかぶが如く、海河せましといっぱいに広がって見渡せたのである。穀物の分配の場所は芝、糀町、深川、浅草の四箇所でここに集まる窮民は雲霞の如く大勢で、旱天続きに雨が降った時よりももっと喜び勇んで実に立派な主君の恩恵だと喜びの声は巷にあふれたのであった。

こうして、玄白のいう「天変地妖」についての叙述は、宝暦の末年から天明七年五月までのほぼ三十年に及んでいる。この間の天明の飢饉を背景とした社会不安と田沼政権末期の混乱の事情をつぶさに描写して、老中松平定信の登場を歓迎し、時勢の転換を期待しながら筆を擱く『後見草』がまとめ上げられたのである。その終章は次の一文で結ばれている。

蓋、天運循環して往てかえらすと云事なく、三十年来たいはいせし風俗の改りぬる時至り、奥州白河の大守定信朝臣を老職第一の座に撰み、同国泉の領主本多殿を少老職となし給ひ、別て石川土佐守殿は御寄合より撰み挙げ、その外、当時賢才の聞えある方々を迫々に朝に挙用ぬ。又、奸猾の徒は不残外様へ追しりぞけ、賄賂の路を絶ち給ひぬ。此分に侍らば程なく寛永享保の化に至るべしと皆目を拭ふて待奉る。昔より丙午、丁未の両年は必変事多しとて、丙丁季鑑といへ書を漢土人も著し置けり。（中略）今年も春より雨多く、洪水せし国もありしかど本立て道行はるゝならひにて、朝に賢者をあげ給へば聞人さらに恐怖せず殊に又、五穀のみのり近年の豊作と申触侍るにより万民泰山による心地してけり。賤しきたとへに雨降りて地かたまるといへるが如く、若、今度の騒動なくば御政事は改るまじきなど申人も侍りき。やつがれ若かりしときより風化次第に乱れ下り、此末いかなる世とやなりなん、また如何なる事や出来なんと五十年にあまる老の身にも応ぜぬことのみを日夜案じ居侍りしに、白河の太守老職に挙られ給ひて後、わづか三月ばかりにして、

世にあふは道楽ものにおごりものころび芸者に山師運上
世にあはぬ武芸学文御番衆のただ慇懃にりちぎなる人

といへる悪風忽ちにあらたまり、又、逢かたきと思ふ世に再びあひ奉ることのうれしさに拙き筆をここに止む。

まさしく、天の運行は循環しており行ったままで還らないということはない。三十年このかた退廃した風俗の改まる時が到来したのである。松平定信を老中筆頭に当時賢才の聞こえある人々を追々幕閣の要路に据え、狡猾の徒

を残らず排除して、この分であれば程なく寛永、享保といった時代のようになるであろうと皆目を拭って待ち望んでいる。今年も春から雨が多く洪水になった国もあると聞くが、政治の根本がしっかりしていればおのずと正しい道が行われるというものであるし、幕政に賢者が任用されているのでみなは少しもそのことを恐れてはいない。ことに五穀の実りは近年にない豊作だといわれ万民は泰山によりかかるような安心した気持ちでいるのである。たとえでいえば雨降って地固まるというように、「今度の騒動（江戸の打ちこわし）なくば御政事は改るまじき」などという人もいる。私の若かった頃から世の風俗は次第に乱れ、このままでは行く末はどのようなことになるのかと、五十歳を超える老いの身でその身にふさわしくないことばかりを日夜心配していた。ところが白河の太守（松平定信）が老中となられてわずか三か月ばかりのうちに、「世にあふは道楽ものにおごりものころび芸者に山師運上」などと詠まれた悪風がたちまち改まり、再び巡り逢えることもないだろうと思っていた世に逢えた嬉しさのあまり、この拙い筆もここで終えることとしたと結んでいる。

（2）『野叟独語』

玄白が対外関係の諸問題について深い関心を寄せ、諸情報を丹念に収集して記録していたことは第Ⅳ章に述べた通りであるが、なかでもロシア問題を論じた著述として『野叟独語』が晩年の仕事として残されている。その執筆は、本文記事の内容から文化四（一八〇七）年九月下旬ないしはそれ以後と推定されている。ロシアの遣日使節レザノフが長崎に来航し通商開始の目的を果たせずに帰国したあと、文化三年九月から翌四年六月にかけて、北方海域で起こったロシア船による騒動を取り上げその対策を論じたものである。『野叟独語』の冒頭は、兼好法師を引き合いに出し次のように書き始められている。

兼好法師が思ふことといはざれば腹ふくるゝとなり。之を言んとすれば、他人の聞ん事を恐る。又止めんとすれば胸悶えて堪難し。或夜、燈の下に閑座し、我影法師に向ひ、自ら問を起し、先生いはんとする事あらば、其知る所を答へ給へといへり。

燈の下に閑座し我が影法師と次のような対話（①～⑧）をしたという。『形影夜話』と同じく玄白得意の筆法の展開である。

① 玄白は「我が影法師」に次のように問いかける。世の中が何となく手詰まりになり、人々がこれを塗り隠さんと思うことから、心底あくまで賤しくなり、その所行は皆道に背いている。そして、天道これを悪み給う故か、近年色々の「天変地妖」を示すことが数多いとして、京都大火禁裏炎上の事（天明八年一月）、大仏・天王寺雷火の事（京都方広寺大仏・寛政十年七月、大坂四天王寺・享和元年十二月）、愛宕・住吉焼失の事（京都愛宕神社・寛政十二年四月、大坂住吉神社・享和二年十月）、象潟陥るの事（文化元年六月）、天草山崩の事（寛政四年五月）などの事件を列挙している。これらはいずれも「日録」にも記録されていたことはすでに見たとおりであるが、さらに、鑵突の事、子供争ひ合戦に似たる事、猫多く死して鼠夥しき事、荒拂の事、黒気天にわたる事、天狗松折る事、大坂に白気立事、御白書院大木折るゝ事、蛙合戦の事、松応寺の松折るゝ事、氷川明神棟落る事（文化四年八月）、永代橋落る事（文化四年八月）、蝶多く死する事、蜂集る事、蜻蜓群る事、一石橋柱蘖［げつ］を生ずる事（文化四年八月）、彗星の事（文化四年八月）、九月十七日東西諸国大風雨、大木弁人家等倒るゝ事（文化四年）、日光御祭礼大荒の事（文化四年九月）といったさまざまな「天変地妖」なる現象が書きとめられている。このほか一々言い尽くしがたいが、これらは皆天より人に心を改めよとの知らせなのだという。我が身は老衰して明日をも知れぬ身であるが、これまで全盛至極の世の有様も見尽くして残り惜しいことは少しもない。ただ、人のうらやむほどの孫、子も多くその者どもの行く末を案じている。彼らの行く末々も安楽に暮らさせたいと願うばかりである。どのようにすれば行く末万々年も同じ御代にて過ごせるのか、思うところを残らずお話し願いたいと「燈影先生」（影法師）に問うている。

「燈影先生」が答える。およそ人の大病となり重体になったときでも、良医に託しその指示を守ってよく養生すればどれほど老体の大病であっても、寿命を延ばすことができる。人の家居も久しく修理を加えず倒れんとするまで捨て置いても、優れた大工を招き修理を加えれば持ちこたえる道理もある。国家もまさに乱れんとしても、政をよく改めれば再び太平になるもので、これを中興の業という。しかし創業の功はなしやすく中興の業はなしがたい。英断にあらざれば行い難いと昔からいわれている。申すも恐れ多いことながら、この時節、世はまさに乱れんとする萌しがみえる様子であって、もっぱら「中道の御政道」が行われるべき時代だと考える。まず、その萌しの第一というべきことは、近頃人々の耳に達しているように「魯西亜国の外患」である。三十年この方、ロシアは我が東北の奥蝦夷の諸島を蚕食し、一方ではしきりに和親・交易のことを願い出ていた。文化元年の秋には皇帝の親書を携えた使節レザノフを長崎に送ってくるまでになった。ところが幕府は「御諭文」を下されこれを差し戻された。これより以前、寛政四年に幕府がロシア使節ラクスマンに与えた長崎入港許可状の約束に違背するものと憤り、その報復として昨文化三年の秋、また今年の夏には蝦夷西北の島々に乱入したという。はるばる贈り物を持参した使者をむなしく返したことは、詳しい事情を知らず幕府が大国に対して無礼を働いたと考えている者もいるようだ。無識の者が論じていることだけれども、天の時は地の理にしかず、地の理は人の和にしかずという、我が人心が幕府のもとに服従していないとあってはゆるがせにできない大事である。ところで、当夏帰帆したロシア船から交易のことが許されぬのであれば来春には数艘の船を差し向けるといってきたと人々が噂している。このように人心が落ち着かぬのはもってのほかのことであって、これを静めるにはそれなりの扱いようがあると考える。

② そのロシアこそが国の大病の根源になるものであろう。「良医は未病を治す」という。この取り扱いを間違えれば「難治の症」となるに違いない。いかがしたものであろうかと玄白は尋ねる。これこそ国家急務のこととし

て執政の方々は心を配り毛頭油断はないはずで無益に心を痛めるには及ばないが、貴老の問い故わが存じ寄りを申し上げようと「燈影先生」は次のように答えている。

そもそもロシア国は「没斯箇未亜（モスコビア）」という一つの王国であったが、今より四、五代以前の英主ペテルゴロート（ピョートル大帝）が周辺国を征服して次第に手を延ばし、我が蝦夷の向かい方のカムシカット（カムチャッカ）まで領地とし帝位について世界第一の大国となった。近頃では千島列島の島々辺りまで侵掠し国勢の強壮なことは人の若くして血気盛んなさまのようである。いずれの国も開国の初めには勢いが盛んで、隣国遠境まで手を延ばしたくなるものとみえる。太閤秀吉公が朝鮮を攻め、東照宮（家康）が琉球を配下におさめたのもそれと同様だといえる。ところで彼らが我が国との交流を思い到ったのはペテルゴロート帝のあとの女王（エカテリーナ二世）の時代で、元文四年の夏に我が東海沖を通行した異国船はこの国の船と思われ、すでに七十年ばかり前のことである。とかく彼方の人はすべて事を謀ること心永く子々孫々もその志を継ぎいろいろに手をかえ望みを達することとみえる。もし交易が許されぬのであれば来春は数艘の船を差し向けるといい、ひとまず帰帆したということが事実であれば、これこそ世の乱れが生じる萌しというものであり、まことに重大な時節が到来したものだと思う。東照宮の創業以来、当代まで結構至極の御身の上にて「万民の膏」を以てお育ちなさったのだから、この節は「夷狄の鉄砲玉壱つ下民の頭の上を越させ」てしまうようでは申し訳がたたない。執政方をはじめ重きお役人方も高禄を食み、大名の小名のとあがめられる身分なのだから、御国勢のくじけざるよう精力を尽くし御用に立たねばその身の面目が保てない。取るべき方向は「交易御免あるか、船を引受合戦して打潰すかの二道より外はなきこと」と考える。レザノフに対して、先年よりの定めでみだりに他国への通信はなし難く、またロシアと有無交易すべきものがないと返答したというからには、樺太、択捉でのロシアの乱暴狼藉があったからといってそれが恐ろしさに、何事もなく交易御免ということでは外国に対して外聞もよろしからず、また我が国内の人々にも腑甲斐ないこととしてお上のご威光も薄れることになる。とすれば軍兵を差し向けられ一戦を交える外に道はないということになる。

しかしながら当代の武家の状態をみるに、二百年近く豊かなる結構至極の御代に生長し五代も六代も戦うということを露ほども知らない。武道は衰えに衰え事あらん時、御用に立つべき旗本、御家人等も十に七、八はその状は婦人の如く、その志の卑劣なる事は商賈の如く士風廉恥の意は絶えてしまったようである。旗本、御家人のうちには志厚く才知ある人もいるはずであるが、世の風俗に引きずられ勝手向きすり切れたる家督を継ぎ、その身はどれほど志あるとも、家の子、譜代の家来は持たず一季・半季の渡り者を雇っているので、いざというときに矢玉の中に飛び込んで主人の鑓脇きをつとめる用人もいない。軍役の定めも全く手薄になっている。大名とて同様で代々太平の化に染まり、次第に奢りに長じ世間のつきあいや外見のみを宗として二百年近く江戸表へ参勤し、知行の米を売り払い、金にして江戸へ持ち出し一年限りに使い捨てたることとなって、近来手詰まりになり身上が立ちゆかなくなっている。領分には役金を賦課し、家中には借米し、家中の者も用意すべき軍役を果たせず、江戸内の登城つとめにも徒士、鑓持ちまで一日雇いにして間に合わせる方々もあるという。馬の数も揃わず、にわかに買い集めてもその馬も矢玉の音も聞かず、甲冑をつけた人をみたこともなく物怖じして用に立たない。また、近頃羽前山形の辺りに起きた百姓一揆の時、米沢の家中にて武具を帯した家士が乗馬しようとしたが、馬が驚き乗ることができず難儀をしたという有様である。このようなわけで実際のところ我が国の現状はこれ以上の危険はないという状態なのだ。ロシアは人にたとえれば血気壮んの最中であって、清朝の康熙帝も数度合戦して勝敗つかず、和議を講じて黒竜江という所に分界を立て領地の限りとして、今は互いに交易をしているという。ロシアは兵を鍛えに鍛えていたからさしもの康熙帝もこのようなことになったのである。我が国の弱兵をもってロシアの強兵に面と向かって合戦することなどできようか。これらの事情を知らぬ人は船戦はともかく陸の接近戦となれば我が国の兵に及ぶ者はないと誇っている人もあるようだが、天正、慶長頃の武風すぐれた強者ならともかく、今は衰弱至極の世の中となっているのだから、よくよくロシアと我が国のことを考え合わせことを計ることが第一の時節となっているのではなかろうか。

③　玄白が問う。これまで代々うち続いた御武威をかかる時節だといって異国に対し後退なされては相済まない。精兵を選抜して出動させ勝敗の様子を見るべきではないか。そうすれば将軍家にも疵もつかず利運は天命に任せるよりなく、これぞ幕府の武威凜然、立派至極のこととなるのではないか。もちろん言うまでもないことだと燈影先生は答える。しかしそれはかの老人の元気立ちというものであろう。天下の権武家に移りしより六百年余、その間に外国に侵略されたのは弘安の元兵ばかりである。このときは神風吹いて労せずして勝利したが、神風をいつもあてにはできない。事起これば戦うより手段はないが、兼ねて知れたる弱兵を以て立ち向かい大敗するようでは末代までの恥辱である。天子より預かった土地を一寸なりとも穢されるようでは済まない。万一にも大敗すれば、無稽無術の戦を挑んで諸民を塗炭の苦しみに陥れたと非難されるであろう。

④　幕府の御恥辱にもならず、かつ穏便にこと済ませるようなよい方法はないものだろうか。玄白の問いに、燈影先生は次のように答える。

世の中のことというものは右と思えば左、東と思えば西に変わるものである。近ごろはアメリカ船、ベンガル湾の港を基地とする船が交易をのぞんで来ているという。また所々に漂着した異国船はイギリス船だという。また、オランダは百年来交易御免の国であるが人情の変態、国力の盛衰はあってイギリスに屈服し、近来持ち渡る交易の荷も変わり、船の様子も変わっているようだ。また、我が国内においても、ややもすれば百姓徒党し、江戸府内においても火防鳶の者などが徒党を結びたびたび喧嘩口論に及ぶことがあり、武家風俗が衰えし故かと心痛めることばかりである。何事も差し置いて御国元の御固めあることこそ第一と考える。さしあたって今すぐに十分とはいかなくとも、まだ今のうちならば取り扱い方もあるはずである。

先頃のロシア使節レザノフに対する待遇の不行届きは今更どうするわけにもいかない。このたびそれを名目にしてロシアが蝦夷地で乱暴したというもののそれほどこちらの人民に被害を与えていったわけではない。捕虜にした日本人も大方は送り返してきたとも聞いている。御紋付きの御道具を奪われたと聞けば乱暴狼藉と思うけれども、そもそもこちらの備えがきわめて手薄で勝手次第にさせてしまったまでのことで、彼らとしては交易さえ許せば全く関係を絶って合戦を仕掛けてくるとはみえない。いずれにしても海上の氷が解けて通船も可能となった頃、渡海に慣れた蝦夷地の人物を案内者とし物に動じない才気ある人物を選び、カムチャッカまで派遣し事情を調査して、これまでの互いの行き違いなどを弁別し、国威に疵がつかぬよう辞令をととのえひとまず交易を許すべきである。交易のことが済み時が経過するうちに、足るを知らぬ夷狄のことであるからいかなる難題を持ち出すかわからない。そのときこそ手切れの一策、合戦に及ぶの奇計良策もあるだろう。それまでには十年、十四、五年もあるはずで、この間に士民を養い軍兵を調練し、これまでの風俗も改めねばならない。今は衰弱至極の時勢を察し世を救うことを第一の趣意として、まげて交易を御免なさることである。

⑤　ロシアから間者が送り込まれているということはないのだろうか。燈影先生は次のように答える。

このことは未だ聞いたことがない。わが国は気候温和、五穀豊穣、五金富厚（金・銀・銅・鉄・錫五種の鉱物に恵まれていること）の土地で外国までも美国の名が高く、ことにヨーロッパ諸国では羨み噂されているという。その中でもロシアが強盛の国となって我が国との交渉を望み、すでに元文の頃より偵察のための船をよこしているようである。延享・宝暦のはじめから彼の地に漂流した日本の船頭等の世話をして文字や言語を稽古させたという。安永の頃にオランダ人の江戸参府に随行したトインベルゲ（ツンベルグ）は、大黒屋光太夫が帰国した頃にはロシアの新都（ペテルブルグ）の医学校の頭役であったというから、この人物などは日本のことについて物語ることもあったであろう。明和八年の頃、ベンコローウ（ベニョフスキー）と同船してカムチャッカから千島列島に沿って日本近海を南下した者のうちには日本の地勢や水域に関心を寄せたこともあったという。このようなことで、ロシアも我が国のあらましは知っているようであり、万国交易の事を求めんとする趣意で、あながちこの国を奪わんとする志はないと思われる。ただ、その真意は推し量りがたく少しも油断してはならないと考える。ところで、間者の存在ということはないわけでもない。豊臣秀吉の朝鮮攻めの際にもあらかじめ間者を入れ、朝鮮の事情をよく知って兵を入れた。新兵器の鉄砲の威力に朝鮮の軍兵は恐怖して敗れたという。ロシアにしてもどのような便利な兵器や、軍法合戦の簡便捷径の手立てを持っているかわからずみだりに戦を交えるべきではない。我が方が運良くいったん勝利を得たとしても、夷狄の風俗はしつこく合戦して繰り返し攻め寄せてくると聞く。そうなればかねて国財に不足する東国大名は年々の軍役負担を辞退せざるを得なくなり、内乱が起きるだろう。いずれにせよ、ひとまず交易を許されるべきで、国内の人は不甲斐ないことと思う者もあるかも知れないが、時勢により万民のためのやむを得ざる処置として幕府が判断したものと理解されるだろう。

⑥　仰る通りだと思うが、交易許可後の兵気立て直しの手段はどのようにしたらよいだろうか。玄白の問いかけに燈影先生は次の如くいう。

これこそ初めに述べた中興の政治というべきもので、思い切った改革がなされなければ役に立つ武備も整わない。改革の第一は国の財政である。国用不足するときは万事用意できないことはもちろんで、ご先代（将軍家治）のころから種々のことで国財不足となり、当代（将軍家斉）に至っては京都の大火、所々の御普請、ことに近年の蝦夷地開発のことで国財の潰えることは傍らから窺いみていても夥しいことになっている。此所に不足あるときは彼処を減じて補わざれば国財不足するは知れたことなのに、幕府の取り扱いは先例古格を墨守するばかりである。かえって、不足を補おうとして御貸付金、七分積金、御用金などと名付け、大火の後まもなく下の金を上へ引き上げるように仕向けられたので、幕府の人気は宜しからず心服する者は少なく、ますます国用不足に陥っている。御用を与える役人も一日中ただ一つの仕事にかかりきりになるだけで、のらりくらりと無駄な事に手間を取り、その役目に就いている間は手違いのないようにと務めることになっている。先年房州に南京船が漂着したときも、あの詮議、この吟味と手間取り一日か二日で行ける場所に相当日数がたってから役人が到着したようだ。この春も銚子浦に唐船が漂着したときも長評議に日数を送り、正月に着いた唐船をようやく六月になって帰されたとのことである。このようなことでは、万々一ロシアの船でもやって来たならば一体どのようなことになるのであろうか。外国に対し我が国の政治が行き届いておらず、埒のあかないさまを見せては面目丸つぶれで恥ずかしい限りである。このように無益のことに日数をかけるため国用も多くかかることになってくるのである。ことに朝夕の幕府の台所、大奥の経費は世間で言われている通りであれば、莫大なもので驚くほどだ。天下を治められる長者のことであるから大がかりなのも当然ではあるが、昔に比べてはなはだしく過大となっている。なくて叶わざるものはさておき、一々吟味をして、破れ傷みもしていないのに年々新しくするのが例であるといったようなことを止めれば、一年の経費の半分か三分の二は減ずることができるはずである。このような事情については将軍家にも遠慮なく知らせ、自ら節倹に努められるようにすれば人心を鼓舞することにもなるだろう。人によっては無駄なご苦労をかけるばかりだと必要以上にその日その日のご機嫌を取ることに夢中になっている者もいるが、これは将軍家を大切に思う臣下の取る道ではない。それというのも打ち続いた太平ゆえに人々の気風が衰えたからである。また先祖のお陰で莫大な高禄を受け大名として育った人も、臣下にご機嫌ばかり取られてきているから、至って下情に疎くどれほど聡明であっても世間の事情に通じていない。狂歌、落首といったそれとなくいさめる悪口などもこれらの人々の耳には入らず自身の非に気づかない。こうした弊害を一日も早くなくしたいものである。

そのための工夫の第一は、将軍家の備えの元である旗本、御家人の妻子をそれぞれの知行地に移し田舎住まいとし、旗本、御家人自身は江戸在勤とすることである。蔵米取りの者にもしかるべき理由を設けて田舎住まいをさせたい。すべて人情の常態として妻子に心引かれるもので、こうした処置で旗本たちの気分も落ちつき、気力堅固となって昔時の武家の土着の姿が取り戻せるはずである。その上でそれぞれの家法にしたがい武備を調え、時々将軍の上覧を受けることとすればよい。諸大名、三千石以上の身分の者については、奥方はこれまで通り江戸に留められ、家中、陪臣の妻子はそれぞれの領地に帰るように命じられれば少しはお役に立つ家来が現れてくるに違いない。ロシアは御法度の宗旨のようで、十年十五年と過ぎる間に我が国の愚民の中にはこの邪宗を信じ、国害を引き出す契機になると疑う者もあるが、これはどのようにでも厳しい制度を定めれば心配はない。もっともそれにはそれなりの仕方、掟の立て方があるはずである。十年ほどの内に馴れ親しんできた武家の風俗はすぐには変えられないと疑問に思う者もいる。しかしこれもやり方ひとつで直すことができるはずである。

ところで、このように武家の田舎住まいが進めば御城下の町人どもは商いが少なくなり難儀することになるだろう。しかし、これは主人という者もなく一人一人身を立てているわけだから、それぞれに田舎なり、遠国なりに移ればよい。江戸は俄に寂しい状態になるがそれはそれでよいことになる。そもそも江戸の町数は八百八町であった。今では二千六百何十町あるという。人に人が重なり誰もが渡世なり難く、色々と奸計を巡らし人の好むような新製の物を作り出し、自然と奢り増長し今の姿となったといえる。いったんは寂しい姿となっても当代の恥になるとも思えない。太平続くときは四民奢り長じ風俗が悪くなるものだという。有徳院様（吉宗）の時に、江戸があまりに繁華になったので、儒者の室新助（鳩巣）が進言をして、諸大名在国一年半、江戸詰半年の決定をみた。しばらくして追ってその時節もあるとして廃止されていた。今こその改革の時が来ていると思う。そうすれば物価も下がり、風俗も改まってすべてが質素となって人々の気質も良くなるに違いない。すべてが一変して将軍家の御代は長く栄えるであろう。このようなことを中興の根本とすれば色々と良計、良策も浮かんでくるはずである。

かかる大事は自分のような下賤の鄙夫には考えの及ぶところではない。多くの大名のうちにはその身分に相応な賢明の人もいるはずで、それらの人の登用を図るべきである。これも譜代でなくてはなどという旧弊にとらわれず外様の者でもかまわず登用して国家長久の計らいあるべきだと燈影先生はのべ、さらに次のように指摘して、玄白と燈影先生との対話のかたちをとった『野叟独語』の筆を擱いている。

今御譜代の大小名代々御厚恩を蒙りながら、此節の時世を見ながら何の了簡も無之哉。常に領分の百姓の脂にて生立ち、其作立し米穀の収納を以て奢を極め、世は万代も如此ものと思ひ、うかり〳〵と日を暮し、此時節、誰一人身を捨ても存寄を申出しといふ人、今日迄も不聞は、実に末世と申ながら、余り浅ましき世の中ならずや。我老耄せし思ひ過しか、生れつきの愚なる心の迷ひか。有徳院様の御代より既に七十年来、世の奢増長し士風次第々々に衰るをつく〳〵詠め居る内に、近来の天変地妖、露西亜の沙汰を聞ば、実に夜の目も寝られず。然ばとて我ら如きの者、箇様の事を云ひ出れば、上を不恐不届ものとて罪を得んは目の前也。左もなしとても、気違ひものとて取上る人も有まじ。有徳院様の御時、山下幸内と申せし浪人、存寄申出し事ありしが、奇特者とて差て御咎もなかりしが、今は慈愛も替りし事なれば、如何あるべきや。罪を得んは素より厭はざれども、狂立もせずして乱心者に取扱はれん事残念なれば、申出もならず。只、足下と我と限りなき憂をのみ語り合、ふくれし腹内の有雑無雑思ひ残さず吐き尽す迄也。必々他人に聞せ玉ふな、と語れば、夜はほの〳〵と明にける。

（『洋学・下』、『近古文芸温知叢書』第四編）

（3）『犬解嘲』

杉田玄白が将軍家斉に御目見を済ませたのは、文化二年七月二十八日のことであった。『徳川実紀』には、「酒井修理大夫忠貫の家医杉田元伯［玄白］、町医加藤宗玄、西良仲おのおの家業出精により拝謁せしめらる」（「文恭院殿御実紀・巻四十九」）とある。町医加藤、西とならんで「家業出精」ということで将軍への拝謁がかなったのである。

『犬解嘲』は、当時、御目見を済ませた大方の医師たちが五節句ならび朔望の登城を願い出るのに対して玄白はあえてそれをしようとはせず、また常々召し連れる供人が少ないことをも変えようとしなかったことについての批判があり反論を展開したものである。現存のテキストは、その末尾に「杉田老先生述也」、「此書岡村某蔵之、余借而写／時文化十三丙子歳二月中旬也　河口信順」とあり、古河藩士井利厚の表御医師として仕えた河口信順が文化十三年二月に岡村某より借覧し筆写したことが分かる。写本は河口家に伝来しその後東洋文庫の収蔵となっている。信順は藩の許可を得て医術修行のため玄白の天真楼塾に入門しているが、写本の筆写は文化十二年十月から十三年まで一年余り在塾中の所産であった。

『犬解嘲』の内容のあらましは次の通りである。

友人某が玄白に尋ねたという。最近、御目見を仰せつけられた陪臣の医師三、四人がこのことを冥加至極この上ない仕合わせといい、御目見を果たした町医がすぐに五節句および朔望の登城を願い出たり、また供廻を官医なみに召し連れることをしているのに、先頃、陪臣で御目見を果たした柴田玄徳と玄白はそのようなことをしていない。玄徳は生来の近眼であって遠慮したようであるが、玄白は何故に願い出をしないのか、「先格を破り我儘成るしなり不埒なる男」と嘲ったというのである。友人は何故に願い出をしないのかぜひとも聞かせてほしいといったという。

玄徳の御目見については、『徳川実紀』の寛政十年六月一日の記事に、「大坂城代牧野備前守忠精家医柴田玄徳某、市井医目黒道啄某とともに謁見を給ふ」(「文恭院殿御実紀・巻廿四」とあり、玄白より早くに御目見を果たしていることが分かる。目黒道啄の名は「日録」にも数回の「病論会」出席者としての記録があり、また寛政十年九月四日の記事として、「此頃目黒道啄死」と記されている(三二〇ページ参照)。

友人の問いに玄白は述べている。今回のことは世の誉れであり、先祖に対してもこの上ない仕合わせで骨身に徹しありがたく思う。そして、私一人の料簡を以てことを図るべきではなく、如何様とも他の例に従うべきであると考え、玄徳に対して朔望の御礼の挨拶を何故願い出なかったのか尋ねたところ、陪臣の身の上で登城を願うことは恐れ多いことであるし、すでに諸大名の家督相続の許しが出たときに大名家の家老達がその日の御目見を果たした上にさらに重ねて朔望の挨拶を願うことはしない。陪臣には陪臣としてそれぞれの主君の定める家の法に従うべきで、それ故、朔望の御礼の挨拶は願わなかったと述べたという。玄白は玄徳のこの判断が先例として道理にかなうと考え、それに従い登城を願い出なかった。自分のわがままな独りよがりの判断ではないというのである。また、近頃は老衰して小水がきわめて近くなり、御殿中の広大な場所で寒気強い早朝などに万々一不調法があってもいけないと思い、このことは最近にも幸い前例があり登城を願わなかった。さらに、玄白が召し連れる供人の常に少ないことを不審に思われる向きもあるようだが、これには少しく意のあるところなのでぜひとも聞き置いてほしいと述べている。

元来、町医は帯刀もせず、供人は小者一人のみの身分であり、御目見が済んでのち「浪人武士の格」となり若党を連れ帯刀もすることになる。支配も町医の時は町奉行であり、その後は御目付の管下となるが、御目見以上というわけではなく陪臣家老と同格の身分となったに過ぎない。したがって、御目見を果したといっても町医が大名旗本方にて駕籠のまま乗り入れるのは無礼至極のことである。また、供人についても勝手次第ということであっても、連れねばならぬということではない。供というのは主人の身の備えのために連れるのであって、その人の好みにより、また外へ行くのに便宜なようにその日の模様次第に連れるべきものである。無分別の渡り者や日雇いの類を飾りばかりに連れ歩き、万一途中にて喧嘩口論をしだして主人の名を汚し、公儀に面倒をかけるようなことがあっては面目もないことである。供の人数が多ければ気心も揃わず事が起きたときに制止もできない。供人はなるべく小人数がよいと思うと述べている。

さらに玄白は次のように述べる。御目見を済ませたからといって、かようかように心得よといった指図があったわけではないが、遊所、芝居などは武家の関わるべきでない場所と聞いているので、万一、なにか問題が生じてはならないと思い立ち入ることは控えた。忍びては苦しからずという人もあったが、「左様のいやしきこと」は好まぬとして避けたのである。そのほかのことについては、御目見の後先で振る舞いを変えるようなことはしなかった。そのことであまりに見苦しいといった世上の評判が立ってもそれは恥ずべきこととは思わなかったからであるという。

また、「服制」についても述べている。公儀の御条目によれば、「綾、白無垢」は官位三位以上の身分に許されるものであるが、「儒医」は無官であっても「白無垢」を着てもお咎めはない。これは身分が高いからということではなく「制外」ゆえである。そのため官位に任じようにも官位はなく、僧官の法橋とか法眼に任じられるのであり、唐でも代々の史書のなかで、医者は「方技伝」（医家、卜家、占星家等）に名を書き加えられるが「縉紳（しんしん）」つまり官位高く身分ある人の部門には載らない。医術というものは志ある人のなすべき業でないといってよいのかも知れない。一方では将相たらざれば良医たれともいわれるように、医術は将相となって民の寒苦救うも同じ仁術なのだから、他の業にはまさると思えばさのみ恥ずべきこともない。医者の家に生まれた身として、私は人を救うことを目当てにするより外に志すところはない。世の外見の拙きは恥と思わず、業の拙なりといわれんことを恥と思い深く心をくだいてきた。この度の御目見医師達が、玄白のわがままで先格をくずしているなどと言われるのは迷惑至極である。よくよくこのことを理解して嘲りを解いてほしい。もっとも人間は各の各々の好むところに従うべきで、御目見医師達が朔望の登城を望むのであれば願い出ることのできない身分ではないのだから、望むところに従って勝手次第にしてよいのである。それを他人の言動を気にしているようではいかにも無器量といわざるをえない。これを聞いた玄白の友人は、なかなか口の巧な御仁ですな。木挽屑のようなあなたもいえばいえるものですねと笑って別れたということで「犬解嘲」の筆は収められている。木挽屑という用語にかさなって「犬解嘲」という表題は、私ごとき至らぬ者が嘲りを解くの意を込めたのであろう（片桐一男「杉田玄白述『犬解嘲』について」）。

三、老いを生きる

（1）『玉味噌』

文化二年、七十三歳の玄白は『玉味噌』と題する随想をまとめている。「小詩仙翁」の名で書かれた自序によれば、「玉味噌」とは「吾妻路の片田舎にすめるいやしき翁」が、物知り顔に書きあらわした雅俗打ち混じる味わいの悪い手前味噌の一文の意であるという。現存のテキストは慶應義塾大学北里記念医学図書館所蔵の写本のみで、『耄耋独語』と合綴されている（ウェブ公開されている）。

前半部ではまず、小国の医家に生まれた身として元より高位高官を得ようという望みはなかったが、幸いに度々の加禄をうけて二百二十石に至り今では飢寒の憂いもない。これ以上何を望むということもないはずであった。しかしながら、ここに一つの望みごとがあったと述べている。「此世に生れ出し身の草木と共に朽はてんは口惜しく、また祖先より伝えし家の名乗を世に忘られさらんは、本意なかるへし」ということで、名を求めるのは人のつきることない欲望の一つではあるが、限りある財宝を求めることより罪は軽いに違いない。それゆえに若い頃よりそのことを常に念じ忘れることがなかった。その甲斐があったのか、ようやく四十近くになって人々に名を知られるようになった。その後、『解体新書』という書物を著述したところ、これまで我が国はもとより唐でもこのような西洋の医書を翻訳した例はないということで人々の珍重するところとなり、桂川甫三を通じて将軍家に献上し、京都では私の従弟吉村辰碩を通じて堂上家の方々へも献上した。そのうち、近衛太政大臣、九条左大臣、広橋准后大納言の家々よりめでたい古歌の揮毫を賜った。また菅家の末裔である東坊城家からはあらたに詠まれた漢詩を賜った。

このようなことがあって、「虚名ながらも」私の名は次第に広がったとして、国内各地からのあわせて一〇四名に及ぶ入門者数を次のように列挙している。


東海道……伊勢、尾張、三河、遠江、甲斐、相模、上総、常陸、武蔵、安房、十箇国から二十六人。

東山道……美濃、信濃、上野、下野、陸奥、出羽、六箇国から二十五人。

北陸道……若狭、越前、越後、加賀、佐渡、六〔ママ〕箇国から十八人。

山陰道……丹波、丹後、石見、三箇国から六人。

山陽道……美作、備前、備後、三箇国から六人。

南海道……紀伊、阿波、讃岐、伊予、四箇国から十人。

西海道……豊前、豊後、肥前、肥後、日向、五箇国から十二人。


さらに、「畿内の土地は名医多きゆへなるにや、山城国平安城より山中又玄といへる男只壱人入門せり」と付け加え、「此外に不幸にして早く死し、行あしく其名を除き棄てたるもの」はこの数に入れていないとしている。こうして、「国々の大守よりはじめ、賤しき商人俳優の類ひ迄、日毎に治を請ひ薬を求るもの其数多く、凡一としに千人余り二千人に及ぬべし」というように、玄白の高い評判を知った前の久我内大臣家より、辻蘭室を介して阿蘭陀国の言葉は百舌の囀るようだとかねて聞き及ぶが、今ではその言葉は翻訳もでき、物の用に立つという。是非ともそのことをつぶさに伝えて欲しいとの要請があった。私はオランダ語の片端をさえ弁えておらずお教えすることなどとてもできないと辞退したが、自分が理解しただけをいささかなりとも教えてくれればよいと再度の仰せであったので、自分が学んだ様子をありのままに申し上げたいと応えた。ただ京都と江戸と百里を隔ててのことであるから、口授申し上げるというわけにも行かない。ただ此の書を以てかくなし、彼の書をもってかくなされ給えとそのあらましを申し上げるに止まった。それでも深くお喜びであったという。その後、内大臣は亡くなられたが、自ら「可楽室」と書き鋳つけさせられた茶釜を片身の品として下された。また、先頃今上天皇の兄君安楽心院の宮がご病気になられたとき、脈を診よとの仰せがあり拝診し白銀を下された。

このような下賜金をむなしく費やすべきではないと思い、その前の年、息子の伯元が上京した時、大嘗会に際会しその宮柱の残り木というものを土産にくれたことがあった。そこでこの木をもって医の神の祖神少彦名命の尊像を彫刻させ、自分の施す療治に誤りなきよう朝夕に礼拝した。宮から賜った白銀はこの費用に充てたのであった。また、以前、今の将軍家の父君一橋黄門の第五子、久之助君の腫れ物の拝診の折りに賜った白銀は、彫工安田松仙［ママ］に依頼しカタツムリの模様の小柄を彫ることに充てた。

このようにして、上は雲上人、下は片田舎の人々まで私の名を知り、全国各地から笈を負い入門する者、求て治を請ふ人々が絶えぬことになったのである。これこそ若い頃から願っていたとおり名をあげることができたからにちがいない。ことに、先頃私の年祝いをすることがあった折りなどは、わが主君をはじめご家族の方々、よその藩主方からも杖や盃、衣などお祝いをいただいた。若君からは狩野永徳の三福神を描いた掛け物を下された。この若君は以前は病気がちであったのに、近頃は何の悩みもなくていらっしゃる。これは私が久しくお側に伺候して朝夕いささかなりともお尽くし申し上げているからだとお悦びでいらっしゃるということで、内々に黄金を下されたことがある。今のようなめでたい平和の世に生まれ、ことに薬師の家では不用なものの一つであるが、武門に仕える身で具足一領も持たないというのは恥ずかしいことだと思っていたので、この下賜された黄金で、甲から脚当てまでみな明珍の作によって私の好み通りの一式を作らせた。また、北の御方もお悦びであるということでこちらからも黄金を賜った。そこで、私は元来好まぬ道なのではあるけれども、折にふれ月を見、花をみることもあるであろう、そのため野山に遊ぶことあればその用にと茶箱一具買い置いた。このような貴顕の方々からのお恵みを忘れぬように残し置き、子孫に伝える家宝としたのである。そのほか書画翫品の類いで私の好むものは我が身の程に応じて十分にそなわった。ことに、子供も男女あわせて五人、孫も男女五人まで生まれた。年齢も七十に余る年まで生き延びたのだから最早この世にこれ以上の望みもなく、明日死しても名残惜しいようなことはない身の上であり、遠からぬうちに世をのがれ隠れ住もうと考えた。そうであればどんなにか楽しかろうと思ったが実際はそうではなかったという。前述のように「虚名ながら」としつつも、私の名が望み通りに次第に広がった子細をつぶさに書き記した玄白ではあったが、老いてなによりも戒めなければならぬのは欲というものだという聖人の教えにあるように、まさに尽きることのないのは人間の欲であって、恥ずかしながらまた一つのあらたな望みが生まれてきたのだというのである。

『玉味噌』後半部では、このあらたな望みについて具体的に述べている。

なるとならざるとは天命ではあるけれども、陶淵明や蘇東坡が世を遁れこのようにしたいと書き置いたことにならって、私も隠居をしたならばかくありたいとの希望を試みに書き記してみると、およそ昔の賢人のように操固く遁世するというようなことは学ぼうとしてもできないことである。今の世人の隠居のありさまをよくみると、我が身の不幸ゆえに世を遁れたとか、貧しくて隠居したとかいうのはもう過去のことであって、富て事足り人も羨むほどの隠居といわれる者は、世にあり活躍していた時と変わらず、自分の力に応じた限りの金銀を費やし事々しく家居を造作し、奇石をならべ珍木を植え、千金の古器を連ね茶事と名付けて日ごとに賓客を迎えて長夜の飲をなし、または囲碁、物の会などということを風流と心得、彼には優りぬと笑いを含み、これには劣りしと憂える。ことごころざしと異なり、隠居してかえって苦しみを求めるようになる人が多い。

私にしてもこれらの人々と同じようなものなので、初めより一筋に世を棄てようとというのではない。先年建てておいた小詩仙堂を常の住居と定めおき、別に、その大きさを基準として彼の鴨長明の方丈にならって三谷（山谷）辺りの野辺近き所に小さな家を造り、折々そこに出向いて住みたいと思う。そうすれば、小さな田んぼを作り水を十分に引き入れ、早苗が生え揃う頃には田の畔の垣根には卯の花が咲き初めるだろう。灌仏会に詣る貴賤の人々が浅茅が原や千住畷の辺りを行き交うさまをみることができよう。また日和よき日は杖を引き橋場の辺りを越えて行けば人の姿も稀になり、葉桜が青々と春に後れて連なっているのも眺めよいものに違いない。五月雨の降り続く頃は、時鳥が一声二声鳴きながら過ぎてゆくのも聞こえて他所にはない風情であろう。夜中なのか暁なのか、老いの寝覚めの覚束ない枕元には、水鶏のたたく声が聞こえてきたりしてこれも珍しい感じに違いない。六月の暑い日も暮れかかり、軒端にくすぶりたつ蚊やり火の煙りが田の面を吹く風に散るころ、待ちかねていた蛍があちこちに飛びかうのを眺めやるのもまた趣深いことだろう。

鉄砲洲あたり海辺近き所にも小家を造りたい。そこでは佃島の住吉神社で、夏越しの祓えが済んだあとのさまが見所あるだろう。魂祭りの日には父母のため生身魂を祝うのだと若い貴公子たちが小舟に竿差し釣り糸を垂れ、網を下ろし、舟の上同士で言い争い罵るさまも見渡されよう。名月のころは海か空かみまがう辺りに縹渺として金波が立ち、その中から白帆の舟が追い風をうけて入ってくる様子は、まるで月の中から現れてきたのかと見紛うほどであろう。また、闇の夜には漁り火もよいに違いない。秋もしだいに深まれば、東海寺、海晏寺辺りから浜御殿の浜辺にかけて山々の紅葉の濃いのも薄いのもみな一面に夕日に映えて眺め深いものがあろう。神無月は小春ともいわれ長閑なものである。そんな一日、小舟を借りて向こうの岸に上がり洲崎十万坪の辺りを散策すれば、枯れ残った蓼の花や嫁菜の花などが入り乱れてしおれがちな中に、ただ尾花だけが高く立ちその先に百舌があやうく止まって一声鳴いたりするのはことのほかあわれ深い。この月の末頃からは風も冷ややかに身にしみるようになったなら、もとの小詩仙堂に帰ることになる。折から近くの芝居小屋の役者が入れ替わり、新しい歌舞伎に期待が高まる様子を見ることができよう。それにつけても昔と今の移り変わりがしみじみと思われ、老いの嘆きはひとしお深くなるだろう。夜は埋み火に向かい昼は日向に背をあぶりながら、昔の書物などを読み見ぬ世の人を友とし、それにも飽きたら幼き孫どもを集めたわむれ遊んだならば一入の楽しみとなるだろう。師走には霜の気配が強くなり、空も何となくさびしくやがて雨が吹き降りとなり、目に馴れた庭木の様子も変わってくる。よくおそろしいものにたとえられる寒い夜の月は興あるものなのに見る人もない。二十日を過ぎる頃には、新春の準備とて世の中は騒がしくなり、松、竹をはじめ何やかやと取り散らし、晦日の夜は神棚、持仏堂などにまで灯明を点し、ふだんと変わっても見えない空を仰いで年の名残だなどと言い合い、ようやく五夜（寅の刻、午前三時～五時）の頃になって、家をも譲った息子の方でも準備が調っていささか改まった趣となりましたなどといってくるのも嬉しいことにちがいない。その明け方には鶏鳴もひときわめざましく、百八つの鐘の音も止み、暁烏が飛びわたる空にのどかに初日影を迎える。孫、子らも新しい衣に着替えて、屠蘇の酒を酌み交わしながらいつまでも変わらずになどと祝い合えばことに浮き立つような心地がするだろう。

その頃の私はすでに公の務めにはかかわらぬ身となっているから、うららかに春めいてきて梅のほころび初めるころ、お茶の水の辺りにも同じような小さな家を造りおいてそこに出かけよう。渓の向こうの林中に鶯の鳴くのを耳にとどめ木陰の淡雪も消え果てて若草も萌え立つに従って一面に花の盛りとなってゆく。山の端ごとにかかる白雪と詠まれた風情にて小川町、番町あたりの家々の木々の梢ごとに花咲くのも見渡され、春のけしきはひときわ勝って見所が多いにちがいない。また芽吹き始めた華やかな遠山の連なりの中に高くそびえ立った富士山に向かっ

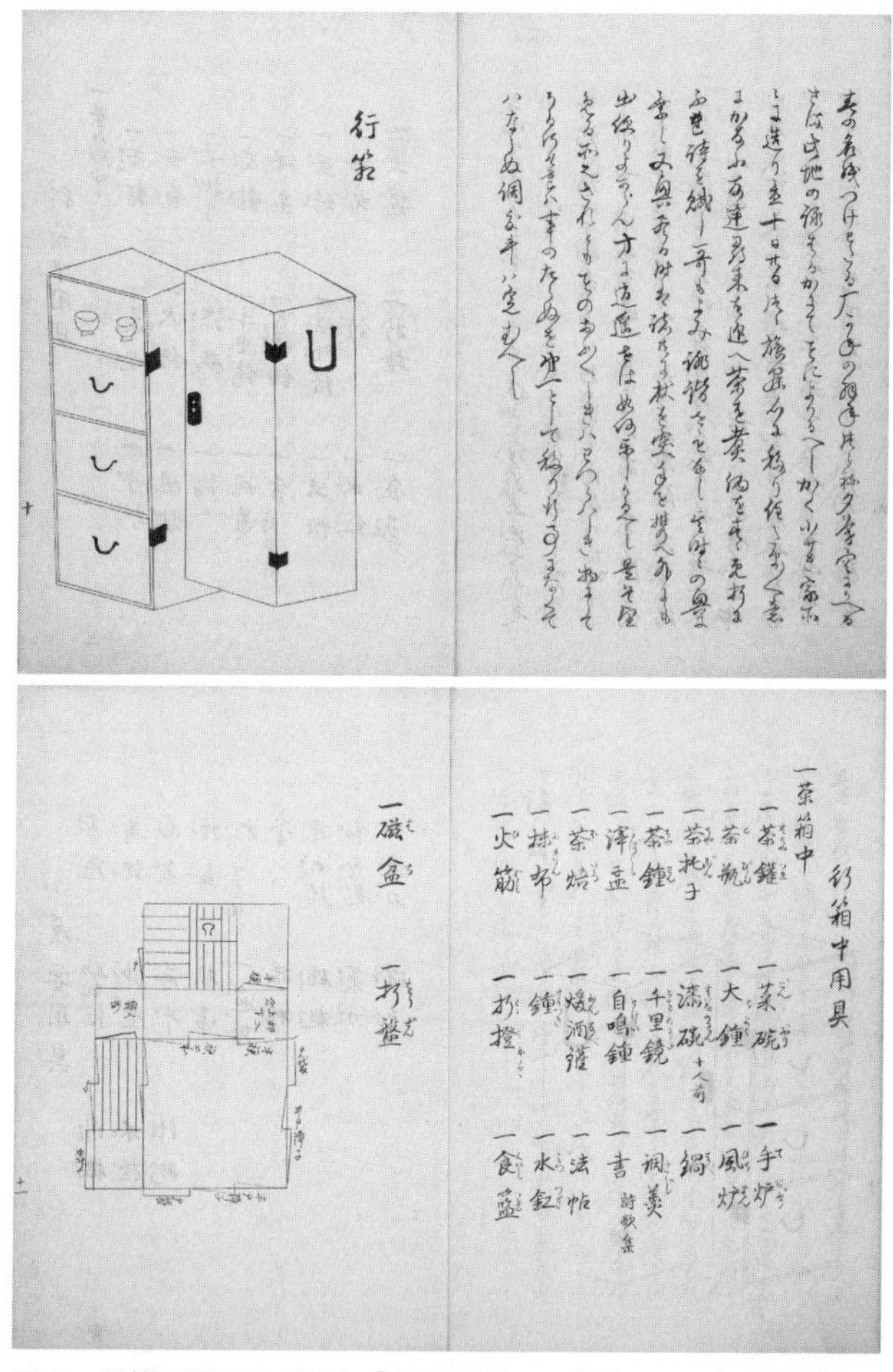

図２　行箱と間取図（写本『耄耋独語　玉味噌』より。慶應義塾大学信濃町メディアセンター〈北里記念医学図書館〉所蔵、富士川文庫）

てまた来る年を約束し、春の名残を告げながら雁の羽を連ね夕暮れ空を北に帰る頃は、この地の眺めもはるばるとしてことのほかに趣ふかいことであろう。

このように小さな家をあちこちに造り置き、十日あるいは二十日と旅人のような心で移り住む。たまたま心にかなう友人が尋ね来るのを迎え、茶をたて、酒を勧め、興に乗じては詩を賦し、唄を詠み、俳諧もするだろう。興が尽きればともに杖を突き手を携え外にも出て、たよりよき方に逍遥するのだ。それはどんなにか楽しいことであろう。これこそわたしの望むところなのである。しかし、ことの仰々しいのはわずらわしくうるさいものだから、足らぬを第一として移り住むのになくてはならぬ調度だけをここに定めておきたいとして、行箱のスケッチと収めるべき調度品、また小さな家の見取り図と用具をまとめて結びとしている（芳賀徹校注『玉味噌』と『耄耋独語』――老玄白の未刊随筆二篇――』）。

（2）『耄耋独語』

文化十三年、八十四歳の玄白は『耄耋独語（ぼうてつどくご）』を書いている。翌年には没しているので生涯最後の著述といってよい。「耄耋」とは年老いて心身の衰えたこと、書名は老いぼれのひとりごとの意である。前述の通り、『玉味噌』と合綴された写本が伝来している。はしがきに、玄白は「杉田九幸翁」と署名して次のように述べている。

享保十八年九月十三日に生まれた私は八十四歳の誕生日までに二万九千九百十九日におよぶ日を重ねたことになる。生来必ずしも健康で頑健な身体であったわけでもなく、積聚（胃痙攣）などという宿疾もあって常人にことなるところはない。とくに養生に心懸けたということもない。若いときには酒もすこしは嗜んだが、天性好むところではなかったのか、中年過ぎてからは絶えて飲むこともなくなった。特別の好みの食べ物もなく、只そのときのお菜が一品か二品があれば十分満足してきた。近頃のふだんの食事はだいたい女子一人前というには少し足りないという程度であり、この分では天が我が身に与えてくれた油皿分だけは灯火の光は保てるだろうか。だがそれさえ次第に減じて、その光は夜毎に薄暗くなってゆき、ついには消え失せるのであろう。これは人生の定めであるのだから、あれこれといいたてるほどのことでもない。私はこれまでさしたることもなく、知らず知らずしてこの年を保つの幸いをえた。これは天があらかじめ按配してくれたことに違いない。ところが、世人はこのことを弁えず、むやみに長寿を得ようと心をくだいているのは無益なことで、私のように、老い行く先に自分が自分の思い通りに立ちゆかなくなる苦しい味を知らずして、羨み希む人々に対して筆にまかせてこの一篇を記すものである。

本文の冒頭は、人欲の止みがたきは世の常情であって、わけても寿と福とは人々の願うところなりとして、秦始皇帝、漢武帝が不老不死の薬を求めさせたが叶わなかったというよく知られた話で筆が起こされている。これを以て見れば、ならぬことのならぬは天子も常人に変わらない。手足達者で面影が変わらず年を重ねたいとの思いが誤りであり、金石で造ったものでも数十年の星霜を経れば自然に破損する。およそかたちあるもののならいであるというのである。

私も八十歳を超える今日まで幸いにもさしたる労苦も覚えずに来たが、ただ十年前にくらべれば違うことがないではない。これという不足はないのだが起居動作などは昔とは大いに違うようになってしまったのである。最近まで道も徒歩で二、三里ばかりは往復することができた。そのため私を知っている人は幸いに幸いを重ねる人だと、あう人ごとに羨む人ことも多く、私もその幸せを自ら数え上げて「九幸」と号したのであった（V—二、三〇二ページ参照）。ずっとそんな具合で去々年の秋までは逆さごとをみることもなかったが、思いもかけず嫡孫の男子一人（伯元長男、恭卿）に先立たれてしまった。大変に残念なことではあったけれども、老少不定は世の有様であって、私一人に限ったことではない。高貴の位にある人でも、また聖賢であってものがれられぬ哀傷なのだと考えてあきらめないではなかった。これもなまじいに長命せしための悲哀であった。

その後も飲食動作についてはさして変わったこともないようであったが、血肉恩愛の情は深く孫を失った悲しみは深くて、明くる春（文化十二年）は気分優れずついに病床に伏せってしまった。これまでにも一、二度煩ったこともある吃逆（しゃっくり）と小水不通が一時に発症し、その日一日もつかどうかも怪しいほどだったが、孫、子等が集まりとやかく介抱してくれ、可能な限りの薬餌を与えてくれた。尽き果てる命ではなかったのか、幸いにも二十日余りで旧に復したのであった。それから後もおおかたはこれまでと変わったこともない様子であったが、にわかに動作が衰え、これまでさして苦労と思わなかった一、二里の道も次第に苦しくなり、心せくときは身のうちあせばみ、どうもつらいと思うようになった。顧み思えば、春と秋をくらべてみても身体の衰弱は月ごとに進んでいることが自覚され自ずから心細くなってきた。これは他人にはみえぬことだが、老いの嘆きとはまさにこのことなのである。

玄白はこのようになった成り行きをよくよく考えてみるととして、以下、医者の目で自らをあくまでも冷静に観察し、身体各部の衰弱のさまを克明に記述している。

先ず第一に、物をみるに眼鏡などなくとも物が識別できないなどということはなかったのに、最近では両眼が常に霞んで深い霞が物と目の間に立ちこめているように感じられてきた。十間も隔てたところの顔色はたしかならず、その身ぶり素振りは誰それであろうと思えど確かではない。夜には行く手から来る一張りの提灯が細く長く五つにも六つにもみえ、近寄ればその実際のかたちより細くみえる。明かりをつけて歩いても路の高い低いは不確かである。日が暮れてしまえば、灯下では眼鏡をしても書を読むことも物を書くこともできない。昼間でも常に目の中に花が散っているようでうるさくてならない。こうなっては生きていても死んでいるのと同前である。

鼻は変わることはないようだが、寒いあした夕べには水ばながしたたり落ちてうるさいし、また落としては物を汚さないかとの心配がないではない。いずれにせよ若い頃に比べればいいにおい悪いにおいを感じることも薄くなったように思う。

耳は自分の年にしては近いように思うけれども、若いときとは違って次第に鈍くなり、物音が確かでなくなってきた。ことに上逆（のぼせ）が強い朝などは耳鳴りがしてうるさい。いつも前方よりくる物音は聞こえるのだが、後方からの物音ははっきりせず、それがため誤って怪我でもしないかと思うだけでも気疲れがする。

口は命をつなぐ大本であって最も重要なところである。人ははじめ乳哺の養いにて生長しやがて有形の物を食すべきころには歯を生じ、さらに歯替わりということがあってほしいままに堅いものを食する。私は幸いにも人より遅く、耳順（六十歳）の頃になってはじめて歯の具合が少しずつ悪くなった。去月は一本、今月は二本とかけ始めて、今は早一本も残りなく落ち尽くしてしまい、これによって固いものは少しも食べられなくなってしまった。しかし八十に余るこの年まで生きて、珍膳佳肴、銘菓美味を食べ尽くしてきた身であってみれば、今更これといった望みのものはない。ただ三度の食事にはこの口で食べられるものだけを摂っているが、そのたびごとに気をつけても歯という垣がなくなっているので時々口中からたべものをこぼすことがあってむさ苦しいことである。また、歯が一、二本残っていたうちは、熱い物を食べるたびに息吹きかけて冷ますことがあったかとみえ、その頃までは気づかなかったのだが、歯が残らず落ちて後は柔らかい物をちょっと唇にくわえて食べるので、熱い物であればその熱さに耐えず食事のたびごとに火傷をしない日はないようになったのである。麺類などは食べやすいはずだが、これもちょっとくわえて呑み込まねばならず、あまり気に入らない。魚骨はその骨を舌で探りながら食べなければならないものなのに、その相手となる歯がないのだからなすべきようもない。もしそれでもむさぼり食べたなら、骨をかんでしまって患いを起こすにちがいないと思い、食わざるがましと諦めてしまうことが多いのである。

すでに入歯は作って使ったことがある。物食うため、物いいのためには少し良いように思われるけれども、下地を黄楊の木で作り、よほど大きなものなので、どのような名人上手に作らせても馴れぬうちはよほどうるさい。それを我慢して使っていても元来自然の物ではないので養いのためにはならないようだ。また、よく馴れたと思う頃には木目が立って舌に触り常に舌にこけが生えたようになって、物の風味がよろしくない。ことに人はただでも口の中が自然に臭うようになるものなのに、入れ歯を新たに作って口中にはめ込んだりすると普通でないところができるからであろうか、快くないのだ。また年老いては誰でも食事のたびにむせやすくなるものだが、入れ歯があるとますますむせることがひどくなり、不自由なことはいいようもない。また、人と話をするときに「五音」のうち「歯音」が欠けてしまうので、その「接語」の不便さは甚だしい。

老いの不便さは上述の「七竅（しちきよう）」（人の顔にある七つの穴、口および両目・両耳・両鼻孔）についてだけでもこれだけあるが、さらに、「二竅」（人の身体下部の二つの穴）のわずらわしさとつらいことはあげて数えがたい。まず、「後門」（肛門）は日々飲食の糟粕を排泄する第一の要所なので自由でなければ困るものである。老人のならいで便秘がちで厠にいるのも長くなり、寒風の時などその苦しみはいいようもない。排便のたびに脱肛し、脱肛すれば急には収まりかねてすぐには座に着くこともできない。色々と手当をし湯で蒸し温め、漸くにして取り収めてはじめてわが身がわが身のように感じられる。普段でも放屁もれやすく何かにつけて気分が悪いのは人知れぬ苦しみである。大便は日ごとに一両度ですむので我慢すればできないでもないが、小水はそうもいかない。老いの身になると年ごとに頻尿になり、夜も昼も数繁く、ことに冬の西北の風立ち肌寒き日は、通じて後もまた忽ちに聚るように余瀝が絶えない。清水が滴るような心地がして心安からざる状態である。その不浄不潔なることはたとえようもない。わけても貴人の座に列なるときはどんな尾籠なことをしでかすかと心中穏やかでない。これらは人の知らざる苦しみである。そのような心地の時があって、急ぎ便所に入ったが陰器縮まり自由にならず、思わぬ方に飛散ってしまいたえがたい。家にあっては竹の筒などで用をたすが、それもないときには前方に気を配っておかなければならない。何事につけてもこのようなことであるから、老いのつらさは数限りがないのである。

手足が意のままにならないのはいうまでもない。手についていえば、ここはいかなる「魔神」が乗り移ったのだろうか、物を書こうとして筆を把ってここから彼処に引こうとして心に念じた筆先が思わぬ方に向かい、また何々という文字を書こうとして意に違いあらぬ字を書くことがたびたびである。こと繁く心中忙しい折はわけてもそれが甚だしいようである。それればかりでなく、何を書くつもりだったのかすっかり忘れてしまって当惑することが度々ある。このようなことは我ながらいぶかしく思うことだ。

また、日によっては今まで何ともなかった「筋骨」がにわかに傷みだし「転筋」（こむらがえり）して不自由になることもある。膝頭や足の甲などが痛むことがたびたびである。

これをたとえていえば、革で結びつけた蝶番をたびたび開けたてしたため延びすぎてしまったと同じようなもので、いかにも筋の長くたるんだ様である。このようなことで、ふとしたことで躓き倒れようかと思えば、一寸の起居にも油断がならない。ことに腰は衰弱が甚だしい。腰骨は一身を保持する要所なので若いときから酷使してきたためであろう。そのため蜂か蟋蟀のように腰が縮まってしまったかと思われる心地で、立ち居についてもともすれば倒れてしまうのではと一入の苦しみなのである。貴人の前、親しき友人の前でも注意しないと足腰がふたしかでよろめいてしまう。前に踏み出そうと思っているのに足は後に残り、後ろに止まっていようと思えば前に出て、わが身ながら自由にならない。そのため起居歩行にふらつくことがしばしばである。われながら奇妙だと思うのは、別に急いでいるのではないのに急ぎ足になり、踏みとどまろうとすればかえって急ぐようになって止まれないこともある。これは暖かでのぼせるような日などにあることで、しばらく腰をかけて休んでいけば何の障りもない。そうしないとすぐに転んでしまいそうになる。このほかにも気をつけてみれば老いの苦しさはまだまだたくさんあるだろう。

筋骨は有形のものだから日々衰弱してゆくのは勿論で、これは是非もないことであるが、精神はかたちなきものでそうはならないはずだと古人もいっているとのことだ。そうであれば、人間が老いぼれていくのは人たる者の恥だと思い、自分だけはそうはなるまいとかねてから心づもりをしてきた。しかしそれも叶わぬことであったらしい。近頃は同じ咄を幾度もして笑われ、親しい友人の名、朝に夕に召し使っている者の名も呼び違えるようになり、また、調度の類でこれは忘れてはならないと仕舞い置き、その場所を忘れてしまったことも度々である。甚だしい時には身につけている物を忘れて尋ねることもある。なかには用にも立たぬ古いことは覚えていて忘れないこともある。昔からいわれる所謂「老人八変」に「旧きを記して新たなるを記せじ」というのはわが身の上を説いたものかと思われるのである。私はすでにこのように不自由の身となっているのに、私が無病だ、達者だ、珍しい長命だといって人から羨まれるのは、この老人の苦しみを知らぬ人が外側からみていっているのに過ぎないのだ。六十歳には六十歳の、七十歳には七十歳の衰えがある。この身のつらさはその年ほどにあるものと知るべきことなのだ。

私が若い頃から親しくしてきた友人達はみな泉下の人となってしまった。生き残っている人は一人もいなくなってしまって、世上この世のことなど語り合う友とてなく何につけて物寂しく面白きことはない。旧友の鷺斎老人の「何事も余所になされていにしへをかたるをたにもきく人のなき」とむかしの人の詠んだ歌を口ずさんでは感にうたれていたその姿を思い出すばかりである。そしてその老人もまた地下の人となってしまった。

初めにもいったように、私はいかなる天助をえて生まれたものなのだろうか。齢八十に余り、幸いに幸いを重ね、天恩の厚きによって朝夕のことはなにひとつ不足なく、遠くまで歩くことは叶わなくなったが、行きたいと思うところには駕籠で行けるし、子ども達も親不孝、兄弟げんかをするような者ではないので、歯はなくとも口に合うように三度三度の食事を作ってくれるから口腹満ち足りて不足と思ったことはない。夜は寒くないようにと水鳥の温毛ばかりを詰めた夜着・布団を作りいたわってくれるので、それに包まれていれば少しも寒くはない。ただ、明け方ともなれば肌寒く思うときもある。これは老いの身の衰えで自然に気血のめぐりが不十分になっていくためだろう。しかしそのときも目覚めて寝返りなどすれば、すぐに宵に寝た時のように暖くなってくる。それは養生が足りないのではなく、今日まで積み重ねてきた高齢のための衰えに過ぎないのだ。食事も高齢の身で大食はできない。宵にほどよく食べても朝は食事が待ち遠しい気がする。このように万事行き届いた手当を受けても寝覚めの寒さのためか手足の働きは不自由なように感じる。これは若いときから日々入湯してきた習慣のためだろうということで、毎朝据え風呂を沸かしてくれるので快く暖まり、あとは身体の働きも自由になったように感じられる。また、入湯のみでは急に温まらぬこともあり、そのときは温湯一二盃も飲んで身体の内側からも温める。そうしないとどうも十分ではないようだ。このような気血の循環が自然のままでは不足すると思われる時には、毎夜、盲人の按摩を呼び、日暮れ頃から臥所に入って揉んで貰い気血の運行を助け、眠りについたら止めるということもたびたびである。このように子どもたちが心を配り大切にしてくれるからこそ今日まで長生きして無事にいられるのだろう。人に貴賤上下の差別はあるだろうが、私の場合、養生の上では何一つ不足はない。もとより医者の身であるから、針、灸、薬湯の類には意を用いている。されども春去り秋来たり、去年より今年と衰え行くことは是非もないことである。そのことについて、くだくだしく言い立ててきた数々の老いの苦しみ、これはその身にあたらなければ知られざるところである。それを思い彼を思えば、長命は詮ないものである。

この身は神仙ではないのだから、片時も無心無欲ではいられない。頭上で雷鳴すれば落ちてもかまわないなどという気にはなれない。みるにつけ聞くにつけても木偶人形のようにもならずまことに無益の長命である。油煙斎（鯛屋）貞柳老人が、「何しても同じ浮き世に同じ花月は真丸雪は真白」と狂歌を作ったが、まことにその通りだ。私は八十年も長らえてみたのだが、この歌と違うところはない。したがって死んでしまった方がましだと思われることもあるのだ。

私の若い頃、日本橋通四丁目に家主宇右衛門という人物がいた。宇右衛門は、寛文年中の生まれで、長命して齢九十歳余りとなり、時の人びとがあだ名して孔子宇右衛門と呼んだものである。その頃までは少しく常人と変わった所のある者にはあだ名をつけたもので、この男は漢字の音にくわしいというので孔子の名を得たのだという。この男が長生きをして寿命に飽き果ててしまい、死ねる薬がほしいと人々に所望したということを私は確かに聞いたことがある。このことは狂人の言のように思われるけれども、気血が衰えて万事不自由を感じるようになったら、さして驚くほどのことではない。彼の貞柳の歌のようなものなのだから、強いて長命を願うのは無益のことなので あって、秦の始皇帝や漢の武帝はさておいて、あまりに命を惜しがる人々は、この苦しみを知らないだけのことなのだ。老いの惨めさ、苦しみを知らざる人々のために、私がこの身に経験したことどもを今八十に余りある老いの手で申し置いた次第である。玄白は最後にこのように述べて、『耄耋独語』の結びとしている。

四、未だ世に在るの絶筆なり――『蘭学事始』――

蘭学の勃興と興隆の過程を懐古した玄白の回想録、『蘭学事始』は、文化十二（一八一五）年四月に脱稿している。一つ書きを重ねるかたちで上下二巻にまとめられており、上巻は二十一項目、下巻は二十三項目からなっている。冒頭の一節は、

> 近時、世間に蘭学といふこと専ら行はれ、志を立つる人は篤く学び、無識なる者は漫りにこれを誇張す。その初めを顧み思ふに、昔、翁が輩二三人、ふとこの業に志を興せしことなるが、はや五十年に近し。今頃かくまでに至るべしとはつゆ思はざりしに、不思議にも盛んになりしことなり。
>
> （岩波文庫本『蘭学事始』上巻第一項、上・1と略す、以下同）

と記されている。『解体新書』の翻訳、出版を契機として五十年に近い時を経た今、新しい蘭学の世界がここまで

広がるとは思いもよらなかったというのである。そしてさらに、『蘭学事始』の全四十四項目に及ぶ記述は、次のように結ばれている。

一滴の油これを広き池水の内に点ずれば散つて満池に及ぶとや。さあるが如く、その初め、前野良沢、中川淳庵、翁と三人申し合はせ、かりそめに思ひつきしこと、五十年に近き年月を経て、この学海内に及び、そこかしこと四方に流布し、年毎に訳説の書も出づるやうに聞けり。これは一犬実を吠ゆれば万犬虚を吠ゆるの類にて、その中にはよきもあしきもあるべけれども、それはしばらく申すに及ばず。かく長命すれば、今の如くに開くることを聞くなりと、一たびは喜び、一たびは驚きぬ。今この業を主張する人、これまでのことを種々の聞き伝へ語り伝へを誤り唱ふるも多しと見れば、あとさきながら覚え居たりし昔語をかくは書き捨てぬ。かへすがへすも翁は殊に喜ぶ。この道開けなば千百年の後々の医家真術を得て、生民救済の洪益あるべしと、手足舞踏雀躍に堪へざるところなり。翁、幸ひに天寿を長うしてこの学の開けかゝりし初めより自ら知りて今の如くかく隆盛にいたりしを見るは、これわが身に備はりし幸ひなりとのみいふべからず。伏して考ふるに、その実は忝く太平の余化より出でしところなり。世に篤好厚志の人ありとも、いづくんぞ戦乱干化の間にしてこれを創建し、この盛挙に及ぶの暇あらんや。恐れ多くも、ことし文化十二年乙亥は、二荒の山の大御神、二百とせの御神忌にあたらせ給ふ。この大御神の天下太平に一統し給ひし御恩沢数ならぬ翁が輩まで加はり被むり奉り、くまぐますみずみまで神徳の日の光そへ給ひしおん徳なりと、おそれみかしこみ仰ぎても猶あまりある御事なり。その卯月これを手録して玄沢大槻氏へ贈りぬ。翁次第に老いつかれぬれば、この後かゝる長事記すべしとも覚えず。未だ世に在るの絶筆なりと知りて書きつゞけしなり。あとさきなることはよきに訂正し、繕写しなば、わが孫子らにも見せよかし。八十三齢、九幸翁、漫書す。（下・23）

良沢、淳庵、玄白らがかりそめに手がけたことが、あたかも一滴の油が池全体に広がるように四方に流布していった。それは結果として今後も長く多くの人々を救済することに役立つはずで、「手足舞踏雀躍」に堪えざるところであった。しかしながらこの間、語り伝え、聞き伝えられたことのうちには、「一犬実を吠ゆれば万犬虚を吠ゆる」というたとえもあるように、誤りも少なくないと見受けられる。そこで、あとさきながら自分の記憶にある「昔語（むかしがたり）」をここに書きとめておくというのである。そして、「この後かゝる長事記すべしとも覚えず。未だ世に在るの絶筆なりと知りて書きつゞけしなり」と述べ、「あとさきなることはよきに訂正し、繕写しなば、わが孫子らにも見せよかし」と後事を大槻玄沢に託して擱筆している。

玄沢の繕写、補筆の事情については玄沢執筆の序文に明らかである。玄沢は述べる。蘭学という新しい学問の濫觴は、昔老師（玄白）等の「篤志深情」より起り、その医流が盛大となり現在があるにもかかわらず、われしたり顔にその著書序跋ようのものに、「この学誰に創業し某にして立成せり」などと、近きあたりの後輩をいい立てたような手合いが多い。玄白たちが刻苦し、草創したことを継承し、その余沢を受けたに過ぎないことを弁えていないというのである。玄沢はさらに次のように続けて、玄白が『蘭学事始』の筆を執った経緯を説明している。

老師かねぐ〳〵これらの書を目になし給ひ、おのれらにかたらく、むかし同好篤志たりし翁が友たちは皆千古の人となれり。茲に今吾もあらざらん後は、当時のこと誰知るものもあるなし。在世の今時すらかくの如し。さればこの行末に皆その源をとり失ひ、我がちの妄説を述べ伝へんも測るべからず。翁今に耄てよろずのこと忘れがちなり。されどよりく〳〵思ひ出しく〳〵て過越しかたを考へつゝ、その事はじめのあらましを筆にまかせて書残さばやと、この頃筆を起せしとなり。おのれこれを承り、せちにその編述のことを希ひて慫慂したりし。そは文化の十一年甲戌の歳なり。然るにその草稿半ばにもみたず、ある月の夕つくころ、いさゝか風の心ちあらせ給ひしより、軽からぬいたつきのことあり。齢高き老が身の上、快復のほどもいかゞあるべきと、皆人心をいため、且はこの編述の企もそのまゝに廃しなんと、口惜しかりき。しかありしに思ひの外なる薬餌のしるしありて、日ならずして本に復しいとまめやかになり給ひたり。しかして後再び一草全備の功を卒へ給ひ、これをおのれに示してのたまふ。これは翁が絶筆なり。ただ今ははや校合繕写にものうし。汝よきに訂正してよと授け給ひぬ。

蘭学草創に関わった人々が在世の今ですら事実が正しく伝わらないのだから、「この行末に皆その源をとり失ひ、我がちの妄説を述べ伝へんも測るべからず」という事態が生ずるに違いない。そこで玄白は、「その事はじめのあらましを筆にまかせて書残さばや」と筆を起こした。「文化の十一年甲戌の歳」のことであった。ところが草稿が半ばにも至らぬうちに玄白が発病し、この企てもそのままになるかと思われたが幸いに薬餌の効あり、本復して再び筆を執り「一草全備の功」を卒えられたというのである。草稿を託された玄沢はこれを読み、多くはこれを師の許に親炙した昔からつねづね語られ記憶にとどまっていることも少なく、また玄沢自身が自ら見聞きしたこともあり、疑問点をさらに玄白に問い質し論議再三に及んだ。それにつれこれにつれ問難に応じ、更に考え出されたことなどもあってとりどり綴り合せ、「前後重訂して上下二編の書」となった。実に「蘭已に東せしやといふべき起原悉く本編の次第」であって、「本編繕写整ひて姑く蘭東事始と題して、即ち函丈に進呈」した。玄白はこれを披閲し「翁が素情これにて償れぬ」とたいへんに喜ばれた。あくる「乙亥のとし、師翁八十三齢の卯月」のことであったのである。

本書の表題について、ここでは『蘭東事始』とあるが、大槻玄沢が門弟の長岡浩斎に宛てた文政四（一八一五）年正月十一日付書簡の一節に、

蘭学事始外題に蘭東認置候御疑問、御尤千万に奉存候。何れも拙老命候題目にて御座候。蘭已(ニ)東(ス)申意にて蘭東なども試致候事にて御座候。覚へ易き蘭学の方可然やと存候事にて候。

とある（片桐一男『蘭学、その江戸と北陸―大槻玄沢と長崎浩斎―』）。当初いずれも玄沢の試みの命名で『蘭東事始』もしくは『蘭学事始』とよばれていたが、浩斎の問い合わせに対して覚えやすい『蘭学事始』の方がよろしいのではと応じたものである。なお、幕末に神田孝平によって見出された写本の表題が『和蘭事始』であった。福沢諭吉の杉田家への働きかけによって、これを典拠として明治二年に本書が初めて木版により出版され、この際、表題が福沢によって『和蘭事始』ではなく『蘭学事始』と改められているが、その理由については説明が残されていない。

本節冒頭に、『蘭学事始』の書き出し部分を数行引用したが、それにすぐ続いて以下の記述がある。

漢学は中古、遣唐使といふものを異朝へ遣はされ、或は英邁の僧侶などを渡され、直にかの国の人に従ひ学ばせ、帰朝の後貴賤上下へ教導のためになし給ひしことなれば、漸く盛んになりしは尤ものことなり。この蘭学ばかりは左様のことにもあらず。然るにかく成り行きしはいかにと思ふに、それ医家のことはその教へかたすべて実に就くを以て先とすることゆゑ、却つて領会すること速かなるか、または事の新奇にして異方妙術もあることのやうに世人も覚え居ることゆゑ、奸猾の徒、これを名として名を釣り利を射るために流布するものなるか。（上・1）

「漢学」と「蘭学」を比較して、中古以来の「漢学」が「貴賤上下へ教導のため」のものとして学ばれた、いわば観念の学であったのに対して、「蘭学」は医療というすべて「実に就く」ことを専らとする学であったがために、急速に「領会」（理解）され、流布したというのである。同様の趣旨のことは、下巻第八項の一節にも、次のように記されている。あわせて「漢学」によってあらかじめ人々の「智見」が開かれていたその基盤の上に発展したのかもしれないという指摘も興味深い。

翁が初一念には、この学近時の如く盛んになり、かく開くべしとは曾て思ひよらざりしなり。これわが不才より先見の識乏しきゆゑなるべし。今に於てこれを顧ふに、漢学は章を飾れる文ゆゑ、その開け遅く、蘭学は実事を辞書にそのまゝ記せしものゆゑ、取り受けはやく、開け早かりしか。また、実は漢学にて人の智見開けし後に出でたることゆゑ、かく速かなりしか、知るべからず（下・8）

上巻ではまず、「天正慶長の頃、西洋の人漸々わが西鄙に船を渡せしは、陽には交易によせ、陰には欲するところありてなるべし」と書き起こし、西欧人の渡来を発端として、南蛮流外科、オランダ流外科の誕生、さらには西善三郎、吉雄幸左衛門などオランダ通詞らにとどまらず、江戸の野呂元丈、青木文蔵などによりオランダ語の修得が進んだことが述べられている。そうしたなかで玄白自身のオランダ語学への開眼、『ターヘルアナトミア』の入手などのことがあり、やがて千住骨ヶ原（小塚原）での腑分けの見学が実現する。そしてその帰途、良沢、淳庵らと『ターヘルアナトミア』の翻訳に着手することを約し、翻訳の苦労がはじまったことまでが語られる。

下巻では、翻訳も成り翻訳開始から足かけ四年のあいだに草稿が「十一度」まで認めかえて「版下」に渡され『解体新書』として出版されるまでの周到に進められた段取りが述べられる。それにより蘭学が次第に隆盛となる経緯が記され、苦労をともにしてきた同志たちおよび後輩たちについて、例えば良沢について玄白は「奇異の才ゆゑ、この学を以て終身の業となし、尽くかの言語に通達し」、「康熙字典などの如きウヲールデンブックを解了せんといふことに深く意を用ひたり」といい、大槻玄沢については、「この男の天性を見るに、凡そ物を学ぶこと、実地を踏まざればなすことなく、心に徹底せざることは筆舌に上せず。一体豪気は薄けれども、すべて浮きたることを好まず。和蘭の窮理学には生まれ得たる才ある人なり」と述べ、幕府天文方の蛮書和解御用に登用されたことなど、個々の人物評や動静が具体的に述べられ、蘭学のますます盛んになろうとする趨勢を喜びつつ擱筆している。

以下、玄白の叙述の具体例として、『蘭学事始』上巻の数多い記事のうちから興味深いいくつかの事項を追ってみたい。まず（上・10）である。

オランダ商館長に随行して江戸に滞在していた大通詞西善三郎に、玄白が前野良沢とともに面会したおりのエピソードが次のように書きとめられている。

翁、かねて良沢は和蘭事に志ありや否やは知らず、久しきことにて年月は忘れたり、明和の初年のことなりしか、ある年の春、恒例の如く拝礼として蘭人江戸へ来りし時、良沢、翁が宅へ訪ひ来れり。これより何方へ行き給ふと問ひしに、今日は蘭人の客屋に参り、通詞に逢うて和蘭のことを聞き、模様により蘭語なども問ひ尋ねんがためなりといへり。翁、その頃いまだ年若く、客気甚しく、何事もうつり易き頃なれば、願はくばわれも同道し給はれ、ともども尋ね試みたしと申しければ、いと易きことなりとて同道してかの客屋に罷りたり。その年大通詞は西善三郎と申す者参りたり。良沢引合せにてしかじかのよし申し述べたるに、善三郎聞きて、それは必ず御無用なり、それは何故となれば、かの辞を習ひて理会するといふは至つて難きことなり。（上・10）

大通詞の西が江戸に来たのは、宝暦十二（一七六二）年と明和三（一七六五）年の二回だけであり、ここで玄白が明和初年、年月は忘れたというのは「明和三年」のことと知れる。玄白が「その頃いまだ年若く、客気甚しく、何事もうつり易き頃なれば」と述べているのはどれほどのことであったのか、良沢に同道を願ったのはたんなる好奇心にとどまるものではなかったように思われる。玄白がオランダ語の学習の実際を尋ねたのであろう。西は、「かの辞を習ひて理会〔理解〕するといふは至つて難きこと」であって、「必ず御無用なり」と述べたという。さらに、その理由を具体例をあげて懇切丁寧に説明したようである。湯水や酒を飲むということをオランダ語で何というか、これは茶碗を手にもち口につけ「デリンキ」ということを示して教えることができる。しかし、上戸と下戸を何というか。繰り返し飲むと、一回だけ飲むという仕草だけで区別することはできない。沢山飲んでも酒を好まぬ人もいる。これは「情の上のこと」であって、手真似、仕草では示しようがないのである。酒を嗜む、好むということは

「アーンテレッケン」という。「アーン」とは向こう、「テレッケン」は引くということで、向こうにあるものを手前に引き寄せる、つまりは「好む」の意となり、故郷を思うもまた故郷を手元へ引き寄せたいということでこのことばを使う。西は、このことばの意味を今回の江戸参府の道中で初めて理解したと告白している。

かの言語を更に習ひ得んとするには、かやうに面倒なるものにして、わが輩常に和蘭人に朝夕してすら容易に納得し難し。なかなか江戸などに居られて学ばんと思ひ給ふは叶はざることなり。それゆゑ野呂・青木両先生など、御用にて年々この客館へ相越され、一かたならず御出精なれども、はかばかしく御合点参らぬなり。そこもとにも御無用のかた然るべしと意見したり。良沢は如何承りしか、翁は性急の生れゆゑ、その説を尤もと聞き、その如く面倒なることをなし遂ぐる気根はなし、徒らに日月を費すは無益なることと思ひ、敢て学ぶ心はなくして帰りぬ。（上・10）

西の忠告を良沢がどう受け止めたかは知らないが、玄白はそのような面倒なことをなしとげる気根はないとして、ここではオランダ語の習得は断念したというのである。ただ、玄白はすべてを断念したわけではなかった。次のような回想がある。

その頃、翁、年若く、元気は強し、滞留中は怠慢なく客館へ往来せしに、幸左衛門一珍書を出し示せり。これは去年初めて持ち渡りしヘイステル（人名）のシュルゼイン（外科治術）といふ書なりと。われ深く懇望して境樽二十挺を以て交易したりと語れり。これを披き見るに、その書説一字一行も読むこと能はざれども、その諸図を見るに、和漢の書とはその趣き大いに異にして、図の精妙なるを見て心地開くべき趣きもあり。よりて暫くその書をかり受け、せめて図ばかりも模し置くべきと昼夜写しかゝりて、かれ在留中にその業を卒へたり。これによりて或は夜をこめて鶏鳴に及びしこともありき。（上・11）

幸左衛門は大通詞吉雄幸左衛門（幸作、耕牛）である。明和六年春のオランダ商館長の江戸参府に従って江戸に来ていた。幸左衛門は外科に巧みで評判が高く、西国、中国筋から長崎へ下り入門する者が多かった。玄白は、直ちに入門し一行の滞在中は怠りなく客館（長崎屋）へ往来したという。ここで玄白は幸左衛門が「境樽」二十挺で手に入れたヘイステルの外科書をみせられ、「書説一字一行」も読めなかったがその精妙な図に驚嘆し、せめて図だけでも写しておきたいと借り受け、幸左衛門の滞在中にその模写を卒えたのである。

（上・14）には、『ターヘルアナトミア』を玄白が入手した経緯が説明されている。「明和八年辛卯の春」とあるから、玄白がオランダ語習得を断念したという時からまだわずかしか経っていない頃のことになる。

同藩の中川淳庵は本草を厚く好み、和蘭物産の学にも志ありて、田村藍水、同西湖先生などとも同志にて、毎春参向せる和蘭通詞どものかたにも往来せり。明和八年辛卯の春かと覚えたり。かの客屋へ至りてターヘル・アナトミアとカスパリュス・アナトミアといふ身体内景図説の書二本を取り出し来り、望むひとあらば譲るべしといふ者ありとて持ち帰り、翁に見せたり。もとより一字も読むことはならざれども、臓腑、骨節、これまで見聞するところとは大いに異にして、これ必ず実験して図説したるものと知り、何となく甚だ懇望に思へり。且つわが家も従来和蘭流の外科と唱ふる身なれば、せめて書篋の中にも備へ置きたきものと思へり。（上・14）

長崎屋から戻った同僚の中川淳庵が、玄白のもとに、「『ターヘル・アナトミア』と『カスパリュス・アナトミア』といふ身体内景図説の書」を持ち帰ったのである。玄白はこれをみて必ず「実験」して図説したものと確信し、「和蘭流の外科」を標榜する我が家にも備え置きたいと考えさっそく行動を起こしている。自家の家計では力が及ばないので、藩の家老岡新左衛門に要望したところ、「求め置きて用立つものか、用立つものならば価は上より下し置かるゝやう取計ふべし」との返答であった。玄白は「それはかならずかうといふ目当てはなけれども、是非ともに用立つものになし、御目にかくべし」と答えた。傍らの倉小左衛門の「杉田氏はこれを空しくする人にはあらず」という助言もあって心易く望みが叶ったという。「これ翁の蘭書手に入りしはじめなり」という文言でこの項の回想は結ばれている。

（上・16）～（上・18）および（上・19）～（上・21）は『蘭学事始』のハイライトともいうべき部分で、骨ヶ原での「腑分」の実見と『ターヘルアナトミア』の翻訳作業の実際が述べられたくだりである。玄白とその同志たちの緊迫した現場の息づかいがそのまま伝わってくるかのような筆致で綴られている。（上・16）は次のように書き出されている。

然るにこの節不思議にかの国解剖の書手に入りしことなれば、先ずその図を実物に照し見たきと思ひしに、実にこの学開くべきの時至りけるにや、この春その書の手にいりしは、不思議とも妙ともいはんか。そもそも頃は三月三日の夜と覚えたり。時の町奉行曲淵甲斐守殿の家士得能万兵衛といふ男より手紙もて知らせ越せしは、明日手医師何某といへる者、千住骨ケ原にて腑分いたせるよしなり。御望みならばかのかたへ罷り越されよかしといふ文おこしたり。（上・16）

かねて同僚の小杉玄適が山脇東洋のもとにあったとき「観臓」のことがあって、人体の臓器について古来説かれていることが全くの空言であり今五臓六腑といっているのは後人の杜撰だといっているを聞いた。また東洋先生も『蔵志』という著書を出されている。私もその書をみてもいるのでぜひ自ら「観臓」したいと考えていた。このときに「和蘭解剖の書」も初めて手に入れたので、玄白は、「一かたならぬ幸いの時いたれりと彼処へ罷る心にて殊に飛揚」したのであった。このような幸いを得たことを自分だけのものにせず、「朋友の内にも家業に厚き同志の人々には知らせ」、「同じく視て業事の益には相互になしたきもの」と思い、同僚の淳庵ほか前野良沢らに知らせた。良沢は私よりも年長で互いに識ってはいたが常々の往来は稀であったけれども、「この一挙に漏らすべき人にはあらず」と考えたのである。折からオランダ商館長一行が長崎屋に滞在中のことであって、そこに玄白も出向いており「臨時の思ひ付き」で、「明朝しかじかのことあり、望みあらば早天に浅草三谷町出口の茶屋まで御越しあるべし、翁も此処まで罷り越し待ち合はすべし」と認めた手紙を本石町の木戸際にいた辻籠の者に託した。返信はいらない、「置捨てにて帰れ」と指示したという。

つづく（上・17）には、

その翌朝とく支度整へ、彼処に至りしに、良沢参り合ひ、その余の朋友も皆々参会し、出迎へたり。時に良沢一つの蘭書を懐中より出だし、披き示して曰く、これはこれターヘル・アナトミアといふ和蘭解剖の書なり、先年長崎へ行きたりし時求め得て帰り、家蔵せしものなりといふ。これを見れば、即ち翁がこの頃手に入りし書と同書同版なり。これ誠に奇遇なりとて互ひに手をうちて感ぜり。（上・17）

とある。翌朝、良沢も『ターヘルアナトミア』を持参していて、まさに「奇遇」なりと感じあったという。その書を開き良沢の説明で「これはロングとて肺なり」云々と教えられたが、「漢説の図には似るべくもあらざれば、誰も直に見ざるうちは心中いかにやと思ひしことにてありけり」、まさに疑心暗鬼の心境であったようである。

（上・18）では、腑分の実見の様子が記されている。それまでの腑分は執刀者が「某所をさして肺なりと教へ、これは肝なり、腎なりと切り分け」て示すもので、見学者はそれをそのまま受け入れて、われわれは身体の内景を見きわめたと納得していた。もとより一々の臓腑にその名が書き記してあるわけではなくそれで落着したのである。

その日もかの老屠がかれのこれのと指し示し、心、肝、胆、胃の外にその名のなきものをさして、名は知らねども、おのれ若きより数人を手にかけ解き分けしに、何れの腹内をみてもこゝにかやうの物あり、かしこにこの物ありと示し見せたり。図によりて考ふれば、後に分明を得し動血脈の二幹また小腎などにてありたり。老屠また曰く、只今まで腑分のたびにその医師がたに品々をさし示したれども、誰一人某は何、これは何々と疑はれ候御方もなかりしといへり。良沢と相ともに携へ行きし和蘭図に照らし合せ見しに、一つとしてその図に聊か違ふことなき品々なり。古来、医経に説きたるところの肺の六葉両耳、肝の左三葉右四葉などいへる分ちもなく、腸胃の位置形状も大いに古説と異なり。官医岡田養仙老、藤本立泉老などはその頃まで七八度も腑分し給ひしよしなれども、みな千古の説と違ひしゆゑ毎度毎度疑惑して不審開けず。その度々異常と見えしものを写し置かれ、つらつら思へば華夷人物違ひありやなど著述せられし書を見たることありしはこれがためなるべし。

玄白たちは、持参の「和蘭図」に照らし合わせながら、腑分によって示された事実をみて、古来『医経』などに説かれてきたところの誤りを確認した。また、「古説」と腑分によって得た知見とが異なることについて疑問が解けず、「華夷人物違ひありや」などと記した官医岡田らの著述の意味も理解したのであった。

つづく（上・19）には、骨ヶ原から帰途の状況が述べられている。

帰路は、良沢、淳庵と、翁と三人同行なり。途中にて語り合ひしは、さてさて今日の実験、一々驚き入る。且つこれまで心付かざるは恥づべきことなり。苟くも医の業を以て互ひに主君主君に仕ふる身にして、その術の基本とすべき吾人の形態の真形をも知らず、今日まで一日一日とこの業を勤め来りしは面目もなき次第なり。なにとぞ、この実験に本づき、大凡にも身体の真理を弁へて医をなさば、この業を以て天地間に身を立つるの申訳もあるべしと、共々嘆息せり。良沢もげに尤も千万、同情のことなりと感じぬ。その時、翁、申せしは、何とぞこのターヘル・アナトミアの一部、新たに翻訳せば、身体内外のこと分明を得、今日治療の上の大益あるべし、いかにもして通詞等の手をからず、読み分けたきものなりと語りしに、良沢曰く、予は年来蘭書読み出だしたきの宿願あれど、これに志を同じうするの良友なし。常々これを慨き思ふのみにて日を送れり。各々がたいよいよこれを欲し給はば、われ前の年長崎へもゆき、蘭語も少々は記憶し居れり。それを種としてともども読みかゝるべしやといひけるを聞き、それは先づ喜ばしきことなり、同志にて力を戮せ給はらば、憤然として志を立て一精出し見申さんと答へたり。良沢これを聞き、悦喜斜めならず。然らば善はいそげといへる俗諺もあり、直に明日私宅へ会し給へかし、如何やうにも工夫あるべしと、深く契約して、その日は各々宿所宿所へ分れ帰りたり。（上・19）

「さてさて今日の実験、一々驚き入る」とある。興奮の覚めやらぬ雰囲気のうちに、最前の見聞を反芻しながら話をしあっている玄白や良沢の姿がみえるところである。「吾人の形態の真形」を知らずしてこのまま先には進めない。なんとしても、『ターヘルアナトミア』を通詞たちの手をかりずに読み分けたいものだという玄白の発言に、皆さんがその気であれば自分のこれまでのオランダ語についての知識を「種」にともにやってみようと良沢が応じ、さらに玄白が「同志にて力を戮せ給はらば、憤然として志を立て一精出し見申さん」と答えたという。そうと決まれば、さっそく明日からでも始めよう、「如何やうにも工夫あるべし」との良沢のことばは玄白等をいっそう奮い立たせるものであったろう。翌日の模様については、（上・20）に記されている。

その翌日、良沢が宅に集まり、前日のことを語り合ひ、先づ、かの『ターヘル・アナトミア』の書に打ち向ひしに、誠に艪舵なき船の大海に乗り出だせしが如く、茫洋として寄るべきかたなくたゞあきれにあきれて居たるまでなりき。されども、良沢はかねてよりこのことを心にかけ、長崎までも行き、蘭語並びに章句語脈の間のことも少しは聞き覚え、聞きならひし人といひ、齢も翁などよりは十年の長たりし老輩なれば、これを盟主と定め、先生と仰ぐこととなしぬ。翁は、いまだ二十五字さへ習はず、不意に思ひ立ちしことなれば、漸くに文字を覚え、かの諸言を習ひしことなり。（上・20）

「艪舵なき船の大海に乗り出だせしが如く」云々とある。勢い込んでテキストを開いてみたもののどこから手をつけてよいものか、当惑するばかりであった。わずか一二行の叙述にその場の雰囲気が圧縮されているように思う。良沢をオランダ語の先達として「盟主」と定め、玄白自身はアルファベットを習得することから始まったという。

つづく、（上・21）は、上巻最後の一節であるが、翻訳作業の実際が次のように描写されている。

さてこの書を読みはじむるに如何やうにして筆を立つべしと談じ合ひしに、とてもはじめより内象のことは知れがたかるべし、この書の最初に仰伏全象の図あり。これは表部外象のことなり、その名処はみなしれたることなれば、その図と説の符号を合せ考ふることは、取付きやすかるべし。図のはじめとはいひ、かたがた先づこれより筆を取り初むべしと定めたり。即ち解体新書形体名目篇これなり。その頃はデの、ヘットの、またアルス、ウェルケ等の助語の類も、何れが何れやら心に落付きて弁へぬことゆゑ、少しづつは記憶せし語ありても、前後一向にわからぬことばかりなり。たとへば、眉（ウェインブラーウ）といふものは目の上に生じたる毛なりとあるやうなる一句、彷彿として、長き春の一日には明らめられず、日暮るゝまで考へ詰め、互ひににらみ合ひて、僅か一二寸ばかりの文章、一行も解し得ることならぬことにてありしなり。（上・21）

初めから「内象」（身体の内部構造）のことに取り組むのは難しいと考え、まずは「表部外象」からということで「仰伏全象の図」から手をつけたという。この書の冒頭に、前向きと後ろ向きの全身像の図版があり、これには身体各部にアルファベットや数字などの符号がついていて、本文に対応させている。図と本文の解説をつきあわせて全体を解きほぐしていこうとの着想であった。「眉」についての「目の上に生じたる毛なり」といった簡単な一句の理解に一日かけても到達しなかったという。さらに続いて、「鼻」のところで「フルヘッヘンド」なる語に出会った時のことについては次のように述べている。

また或る日、鼻のところにて、フルヘッヘンドせしものなりとあるに至りしに、この語わからず。これは如何なることにてあるべきと考へ合ひしに、如何ともせんようなし。その頃ウヲールデンブック（釈辞書）といふものなし。漸く長崎より良沢求め帰りし簡略なる一小冊子ありしを見合せたるに、フルヘッヘンドの釈註に、木の枝を絶ち去れば、その跡フルヘッヘンドをなし、また庭を掃除すれば、その塵土聚まり、フルヘッヘンドすといふやうに読み出だせり。これは如何なる意味なるべしと、また例の如くこじつけ考へ合ふに、弁へかねたり。時に、翁思ふに、木の枝を断りたる跡癒ゆれば堆くなり、また掃除して塵土聚まればこれも堆くなるなり。鼻は面中に在りて堆起せるものなれば、フルヘッヘンドは堆（ウヅタカシ）といふことなるべし。然ればこの語は堆と訳しては如何といひければ、各々これを聞きて、甚だ尤もなり、堆と訳さば正当すべしと決定せり。その時の嬉しさは、何にたとへんかたもなく、連城の玉をも得し心地せり。（上・21）

良沢が長崎から持ち帰った小冊子の記事を参考に、玄白が「フルヘッヘンド」を「堆」と訳せばよいと思い至った時の嬉しさは何にたとえようもなく高価な宝玉を得たような心地であったと述べている。ただし、ターヘルアナトミアの原文の「鼻」の相当部分には「フルヘッヘンドせしもの」に相当する語句はない。また、『解体新書』に「堆」の語もない（岩波文庫本、『蘭学事始』校注参照）。このあたりの記述は厳密にいえば玄白の記憶違い、もしくは訳出にあたってはこれに類することがあったとみるのが妥当かと思われる。このようにして、解読が進み、「訳語」も次第に増し良沢の書留も増補されていった。

かくの如きことにて推して訳語を定めり。その数も次第次第に増しゆくこととなり、良沢のすでに覚え居し訳語書き留めをも増補しけり。その中にシンネン（精神）などいへること出でしに至りては、一向に思慮の及びがたきことも多かりし。これらはまた、ゆくゆくは解すべきときも出来ぬべし。先づ符号を付け置くべしとて丸の内に十文字を引きて記し置きたり。その頃しらざることをば轡十文字と名づけたり。毎会いろいろに申し合せ、考へ案じても、解すべからざることあれば、その苦しさの余り、それもまた轡十文字、轡十文字と申したりき。然れども為すべきことはもとより人にあり。成るべきは天にありとの喩への如くなるべしと。かくの如く思ひを労し、精を研り、辛苦せしこと一ヶ月に六、七会なり。その定日は怠りなく、わけもなくして各々相集まり会議して読み合ひしに、実に不味者は心とやらにて、凡そ一年余も過ごしぬれば、訳語も漸く増し、読むに随ひ自然とかの国の事態も了解する様にて、のちのちはその章句の疎きところは、一日に十行も、その余も、格別の労苦なく解し得るやうになりたり。尤も毎春参向の通詞どもへも聞き糺せしこともあり。またその間には解屍のこともあり。また獣畜を解きて見合はせしこともたびたびのことなりき。（上・21）

訳語については、シンネン（zinnen　精神）などという抽象的なことばについては「思慮の及びがたきこと」も多かったという。これらについてはゆくゆくは理解できることもあろうと、「轡十文字」なる符号を付して課題として残していった。こうして一年余も過ぎればようやく訳語も増え、一日に十行あるいはそれ以上の解読も格別の苦労なくすすむようになった。また、その間には、江戸参府のオランダ通詞たちに問いただすこと、腑分や獣畜の解剖を参考にすることもあったのである。

『蘭学事始』上下二巻の記述は、子細にみると玄白の記憶違いや思いこみ、あるいは事実誤認と思われるところを含むものの、全体としては蘭学の勃興と興隆の歴史を正確に後世に伝えたいという、玄白の強い明確な問題意識を背景に、取り上げられた個々のテーマについては具体的で躍動感あるきわめて鮮明な叙述となっているということができる。

あとがき

今改めて振り返ってみれば、筆者が杉田玄白に『鷧斎日録』のあることを知ったのはすでにほぼ半世紀も前のこととなる。

ちょうどその頃、ある出版社の企画で、「日記・記録による日本歴史叢書」全五十二巻（古代・中世編二十四巻、近世編二十六巻、別巻一・古記録研究、別巻二・近世史料論）の刊行が計画されていた。恩師の中井信彦先生が編集委員の一人として参画され、収録史料の選定や担当執筆者の検討などが続けられており、参考資料の確認などについて若干のお手伝いをした記憶がある。その過程で、仮に「『鷧斎日録』―杉田玄白晩年の世界―」として同叢書の近世編の一冊が成立するのではないかということになった。その結果として筆者は以後の数年間のうちに次のような論考をまとめることができた。これらは必要な加除訂正をして今回の本書の前半の主要部分（Ⅰ、Ⅱ、Ⅲの1）を構成することになった。

「杉田玄白の『鷧斎日録』について」『史学』四九―一、一九七八年七月

「杉田玄白の『鷧斎日録』に記された一落書について」『慶應義塾志木高等学校研究紀要』第九輯、一九七九年二月

「杉田玄白をめぐる人々」『史学』五〇巻記念号、一九八〇年一一月

「杉田玄白と市川団十郎」『芸能』二五―九、一九八三年九月

「杉田玄白をめぐる人々　その2」『史学』五四—一、一九八四年八月
「趣味人としての晩年の杉田玄白」『慶應義塾志木高等学校研究紀要』第一五輯、一九八五・三

やがて叢書の出版も実際に始まったが、中世編および近世編のうちあわせて数冊の刊行を見たのみで残念ながら以後中絶するに至った。『鷧斎日録』についてはなお検討すべき問題も多く想定されたが、当面は手をつけることができずにいた。また一方で、筆者は『福澤諭吉書簡集（全九巻）』（岩波書店）、『福澤諭吉事典』（慶應義塾大学出版会）、『福澤諭吉著作集・第十二巻』（慶應義塾大学出版会）の編集などに関わって忙殺され、『鷧斎日録』には目を向けられなかったのが実情であったようにも思う。再度、玄白に取り組むことが可能になったのは筆者の定年退職（二〇〇五年三月）前後からのことであった。

本書の成るについては多くの方々のお世話になった。記して心からの御礼を申し上げます。

大鳥蘭三郎氏には、『鷧斎日録』原本の写真複製本を用意していただいた。慶應義塾大学医学部の北里図書館内の研究室でお目にかかったが、「武者修行が大切ですよ」とおっしゃって蘭学資料研究会で『鷧斎日録』についての報告をする機会を作ってくださった。緒方富雄氏のお顔なども見えた会場は順天堂大学の教室であったかと思う。

本文中にも触れたように玄白の漢詩作品の読み下しについては金文京氏にお願いした。当初は慶應義塾大学の三田キャンパスの中国文学研究室をおたずねして、漢詩の読みと解釈などについてレクチャーをしていただいた。金氏が京都大学人文科学研究所へ移籍されてからはもっぱら手紙での応答となった。メールなどというツールが登場する直前のことであった。玄白と団十郎についての論考の『芸能』への掲載については金氏のご紹介によるものである。

杉田秀男氏には、杉田家に大切に伝えられてきた『鷧斎日録』原本の閲覧をお許しいただいた。裏打ちをして修復をへた原本の一冊、一冊をいささか緊張しつつ手にし、玄白の筆の跡を追ったことを鮮明に記憶している。

慶應義塾大学出版会の、前島康樹、飯田建両氏は刊行の細部にわたって目配りをしてくださった。末筆ながら記して深甚の謝意を表します。

二〇一七年五月

松崎欣一

参考文献

序章　江戸の学者・文人社会

史料

大江丸「あがたの三月四月」岸上質軒校訂『続紀行文集』続帝国文庫、博文館、明治三十三年
杉田玄白「形影夜話」沼田次郎・松村明・佐藤昌介校注『洋学・上』日本思想大系64、岩波書店、昭和五十一年
「友なし猿」宮崎璋蔵校訂『賞奇楼叢書』三期第三集、珍書会、大正五年

著書・論文

伊原敏郎『近世日本演劇史』早稲田大学出版部、昭和二年
――『歌舞伎年表』第五巻、岩波書店、昭和三十五年
西山松之助『市川団十郎』吉川弘文館、昭和三十五年
渡辺保『江戸演劇史』下、講談社、平成二十一年
日野龍夫「虚構の文華」日野龍夫『江戸人とユートピア』岩波書店、平成十六年

Ⅰ　『鶚斎日録』

史料

『東京朝日新聞』昭和十一年六月二十二日
福澤諭吉「蘭学事始再版の序」『福澤諭吉全集』第十九巻、岩波書店、昭和四十六年

著書・論文

小川鼎三『解体新書』中公新書、昭和四十三年

片桐一男『杉田玄白』吉川弘文館、昭和四十六年
杉靖三郎『夜明けの人　杉田玄白』徳間書店、昭和五十一年
吉田三郎『杉田玄白・高野長英』日本教育家文庫第三十七巻、北海出版社、昭和十二年
大鳥蘭三郎「『鷧斎遺稿』について」一～六『日本医史学雑誌』一七巻二、三、四号、一八巻二、四巻、一九巻一巻、昭和四十六年～四十八年
岡本隆一「杉田玄白と切支丹」『日本医事新報』七五〇号、昭和十二年一月
――「杉田玄白翁のお正月」『日本医事新報』八〇一号、昭和十三年一月
片桐一男「杉田玄白と海外情報」『日本歴史』二七二号、昭和四十六年一月
――「杉田玄白の『鷧斎日録』から」『蘭学資料研究会研究報告』二五八号、昭和四十七年五月
高浜二郎「杉田玄白の手記・鷧斎日録」『歴史地理』六八巻三号、昭和十一年九月
――「知られざりし柴野栗山と杉田玄白との交游」『伝記』三巻一二号、昭和十一年十二月
――「和歌の玄白　一～三」『鍍金』二二四～二二六号、昭和三十五年六月～八月
芳賀徹「十八世紀日本の知的戦士たち」芳賀徹責任編集『日本の名著・第22巻』解説論文、中央公論社、昭和四十六年
原田謙太郎「杉田玄白の日記に就て」『日本医事新報』七二一号、昭和十一年七月
――「杉田玄白の鷧斎日録」『中央公論』五一巻八号、昭和十一年八月
――「玄白と紫溟」『日本医事新報』一一〇六号、昭和十八年十二月
山崎彰「『和魂洋才』的思惟構造の萌芽―杉田玄白を中心に―」有坂隆道編『日本洋学史の研究』Ⅱ、創元社、昭和四十七年

Ⅱ　多忙な日常

史料

桐生市図書館『桐生市立図書館蔵　桐生市長沢家文書目録二』桐生市立図書館、昭和四十八年
杉田玄白「形影夜話」沼田次郎・松村明・佐藤昌介校注『洋学・上』日本思想大系64、岩波書店、昭和五十一年
「須原屋版・袖珍武鑑」渡辺一郎編『徳川幕府大名旗本役職武鑑・第一巻』柏書房、昭和四十二年

『続徳川実紀第二篇』新訂増補国史大系49、吉川弘文館、昭和四十一年
高柳光寿監修『新訂寛政重修諸家譜』第二巻、続群書類従完成会、昭和三十九年
「天明年間　長沢日記（抄）」粟田豊三郎『桐生民俗歴史資料　桐影鳳聲』粟田豊三郎、平成四年
浜田義一郎編『江戸切絵図』東京堂出版、昭和四十九年

著書・論文

片桐一男『杉田玄白』吉川弘文館、昭和四十六年
清水照治「長沢仁右衛門と私設図書館潺湲舎」『桐生史苑』四〇号、平成十三年三月
――「史料による長沢家と仁右衛門」『桐生史苑』五一号、平成二十四年三月
高浜二郎「知られざりし柴野栗山と杉田玄白との交游」『伝記』三巻一二号、昭和十一年十二月
――「和歌の玄白　二」『鍍金』二二五号、昭和三十五年七月
森銑三「柴野栗山」『森銑三著作集』第八巻、中央公論社、昭和四十六年
山本四郎「小石元俊伝研究」『医譚』復刊二十号、昭和三十四年十二月
小川鼎三「堀内文書にみる蘭学者の生活と思想―第一回杉田玄白の手紙―」『日本医史学雑誌』一八巻一号、昭和四十七年三月

Ⅲ　日々の楽しみ

史料

蘆田伊人編『新編武蔵風土記稿　第二巻』大日本地誌大系二、雄山閣、昭和三十二年
大田南畝『新百家説林』蜀山人全集第四巻・第五巻、吉川弘文館、明治四十・四十一年
桂川中良「桂林漫録」『日本随筆大成』第一期第二巻、吉川弘文館、昭和五十年
斎藤幸雄『新版江戸名所図会』上・中・下巻、角川書店、昭和五十年
斎藤幸成撰『増訂武江年表』国書刊行会、大正元年
杉田玄白「形影夜話」沼田次郎・松村明・佐藤昌介校注『洋学・上』日本思想大系64、岩波書店、昭和五十一年

高柳真三ほか共編『御触書天保集成』岩波書店、昭和三十三年
高柳光寿監修『新訂寛政重修諸家譜』第十四巻、続群書類従完成会、平成四年
津村正恭『譚海』国書刊行会、大正六年
「友なし猿」宮崎璋蔵校訂『賞奇楼叢書』三期第三集、珍書会、大正五年
水野為長「よしの冊子」森銑三ほか編『随筆百花苑』第八巻、中央公論社、昭和五十五年

著書・論文

伊原敏郎『歌舞伎年表』第五巻、岩波書店、昭和三十五年
岡本綺堂『明治劇談　ランプの下にて』岩波文庫、平成五年
金沢康隆『歌舞伎名作事典』青蛙房、昭和三十四年
高浜二郎『湯島の白梅』一〜六、昭和三十五年十月〜昭和三十六年三月
服部幸雄・富田鉄之助・廣末保編『歌舞伎事典』新版、平凡社、平成二十三年
平野恵『十九世紀日本の園芸文化―江戸と東京、植木屋の周辺―』思文閣出版、平成十八年
青木繁「v子供芝居・中芝居」鳥越文蔵ほか編『岩波講座　歌舞伎・文楽』第三巻、岩波書店、平成九年
大島蘭三郎「「鷧斎遺稿」について（二）」『日本医史学雑誌』一七巻三号、昭和四十六年九月
林久美子「人形浄瑠璃」阪口弘之監修『日本芸能史』昭和堂、平成十一年
比留間尚「江戸開帳年表」西山松之助編『江戸町人の研究』第二巻、吉川弘文館、昭和四十八年
三田村鳶魚「一本桜から並木の桜」『三田村鳶魚全集』第九巻、中央公論社、昭和五十一年
森銑三「谷文晁伝の研究」『森銑三著作集』第三巻、中央公論社、昭和四十六年
――「杉田伯元異聞」『森銑三著作集』第五巻、中央公論社、昭和四十六年
――「津村淙庵」『森銑三著作集』第七巻、中央公論社、昭和四十六年
――「川村寿庵とその名山図会」『森銑三著作集』第十一巻、中央公論社、昭和四十六年
山崎彰「『和魂洋才』的思惟構造の萌芽―杉田玄白を中心に―」有坂隆道編『日本洋学史の研究』Ⅱ、創元社、昭和四十七年

Ⅳ　社会への目

史料

蘆田伊人編『新編相模国風土記稿』大日本地誌大系十三、十五、十七、十九、二十二、雄山閣、昭和三十三年
――『御府内備考　第五巻』大日本地誌大系二十三、雄山閣、昭和三十三年
「一揆参加者判決申渡につき請書」神奈川県企画調査部県史編集室編『神奈川県史』資料編七、神奈川県、昭和五十年
「江刺郡南北強訴一件」青木虹二編『編年百姓一揆史料集成』第七巻、三一書房、昭和五十六年
大田南畝「半日閑話」大田南畝『蜀山人全集』第三巻、吉川弘文館、明治四十一年
――「一話一言」、『新百家説林』大田南畝『蜀山人全集』第五巻、吉川弘文館、明治四十一年
――『沿海異聞』蝦夷魯西亜関係文書』山下恒夫編纂『大黒屋光太夫史料集』第一巻、日本評論社、平成十五年
大槻玄沢「捕影問答」沼田次郎・松村明・佐藤昌介校注『洋学・上』日本思想大系64、岩波書店、昭和五十一年
――『西賓対晤』日蘭学会、昭和五十三年
岡山県史編纂委員会編『岡山県史』第七巻・近世Ⅱ、岡山県、昭和六十一年
「蚊やり火」国書刊行会編『列侯深秘録』国書刊行会、大正三年
神沢杜口「翁草」『日本随筆大成』第三期二十四巻、吉川弘文館、昭和五十三年
「寛政里正日誌二」東京都編『東京市史稿』産業篇第三十八、東京都、平成六年
「寛政録」東京市編『東京市史稿』市街編第三十一巻、東京市役所、昭和十三年
桐生市史編纂委員会『桐生市史』中巻、昭和三十四年
近世史料研究会編『江戸町触集成』第八・九・十巻、塙書房、平成九・十年
串本町史編さん委員会編『串本町史』史料篇・通史篇、串本町、昭和六十三・平成七年
斎藤幸雄『新版江戸名所図会』下巻、角川書店、昭和五十年
「坐臥記」荒川秀俊編『日本漂流漂着史料』気象研究所、昭和三十七年
「坐臥記」森銑三ほか編『続日本随筆大成』一、吉川弘文館、昭和五十四年
シーボルト『日本』第一巻、雄松堂書店、昭和五十二年

「酒造一乱記」神奈川県企画調査部県史編集室編『神奈川県史』資料編七、神奈川県、昭和五十年
「正宝録続」東京都編『東京市史稿』産業編三十巻、東京都、昭和六十一年
「證無番其外書状」東京都編『東京市史稿』産業編三十巻、東京都、昭和六十一年
史料編纂掛肥前採訪本「島原山焼山水高波一件」文部省地震予防評議会編『増訂　大日本地震史料』第三巻、震災予防協会、昭和十八年
「新北海道史年表」北海道編『新北海道史』第九巻、北海道、平成元年
「赤人一件」山下恒夫編纂『大黒屋光太夫史料集』第四巻、日本評論社、平成十五年
「撰要永久録・公用留」東京都編『東京市史稿』産業編三十一巻、東京都、昭和六十二年
高柳真三、石井良助編『御触書天保集成　下』岩波書店、昭和十六年
智蔵「歴国記」山下恒夫編纂『大黒屋光太夫史料集』第四巻、日本評論社、平成十五年
「通航一覧」巻一六〇、林韑ほか編『通航一覧』第四、国書刊行会、大正二年
「通航一覧」巻二四一、巻二五一、巻二五四（諳厄利亜国部三）林韑ほか編『通航一覧』第六、国書刊行会、大正二年
「通航一覧」巻二七四（魯西亜国部二）、巻二八〇（魯西亜国部八）、巻二八二（魯西亜国部十）林韑ほか編『通航一覧』第七、国書刊行会、大正二年
「通航一覧」巻三二二、林韑ほか編『通航一覧』第八、国書刊行会、大正二年
津田政隣「政鄰記」東京市編『東京市史稿』変災編第五巻、東京市役所、大正六年
「土平治騒動」神奈川県企画調査部県史編集室編『神奈川県史』資料編七、神奈川県、昭和五十年
新井田孫三郎「寛政蝦夷乱取調日記」高倉新一郎編『日本庶民生活史料集成』第四巻、三一書房、昭和四十四年
「寧波商船漂着雑記」藪田貫編著『寛政十二年遠州漂着唐船萬勝号資料―江戸時代漂着唐船資料集六―』関西大学東西学術研究所資料集刊一三―六、関西大学出版部、平成九年
林子平『前哲六無斎遺草』仙台叢書出版協会、明治二十八年
――――「海国兵談」林子平著、山岸徳平・佐野正巳共編『新編林子平全集』Ⅰ・兵学、第一書房、昭和五十三年
――――「小川宛書簡」林子平著、山岸徳平・佐野正巳共編『新編林子平全集』Ⅴ・記録、第一書房、昭和五十五年
林子平著、山岸徳平・佐野正巳共編『新編林子平全集』Ⅱ・地理、第一書房、昭和五十四年

福島県編『福島県史』第八巻、福島県、昭和四十年
「藤塚宛書簡」林子平著、山岸徳平・佐野正巳共編『新編林子平全集』V・記録、第一書房、昭和五十五年
「文恭院殿御実紀」『続徳川実紀第一篇』新訂増補国史大系48、吉川弘文館、昭和四十一年
股野玉川『播州龍野藩儒家日記—幽蘭堂年譜—』上巻、清文堂史料叢書七二、清文堂出版、平成七年
松浦静山『甲子夜話』東洋文庫、平凡社、昭和五十二年
松平定信『宇下人言』松平定晴、昭和三年
水野為長「よしの冊子」森銑三ほか編『随筆百花苑』第九巻、中央公論社、昭和五十六年
宮城県史編纂委員会編纂『宮城県史』第二巻、宮城県史刊行会、昭和四十一年
「村山郡一揆記」山形県編纂『山形県史』本篇第三、山形県、昭和四十八年
「森山孝盛日記」原田伴彦編集代表『日本都市生活史料集成二　三都篇Ⅱ』学習研究社、平成九年
三井文庫史料叢書『大坂両替店「聞書」1』吉川弘文館、平成二十三年
「野翁物語」東京都編『東京市史稿』産業編三十巻、東京都、昭和六十一年
山形県編纂『山形県史』第三巻（近世編下）、山形県、昭和六十二年
山下恒夫編「神昌丸漂流事件関係年譜」山下恒夫編纂『大黒屋光太夫史料集』第四巻、日本評論社、平成十五年
「柳営日次記」東京都編『東京市史稿』産業編三十一巻、東京都、昭和六十二年

著書・論文

宇佐美龍夫『新編　日本被害地震総覧』増補改訂版、東京大学出版会、平成八年
長田権次郎『林子平』裳華房、明治二十九年
片桐一男『杉田玄白』吉川弘文館、昭和四十六年
———『江戸のオランダ人—カピタンの江戸参府—』中央公論新社、平成十二年
加藤久祚『初めて世界一周した日本人』新潮社、平成五年
上白石実『幕末の海防戦略—異国船を隔離せよ—』吉川弘文館、平成二十三年
木崎良平『光太夫とラクスマン—幕末日露交渉史の一側面—』刀水書房、平成四年

北原進『江戸の札差』吉川弘文館、昭和六十年
木村和男『北太平洋の「発見」—毛皮交易とアメリカ太平洋岸の分割—』山川出版社、平成十九年
京都市編『京都の歴史』6、学芸書林、昭和四十八年
国立歴史民俗博物館編『行列にみる近世—武士と異国の祭礼と—』国立歴史民俗博物館、平成二十四年
佐山和夫『わが名はケンドリック—来日米人第一号の謎—』彩流社、平成二十一年
平重道『林子平　その人と思想』仙台藩の歴史4、宝文社、昭和五十二年
玉林晴朗『蜀山人の研究』畝傍書房、昭和十九年
浜田義一郎『蜀山人』青梧堂、昭和十七年
——『大田南畝』吉川弘文館、昭和三十八年
林銑吉『島原半島史』下巻、長崎県南高来郡市教育会、昭和二十九年
堀内亮一『堀内素堂』大空社伝記叢書136、大空社、平成六年
本田康雄『式亭三馬の文芸』笠間書院、昭和四十八年
松尾晋一『江戸幕府と国防』講談社、平成二十五年
横山伊徳『開国前夜の世界』〈日本近世の歴史5〉、小学館、平成二十五年
横山学『琉球国使節渡来の研究』吉川弘文館、昭和六十二年
吉田秀文『異国船渡来雑記』長崎文献社、平成二十一年
浅倉有子「寛政改革期における北方情報と政策決定」浅倉有子『北方史と近世社会』清文堂出版、平成十一年
井上隆明「土山一件と寛政黄表紙」暉峻康隆編『近世文芸論叢』中央公論社、昭和五十三年
岩下哲典「英艦プロビデンス号「北太平洋探検航海記」（一八〇四年刊）から見た日本および日本人について—特に蝦夷地絵鞆・琉球宮古島での交流を中心に—」『明海大学大学院応用言語学研究』一一号、平成二十一年三月
岩田浩太郎「打ちこわしと都市社会」朝尾直弘ほか編『岩波講座　日本通史』第十四巻近世4、岩波書店、平成七年
内田周平「望楠軒諸子の学風」岸本三次編『西依成斎基礎資料集』岩田書院、平成十七年
岡宏三「林子平処罰事件と風聞」『日蘭学会会誌』二四巻一号、平成十一年一月
小川鼎三「堀内文書にみる蘭学者の生活と思想—第一回杉田玄白の手紙—」『日本医史学雑誌』一八巻一号、昭和四十七年

三月
片桐一男「杉田玄白と海外情報」『日本歴史』二七二号、昭和四十六年一月
上白石実「寛政期対馬藩の海防体制」『白山史学』四〇号、平成十六年四月
川鍋定男「百姓一揆物語の伝承とその世界像—土平治騒動をめぐって—」『歴史評論』三三八号、昭和五十三年六月
菊池勇夫「寛政アイヌ蜂起と「異国境」」『日本史研究』五三六号、平成十九年四月
北島正元「寛政改革」北島正元編『体系日本史叢書2　政治史Ⅱ』山川出版社、昭和四十年
———「寛政十年浅川騒動覚書」森博士還暦記念会編『対外関係と社会経済—森克己博士還暦記念論文集—』塙書房、昭和四十三年
幸田成友「寛政九巳年の和蘭風説書」『幸田成友著作集』第四巻、中央公論社、昭和四十七年
坂本達彦「享和元年羽州村山一揆の再検討—一八世紀後半の地域社会—」渡辺尚志編『東北の村の近世—出羽国村山郡の総合的地域研究—』東京堂出版、平成二十三年
竹内誠「寛政改革」朝尾直弘ほか編集『岩波講座　日本歴史』第十二巻近世4、岩波書店、昭和五十一年
深谷克己「一八世紀後半の日本—予感される近代—」朝尾直弘ほか編『岩波講座　日本通史』第十四巻近世4、岩波書店、平成七年
藤田覚「天明・寛政期の農村構造と「豪農」—享和元年村山一揆の前提—」『歴史』四二、昭和四十七年四月
藤村潤一郎「天明七年御買上米一件と飛脚問屋」『創価大学人文論集』四号、平成四年三月
松浦章「中国商船萬勝号の運営形態」藪田貫編著『寛政十二年遠州漂着唐船萬勝号資料—江戸時代漂着唐船資料集六—』関西大学東西学術研究所資料集刊一三—六、関西大学出版部、平成九年
三田村鳶魚「未遂既遂の米騒動」『三田村鳶魚全集』第六巻、中央公論社、昭和五十年
森銑三「大槻磐水の蘭人訪問」『森銑三著作集』第五巻、中央公論社、昭和四十六年
藪田貫「解題」藪田貫編著『寛政十二年遠州漂着唐船萬勝号資料—江戸時代漂着唐船資料集六—』関西大学東西学術研究所資料集刊一三—六、関西大学出版部、平成九年
———「寛政十二年遠州漂着唐船萬勝号について」藤善眞澄編著『浙江と日本』関西大学東西学術研究所国際共同研究シリーズ1、関西大学出版部、平成九年

山田忠雄「田沼意次の失脚と天明末年の政治状況」『史学』四三巻一・二合併号、昭和四十五年五月
山田哲嗣「くなしり・めなし騒動—研究の課題と史料紹介—」『史流』二九号、昭和六十三年三月
横山伊徳「一九世紀日本近海測量について」黒田日出男ほか編『地図と絵図の政治文化史』東京大学出版会、平成十三年
——「異国船打ち払いの時代—「海防」のアウトサイド・ヒストリー—」『九州史学』一五二号、平成二十一年一月
吉原健一郎「江戸災害年表」西山松之助編『江戸町人の研究』第五巻、吉川弘文館、昭和五十三年

V 玄白をめぐる人々

史料

行田市史編纂委員会編纂『行田市史』下巻、行田市、昭和三十九年
「事実文編 第四十二」五弓久文編『事実文編 第二 正編 第二十三—四十四』国書刊行会、明治四十三年
「続諸家人物志」森銑三ほか編『近世人名録集成』第三巻、勉誠社、昭和五十一年
水野為長「よしの冊子」森銑三ほか編『随筆百花苑』第八巻、中央公論社、昭和五十五年
芳賀徹校注「『玉味噌』と『耄耋独語』—老玄白の未刊随筆二篇—」『比較文化研究』第一六輯、昭和五十三年三月
「磐水年譜」『磐水存響』乾、大槻茂雄、大正元年
「文恭院殿御実紀」『続徳川実紀第一篇』新訂増補国史大系48、吉川弘文館、昭和四十一年
森島中良・大槻玄沢『紅毛雑話・蘭説弁惑』生活の古典双書6、八坂書房、昭和四十七年
森銑三ほか編『近世人名録集成』第三・四巻、勉誠社、昭和五十一年
吉川幸次郎・小川環樹編集校閲、高木正一注『白居易 上』中国詩人選集第十二巻、岩波書店、昭和三十三年

著書・論文

板沢武雄『日蘭文化交渉史の研究』吉川弘文館、昭和三十四年
大槻如電「磐水事略」『磐水存響』坤、大槻茂雄、大正元年
——『新撰洋学年表』大槻茂雄、昭和二年
片桐一男『杉田玄白』吉川弘文館、昭和四十六年

角川書店編『図説俳句大歳時記・夏』角川書店、昭和三十九年
高野長運『高野長英伝』史誌出版社、昭和三年
津山洋学資料館『杉田玄白門人小林令助とその時代』津山洋学資料館、平成十三年
堀内亮一『堀内素堂』大空社伝記叢書136、大空社、平成六年
安彦孝次郎『上杉鷹山の人間と生涯』壮年社、昭和十七年　または　昭和書院、昭和六十年
和田信二郎『中川淳庵先生』立命館出版部、昭和十六年
大鳥蘭三郎「『鷧斎遺稿』について（二）」『日本医史学雑誌』一七巻三号、昭和四十六年九月
緒方富雄「杉田玄白の女『八百』」『日本医史学雑誌』一三巻四号、昭和四十三年三月
岡本隆一「杉田玄白翁のお正月」『日本医事新報』八〇一号、昭和十三年一月
小川鼎三「堀内文書にみる蘭学者の生活と思想―第一回杉田玄白の手紙―」『日本医史学雑誌』一八巻一号、昭和四十七年
　三月
片桐一男「堀内文書の研究　一」『日本医史学雑誌』一七巻一号、昭和四十六年三月
――「堀内文書の研究　四」『日本医史学雑誌』一七巻四号、昭和四十六年十二月
――「堀内文書の研究　十」『日本医史学雑誌』二〇巻二号、昭和四十九年四月
――「杉田玄白と作州の門弟小林令助」『一滴』第二号、津山洋学資料館、平成六年七月
酒井シヅ「堀内文書関係年譜」『日本医史学雑誌』一八巻一号、昭和四十七年三月
「杉田玄白の家系」『日本医史学雑誌』八巻三・四合併号、昭和三十三年五月
「杉田玄白を中心とする杉田家の系譜」杉田玄白、緒方富雄校註『蘭学事始』岩波文庫、昭和五十七年
高浜二郎「杉田玄白の手記『鷧斎日録』」『歴史地理』六八巻三号、昭和十一年九月
――「和歌の玄白　二」『鍍金』一二五号、昭和三十五年七月
鶴田勢湖「若狭医官杉田甫仙、杉田玄白先生旧墓域（廃滅）の墓碑文」『掃苔』六巻一一号、昭和十二年十一月
原田謙太郎「杉田玄白の『鷧斎日録』」『中央公論』五一巻八号、昭和十一年八月
堀内淳一「米沢藩々医堀内家とその周辺」『日本医史学雑誌』一八巻一号、昭和四十七年三月
松木明知「桐山正哲と『解体新書』」『日本歴史』一九七号、昭和三十九年十月

森銑三「谷文晁伝の研究」『森銑三著作集』第三巻、中央公論社、昭和四十六年
——「村尾元融伝の研究」『森銑三著作集』第七巻、中央公論社、昭和四十六年
——「柴野栗山」『森銑三著作集』第八巻、中央公論社、昭和四十六年
山口稠「玄沢先生とその後（一）～（三）」『掃苔』八巻三～五号、昭和十四年三月～五月

VI　晩年における諸著作の執筆と刊行

史料

亀岡宗山・杉田玄白・志賀紀豊「後見草」岩本左七編『燕石十種』第一、国書刊行会、明治四十年
岸上操編輯『近古文芸温知叢書』第四編、博文館、明治二十四年
岐阜県編『岐阜県史』通史編近世上、資料編近世八、岐阜県、昭和四十三・四十七年
群馬県史編さん委員会編『群馬県史』資料編九、群馬県、昭和五十二年
「浚明院殿御実紀」『徳川実紀第十篇』新訂増補国史大系47、昭和四十年
杉田玄白著、緒方富雄校註『蘭学事始』岩波文庫、昭和五十七年
芳賀徹校注「『玉味噌』と『耄耋独語』―老玄白の未刊随筆二篇―」『比較文化研究』第一六輯、昭和五十三年三月
広瀬秀雄・中山茂・小川鼎三校注『洋学・下』日本思想大系65、岩波書店、昭和四十七年
「文恭院殿御実紀」巻廿四、巻四十九『続徳川実紀第一篇』新訂増補国史大系48、吉川弘文館、昭和四十一年

著書・論文

片桐一男『蘭学、その江戸と北陸―大槻玄沢と長崎浩斎―』思文閣出版、平成五年
東京国立博物館『特別展観　朝鮮通信使―近世200年の日韓文化交流―』東京国立博物館運営協力会、昭和六十年
前橋市史編さん委員会編『前橋市史』第三巻、前橋市、昭和五十年
「解説」沼田次郎・松村明・佐藤昌介校注『洋学・上』日本思想大系64、岩波書店、昭和五十一年
片桐一男「杉田玄白述『犬解嘲』について」『日本医史学雑誌』一一巻四号、昭和四十年十一月
——「杉田玄白と作州の門弟小林令助」『一滴』第二号、津山洋学資料館、平成六年七月

角田豊正「朝鮮通信使と歌舞伎」映像文化協会編『江戸時代の朝鮮通信使』毎日新聞社、昭和五十四年
「杉田玄白史料解題」『日本医史学雑誌』八巻三・四合併号、昭和三十三年五月
森銑三「平秩東作の生涯」『森銑三著作集』第一巻、中央公論社、昭和四十五年

索引

人名

あ行

か行

さ行

た行

な行

は行

ま行

や行

ら行

わ行

Alphabet

事項

あ行

か行

さ行

た行

な行

は行

ま行

や行

ら行

わ行

著者紹介

松崎欣一（まつざき きんいち）

慶應義塾名誉教諭、慶應義塾福澤研究センター顧問、一般社団法人福澤諭吉協会常務理事。

1939年生まれ。1963年慶應義塾大学文学部史学科国史専攻卒業。1965年同大学大学院文学研究科修士課程修了。1965～2005年慶應義塾志木高等学校教諭、1996～2005年慶應義塾福澤研究センター副所長。

主な業績に、『三田演説会と慶應義塾系演説会』（慶應義塾大学出版会、1998年、平成11年度義塾賞受賞）、『福澤諭吉論の百年』（共著、慶應義塾大学出版会、1999年）、『語り手としての福澤諭吉—ことばを武器として—』（慶應義塾大学出版会、2005年）、『江戸町触集成』全22巻（共編、塙書房、1994～2012年）、『福澤諭吉書簡集』全９巻（共編、岩波書店、2001～03年）、『福澤諭吉著作集』第12巻（編、慶應義塾大学出版会、2003年）、『福澤諭吉の手紙』（共編、岩波文庫、2004年）、『慶應義塾史事典』（共編、慶應義塾、2008年）、『福澤諭吉事典』（共編、慶應義塾、2010年）、などがある。

杉田玄白 晩年の世界
——『鷧斎（いさい）日録』を読む

2017年11月30日　初版第１刷発行

著　者————松崎欣一
発行者————古屋正博
発行所————慶應義塾大学出版会株式会社
〒108-8346　東京都港区三田２-19-30
TEL〔編集部〕03-3451-0931
〔営業部〕03-3451-3584〈ご注文〉
〔　〃　〕03-3451-6926
FAX〔営業部〕03-3451-3122
振替　00190-8-155497
http://www.keio-up.co.jp/
装　丁————鈴木 衛
印刷・製本——亜細亜印刷株式会社
カバー印刷——株式会社太平印刷社

Printed in Japan　ISBN 978-4-7664-2249-8